中蒙俄经济走廊译著系列

俄罗斯太平洋地区：
过去、现在与未来

〔俄〕П. Я. 巴克拉诺夫（P. Ya. Baklanov）等　著

李泽红 等　译

科学出版社

北　京

图字：01-2020-0925 号

内 容 简 介

本书以由俄罗斯远东地区及其 200 海里专属经济区构成的俄罗斯太平洋地区的综合地理特征为研究对象，记述了该地区古地理环境的形成及其主要发展阶段等历史过程，详尽地描述了毗邻海、自然保护区、人口和经济发展现状，阐述了自然资源、经济地理和地缘政治状况、国际关系、旅游和自然资源利用等地区长期发展的地理要素。此外，书中还反映了俄罗斯官方制定的长期发展规划和学术界对该地区发展趋势与前景的若干评价。

本书可供对俄罗斯的这个辽阔和独特的大区的各方面发展感兴趣的专业人士、地方志工作者、大学生、教师等广大读者阅读。

The Pacific Russia：the Pages of Past，Present，and Future，by P. Ya. Baklanov
978-5-8044-1311-9

Copyright © 2012 by Pacific Geographical Institute，FEBRAS.

审图号：GS(2021)6903 号

图书在版编目(CIP)数据

俄罗斯太平洋地区：过去、现在与未来／(俄罗斯) П. Я. 巴克拉诺夫等著；李泽红译. —北京：科学出版社，2023.11
（中蒙俄经济走廊译著系列）
书名原文：The Pacific Russia：the Pages of Past，Present，and Future
ISBN 978-7-03-070519-8

Ⅰ.①俄… Ⅱ.①П…②李… Ⅲ.①经济地理–俄罗斯
Ⅳ.① F151.299

中国版本图书馆 CIP 数据核字（2021）第 226143 号

责任编辑：韩　鹏　张井飞／责任校对：张小霞
责任印制：肖　兴／封面设计：陈　敬

科学出版社 出版
北京东黄城根北街 16 号
邮政编码：100717
http://www.sciencep.com

北京中科印刷有限公司 印刷
科学出版社发行　各地新华书店经销
*
2023 年 11 月第 一 版　开本：787×1092　1/16
2023 年 11 月第一次印刷　印张：17 1/2
字数：415 000
定价：228.00 元
（如有印装质量问题，我社负责调换）

丛 书 说 明

    《中蒙俄经济走廊译著系列》收录了当今俄罗斯、蒙古国知名学者在研究本国地理环境、自然资源、生态系统、社会经济等领域权威论著的中译本，目前已出版的译著有《俄罗斯联邦和各地区可持续发展的战略性资源与条件》，待出版的译著有《俄罗斯地下径流和地下淡水资源的利用现状与前景》《俄罗斯太平洋地区：过去、现在与未来》《俄罗斯远东地理系统》《俄罗斯生态地质学》等，未来将根据翻译进度和读者需求不断丰富和拓展丛书内容。本丛书的出版旨在让中国读者更便利地掌握俄罗斯、蒙古国学者在相关领域的最新研究进展，更快捷地获取俄、蒙两国及各区域发展现状的相关信息和资料。本丛书可作为国内世界地理、世界资源、世界经济等相关学科教师教学用书和学生参考用书，也可为环北极、中蒙俄经济走廊、"一带一路"相关领域研究和国际合作决策提供基础资料支撑。

丛书序言

中蒙俄经济走廊作为"一带一路"倡议首个落地建设的经济走廊,不仅在"一带一路"建设中具有举足轻重的地位,也是俄罗斯"欧亚经济联盟"和蒙古国"草原之路"等重大国际合作平台的交汇之处,中蒙俄经济走廊已成为世界地理、世界资源、世界经济等研究领域的热点区域。尽管中蒙俄三国地域相邻,文化相通,自然生态系统相连,但长期以来,尤其是在苏联解体以后,俄、蒙两国与国际学术交流甚少,我国学者对俄、蒙两国发展现状的了解及认识渠道受限,对俄、蒙两国的综合研究亟需强化。

2017年科学技术部启动国家科技基础资源调查专项"中蒙俄国际经济走廊多学科联合考察",旨在系统掌握俄罗斯和蒙古国地理环境、自然资源、基础设施、社会经济发展最新进展,为开展全面的跨国合作研究奠定基础。在该专项的支持下,一批青年地理学者得以有组织地投入到俄罗斯和蒙古国问题研究。2018年夏天项目组访问了俄罗斯科学院地理研究所、莫斯科国立大学、俄罗斯科学院西伯利亚分院和远东分院相关研究所等俄方合作机构,俄方同事热情地向我们推荐并介绍了一大批俄罗斯地理学家最新出版的学术成果,让我们如获珍宝。回到国内,与同事们共飨后,大家一致认为,俄方地理学家对本国地理环境、自然资源等领域研究基础深厚,工作扎实,极富参考性,相关成果能够为我们了解和认识俄罗斯国内现状提供一扇更为便捷的窗口,更能为国内研究俄罗斯的专家学者提供较为科学和系统的基础资料支撑,于是即产生了翻译俄蒙系列专著,出版《中蒙俄经济走廊译著系列》的想法,这一想法迅速得到同事们的大力支持和俄蒙相关专家的积极响应。

经过三年多的努力,在俄蒙科学家、科学出版社相关领导和专家的共同支持下,第一批五本中译本初步完成,并将陆续付梓出版。希望本丛书的出版,能够为中蒙俄三国地理学、资源科学、生态学、经济学等领域专家搭建起人文相通的桥梁,为国内学者更深入认识俄罗斯和蒙古国发展进程提供支持,为服务中蒙俄经济走廊和"一带一路"建设决策提供基础科技支撑。

序

　　从学生时代时起，我们就对"远东"或"俄罗斯远东地区"这样的地理名称耳熟能详，这些富有浪漫色彩的名称，既传达了俄罗斯这个东部最大地区与中央地区或欧洲地区之间相距遥远之意，也暗含着这个地区是俄罗斯的科研工作者、工业建设者和军人在祖国东部地区开发过程中向前推进的最终阶段。大学时代我曾在乌苏里泰加林和比金河流域生活过半年，因此我对这个地区的独特性的认识并非道听途说。

　　在近年的科学文献中，为俄罗斯大区确立了一个新的名称，即俄罗斯太平洋地区。这个新的名称得到了多方支持，其中包括由 П. Я. Бакланов 院士在俄罗斯地理学会资助下主持编著的本书的作者，而一片浩瀚的海洋专属经济区与远东地区的领土毗连，并且俄罗斯对这一专属经济区的各类资源享有充分的主权，则是新命名的另一个依据。这个海洋专属经济区的大部分区域位于太平洋沿岸，而且整个远东地区的发展重心近年来也越来越向太平洋地区倾斜，并通过太平洋地区继续向亚太地区的多个发展中大国转移。因此，将俄罗斯的这片特殊的领海和领土合并称为俄罗斯太平洋地区，其中无疑包含了对广泛开发太平洋资源、发展与亚太地区各国的国际合作的意图和导向。

　　从欧亚大陆边缘的自然和气候演化的古地理特征、考古新发现，对当代自然、人口和经济的描述，一直到对未来的展望，这本《俄罗斯太平洋地区：过去、现在与未来》专著对相当广泛的问题进行了综合和系统的研究。在对这个大区历史的全景式描述中，还相当充分地结合了对自然资源和自然环境、经济地理位置和地缘政治地位、地区安全问题等地区发展的地理因素的全面评价。

　　在讨论地区的长期发展方案一章中，援引了生动翔实的官方文件和学术资料。本书所包含的表格、地图、插图和照片等大量写实材料，无疑会令广大读者读起来饶有兴趣并从中获益。

俄罗斯科学院地理研究所所长

俄罗斯地理学会荣誉会长

俄罗斯科学院院士

В. М. Котляков

中 文 版 序

俄罗斯远东地区所属地理方位以大面积嵌入北冰洋和太平洋为其重要特征。本书所指地区为远东联邦区,截止时间至 2018 年,其间并入两个联邦主体:布里亚特共和国和后贝加尔边疆区。本联邦区有以下三类国土。

一、直接通往东部海域和太平洋东部的俄罗斯联邦主体:楚科奇自治区、哈巴罗夫斯克边疆区、滨海边疆区和堪察加边疆区、马加丹州和萨哈林州。

二、萨哈(雅库特)共和国,其北部海岸线面向北冰洋。雅库特因而通过北方海路与太平洋相连。

三、非滨海的主体:阿穆尔州和犹太自治州。但它们可借助通航的阿穆尔河(黑龙江)连接东部海域和太平洋。

自 20 世纪 90 年代以来,在市场关系形成的背景下,太平洋对俄罗斯东部地区的经济和地理吸引力显著增强:如其自然资源、运输和过境潜力以及太平洋国家巨大的市场发展空间。由于包括雅库特在内的俄罗斯整个东部地区与亚太地区国家(ATP)之间的对外经济关系不断加强,跨西伯利亚和贝加尔—阿穆尔铁路沿线货物运输量的增加也带动了这一点。此外,大型石油干线管道在 2006~2010 年间得以修建:即从泰舍特(伊尔库茨克州)到科兹米诺湾(滨海边疆区的纳霍德卡附近)的海上石油转运站,其分支从阿穆尔州延通到中国。该管道每年向中国和亚太地区其他国家(日本、韩国和美国等)出口约 5000 万吨产于西伯利亚的石油。目前,大型输气管道"西伯利亚电力"也已建成。它还将天然气从东西伯利亚和雅库特西南部向东输送到中国。

近年来,俄罗斯联邦政府制定并通过了《2025 年前远东和贝加尔地区发展战略》和《2024 年前及 2035 年后远东地区社会和经济发展国家方案》。

该战略和方案将积极发展远东地区海洋经济作为优先方向,以企业集群的形式,开采和加工该地区的各种海洋自然资源,包括生物、石油和天然气等,并以其出口为主要导向,发展海洋造船业。在这方面,面积达 550 万 km^2 的俄罗斯太平洋 200 海里海洋经济区的作用正在显著增强。因此,一方面,远东地区对太平洋及其资源和潜力的定位正在加强,而另一方面,如果不涵盖以太平洋经济区为主的 200 海里海洋经济区就无法全面评估该地区的长久前景。

正如各种科学研究所表明,所有这些趋势都具长期性。近年来,这一切使得诸如 В. Л. 拉林、П. А. 米纳基尔、П. Я. 巴克拉诺夫、Ю. А. 安德耶夫等俄罗斯科学家有依据将俄罗斯这个拥有 200 海里海洋经济区的宏观区域称为俄罗斯太平洋地区。众所周知,该名称首先强调了该宏观区域对太平洋及其资源,以及亚太国家的日益重视。其次,强调了特定的地缘政治地位在我国这一实为水域领土的宏观区域长期发展中的作用将日益增强。

就地缘政治地位而言,俄罗斯太平洋地区是一个全球关联地理结构区(巴克拉诺夫)。首先,它是欧亚大陆东北部与太平洋和北冰洋的连接点,在自然环境和自然资源领域形成了陆地和海洋之间的各种关系。其次，俄罗斯与美国、中国和日本等世界大国直接相连。在关联结构中，国家边界（包括陆地和海洋）不断加深（密集）。关联结构是这里各种接触功能形成的基础，包括各种海洋和海洋自然资源的开发、它们与沿海土地自然资源的整合、通过陆路和海上运输系统的连接进行的对外经济互动。

该地区在全球范畴内履行联络功能超出了陆地和海洋国界，形成了广泛的具有经济和资源环境影响的跨境区域，产生了地缘政治利益，并有时伴有挑战。

市场互动的全球化功能是通过跨大陆（跨欧亚）运输走廊实现的，其最初的链条始于俄罗斯太平洋地区：跨西伯利亚铁路及其分出的贝加尔—阿穆尔铁路和中国东部铁路。未来，北方航线也将变得越来越重要。中国的"丝绸之路"也可以与之紧密协作。

这片宏观区域地缘政治地位的最重要的具体特征是，俄罗斯太平洋地区是一个由大型跨境区域组成的区域，其跨越国界的地理系统（巴克拉诺夫、甘兹等）在自然资源和自然环境方面是整体不可分割的。这些属于海洋盆地：楚科奇海、白令海、鄂霍次克海、日本海；阿穆尔河、乌苏里江、图们江等流域，以及兴凯湖流域。应该强调的是，从楚科奇海到日本海，远东海域几乎所有的盆地都是跨国界的，都是完整的海洋地球系统（生态系统），也就是说，国家边界，包括陆地和海洋都要穿越它们。

正如我们的研究所表明，在跨界地区，尽管它们被国界分隔，但自然资源和过程（海流、鱼类迁徙、河流径流、海底石油和天然气结构、大气环流等）仍然密切相连，跨界区域（跨界地球系统）一个地方（分布区）的单个资源成分或环境的质量和数量变化通常会转移给其他地方（分布区），包括位于其他国家的地方（分布区）。因此，只有对整个跨界区域的自然资源潜力进行最全面的评估，才能在整个跨界空间内组织可持续和高效利用的自然资源管理。

同样重要的是，维持海洋及其海岸、海洋生态系统的高水平，是一项只有通过同一海域的沿海国家不断合作才能有效实现的任务。为此，有必要在共同跨界区域的国家之间建立一个长期协议框架，然后进行国际监测。

海洋流域的跨界性质最终也意味着，这些流域在开发时，几乎成为所有沿海国家地缘政治利益的交汇区（巴克拉诺夫、甘兹、罗曼诺夫）。例如，日本海水域是俄罗斯、日本、韩国和朝鲜地缘政治利益的交汇区。众所周知，中国在这里也与地缘政治利益相交，因为中国在图们江流域跨境地区有其自己领土。鄂霍次克海水域在很大程度上是俄罗斯地缘政治利益区，在较小程度上是日本地缘政治利益区。楚科奇海和白令海是俄罗斯和美国地缘政治利益的交汇区。

应该强调的是，整个俄罗斯太平洋地区这样一块巨大的区域整体上同时被纳入太平洋跨境空间（首先是北太平洋地区）。因此，俄罗斯太平洋地区，首先是跨境地区的海洋，是世界主要国家，特别是拥有强大军事和民用舰队的太平洋海洋大国的地缘政治利益的交汇区。根据历史经验，可以认为，在涉及世界海洋区域的沿海国家之间，不仅有地缘政治利益的交集，而且还存在各种冲突，有时还会导致地缘政治问题。

跨国性作为太平洋俄罗斯地缘政治格局的一个具体组成部分，是区域发展的一个重要因素。同时，跨国性为可持续的国际合作奠定了客观的先决条件。

因此，东北亚、俄罗斯太平洋地区和中国东北这些宏观区域被纳入国际跨境区域：即阿穆尔河（黑龙江）和兴凯湖流域，以及日本海流域。我们，包括与中国科学家共同开展的研究表明，如果我们国家之间没有持续的密切合作，就不可能在这些跨境地区有效发展和形成可持续的环境管理。要做到这一点，中俄双方都应具有一个良好和完整的跨境地区信息库。最终，应该为这些跨境地区制定可持续环境管理和发展的国际合作计划。这本书包含了关于俄罗斯东部大区域的自然、自然资源、人口和经济的各种地理信息，可以为此做出贡献。

我希望《俄罗斯太平洋地区：过去、现在与未来》这本书有助于进一步发展、深化俄罗斯和中国科学家的研究，并有效开发我们的、在很多方面是共同而独特的东北亚这个地球特大区域。

P. Ya. Baklanov 院士

2021 年底

前　言

从地理位置来看，俄罗斯远东地区最重要的特点在于拥有通往太平洋（连同其资源、运输等潜力）和亚太地区的广阔出海口。但是，和其他地区一样，对远东地区也更多的是在一个具体的地域范围内加以研究。同时，俄罗斯在北冰洋和太平洋的领海海域内拥有200海里专属经济区，并且对专属经济区内的全部自然资源享有充分的主权。在北冰洋的北方邻海和太平洋的远东邻海中所划定的海洋专属经济区的总面积约为 500 万 km^2。所有这些领海水域及其自然资源潜力和过境运输潜力是远东大区的重要组成部分，正在并且将继续对远东大区的未来发展、对俄罗斯与太平洋北部邻国的相互关系产生越来越重要的影响。

俄罗斯从开发这片幅员辽阔的东部大区开始，就为它确立了"俄罗斯远东地区（远东）"这个地理称谓。"远东"一词并不包含具体的地理学内容，"远"和"东"这两个字首先体现的是远东地区相对于本国中央地区的地理方位，其次传达的是远东地区与中央地区相距之遥远。在这方面，以外贝加尔地区的居民为例，尽管远东地区对于他们来说也是东部的，但却未必称得上是遥远的。而朝鲜半岛和日本的居民则更多的是把远东地区视为一个北方或西北地区。而对于远东居民，"远东"一词也仅仅反映该地区与中央地区的相对位置，并不包含实际的地理事物本身。

因此，笔者认为，将远东大区及其毗连海洋区合并称为"俄罗斯太平洋地区"是完全正当合理的，以此方式命名强调的不是它与俄罗斯欧洲部分之间如何遥远，而是彰显太平洋地区重要的战略地理位置。近年来，各界学者和专家已经开始使用"俄罗斯太平洋地区"这个名称（Ларин，2002；Минакир，2005，2010；Дарькин，2007；Авдеев，2007；Бакланов и Романов，2009）。此外，在俄罗斯太平洋地区的组成中，必须把与陆地领土毗连的太平洋以及北方邻海的 200 海里专属经济区考虑在内。

按照其与太平洋的距离，为俄罗斯依次划分出如下领土区（图 0.1）。

第 1 区：具有直接通往太平洋的出海口并以太平洋为主要经济地理重心的俄罗斯联邦主体（滨海边疆区、哈巴罗夫斯克边疆区、堪察加边疆区、萨哈林州、马加丹州和楚科奇自治区）。这些地区的海洋经济形态和功能最为发达，其重要性在未来将会进一步增加。

第 2 区：没有太平洋的直接出海口但是通过交通运输线路和能源管道等方式在经济上显著向太平洋倾斜的地区萨哈（雅库特）共和国、阿穆尔州和犹太自治州）。例如，萨哈（雅库特）共和国经西伯利亚大铁路、贝阿铁路以及东西伯利亚—太平洋输油管道与太平洋的诸港口连通。除了交通线路和能源管道，阿穆尔州和犹太自治州还可以经阿穆尔河抵达太平洋沿岸。

鉴于此，以远东联邦管区为界的整个远东经济区在广义上可以看作是俄罗斯太平洋地区。

第 3 区：经济重心同样向太平洋和亚太地区倾斜并且倾斜力度正在加大的地区（外贝

图 0.1　俄罗斯东部各联邦主体的经济地理重心向太平洋倾斜程度图

加尔边疆区、布里亚特共和国、伊尔库茨克州，即贝加尔湖地区）。首先，贝阿铁路由此
出发通往太平洋港口，地区的很多对外贸易合作是通过西伯利亚大铁路和贝阿铁路面向亚

太地区的各个国家开展。其次，向亚太地区各国输送石油的东西伯利亚—太平洋输油管道也由此出发。

　　这样的命名反映出，整个大区及其各个次区域、各个经济实体相对于亚太地区市场的太平洋板块和其他板块等具有重要对外贸易意义的区域结构的经济地理位置所起的作用在增强。

　　萨哈（雅库特）共和国和楚科奇自治区的北部地区经本地区的沿海地带可出海至北冰洋。但是，人口更多和更发达的萨哈（雅库特）共和国南部地区则是以太平洋和亚太地区为发展重心。楚科奇自治区的东南部地区同样更加发达和人口更多，并且可以经白令海峡等通道直接出海至太平洋。在上述这些地区的长期发展中，太平洋及其自然资源潜力和过境运输潜力以及与太平洋地区各国的对外经济合作将发挥极为重要的作用。鉴于此，将整个远东大区及与其毗邻的 200 海里专属经济区水域以最完整的方式称为"俄罗斯太平洋地区"是可以的。

　　本书涵盖了自然、资源、经济和人口等最为广泛的现象，但是这些内容都是在一个大区范围内加以考量，它们构成的正是一个统一的宏观地理系统。本书所设定的主要目标极具综合性，试图从俄罗斯这一大区的陆地、海岸、自然、气候等的现代雏形和人类文明诞生时起，即从现代地理系统的基本轮廓形成时起，展示并在可能情况下对比它在不同历史阶段的形成和变迁过程。

　　历史篇反映了所有历史时期的大规模改造和变迁，包括极端事件、惯性和相关变迁的周期性。同时，在各个时期都体现出人类及其活动的极其复杂的多样化和不断增强的影响力。

　　在现代阶段，这个大区呈现给我们的不仅是陆地，还有这片陆地与毗邻的巨大海洋生态系统之间不断加大的相互影响。陆地和海洋独一无二的生物多样性、自然资源的富饶与保护和合理开发自然资源的必要性，这些都要求人类在俄罗斯太平洋地区的整个统一地理系统（大区）中采取可持续和合理的行为①。

　　综上，俄罗斯太平洋地区当前的发展速度不啻以往任何时候，它将与东亚和太平洋沿岸的相邻地区和国家携手共创未来。

　　本书的出版由中国科学院战略性科技先导专项（A 类）项目课题"中蒙俄经济走廊交通及管线建设的生态环境问题与对策"（XDA20030200）、国家科技基础资源调查专项课题"亚欧大陆主要自然资源本底数据整编与空间化处理"（2022FY101901）联合资助。

---

　　① 本书中，俄罗斯远东地区被看作是以俄罗斯远东联邦管区为界的俄罗斯太平洋部分或俄罗斯太平洋地区，共包含了萨哈（雅库特）共和国、滨海边疆区、哈巴罗夫斯克边疆区、堪察加边疆区、阿穆尔州、犹太自治州、萨哈林州、马加丹州、楚科奇自治区 9 个联邦主体。本书的一些合著者仍然保留了"俄罗斯远东"或者"远东地区"这样的地理称谓。

目　　录

1 不同地质时期的自然环境

在地质历史演化过程中，远东地区自然环境的发展和变迁取决于气候变化的复杂影响，气候变化对复杂构造和活跃火山活动的地质构造产生了重要影响。这片地域的历史变迁中充满了富有戏剧性的事件，如大地构造的大型改造、地质灾难、急剧和对比强烈的气候变化（图 1.1）。作为活动大陆边缘的大部分区域具有大规模构造运动和火山活动的特征，个别区域（科里亚克山原）则体现出更加平静的构造机制（楚科奇、鄂霍次克北部沿海）。复杂的发育过程决定了俄罗斯太平洋地区地形的千姿百态以及自然资源、矿产和生物的丰富多样。有充分的理由认为，这片幅员辽阔的地域的自然环境形成于最近的 6500 万年，即新生代时期，大陆在这一时期从总体上具备了现代轮廓，大型爬行动物统治时代结束，哺乳动物和被子植物开始繁盛。

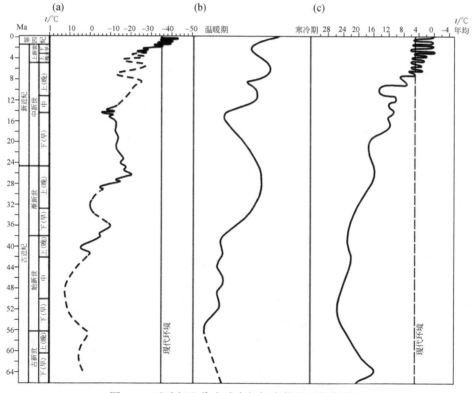

图 1.1　反映新生代全球古气候事件的温度曲线图

（a）亚洲东北部（Фрадкина и др，1999）；（b）萨哈林（Гладинков и др，2002）；

（c）东欧平原（Величко и Ясаманов，1986）

　　在晚白垩世和古近纪之交（约6500万年前），现代大陆、萨哈林地区及其毗邻大陆架还是一个褶皱山区，这个褶皱山区在古近纪早期以侵蚀作用为主。在这个交替时期，地球的面貌发生了根本性改变，在新生代划分出三个主要构造活跃期：拉勒米期（白垩纪和古近纪交界）、阿留申期（早中新世和中中新世交界）和萨哈林期（新近纪和第四纪交界）（Гладенков и др，2002）。

　　在古近纪初期，最高的山系位于东北部，被剥蚀平原切割的山脉高达3000m。在现代大陆架的位置曾存在过作为亚洲和北美洲之间迁移通道的陆桥（Борзенкова，1992）。在白垩纪末期至古近纪初期，在远东地区南部形成了一个造山构造地貌系统，它在滨海地区由锡霍特巨型隆起组成，多个大型盆地将这个巨型隆起从相邻的构造地貌中突显出来。在古新世，锡霍特巨型隆起占据了3/4的沿海地区（Тащи и др，1996），这里曾是一片辽阔的隆起地带（Берсенев，1969）。在远东南部的沉降区存在过很多洼地，这些洼地被陆生沉积物填充（Павлюткин и Петренко，2010）。整个锡霍特山脉曾发生过剧烈的火山喷发（库兹涅佐夫期）（Олейников и Олейников，2005）。鞑靼拗陷从古近纪早期开始形成，它是一个把大陆和萨哈林岛（库页岛）分开的构造地貌单元。

　　古新世初期具有温暖和湿润的亚热带气候，当时在俄罗斯的东北部广泛发育松科-杉科和阔叶树木，并夹杂大量的胡桃树、榛树、栗树、榆树、木兰树、冬青树等常绿被子树种。如今杉科是墨西哥、美国加利福尼亚和中国东南部的典型植物。古新世后期发生的幅度不大的降温让针叶树种分布得更加广泛（Фрадкин и др，1999）。在阿穆尔河沿岸地区（结雅-布列亚盆地）和滨海地区的森林植物中同样以裸子植物居多，夹杂松科的杉科（红杉、水杉等）占优势，还有柏科、南洋杉、罗汉松等喜温树种（Павлюткин и Петренко，2010）。在阿穆尔河上游沿岸的森林植物中，在杉科占优势的背景下夹杂着松科以及栗树、悬铃木和枫树等各种阔叶树种以及热带和亚热带树种（Кезина，2000）。在古新世后期，煤炭开始在低洼地带聚积，当时的气候条件有利于植物残骸的成煤过程。

　　鄂霍次克海的南部（捷尔佩尼耶山脉地区）是晚古新世—早始新世在太平洋西北部陆缘海位置存在过的最古老的海盆，这里曾有过浅水环境（Цой и Шастина，2005）。在古新世—始新世，鄂霍次克-尚塔尔地区的沉积过程主要发生在陆地环境下，即在山间盆地和湖泊的填充环境下。鄂霍次克-楚科奇火山带的形成期于古新世结束，在下阿穆尔断块和东锡霍特山脉出现火山活动（Сахно，2001）。6100万～5900万年前，在小千岛地区的地表环境下发生过活跃的火山活动（Кавтунович，2004）。一些作者推测，在现今日本深水海盆地区，在古新世—始新世可能还存在过相对浅的海盆（Тащи и др，1999）。

　　在始新世初期，在5300万～5000万年前，近地面空气层发生了最后一次最剧烈升温（Ахметьев，2004；Гладенков，2004）。始新世的气候最适宜期对于整个新生代都是极其重要的，当时的全球平均气温比现代气温大约高6.5℃（Величко，1995，2010），而在高湿度环境下的高纬度地区比现代气温高25～30℃（Борзенкова，1992）。在东北部，7月平均温度达到20～25℃，1月平均温度达到10～12℃，年均降水量为1000mm（Фрадкина и др，1999）（图1.1）。这是在中生代和古近纪早期统治地球的非冰川（或温室）气候的最后阶段（Гладенков и др，2005）。在这一时期，基本没有出现过气候地带性和地貌分带性，不存在冰岩圈；夹杂热带物种的茂盛的亚热带植物一直连绵到北极海域的沿岸地区，带有火烧迹地的森林生长茂盛（Величко，2010）。松科和阔叶树种组成的森林植物群落继续在东北部发育，如今属于热带和亚热带的木兰科、桑科、五加科、红杉、悬铃木、山毛榉等喜温树种生长茂盛（Фрадкина и др，1999）。

在滨海地区，森林植物中曾以胡桃科、山毛榉科等被子植物为主；杉科在早始新世的裸子植物中占优势，在中始新世则是松科占优势。植物接近于亚热带植物，生长着银杏、罗汉松、雪松、铁杉、悬铃木、一些常绿橡树品种和其他喜温植物。大陆腹地（结雅-布列亚盆地）可见木兰科、樟科、桑科、茶科、桃金娘科和柿树科等植物。在始新世的气候最适宜期曾生长过极其多样化的喜温植物（Павлюткин и Петренко，2010）。在阿穆尔河上游沿岸地区同样以热带和亚热带物种为主（Кезина，2000）。在滨海低洼地带和萨哈林地区陆地的温暖湿润环境下，存在带有茂盛植物的辽阔的亚热带沼泽，这为煤炭聚积创造了条件（Гладенков и др，2002；Аблаев и др，2002）。甚至在远东地区的北部一直到季克西都有过聚煤过程（Камалетдинов，2002）。

在中始新世末至晚始新世初，滨海地区的构造运动加剧（Берсенев，1969）。锡霍特山脉地区的火山活动出现于中始新世。沿鞑靼海峡沿岸地区延伸的多条火山属始新世（Олейников и Олейников，2005）。始新世，在鄂霍次克海隆起地段的维贾季山脉地区出现活跃的陆上火山喷发，晚始新世在堪察加地区出现火山活动（Гладенков и др，2005；Емельянова и Леликов，2007）。

在中始新世发生过最大规模的海侵。当时太平洋北部是一个巨大的海湾，太平洋与北极水域之间没有连通。正是在这一时期形成了鄂霍次克海盆。海侵出现在鄂霍次克海的东部和北部边缘，海侵过程覆盖了堪察加的多个地区和科里亚克山原。海水首次深入现今萨哈林地区，这里出现了狭窄的西萨哈林海湾，这个海湾经中北海道海峡与太平洋连通（Гладенков и др，2002，2004）。

晚始新世的特点是在整个北海道—萨哈林拗陷带内发生了大范围的海侵。在拗陷的中部确立了稳定的海洋机制，在水域的边缘部分，海水在短暂的海侵期内淹没了辽阔的滨海低地并到达了现代大陆沿岸（Гладенков и др，2002）。

在堪察加，海洋环境在中始新世末至晚始新世初发育到最大程度，剩余的陆地成为岛链。在西堪察加，存在过一片深 600～800m 的海洋，仅在品仁纳湾地区是浅水盆地（Гладенков и др，2004，2005）。在日本海底部（大和高地）发现的古近系沉积层显示，这里曾存在过陆上环境（Васильев，2009）。一些研究者认为，对马—鞑靼通道（从对马海峡沿锡霍特山脉的始于朝鲜半岛南部的地堑）形成于古近纪早期（5800万～3650万年前），当时大陆边缘开始被一个大型断裂劈开（Олейников и Олейников，2005）。

在始新世大洋海水建立起了环赤道环流，这使得高纬度地区显著变暖，亚热带向北推进（Олейников и Олейников，2005）。海洋生物群落生活在特殊的副热带气候环境下（Гладенков и др，1997）。直到晚始新世，热带-亚热带延伸至高纬度，在中始新世末期大洋中的亚热带开始收窄，温度的纬度梯度性开始增强（Гладенков，2007）。

从始新世晚期开始（约4450万年前），迎来了带有不均匀波动特点的渐进变冷期（Величко，2010）。在始新世末至渐新世初（4000万～3500万年前），南极出现了冰川（Гладенков и др，2005）。划分出了三个寒冷期：中始新世、晚始新世（4100万～4000万年前、3850 万 ~ 3780 万年前）和约 3650 万年前的始新世与渐新世之交（Борзенкова，1992）。与气候最适宜期相比，首先推测冬季气温下降以及湿度减少（Фрадкина и др，1999）。这一时期，棕榈和樟科等喜温植物开始从东北部的植物群落中消失，取而代之的是阔叶科和落叶科，而在始新世末期，以桦树林为主的松科和小叶科的数量增加（Борзенкова，1992；Фрадкина и др，1999）。裸子植物的数量急剧增加，说明降水相当充沛、沼泽湿地占据了优势（Борзенкова，1992）。在晚始新世，滨海地区的裸子植物数量也增加了，松科（云杉、铁杉）为优势种，杉科植物数量减少，被子植物中广泛分布榆科、胡桃科、山毛榉科和桦木科。聚煤作用开始活跃（Павлюткин и Петренко，2010）。石油和天然气开始在萨哈林地区聚集（Гладенков，2004）。

渐新世（3370 万 ~ 2380 万年前）是新生代植物发育的一个转折期，正是从这一时期开始形成冰川气候，大陆的冰岩圈和海洋的冷海区①开始形成，这导致大洋环流的变化和增强（Зубаков，1990；Гладенков，2004；Гладенков и др，2005；Цой，2007）。渐新世的整个时期是相对寒冷的，在全球性变冷的背景下出现了小幅回暖。渐新世早期最为显著的变暖期被一个漫长的变冷期取代（3150 万 ~ 2750 万年前），它是新生代全球变冷进程中最长的阶段之一。高纬度地区的气温下降幅度为 5 ~ 10℃（Борзенкова，1992）。

早渐新世的变冷使得太平洋北部的近极圈冷水区扩大，从而导致海洋动物和植物组成出现变化，在晚渐新世，北太平洋的植物群变得更具有冷水性（Гладенков，2004，2007；Гладенков и др，2005）。但是总体上，与晚中新世—上新世相比，太平洋在晚始新世—渐新世的气候是相当温暖的。在渐新世晚期，北回归线沿日本南部纬度线穿过太平洋（Гладенков и др，2005）。看来大洋中还没有发生急剧的气候分化（Николаев и др，1989）。

在渐新世，图尔盖型森林占据了从伏尔加河到阿穆尔河沿岸、萨哈林和阿拉斯加的广大区域。如今，此类植物是滨海边疆区、中国和日本东北部的典型植物。北极沿岸、雅库特北部和科雷马河下游的植物包含大量的图尔盖植物群落元素。夹杂胡桃树、椴树、山毛榉和栗树等落叶科的松桦混交林得到分布，杉科数量减少。这证明气候变冷和相对的干旱（Фрадкина и др，1999）。东西伯利亚南部被保留亚热带外形特征的"地中海植物"覆盖：广泛分布喜温阔叶树种（胡桃树、山毛榉、榆树）并夹杂亚热带群系（樟科、木犀科、黄连木、冬青等）。年均温度不低于 15 ~ 16℃（Борзенкова，1992）。

在东北部，早渐新世的变暖让图尔盖型植物群变得繁盛，存在过夹杂杉科和常绿树种的多优势种阔叶林和松桦混交林。气候相对温暖和湿润（Фрадкина и др，1999）。

3100 万 ~ 3000 万年前，气候的急剧变冷使得温带植物群落向大陆的图尔盖型退化植物群落演替。全球变冷导致蒙古国中部气候显著干旱化（Борзенкова，1992）。图尔盖型植物群落经历过这次变冷，小叶和落叶树种数量增加。针叶和小叶树种（桦树和赤杨）在 3000 万 ~ 2500 万年前的最寒冷时期占统治地位（Борзенкова，1992）。在堪察加地区的陆地，在比早—中始新世更加寒冷的气候条件下分布着针叶林，海洋中存在过冰筏作用（Гладенков и др，2005）。

---

① 指水温约 4℃ 的大洋底部冷水层，其高度达数百米，填满从极地到赤道的各大洋的深水区。

在阿穆尔河上游沿岸和滨海地区，森林植物群落中以被子植物居多，曾广泛分布过榆科、山毛榉科、桦木科和胡桃科，裸子植物中有很多松科树种（松树、云杉等）（Кезина，2000；Павлюткин и Петренко，2010）。在东、西锡霍特盆地内，聚积起大型的煤藏（Тащи и др，1996）。始新世末至渐新世初的构造活动和火山活动较弱（Берсенев，1969）。在渐新世，萨哈林的特点是油气聚积作用活跃（Гладенков，2004）。

大约2750万年前的变暖体现得并不显著（Борзенкова，1992），被约2350万年前的渐新世与中新世之交的变冷取代并伴随着洋面下降，在堪察加地区的太平洋西北边缘海出现冰筏作用。这次变冷导致图尔盖型植物群落退化，伴随着喜温植物的消失和小叶树种的增多。这时的气候是凉爽适中的更具大陆性的气候，冬季变得更冷（Фрадкина и др，1999）。推测滨海地区的气温骤降发生在晚渐新世，山毛榉几乎完全消失，喜温植物数量减少（Павлюткин и Петренко，2010）。

渐新世初期的变冷期伴随着大范围的海退，海平面下降约100m，这期间不大的上升没有改变海平面总体的下降趋势（Гладенков и др，2005）。洋面的下降可能与南极洲东部的冰川作用有关。据推测，在3000万～2900万年前南极大陆的冰川范围已经接近于现代范围（Борзенкова，1992）。

在渐新世晚期，构造作用开始加强，体现为欧亚大陆东北部陆地剧烈下沉，这导致部分陆地的海拔急剧下降，演变为岛和半岛（堪察加、萨哈林、日本诸岛）（Синицын，1980）。总体上，这一时期与覆盖西、东堪察加和萨哈林的海侵的最强烈时期相对应。海槽和陆架盆地的深度增加。在西堪察加地区存在过一个较深的海盆，它经过多个海峡与东堪察加的诸海相连通（Гладенков и др，2002，2005）。鄂霍次克海是一个被隔离的封闭海盆，冬季这里在西伯利亚反气旋致冷影响下出现冰盖。鄂霍次克海曾有过比与北极水域不连通的"北太平洋湾"更加严寒的条件（Гладенков и др，2005）。在早—晚渐新世变冷过程中的最寒冷期，在极地水域的个别地方出现了浮冰（Борзенкова，1992）。在萨哈林，渐新世—早中新世的下沉面积极大，几乎整个岛和陆架都被海水淹没，海盆变得更深，与大洋更加连通（Гладенков и др，2002；Цой и Шастина，2005）。在日本海海域（2600万～2200万年前），大海分布在环绕大和高地的海盆范围内（Олейников и Олейников，2005）。

在早渐新世，太平洋西北部的大陆向大洋的过渡带的特点是火山活动频繁（Гладенков，2007）。频繁的火山活动出现在堪察加地区，主要是在品仁纳区南部（Гладенков и др，2005）。在渐新世，萨哈林的火山活动也活跃起来，结果形成了很厚的火成岩系和火成沉积岩系（阿拉凯岩系）（Гладенков и др，2002）。滨海地区西部的拗陷（伸张）开始于始新世末—渐新世初，在渐新世中期达到最大（Аблаев и др，1994；Тащи и др，1996）。锡霍特山脉的火山活跃起来，火山山脉数量增加（Берсенев，1969；Сахно，2001；Олейников и Олейников，2005）。在全球气温下降的背景下，活跃的火山喷发导致大洋内硅质生物广泛发育和硅质土聚积（Гладенков，2004；Цой，2007）。

在渐新世—中新世之交，持续约2000万年的漫长的古近纪变冷期结束（Борзенкова，1992）。

早中新世是地区地质史中的转折时期之一，这一时期形成了地壳大断裂并伴随火山活动。强烈的岩浆活动开始，标志着大陆地壳遭到大片破坏。看来，日本和南鄂霍次克深水盆地开始形成于这一交替时期（Гладенков и др, 2002）。中新世初期日本从亚洲大陆脱离，导致日本海的水域扩大。在中新世出现了千岛-堪察加岛弧（Гладенков, 2004）。在晚渐新世—早中新世发生了鄂霍次克海的显著扩张，因全球性海侵建立了与大洋的广阔连通（Цой и Шастина, 2005）。在萨哈林岛（库页岛），陆地以列岛的形式保留在中央部分，北部被浅海占据。在海侵和山体夷平的背景下出现活跃的火山作用，尤其是在现今西萨哈林一带，这里划分出三个火山活动爆发期。在被夷平的陆地内，在鞑靼海峡的大部分区域出现裂隙式火山作用（Гладенков и др, 2002）。到了中新世初，滨海地区的构造运动变弱，兴凯地块地区发生了大范围下沉，由此形成了西滨海平原（Берсенев, 1969）。

早中新世末期的标志是萨哈林地区的整体抬升（阿留申褶皱期），所形成的陆地是一个被浅海镶边的不高的山地丘陵区。

新近纪的特点是气候变化过程复杂。在早中新世初期，年平均气温开始缓慢上升。在开始于渐新世的漫长的变冷环境下，热带植物从地区南部的植被中消失，针叶树种开始占优势（冷杉、铁杉、松树）。在新近纪有三个大型的气候最适宜期，两个在中新世，一个在上新世，它们间隔着相对变冷期。变暖期在约 1500 万年和 700 万年前以及 350 万～300 万年前较为显著（Борзенкова, 1992；Зубаков, 1990；Величко, 2010）。第一次变暖最为明显，被看作晚新生代的气候最适宜期。这是新近纪气候史中最重要的事件，导致有机生物界发生了根本改造（Зубаков, 1990；Гладенков, 2002, 2004）。

东北部的变暖使得带有云杉、冷杉、山毛榉、杉科（红杉、柳杉、水杉等）的多优势阔叶落叶林的面积扩大，植被重新获得了图尔盖样貌，但是与渐新世的气候最适宜期相比，松科和小叶群落分布更加广泛。当时的气候是温带湿润气候（Фрадкина и др, 1999）。

在辽阔的远东南部地区曾广泛分布与中国中部和南部的现代亚热带植物相似的落叶阔叶林和针叶阔叶林（Короткий и др, 1999）。

在阿穆尔河上游沿岸曾分布着在东亚、北美和地中海的现代植物群落中可见的水杉、雪松、榛树和其他树种的落叶林，出现聚煤过程（Кезина, 2000）。山毛榉在滨海地区是优势种，亚优势种是胡桃树、榆树、桦树和赤杨；暗针叶科包括冷杉、云杉和铁杉（Павлюткин и Петренко, 2010）。在植物组成中可见橡树、栗树、榛树、椴树、木兰树、漆树以及其他喜温物种（Цой и Вагина, 2007）。水杉、红杉和枫杨等一些古近纪残遗种回归到植物组成中（Олейников и Олейников, 2005）。7 月平均气温为 27～29℃，1 月平均气温为 4～7℃，年降水量为 1200～1400mm（Короткий, 1999）。在早中新世的滨海地区南部发生了活跃的聚煤作用（Аблаев и др, 2002）。在早中新世末至中中新世初，在萨哈林的大部分区域出现了有利于形成富煤岩系的条件（Гладенков и др, 2002）。

在中中新世，在气候最适宜期之后的气温略下降条件下，在东北部曾分布略贫瘠的阔叶树-松树-小叶树混交林。当时的气候是温带湿润气候（Фрадкина и др, 1999）。在滨海地区南部，森林植被中的阔叶树种数量减少（Цой и Вагина, 2007）。

在早中新世末—中中新世初，鄂霍次克海的千岛深水盆地变得更深，建立起与大洋的更加广阔的连通（Цой, 2007）。在中中新世开始了大规模的全球性海侵。中中新世和晚中新世初期的特点是在整个新生代史中最重要的海洋机制占统治地位。几乎整个远东地区都被大海淹没（Гладенков и др，2002）。由此推测，日本海与太平洋的连通在这一时期达到最大，表层水温接近于亚热带温度。在硅质微浮游生物的组成中，很好地记录下了1550万～1400万年的表层水变冷期，在这一时期南部各海峡关闭（Цой и Шастина，1999）。

远东南部大陆部分的构造活动性和火山活动的急剧加强与中新世的气候最适宜期相吻合。这一时期的火山活动的强度堪比始新世（Олейников и Олейников，2005）。

气候在晚中新世开始变冷，分为两个变冷期：1100万～1000万年前和800万～600万年前（Короткий и др，1999）。在滨海内陆地区，中新世末期的变冷伴随着气候的干燥化（Аблаев и др，1994）。

在俄罗斯东北部的大部分地区保留了森林类型的植物，发育松科-小叶林并掺杂少量的阔叶树种，杉科较为罕见。图尔盖型植物逐渐退化，气候变得中度寒冷。在660万～510万年前的最寒冷的气候条件下，楚科奇北部出现了冻土地貌（Фрадкина и др，1999）。

在远东南部，第一变冷期属温带湿润气候，与亚洲东部岛屿地区的现代气候条件相一致。在平原分布着阔叶林。边缘山脉被夹杂云杉、冷杉和铁杉的针叶林占据。第二变冷期属气候最不适宜期，特点是针叶-阔叶林广泛分布，直至低洼区。在植物中以铁杉、云杉、冷杉和落叶松等针叶科居多，桦树和赤杨的比例增加，阔叶树种减少。个别亚热带植物可能被保留下来（Короткий и др，1999）。滨海西部地区的变冷体现为山毛榉林退化，而榆树、枫树、枥树、桦木科数量增加。在中新世末期，形成湿地草甸和沼泽化三角洲地貌（Аблаев и др，1994）。气候属中度湿冷气候，但是冬季相当温暖，类似于北海道岛中部的现代气候（Короткий и др，1999）。在中中新世与晚中新世之交，暗针叶林和针叶-阔叶林在阿穆尔河沿岸地区广泛分布，很多亚热带代表物种消失。在中新世末期，森林植物中的山毛榉、漆树、铁杉、柏树等树种消失，被柳树、桦树、赤杨等全北区物种取代，松科开始在针叶科中占优势（Кезина，2000）。

中—晚中新世时期（1590万～760万年前），在鄂霍次克海地区南部曾存在一个构造活跃期（Цой，2007）。1500万～1000万年前千岛山系形成。鄂霍次克海南部的火山活动在中新世减弱（Емельянова и Леликов，2007）。在晚中新世，中萨哈林隆起开始上升，陆地边缘隆起，在阿穆尔河河口地区出现了辽阔的三角洲地台，这里的煤炭聚积开始活跃。也是在这一时期，萨哈林北部出现了大型油气田的成藏条件（Гладенков и др，2002）。中中新世末至晚中新世初，锡霍特山脉的抬升加剧（Берсенев，1969），远东南部的火山活动逐渐活跃（Сахно，2001）。

在中新世末至上新世初（大约550万年前），由于大地构造原因，也可能由于海平面上升，白令海峡被打开，这使得太平洋与北极水域之间开始交换水和生物群。不排除太平洋北部的晚上新世变冷是由北极海水经白令海峡侵入引起的。在早上新世，东堪察加火山弧和深海沟开始形成。中新世末至上新世初，萨哈林地区的伸张机制被挤压机制取代，形成了平移断层和与之匹配的褶皱系统，这导致大片陆地抬升。中上新世是萨哈林地质史中的转折时期。萨哈林岛（库页岛）出现整体上升（萨哈林褶皱期），古阿穆贡河-古阿穆尔河三角洲最大限度地向东移动。一条大河流经今萨哈林西部。鞑靼拗陷形成。在中—晚上新世，南鄂霍次克海沟和日本海沟进一步下陷，现代大陆坡构造确立（Гладенков и др，

2002，2004）。总体上，日本海海盆在新近纪期间逐渐与大洋脱离（Цой и Шастина，1999）。在上新世形成了现代海洋动物区系的核心物种（Гладенков и др，2002）。

大约 360 万年前，一个巨型陨石降落在楚科奇的北极圈之内，并形成了直径 18km 的巨大陨坑，后来成为埃利格格特根湖，它是东亚最古老的湖泊之一（Андерсон и Ложкин，2011）。

在中新世（300 万 ~ 250 万年前），楚科奇曾有过火山活跃期，随着火山的爆裂式喷发，火山灰散布到太平洋的大片区域。千岛地区的构造活动和火山活动开始活跃（Емельянова и Леликов，2007）。在晚中新世，萨哈林的火山活动也活跃起来（Гладенков и др，2002）。在中新世，远东南部大陆上形成了盾形火山，似玄武岩大量喷出（Сахно，2001；Олейников и Олейников，2005）。一些河谷被熔岩流填积，这从根本上改造了河流系统。后被兴凯湖占据的低洼地的形成也对水文系统的改造产生了巨大影响（Аблаев и др，1994）。

在早中新世，变暖期与变冷期交替出现。在 470 万 ~ 320 万年前的时间段内划分出一个发生两次热潮的气候最适宜期（Зубаков，1990；Борзенкова，1992）。450 万 ~ 380 万年前和 360 万 ~ 350 万年前的海侵（白令海侵）总体上与变暖期相重合（Гладенков，2002）。有学者认为白令海峡的实质性突破与白令海侵有关（Пушкарь и Черепанова，2001）。

在早中新世，在东北部至北冰洋沿岸分布着森林。在楚科奇存在过夹杂松树、云杉、铁杉、落叶松和赤杨的桦树林。在鄂霍次克海北部沿岸和勒拿河下游，除了桦树林和赤杨林，还广泛分布云杉，可见铁杉和少量阔叶林，属适中的湿润气候。没有多年冻土带，土壤可能在早中新世末期开始季节性冻结。在 320 万 ~ 310 万年前的变冷期，山谷冰川首次向平原移动，出现了被冻原植物占据的辽阔地区。在晚中新世，在东北部曾分布夹杂云杉的落叶-桦树林。在晚中新世末期，植被出现了地理分带性（Фрадкина и др，1999）。

中新世，在远东南部划分出若干植物发育期，包括低地势段的针叶-阔叶林、多优势种阔叶林（气候最适宜期），变冷环境下的云杉松树林（Короткий и др，1999）。在温暖期，森林植物中出现了栗树、鹅耳枥、胡桃树、榆树、榛树、桑科等喜温树种，裸子植物中的云杉数量减少，松树占优势，可见红杉和柏科（Павлюткин и Петренко，2010）。在中新世末期的内陆地区，以在持续干旱的温和气候条件下发育的类似热带稀树草原的地貌为主（Короткий и др，1999）。气候干燥化导致特殊红色岩层的形成（Павлюткин и Петренко，2010）。滨海西部的气候条件使得森林草原地貌扩大，兴凯草甸草原和森林草原很可能就是这一时期的残遗迹（Аблаев и др，1994）。在阿穆尔河上游沿岸，在夏季不炎热、冬季中度寒冷和降水充沛的温和气候条件下的植被主要由针叶-阔叶林构成，喜温物种稀少（Кезина，2000）。

250 万 ~ 240 万年前发生了全球性的急剧变冷。国际地质科学联合会（IUGS）将这一交替时期确立为第四纪的边界（上新世与早更新世的边界）。在这一时期，东楚科奇的北部出现了冰川作用。正是在这一时期，北极水域的沿岸地带成为北半球的寒冷中心，这里出现了地球上的第一个年平均气温在-5℃以下的长年低温冻土带（Величко，2010）。

在严寒气候条件下出现的多年冻土带使冻原地貌在远东东北部广泛分布（Фрадкина и

др, 1999）。与内陆地区相比，大陆边缘的变冷期由于大洋的影响而略有缓和。在远东南部，暗针叶泰加林得到广泛发育（Олейников и Олейников, 2005）。大量的硅藻植物是海洋水域存在寒冷环境的证据，硅藻植物是会季节性结冰的日本海西北部冰川环境的指示物（Цой и Вагина, 2007）。

在早更新世划分出几个温暖期和更冷期。变暖期伴随着海侵，如约 220±30 万年前的大规模海侵（Пушкарь и Черепанова, 2001；Гладенков и др, 2002）。

东北部总体上属亚北极气候，存在着多年冻土带。变暖期的植物接近于现代北方泰加林植物。年平均温度为零上或接近零度，多年冻土带出现退化。在寒冷间隔期，年平均温度降至-10 ～ -5℃。冻原草地的面积扩大，开敞区域增多。在变冷期，草原型冻原地貌首次出现在科雷马低洼地区（Фрадкина и др, 1999）。

在远东南部存在过较明显的垂直分带性。在变暖期，在高山的下阶出现夹杂山毛榉、胡桃树、栗树的针阔混交林以及多优势种阔叶林（Короткий и др, 1999；Олейников и Олейников, 2005）。滨海南部的植物与本州岛北部的现代森林相似。变冷时云杉和小叶树种数量增加，植物组成与滨海地区的现代森林相近（Короткий и др, 1999）。

在第四纪初（根据国际地质科学联合会（IUGS）的新年代表），在萨哈林岛（库页岛）地区发生了抬升并形成地区的现代构造。涅韦尔斯科伊海峡将萨哈林与大陆分隔开，阿穆尔河将沉积物携带到萨哈林湾方向，之后进入杰留金盆地方向（Гладенков и др, 2002）。

第四纪活跃的火山活动基本局限在千岛-堪察加地区。在早更新世，堪察加曾有大规模的区域喷发。也为千岛群岛划分出上新世—晚更新世中期活跃期，在高地处形成了最大厚度400m 的溢流玄武岩（Ковтунович, 2004）。

最近 100 万年的特点是气候变化呈现极大的有序性和周期性，冰川期与间冰期交替出现。这一时期发生不少于 10 ～ 11 次的全球变冷（Зубаков, 1986）。划分出持续 20 万 ～ 10万年的"冰期-间冰期"大周期，同时这些周期出现缩短的趋势，在一个大周期内温度从更古老的周期向更年轻的周期呈下降趋势（图 1.2）。每下一个间冰期，气候最适宜期的温度都比上一个约低1℃（Величко, 1995；Величко и др, 2010）。变暖伴随着海侵，海侵时的海平面接近或高于现代海平面。海平面的最大上升大概发生在晚更新世中期的气候最适宜期，上升达 25m（Пушкарь и Черепанова, 2001）。在变冷期，海平面显著降低，形成众多陆桥。最大的白令陆桥把楚科奇与阿拉斯加连接起来，这使得动植物在两个大陆之间进行大范围的迁徙。

在这一时期，纬度地带性和垂直分带性非常显著（Величко и др, 2010）。在变暖期，偃松、矮桦和赤杨树林的高灌木冻原带占据了楚科奇极圈内相当大的空间（Андерсон и Ложкин, 2011）。在沿岸地区分布着灌木冻原和森林冻原地貌，其内部地区夹杂落叶松、桦树、云杉。在堪察加生长着云杉-冷杉林。在鄂霍次克海沿海地区存在着落叶-桦树稀疏树林和落叶-桦树森林冻原。属接近或略冷于现代气候的适中凉爽气候（年平均温度为-4 ～ -2℃）（Фрадкина и др, 1999）。在地区南部，变暖期的气候更加温暖或接近于现代气候。阔叶林、针叶-阔叶林占据的面积扩大。植物类似于本州岛北部的现代森林。从一个变暖期到另一个变暖期，从更早时期继承下来的外来植物逐渐从植被中消失

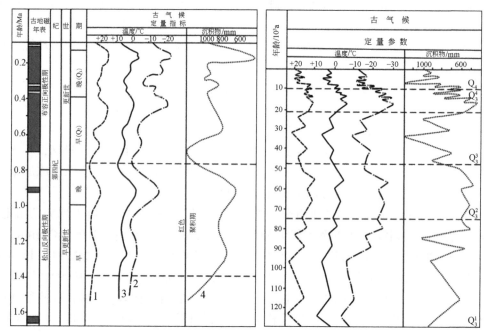

图 1.2　远东南部最近 160 万年的古气候曲线图 （Короткий и др, 1999）

（Короткий и др, 1999）。

在寒冷期，北冰洋沿岸的年平均温度下降至 –17 ~ –15℃ （Величко, 2010），在科雷马地区下降至 –15 ~ –10℃ （Фрадкина и др, 1999）。亚洲东北部没有地面的冰川作用，但是在楚科奇、堪察加、鄂霍次克海北部沿岸存在过独立的山谷冰川。大约 70 万年前，堪察加的奥利洪冰川作用可能是亚洲东北部的第四纪最古老的冰川作用之一 （Фрадкина и др, 1999）。地貌发生了重大改造。在楚科奇的极圈内分布着苔草-禾本冻原和极地荒漠，类似于现代弗兰格尔岛的地貌 （Андерсон и Ложкин, 2011）。在楚科奇，草甸和苔藓冻原占据相当大的区域，在科雷马地区以无森林地貌为主，出现了冻原草原，在堪察加出现森林冻原。属寒冷的大陆性气候。在中更新世出现了最早的猛犸象 （Фрадкина и др, 1999）。

在地区南部，在变冷期植物带的纬度向南移动 6° ~ 8°。在阿穆尔河沿岸分布明亮针叶泰加林和小叶林，存在多年冻土带。在 42° ~ 45°N 分布着带有雪松和外来松树的暗针叶林。在锡霍特山脉的上部带 （海拔 1500m 以上） 形成了秃峰带。在中更新世，变冷使鄂霍次克-堪察加的北方植物群落渗透至 42°N。中更新世末期的强烈变冷甚至让滨海南部地区的暗针叶泰加林也出现退化，由落叶林和桦树-落叶林取而代之。温度降低了 6 ~ 7℃。划分出湿度高于现代湿度的变冷期和干冷气候期 （Короткий и др, 1999）。

在晚更新世，堪察加、萨哈林和千岛群岛的沿岸地带处于活跃的构造运行环境下，在现代地形中体现为不同年龄和不同高度的海滨阶地，构成上升滨线。萨哈林和千岛群岛的最剧烈抬升发生在早更新世至晚更新世中期。在日本海的大陆沿岸，缓慢下沉成为主要趋势 （Короткий и Худяков, 1990）。在鄂霍次克海沿岸也发生了大陆陆地边缘的后继下沉

（Кулаков，1980）。

　　除了堪察加和千岛群岛，阿穆尔-乌苏里火山区、阿纽伊-阿卢钦地区、中科雷马地区、托金地区、索夫加万火山区和德朗群岛也属于在最近 100 万年喷发活跃的最新火山活动区。

　　13 万~12 万年前发生的事件非常值得研究，这一时期包括了最近一次的冰期-间冰期旋回和全新世。在这一时期初发生的全球变暖被称为最后一个间冰期，这期间的全球平均温度高于现代温度 1.7~2℃，主要是由于冬季温度上升（Величко，2010）（图 1.2）。冬季温度的最大变化幅度发生在北部地区，即从鄂霍次克海北部沿岸到北冰洋沿岸地带，冬季低温地区显著缩小（Величко и др，2010）。冻土带的南边界分布在现代大陆北缘（Фрадкина и др，1999）。1 月平均温度在鄂霍次克海北部沿岸和雅库特比现代温度高 6~8℃；在楚科奇、堪察加和阿穆尔河沿岸地区比现代温度高 4~6℃；在萨哈林和滨海地区比现代温度高 2~4℃；在滨海地区南部比现代温度高 0~2℃。7 月平均温度在地区北部比现代温度高 4~6℃，在堪察加、阿穆尔河沿岸、萨哈林和滨海地区北部比现代温度高 2~4℃，在滨海地区比现代温度高 0~2℃。大气降水量也多于现代（年降水量比现代多约 100mm）。南北方向的温度梯度变小引起大气环流发生改变，即西伯利亚反气旋的规模和强度都减小（Величко и др，2010）。

　　变暖使地貌相应地发生了重大改造，地貌区的边界向北移动，相邻海域的水热平衡机制发生变化。在楚科奇的沿岸地区，以北方泰加林型的落叶-桦树林居多，在楚科奇的内陆地区和鄂霍次克海沿岸，出现了夹杂云杉的树林（Фрадкина и др，1999）。夹杂阔叶树的暗针叶泰加林向鄂霍次克海沿岸的南部扩散。在阿穆尔河沿岸广泛分布着针叶-阔叶林，很多喜温物种迁移至阿穆尔河河谷地带。在阿穆尔河上游，以夹杂阔叶树种的明亮针叶桦树林为主。在萨哈林，暗针叶绿苔类泰加林占据大片面积，在岛的南部和西部沿岸分布暗针叶过渡型泰加林、阔叶和桦树-橡树林。在滨海低洼地带，带有中国东北喜温植物代表树种的多优势种阔叶林占统治地位（鹅耳枥、橡树、桉树），在图尔盖型植物群落的残遗物种中，栗树、山毛榉、外来松树等被保留下来。在高山的上部带，分布着云杉-雪松-阔叶林，高山冻原带和矮曲林带几乎消失。在滨海西部发育夹杂光松的橡树-桦树稀疏树林，大片地段被草本植物占据（Голубева и Караулова，1983；Короткий и др，1999；Павлюткин и Белянина，2002）。

　　变暖伴随着大规模的海侵，这次海侵有三个温暖期和两个寒冷期，最大海侵时期的海平面超过现代海平面 7~10m（Кулаков，1980；Каплин и Селиванов，1999；Короткий и др，1999；Пушкарь и Черепанова，2001；Свиточ，2003），这导致近岸低地被淹并在河口处形成深海湾。

　　从 11.7 万年前开始，气候的特点是气候韵律复杂。划分出中间间隔变暖期的两个全球变冷期。气候特别严寒的最后一次冰川期（2.0 万~1.8 万年前）对现代地貌的形成产生了重要影响。远东南部的年平均温度下降了 8~12℃，降水量也大幅度下降（在滨海南部地区下降 400~500mm）（Короткий и др，1999）。

　　与欧洲和北美洲不同，亚洲大陆东北部气候的显著干旱没有促使大陆冰盖发育。规模最大的半大陆冰盖出现在上亚纳山脉和切尔斯基山脉地区（Величко и Фаустова，2009）。较小的山谷冰川、冰斗谷冰川和冰斗冰川出现在堪察加、鄂霍次克海西部沿岸、阿穆尔河沿岸。在萨哈林，仅在 1300~1500m 高的纳比利山脉区显露出冰川作用的痕迹。山区的雪线大幅下降，雪线在太平洋沿岸地带位于 500~700m 高度，在鄂霍次克海沿岸的南部位于900~1100m 高度，而在内陆山区位于 1200~1400m 高度。多年冻土带的边界向南部大幅度移动。几乎在整个地区都存在过连续多年冻土带，仅在滨海地区南部有不连续和岛式冻土带（Короткий и др，1999；Величко и Фаустова，2009）。在伸入连续多年冻土带的千岛群岛南部，活跃的融冻泥流作用留下的痕迹清晰可见（Разжигаева и Ганзей，2006）。

从勒拿河河口到楚科奇和科雷马河下游辽阔的低洼地区曾被北极荒漠、草甸苔藓冻原和冻原草原地貌占领（Фрадкина и др，1999；Величко и Фаустова，2009）。地貌区向南呈纬向移动约 10°。在鄂霍次克海西部沿岸的山区，带有赤杨稀疏树丛的秃岭荒漠、灌木-草甸冻原占据了大部分区域，河谷地带被泥炭苔藓沼泽占据。在阿穆尔河沿岸、鄂霍次克海沿岸附近山地以灌木丛和山地冻原为主，平原上分布着落叶沼泽地和草原化草甸。在阿穆尔河西部沿岸地区，随着大陆性气候的增强，平原上开始分布矮林和草甸沼泽地，山麓地带分布桦树-落叶树林，山地冻原带占据中山和低山，秃岭荒漠十分发育。在萨哈林岛（库页岛），稀疏的落叶林和落叶桦树林、草本和灌木群落获得广泛分布。秃岭荒漠和山地冻原在山区北部十分发育。在南部地区，暗针叶和阔叶树仅保留在冰期生物种遗区。在锡霍特山脉地区，地貌差异很小，植被与鄂霍次克海西北沿岸的现代植被相似。山地冻原、亚高山矮曲林、桦树-落叶林和稀疏树林的面积扩大，阔叶、雪松-阔叶和暗针叶林消失（Голубева и Караулова，1983；Короткий и др，1999）。这一时期有利于猛犸象、长毛犀牛、马、野牛和洞鬣狗的生存（Верещагин，1985）。

变冷伴随着大规模的全球性海退，海平面下降 110~130m（Каплин и Селиванов，1999；Короткий и др，1999；Свиточ，2003），导致大陆架大面积干涸，尤其在北极沿海。这一时期，很多海峡关闭，出现了连接岛屿和大陆、亚洲大陆和美洲大陆的陆桥。岸线向北冰洋沿岸移动，向北移动 300~700km，向楚科奇半岛以南移动 600~850km，这显著地影响了太平洋北部海流的变化（Pushkar and Cherepanova，2011）。南千岛群岛与北海道、萨哈林和大陆连接起来，北千岛群岛（幌筵岛、占守岛）与堪察加连接起来。日本海几乎变成一片封闭海域，导致海流系统发生变化，太平洋海水的流入量减少，表层水淡化，海水出现清晰的分层（Плетнев，1985；Горбаренко и др，2007）。表层水的平均温度比现代低 4~8℃（Grebennikova et al.，1995）。

低温导致鄂霍次克海和日本海的冰量增加、冰盖的持续时间加长（图 1.3）。在鄂霍次克海西北部和东北部，永久冰盖保留下来，冰筏带的边界向海的中部和南部大幅度偏移，大部分海域在夏季时无冰（Горбаренко и др，2007）。日本海的冰量很可能也增加了，在日本海中心海区的沉积物中发现了这一年龄的冰筏材料（Плетнев，1985）。

全球温度的逐渐上升导致晚更新世冰川瓦解和多年冻岩带缩小，这次温度上升不稳定，变暖期与变冷期骤然更替，被一个新的温暖期终结，即现在仍在继续的全新世大暖期（大约 1 万年前）。全新世也具有变暖期和短暂变冷期交替的特点。在大约 6000 年前的全新世气候最适宜期存在过最温暖的环境，这时远东南部的年平均温度比现代温度高 3~5℃，气候更加湿润（Короткий и др，1999）。周围海域的表层水温度也上升了，在日本海上升了 1~3℃（Плетнев，1985）。边缘海的冰盖面积小于现代面积。

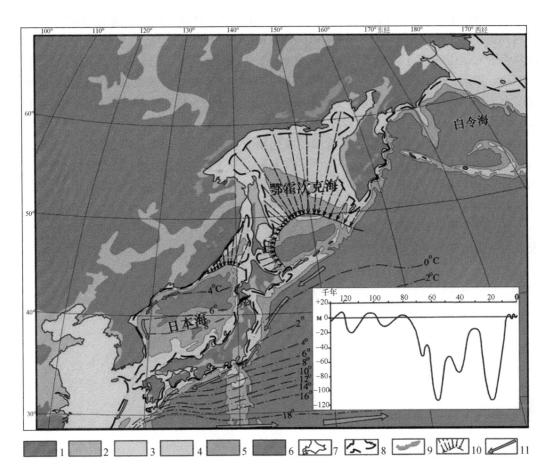

图 1.3   远东地区最近一次冰川期（1.8 万年前）和最近 12 万年的海平面变化曲线图

资料来源：Короткий и др，1999；Grebennikova et al.，1995

陆地（海拔）：1. >3000m，2. <3000m，3. 疏干的大陆架；海水（深度）：4. <1000m，5. 1000~3000m，

6. >3000m；7. 现代岸线，8. 古岸线，9. 冰川，10. 海冰，11. 海流

    在阿穆尔河沿岸地区分布着十分发育的桦树–橡树林和橡树–阔叶林，森林边界在山区的高度比现代边界高 500m。在西部地区分布着桦树–阔叶林和松树–落叶林。变暖和湿度增加促使外贝加尔中部的泰加林地貌发育。外贝加尔东南部以带有明亮针叶林的草原和森林草原为主。阔叶林沿着 52°N 零散地分布至阿穆尔河流域的西南边界。湖面达到了最大高度（Bazarova et al.，2011）。

    暗针叶绿苔泰加林占据了萨哈林岛（库页岛）的大部分区域，阔叶和桦树–阔叶林沿西岸分布至岛的北部，北部有桦树–云杉和矮林（Хотинский，1971；Короткий и др，1999）。阔叶和针叶–阔叶林占南千岛群岛的大部分区域。黑潮暖流的支流对阔叶树种的分布产生了重要影响。在滨海地区的低海拔区，分布着夹杂大量喜温物种的多优势种阔叶林，这些阔叶林沿着日本海沿岸伸入萨马尔加河的河口。低山和中山被针叶–阔叶林和云杉–冷杉林占据。山区垂直地貌带的平移断层比现代位置高 600~700m。在最高的山峰上，秃峰植物保存下来（Короткий и др，1999）。

全新世初的海平面比现代海平面低 43 ~ 48m。全新世海侵的特点是海平面迅速上升（Короткий и Худяков，1990；Каплин и Селиванов，1999）。岸线的轮廓接近现代轮廓。在西南沿海地带出现了最绵长（达 40 ~ 50km）的进侵海湾。在全新世的气候最适宜期（约 6000 年前），海平面高于现代海平面 2 ~ 3m，这一年龄的岸线更加曲折，伸入陆地的深度大于现代深度（Короткий и др，1999）。最近 5000 年的海平面波动也与气候变化有关，但没有超过 4m。

最近几千年的气候不稳定，尽管温度变化幅度不是很大，但是短期的变暖和变冷对自然环境的发育，尤其是对生物成分产生了重大影响。气候变化在远东地区的移民和开发中起到过一定的作用。最近一次的最重大的古气候事件是全新世的小气候最适宜期（Ⅷ-Ⅺ世纪）和小冰川期（ⅩⅢ-ⅩⅨ世纪）。全球平均温度变化了 1 ~ 2℃。

通过研究更新世至全新世的变暖效应对地貌发育的影响，可以用于评价环境在当前和未来的变暖向变冷更替中的气候变化期所产生的变化。

2 20世纪与21世纪之交的自然、经济和人口

2.1 自然地理特征

俄罗斯太平洋地区（也被称为"远东"或"远东自然地理区"）沿太平洋沿岸延绵4500km，分为南、北两大部分。南部包括阿穆尔州、滨海边疆区、哈巴罗夫斯克（伯力）边疆区、犹太自治州、萨哈林州和千岛群岛，南部总面积144.13万 km²。北部包括马加丹州、楚科奇自治区和堪察加边疆区（含堪察加州和科里亚克自治区），总面积167.14万 km²。俄罗斯太平洋地区［不含萨哈（雅库特）共和国］总面积为311.27万 km²。

东西伯利亚与远东之间的天然边界线从石勒喀河与额尔古纳河的汇合处开始（这两条河流汇合成为亚洲的一条大型河流——阿穆尔河），之后经纽克扎河谷至阿尔丹河源头，再经阿尔丹-斯塔诺夫山原的分水岭，之后沿阿尔丹河右岸向北，经尤多马河的河谷至上扬斯克山脉南翼、谢捷-达坂山脉和孙塔尔-哈亚塔山脉（高2959m的穆斯哈亚山）的山结。

天然边界线由此经科雷马河与阿纳德尔河流域的分水岭至舍拉格斯基角，之后穿过德朗海峡环绕弗兰格尔岛和赫勒尔德岛。从白令海峡开始，俄罗斯太平洋地区的边界线总体上与国境线重合，穿过代奥米德群岛（拉特马诺夫岛属于俄罗斯领土，而别林斯高晋岛属于美国领土）。向南，边界线经过距海岸200海里内；沿着海岸的轮廓，环绕科曼多尔群岛，向堪察加靠近并从太平洋一侧沿千岛群岛岛弧前进，之后经过将南千岛群岛和北海道岛分开的国后海峡，进入拉彼鲁兹海峡（宗谷海峡）逼近滨海边疆区沿岸。

在邻海和太平洋区域中，存在一条距离海岸12km的国境线（领水）和距离海岸200海里的海洋专属经济区的边界线。

东西伯利亚与远东之间的天然边界线经大彼得湾向图曼纳亚河（图们江）河口靠近，之后沿其河道上溯17km到达俄罗斯、朝鲜和中国的国境线交汇点（跨图曼纳亚河铁路）。之后经黑山山脉、鲍里索夫高原的分水岭向前，穿过拉兹多利纳亚河（绥芬河），沿波格拉尼奇内山脉蜿蜒的分水岭向前，穿过兴凯湖之后沿孙阿察河、乌苏里江和阿穆尔河的河道向前（伊瓦申尼科夫，2010）。

考虑到俄罗斯亚洲部分的行政区划和地理区划方案，将萨哈（雅库特）共和国也纳入远东地区。

以山区为主的地形造成远东北部偏远地区交通闭塞、与多个经济中心之间相距遥远，而北极海域密集的冰盖让情况更加严重。因此，这里形成的是局域基础设施造价高昂的孤立经济区。远东地区的气候条件决定其大部分区域内存在多年冻土带（达80%），只有滨海边疆区、萨哈林州、阿穆尔河南部沿岸平原和西堪察加平原南部没有多年冻土带。

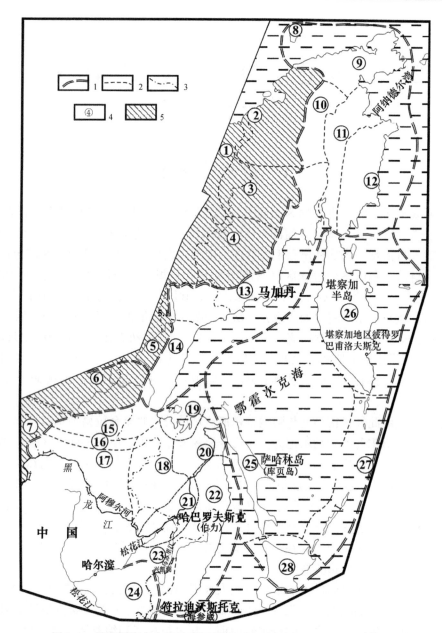

图 2.1　俄罗斯远东自然地理区划图（ЮЮ К. Ивашинников 制图）

1. 自然地理区的边界线；2. 自然地理省的边界线；3. 行政区边界线；4. 自然地理省的编号（小圆圈）；5. 东西伯利亚的自然地理区和自然地理省（阴影线）。东西伯利亚地带，西伯利亚东北区的自然地理省：①下科雷马省，②阿纽伊省，③尤卡吉尔−奥莫隆省，④上科雷马省，⑤尤多马−迈斯基省；贝加尔湖沿岸−外贝加尔区的自然地理省：⑥阿尔丹−斯塔诺夫省，⑦外贝加尔省。远东季风地带，远东东北区的自然地理省：⑧弗兰格尔群岛省，⑨楚科奇省，⑩上阿纳德尔省，⑪阿纳德尔−品仁纳省，⑫科里亚克省，⑬北鄂霍次克海沿岸省，⑭西鄂霍次克海沿岸省。阿穆尔河沿岸−滨海区的自然地理省：⑮结雅−乌第省，⑯图库林格拉−扎格达省，⑰阿穆尔−结雅省，⑱布列亚山原，⑲尚塔尔河沿岸省，⑳下阿穆尔省，㉑中阿穆尔省，㉒锡霍特省，㉓兴凯湖沿岸省。朝鲜−满洲（中国东北）区：㉔东满洲（中国东北）省。亚洲太平洋地带，鄂霍次克海区（萨哈林−堪察加区）的自然地理省：㉕萨哈林省，㉖堪察加省，㉗千岛群岛省，㉘北海道省

　　山地占据了俄罗斯太平洋地区近75%的领土，只有1/4是平原和低地。一些河流（阿穆尔河、勒拿河、科雷马河、阿纳德尔河、阿尔丹河等）是俄罗斯的大型水路动脉。

　　这里是由锡霍特山脉、斯塔诺维克山、上扬斯克山链、切尔斯基山链、中堪察加山脉、西萨哈林山、布列亚山脉等数十个单独山脉和山脊组成的山区和山原。

　　远东自然地理区囊括俄罗斯东部的大陆边缘，包括远东东北山区、鄂霍次克海山区（萨哈林–堪察加山区）、阿穆尔河沿岸–滨海山区、最南部的朝鲜–满洲山区东部即东满洲山原，中国和朝鲜接壤的跨境区和滨海边疆区的西南地区（Ивашинников，2010）（图2.1）。

　　复杂的地质和地貌构造在很大程度上决定了自然地理的特殊性。在这里，西伯利亚地台的东缘濒临大洋，即古生代褶皱构造：具有前寒武系构造窗的小兴安岭和布列亚山原的加里东褶皱带和海西褶皱带；兴凯地块的加里东褶皱带、海西褶皱带和前寒武系突岬；被鄂科次克—楚科奇和东锡霍特陆缘带的火成岩系局部超覆的楚科奇、阿穆尔—鄂霍次克和锡霍特褶皱系中生界构造（Худяков и др，1972）。

　　由于地壳翘曲、地壳厚度增大、古生代和中生代构造重建以及新成造山和拗陷构造地貌的形成，太平洋沿岸陆地边缘在新生代经历了重大的新构造改造。玄武岩火山作用、结雅–布列亚盆地、中阿穆尔盆地、阿穆尔–图古尔盆地、阿纳德尔–品仁纳盆地等裂陷–裂谷盆地和鞑靼海峡的形成决定了岩浆高渗透带和裂隙带的发育。地壳的花岗岩化作用从内陆地区向陆地边缘的移动导致形成纵向延绵的不对称型造山–穹状隆起。在晚新生代，这促使在大型山原的大斜坡不对称发育（锡霍特山脉、西鄂霍次克海沿岸、科里亚克山原）（Худяков и др，1972）。

　　不断上升的山岳屏障还对大陆气团和海洋气团的交汇产生影响，因此这里的非地带性因素的意义要大于地带性因素。

2.1.1　远东东北区

　　远东东北区包含多个褶皱山系：楚科奇山原、阿纳德尔苔原、鄂霍次克–科雷马山原、孙塔尔–哈亚塔山系、阿纳德尔–品仁纳低地、科里亚克山原和西鄂霍次克海沿岸。阿纳德尔河、阿姆古埃马河、品仁纳河、吉日加河、亚马河、阿尔曼河、陶伊河、库赫图伊河、奥赫塔河、乌拉克河、乌利亚河等河流流经远东东北区的境内。梅奇缅格湾、克列斯塔湾、阿纳德尔湾、品仁纳湾、科柳钦湾、吉日加湾和乌第湾等海湾环绕着曲折的沿岸地带。

　　因此，把北冰洋与太平洋分隔开的形状复杂的一块陆地突岬构成了俄罗斯远东的东北地区，它的北面是楚科奇海，东面是白令海，南面被鄂霍次克海围绕，从弗兰格尔岛延伸到注入鄂霍次克海尚塔尔湾的乌第河的河口。

　　在远东东北区存在着不同时期的地质构造。由勒拿–迈斯基板块构成的西伯利亚地台邻近鄂霍次克海西部沿岸。楚科奇东部的前寒武系和下古生界突岬构成了道尔金半岛的爱斯基摩地块。新元古界和古生界的鄂霍次克地块位于库赫图伊河和奥赫塔河流域（Парфенов и др，1979）。在白垩纪错断的中生界岩系分布更广，形成了楚科奇冒地槽和科里亚克优地槽褶皱构造。

从乌第河河口到楚科奇的古生界和中生界岩系被鄂霍次克-楚科奇火成带的喷出岩超覆。大型山体遍布花岗岩类，构成了穹窿状和块状形态。

最大的阿纳德尔-品仁纳山间拗陷由上中生界和新生界岩系组成，它在中生代是一个海峡，而科里亚克山原是东堪察加岛弧的一部分。科里亚克山原依然保留着构造活动性，现在这里穹窿状上升仍在继续，而火山活动直到更新世才停止。在山原的中央地带存在围绕着列佳纳亚山的山地冰川。

远东的气候形成于欧亚气团与太平洋气团的复杂影响之下，北冰洋及其长年反气旋型天气以及阿留申低压也参与其中。远东处在欧亚大陆东北末端的北极水域与太平洋水域的接触带，即处在具有温暖季节和寒冷季节有显著差异的复杂大气环流的两大洋的影响带中，这些决定了远东气候的主要特征（Клюкин，1959）。

冬季，中心位于蒙古国的高压区（亚洲高压）形成甚至可深入楚科奇的副高压区。同时，欧亚锋面气旋、北极反气旋和南气旋（阿留申低压）也到达这里。

这些中心气压的交汇导致天气在短时间内发生骤然的变化，从刮强北风的严寒天气突然转换为刮南风的潮湿且相对温暖的天气，并伴有强降雪和雪暴。

在温暖月份，相对温热的陆地上方以低压区为主，在太平洋上方以反气旋为主，在北冰洋沿岸上方则是欧亚峰面气旋和北极冷气团。由于这些环流因素的相互作用，在夏季任何时候都可能出现温暖天气与寒冷天气频繁更替，有时还伴有微冻。

按照气候区划，远东东北区具有冻原气候。在海洋降温影响变弱的地方，冻土地貌更替为冻土森林地貌。这时，通常决定地貌区分布位置的气候的辐射因素退居其次，大气环流因素取而代之，在地貌的形成中占据了主导位置。冬季盛行西北风而夏季盛行东南风的季风环流表现得并不明显。

鄂霍次克海对地区的气候产生明显的降温影响。寒冷的亚洲反气旋和低压区之间的边界线在冬季由此经过。在陆地和海洋升温的背景下，恒定的温差形成了大的气压梯度和严寒的风系。寒风加重了冬季的严寒，让积雪层分布得更加不均匀。冬季持续时间占全年的2/3，但是这里有西伯利亚东北区所没有的冰雪消融天气（Пармузин，1967）。

远东东北区具有以下气候特点：空气湿度大、陆地蒸发度低、云量大、沿岸地带的大雾天气频发且持久（表 2.1）。夏季，沿岸地区接受的光照要少于同纬度的大陆地区。海洋空气能够深入大陆 50～250km。与大陆地区相比，沿海的多年冻土带的厚度要薄很多（100m 以下），这使得差异更加显著。沿海低地存在融区。但是夏季土壤融化深度不超过1m，一般为 0.3～0.6m。

表 2.1　远东东北区冻土地貌的主要气候指标（Исаченко，1985）

位置	绝对高程/m	1月平均气温/℃	7月平均气温/℃	无霜期持续天数	植物生长期气温/℃	年均降水量/mm	年均蒸发量/mm
瓦卡列姆	5	−25.8	5.0	48	—	267	88
普罗维杰尼耶	9	−15.6	7.7	79	—	494	210
阿纳德尔	64	−21.9	10.4	82	393	254	175

续表

位置	绝对高程 /m	1月平均 气温/℃	7月平均 气温/℃	无霜期持续 天数	植物生长期 气温/℃	年均降水量 /mm	年均蒸发量 /mm
马尔科沃	22	−26.8	13.6	76	836	432	281
卡缅斯科耶	33	−23.0	13.1	65	839	342	278
亚姆斯克	3	−21.1	12.1	111	768	460	209

古地理调查（Свиточ，1970；Ложкин，1987）证明，在楚科奇和阿拉斯加之间存在过一个陆桥，大洋水平面在更新世冰川期多次下降至低于现代海平面近100m促使陆桥形成。北极的浅海（楚科奇海、东西伯利亚海、白令海北部）变得干涸。因此，辽阔的低洼地多次把亚洲和北美洲合为一体，低洼地与楚科奇和阿拉斯加一起构成了白令陆桥。正因为如此，楚科奇和阿拉斯加的现代地貌在很多方面都是相同的，因为在更新世，这两个地区的动植物区系发育在东西伯利亚、鄂霍次克海沿岸和白令陆桥组成的自然系统中。这里的物种多样性比西伯利亚东北地区更广，但是动植物种类的绝对数值不大。马加丹州约有1000种高等植物（Реутт，1970）。禾本科的数量最多（180种），其次是苔草科（160种）。

土壤类型的组合不多，原始的高山冻原和冻原沼泽冻土在远东东北区的东北部分分布最广，掺杂灰化土的高山泰加林冻土在西南部分分布最广。土壤的特点是分层差、化学性质不活泼、腐殖土和植物可吸收的含氮化合物的含量极低。

地区的植物区系组成分为高山北极物种、亚北极物种和泰加林寒温带物种。极复杂的自然因素的综合作用造成远东北方植被的发育，让这里的植被独具特色。广泛分布着三大植物地理区：冻原区、森林冻原区和泰加林区。但是，由于海洋和高山地形的影响破坏了植被的纬度地带性，所以仅在地区的中部可以看到这三大植物地理区的连续更替。这三大植物地理区的边界向南移动，很可能具有经度地带性，而不再是纬度地带性。

温度低、夏季短暂、冬季严寒、邻近多年冻土带、平原和谷底的沼泽化程度较高，这些构成了冻原植物的形成条件。贴近地面的矮小灌木和草本植物与苔藓和地衣一起构成断断续续的单层高山和北极冻原植被，占据了北部沿岸的江河泄流区并形成山地的亚秃峰植物带。

在高大灌木冻原，在阿纳德尔河、塔纽列尔河、别拉亚河、博利沙亚河（韦利卡亚河）的狭窄河滩带和岛屿上的零散地段可见阔叶林（占冻原面积的0.3%以下）。这些阔叶林生长在冲积砂壤土和砂土的砂砾石河滩地上，这里没有多年冻土带。仅在河水湍急的地方没有淤泥和黏土沉积层，这里的土壤被长年冲刷，没有发生盐类聚积和土壤蚀变，森林由钻天柳、萨哈林柳和西伯利亚白杨构成。

乔木树种（赤杨、偃松和落叶松）分布带的北边界线在科雷马河下游汇合，在69°N略北的一个点上汇合。这些边界线向东呈扇形散开，由赤杨构成北界，偃松构成东界（至阿纳德尔湾沿岸）。

河谷残遗林、钻天柳-杨树林构成远东北部的植被，这些树林经河滩地向北深入冻原带。从阿纳德尔苔原的山脉和鄂霍次克-科雷马分水岭的东支脉向西至勒拿河，兴安落叶松为优势种。在楚科奇，兴安落叶松林仅差 10～12km 就达到北冰洋沿岸，Реутт（1970）指出，兴安落叶松林的最北点在 69°20′的苏哈亚德列斯瓦角。

地区的植物区系特点是在鄂霍次克海沿岸的亚马河及其支流的下游、马加丹市以东存在西伯利亚云杉的小片地段。在草甸生物群落中，干湖（以拂子茅为优势种的高草草甸）独具特色。

马加丹州的高山戈壁荒漠占该州面积的 21.1%。荒漠中可见壳状地衣和角叉菜，石头中偶见细小的虎耳菜、鄂霍次克点地梅、高山茅香等，这些植物通常分布在 1000～2000m 高处。山坡下方出现灌木冻原片段。

划分出亚北极北方山地冻原及其因夏季强风和大雾而气候更加严寒的沿海类型。Кожевникову（1989）认为，这里生存着灌木和矮生灌木植物、沼泽植物、草甸–雪原植物、高山植物、砾石植物和崖生植物。

北极冻原和高山冻原几乎没有差异，两者通常并存。仅在弗兰格尔岛和狭窄的北部沿岸地带发育可以划归为北极冻原的斑点状矮生灌木冻原。冻原的特点是具有单层的矮生灌木植被，包括高山北极果、网脉柳和葡萄柳、仙女木、爬蔓状矮脚杜香、越橘、蓝莓、西伯利亚岩高兰等。矮生灌木高 3～10cm，覆盖了土壤表层的 30%～65%。

在弗兰格尔岛和楚科奇东部地区分布着斑点状矮生灌木冻原。

生长着苔草–羊胡子草和塔头墩子的亚北极冻原在远东北部发育良好，尤其在被山地冲积堆和平缓坡地占据的楚科奇（约占面积的 28%）。这些冻原经河谷地带深入山区，多靠近岩屑堆。此类冻原中常见瘦桦、矮脚杜香、北极柳、蓝莓、越橘等矮生灌木。生长塔头墩子的冻原具有泥炭潜育土、碎石壤土和冻土等类型的土壤。

在楚科奇，在河流的泄流阶地和干宽谷坡地发育高大灌木冻原，被称为南方冻原（Пармузин，1967；Исаченко，1985）。在马加丹州，南方冻原约占该州面积的 13.5%。生长赤杨、苔草和羊胡子草、塔布墩子和地衣的冻原占相当大的范围，这种冻原发育在山麓缓坡、低平原的微隆地段，在偃松分布区以外。

兴安落叶松是远东北部的主要成林树种。兴安落叶松喜光而且生长缓慢，构成了山地、平原的粗粒土和沼泽化土壤中的稀疏林带。仅在山麓坡的小范围内，主要是沿岸附近，落叶松中加入了岩桦。在山谷和坡脚，落叶松中混杂了卡氏桦树或亚洲白桦。在河漫滩生长着钻天柳和甜杨，常与落叶松混生。兴安落叶松是远东的固有乔木，是图尔盖期的残遗种，俄罗斯柳、科雷马柳、戟柳和萨哈林柳等柳树在乔木层的下面形成灌木层（Реутт，1970）。马加丹州的森林和稀疏树林约占该州面积的 21%。

在河漫滩和低阶地发育柳林、赤杨–柳林高大灌木丛。柳树生长在河漫滩的积淤泥的潜育化砂壤土中，构成了高 2.5～3.0m 的植物层。这些高大灌木丛构成了河漫滩的杨树–钻天柳树林的林缘地带。在冻原区、博利沙亚河（韦利卡亚河）、坎恰兰河、塔纽列尔河和阿纳德尔河的河谷地带，这些高大灌木丛与泥炭藓沼泽地段相互交替。灌木丛的草层多为拂子茅–杂草型或杂草–泥炭藓型。

地区内分布所有沼泽类型：高位沼泽（寡养沼泽）、低位沼泽（富养沼泽）、中位沼泽和复合型沼泽。高位的泥炭藓沼泽发育在平原的长满植物的湖泊和牛轭湖处，被水淹没并难以通行。中位的苔草–泥炭藓沼泽发育在干宽谷之间和山脚处。低位的苔草–羊胡子草和矮生灌木-苔草沼泽占据了宽阔河谷、沿岸低平原和平坦河间地内相当大的范围。复合型沼泽占马加丹州各类沼泽的 60% 以上。

楚科奇的草甸总面积为 25.9 万 hm，鄂霍次克海沿岸-科雷马地区的草甸总面积为 23.3 万 hm^2。马加丹州的割草地面积为 12.1 万 hm^2（Реутт，1970）。面积不大但是在河谷和海岸广泛分布的草甸作为牧草地起着很大作用。被潮水淹没的沿海草甸尤其有价值，这些草甸的草色杂，与微地形关系密切。湖泊边缘被铁锈色-红色或鲜绿色的总苞状苔草镶嵌，为密实的 Arctophila fulva 灌木丛（覆盖率 100%）。沿岸散落着斑点状分布的浅灰蓝色-紫色的 Fisher's dupontia 和拂子茅（束状并掺杂 Arctophila fulva 和盐碱草）。洼地内有斑点状分布的白色羊胡子草地。潮湿的小片高地被禾本科-苔草草地占据，而最干燥的微高地和中高地被长有极微小柳树（5~7cm）、杜香、蓝莓、越橘、苔草、酸模、多穗狗尾草等的灌木-杂草-苔草冻原占据。春季这些草地被融水淹没，难以通行。在上亚纳-科雷马区，可见生长柳树的排干湖，这里是生长着 Arctophila fulva、dupontia、多种苔草等的非常丰茂的草地。

严寒的气候条件阻止了草本植物的发育。草本植物区系的组成相当复杂，包括 40 多种牧草、苔草和杂草。但是草甸的天然草层松散而且低产。

地区的动物种类繁多，这些北极"居民"的长相证明了它们与严寒进行过持久的斗争。即使在夏季鸟兽不能感受到充足的温暖，但是灵巧的体型、浓密的皮毛和羽毛、脂肪层以及繁殖方式有助于它们保持体温。在冻原群落中，动物和植物建立的相互关系也非常独特，目标是为了生存。作为可食用的植物，地衣和苔藓虽然分布广泛，但是却很少被食用，主要是作为驯鹿的食物。白令海沿岸冻原极其丰富的灌木和矮生灌木草本植被和分布不广的苔藓-地衣群落以及与美洲大陆的渊源，让这里形成了富有特色的古北界白令动物地理亚省（Портенко，1973）。

哺乳动物区系中包括以下三大类型：

（1）冻原型：西伯利亚旅鼠（Lemmus）和北极旅鼠（L. torguatus）、北极狐（Alopex lagopus）、驯鹿（Rangifer tarandus）。

（2）泰加林型：红背田鼠和灰红背田鼠。

（3）高山型：高山长耳田鼠、北鼠兔（Ohotona huperborea）、雪羊（Ovis nivicola）。

棕熊（Ursus arctos）和白熊（Ursus maritimus）、狼（Canis lupus）和狼獾（Gulo gulo）等大型猛兽也很典型。大型食草动物中有驼鹿（Aloes a. Buturlini）、局地有数量不多的野生和家养的驯鹿。

白熊以海冰和雪堆为家，熊窝主要搭建在岛屿上，最主要的岛屿是被生物学家称为"白熊产房"的弗兰格尔岛。白熊以海豹、旅鼠和腐肉为食，有时也吃鸟蛋或雏鸟，偶尔也会攻击小的海象。白熊的数量正在锐减，它不属于狩猎对象。

野生驯鹿的现代分布范围已经与俄罗斯人最早踏足这片土地时的分布范围有了很大的不同。曾几何时，从冻原向森林冻原进行长途往返迁徙的庞大的驯鹿群，现在基本上分散为半定居式生活的几个小型鹿群。导致驯鹿数量锐减的原因有两个方面：人类利用枪支进行滥捕滥杀；驯鹿养殖业的快速发展，这导致野生驯鹿与家养驯鹿为争夺牧草而竞争，人类最终赶走了野生驯鹿，人类射杀野生驯鹿不仅仅是为了狩猎，也是为了消灭家养驯鹿的竞争者（Железнов-Чукотский и др，1996）。

在远东东北区中，对楚科奇自治区的鱼类区系的研究最多，在这里的淡水水体中发现了 10 科 44 种鱼，其中以鲑鳟科和白鲑科最多（Черешнев，1990）。

鲑鳟科中既有洄游鱼也有常栖鱼。常栖鲑鳟科包括博格尼达列氏红点鲑和小嘴列氏红点鲑、斯韦托维多夫长鳍列氏红点鲑。按照繁殖特点，楚科奇的洄游鲑鳟科可分为湖栖和河栖两大生态类群。虹鳟和塔兰红点鳟在湖中产卵，而胖头鱼、马哈鱼、银大麻哈鱼、大鳞大麻哈鱼、玛红点鲑在河流的河底潜流中产卵。

对地区的鸟类区系的研究可以说比较充分。Портенко（1973）指出仅在楚科奇自治区就有 11 目 146 种鸟类，其中以麻雀科（56 种）、鹬科（38 种）、鸥科（12 种）和海雀科（12 种）的数量最多。春季迁徙的海洋鸟类没有沿着冰封到 6 月末的北极沿岸飞行，而是在利如岛和德朗岛之间沿着在弗兰格尔岛以北的大陆架边缘旁长年存在的冰间水路飞行，之后飞往北地群岛方向。

在海洋动物区系中，不论是从地区的哺乳动物化石群的独特性来看，还是从对于当地居民具有的实际意义来看，海洋哺乳动物都具有特殊的重要性。海洋哺乳动物区系包括两大生态类群：一个类群（鳍脚目）形成于岸上的海兽栖息地或冰地，另一个类群（鲸类）一生都生活在海里，即使产仔时也从不到陆上或冰上。在北冰洋寒流和太平洋暖流的交汇处，因浮游生物和植物丰富而聚集着大量的鱼群。白令海的鱼类尤其多，有大西洋鳕、大菱鲆、黑鳕、狗鳕、黄线狭鳕、鲱鱼、胡瓜鱼和鲑鳟科。阿纳德尔湾的产鱼量也很大，渔民在这里捕捞太平洋鲱鱼、毛鳞鱼、大西洋鳕、比目鱼和大菱鲆。

在白令海中栖息的鱼类超过 400 种，其中 50 种是可供捕捞的经济鱼类。其中最有价值的是马哈鱼、驼背大麻哈鱼、红大麻哈鱼和大鳞大麻哈鱼等鲑鳟科鱼类。楚科奇沿岸和弗兰格尔岛附近形成了多个大型（近 7.5 万头海象）的海象栖息地。

白令海峡为灰鲸和格陵兰鲸以及其他海洋动物（主要是海豹）和鸟类提供了洄游与迁徙通道。在楚科奇，允许土著民有限地捕猎海象和鲸鱼（每年可以捕猎最多 5 头的格陵兰鲸和 100 头以下的灰鲸）。

远东东北区包括弗兰格尔岛省、楚科奇省、上阿纳德尔省、阿纳德尔–品仁纳省、科里亚克省、北鄂霍次克海沿岸省、朱格朱尔省（西鄂霍次克海沿岸省）等自然地理省，这些自然地理省具有各自的地貌类型（Ивашинников，2010）。

2.1.2　鄂霍次克海区（萨哈林–堪察加区）

鄂霍次克海自然地理区包括萨哈林、堪察加和千岛群岛（Ивашинников，2010），这些地区具有以下特点：①主要褶皱构造和断裂构造属于同一类型；②地质构造与地形的宏观形态之间存在直接关系；③现代构造运动具有高度活跃性（火山作用、地震）；④主要气候参数一致（降水在一年内的分配均匀，冬季气温温和，空气的相对湿度高等）。

该自然地理区在太平洋一侧以津克维奇海岭和千岛海沟为限。千岛岛弧以西是南鄂霍次克深海盆，它在靠近大陆处变成由大陆架和大陆裙构成的水下大陆边缘。

鄂霍次克海占据了萨哈林–堪察加区的大部分，鄂霍次克海是一个半封闭海域，经堪察加半岛和千岛群岛的岭脊与太平洋分隔，经萨哈林岛（库页岛）和北海道岛与日本海分隔。鄂霍次克海自东北向西南长约 2500km，其大部分处于有冷水团形成的副极地带。鄂霍次克海通过很深的罗盘海峡（交换 40%）和克鲁森施特恩海峡（交换约 25%）与太平洋交换海水。连接鄂霍次克海和日本海的拉彼鲁兹海峡和涅韦尔斯克海峡的水较浅，海水通过这两个海峡的交换量不大。

远东最大的河流——阿穆尔河注入鄂霍次克海，年注水量约 370km³。

鄂霍次克海的大部分海区具有副极地气候，南部是适中的季风气候。冬季盛行北风和西北风（75% 时间），最低气温可达到 -25℃。一半以上的海面在一年内有 6 ~ 7 个月的时间被海冰覆盖。

鄂霍次克海的特点是海洋生物产量高。在 0 ~ 100m 水层内，浮游生物的生物量为 200 ~ 500mg/m³。沿海岸生长着海带、墨角藻等高等水生植物。鱼类总计 300 种，其中有 30 种是可供捕捞的经济鱼类。马哈鱼、驼背大麻哈鱼、银大麻哈鱼和大鳞大麻哈鱼等鲑鳟科鱼类尤其有价值。中上层的浮泳鱼中最有价值的是鲱鱼和黄线狭鳕（是数量最大的经济鱼类），深水鱼中最有价值的是比目鱼和大西洋鳕。堪察加蟹具有重要的渔业经济意义。海洋哺乳动物中，海豹、北海狮、鲸鱼和海狗等最有价值。

日本海（半封闭的深海盆）环绕着萨哈林岛（库页岛）的南部和西南部，暖流和寒流在日本海激烈交锋，使得浮泳鱼在这里大量聚集。

俄罗斯最大的岛屿——萨哈林岛（库页岛）南北长 948km，最大宽度为 160km，最窄处位于波亚索克地峡，宽 26km。萨哈林岛（库页岛）面积为 7.8 万 km²。有两座岛屿与之相邻，分别是从鞑靼海峡一侧临近萨哈林岛（库页岛）南端的莫涅龙岛和临近捷尔佩尼耶角的海豹岛。

萨哈林岛（库页岛）隔涅韦尔斯克海峡与大陆相望，涅韦尔斯克海峡最窄处宽 7.35km。拉彼鲁兹海峡将萨哈林与北海道分开，拉彼鲁兹海峡从克里利翁角到索伊角宽为 43km，奥帕斯诺斯季礁在这两个角之间向东。

萨哈林岛（库页岛）的地质构造独特，它的主要褶皱构造（即西萨哈林山脉和东萨哈林山脉）是一个被狭窄的中萨哈林向斜带分开的地垒复背斜。最古老的前中生代构造形成于造山运动的海西期，是由两个断块构成的褶皱基底突出部。第一个断块在东萨哈林山脉西部得到发育，第二个断块由苏苏奈斯基山脉低山构成。

萨哈林岛（库页岛）是强地震多发区。6 ~ 7 级地震多发生在西部沿岸、列索戈尔斯克市、乌格列戈尔斯克市、亚历山德罗夫斯克市、霍尔姆斯克市等地区（Соловьев и др，1967）。关于萨哈林东部沿岸属于中度地震危险区的看法已经不适合，因为 1995 年 5 月 28 日，在岛的北部发生了 8 级地震，这次地震摧毁了整个涅夫捷戈尔斯克市，在该市约 3000 居民中，有约 2500 人在地震中遇难。2007 年，涅韦尔斯克市发生了强烈地震，50% 的房屋被摧毁。

萨哈林岛（库页岛）的典型气候特征是湿度大、冬季气候温和、多雪。积雪层的厚度大，南萨哈林山麓的积雪厚度达 50 ~ 60cm，在山区可达 100cm，在东萨哈林山脉超过 100cm。在波罗奈河和苏苏亚河的河谷以及北萨哈林平原的积雪层厚度最小，为 30 ~ 40cm。冬季的特点是暴风雪频繁，积雪可能掩埋公路和铁路 2 ~ 3 天。暴风雪在岛的南部尤其频繁，霍尔姆斯克市地区一年中有 63 天是暴风雪天。北部也有强暴风雪，奥哈市地区一年中的暴风雪天数达 65 天（Полунин，1989）。

在萨哈林岛（库页岛），台风等危险自然现象也并不罕见，台风伴随着暴风和飓风、大暴雨、海上风暴和沿岸地带的波浪增水。台风在夏季的后半期最为频繁。台风常导致河水泛滥、山体滑坡以及公路、桥梁、通信和输电线路被毁。

分隔萨哈林与大陆的鞑靼海峡的水面特点是增水和涨潮流多发。海平面的变动幅度在萨哈林湾为 2.5m，在阿穆尔三角湾为 2.0m（Афанасьев и др，2008）。日本海与鄂霍次克海的潮汐波的相互影响让海水的流动机制变得复杂。日本海的潮汐波带有不正规半日潮的特点，最大涨潮高度为 2.1m。

降水量大和湿度高使这里形成了密集的河流体系。萨哈林岛（库页岛）内有大小河流 6.5 万多条，总长度约 10.5 万 km。河流主体长度不到 10km。河流系统的密度为 0.6 ~ 2.3km/km^2。河流具有混合型水源补给，在年径流量中，雪水补给的比例从岛北部和中部地区的 60% 到南部地区的 30%，每平方公里的年径流率从北方的 10s^{-1} 到南方的 35s^{-1}。河水的平均浑浊度为 50 g/（L·m^3）（Ивашинников，2010）。

萨哈林岛（库页岛）上有大小湖泊 1.6 万多个，湖泊总面积约 1000km^2。根据成因，湖泊分为潟湖、岩溶湖和高山湖。涅瓦湖（178km^2）和图奈恰湖（174km^2）是其中最大的两个湖（Бровко，1990）。

萨哈林的地表土壤类型多样，有 10 种以上，存在较明显的纬度地带性和垂直分带性。河谷地带的所有土壤都具有湿度过大的特点，这导致土壤的潜育化过程。所有土壤都是酸性土。在萨哈林的北部平原丘陵地带以发育在落叶林下的灰化土和沼泽灰化土为主。在岛的南部主要是褐色森林土（Ивлев，1965）。在朝向鞑靼海峡的西萨哈林山脉的山坡上，在次生稀疏树林下方的高阶地上发育含腐殖质和生草的褐色森林土。

宽广的山间洼地通常被沼泽化，这里沼泽土发育。

阶地泄流区被草木-灌木林占据，这里覆盖着长草的褐色森林土。低阶地和河滩地由草甸-生草、草甸-潜育沼泽化砂壤土和河滩地亚砂质层状土构成。

垂直分带性体现在土壤带和植物带在较短距离内清晰更替。云杉-冷杉绿苔林下方的新潜育化的和弱潜育化的褐色森林土，以及发育在暗针叶林的拂子茅群落下方的草皮覆盖的褐色森林土构成了底部带。生长在高山森林酸性土和弱潜育化土壤中的石桦和桦-竹树林占据了中部带。发育在偃松灌木林下方的高山干泥炭淤积-腐殖土构成了上部亚秃峰带，再之上是含泥炭土的冻原。

萨哈林的植物种类繁多。在南北方向延伸的北方地貌中，生长着鄂霍次克海、东西伯利亚和中国东北植物区系的植物。暗针叶云杉-冷杉泰加林是萨哈林岛（库页岛）大部分区域的优势林。

北萨哈林低地被兴安落叶松组成的亮针叶林覆盖，成为湿地中的稀疏树林。云杉-冷杉林仅见于草皮茂盛的干宽谷中。河谷内生长着赤杨、柳树和白桦等树木。落叶林向南被山坡低层和中层的云杉-冷杉泰加林取代，以鱼鳞云杉为主，苔藓茂盛。之上生长着云杉-冷杉林，并带有发育良好的椭圆叶黑果越橘灌木带。在亚秃峰带，云杉-冷杉林更替为石桦和千岛竹灌木林；再往上偃松灌木林占优势。

向南的优势林是带有苔草和阿穆尔蕨等草皮的云杉–冷杉林。草皮中以蕨、拂子茅和苔草占优势。由于气候条件更加有利，南萨哈林的西南部拥有丰富的亚泰加林针叶–阔叶树种，包括萨哈林冷杉、东北红豆杉、萨哈林黄檗、蒙古橡树、刺楸、日本稠李、枫树、椴木、桦树、五味子和猕猴桃树。

在河谷和沿海阶地上可见草甸。

在萨哈林的植物区系中，总计有 1300 多个物种，其中判明了超过 88 种的地方特有植物。在植物组成方面，北萨哈林与毗连鞑靼海峡的下阿穆尔沿岸地区的植物群落、南萨哈林与日本北部的植物群落拥有很多共同的物种。在萨哈林岛（库页岛）的植物群落中，有很多有益的野生植物，尤其是水果和浆果类植物，其中分布最广的是堪察加越橘（樱桃越橘）、两种黑果越橘、两种穗醋栗、蓝莓、忍冬、红豆越橘、日本稠李、西伯利亚花楸、玫瑰（大果蔷薇）。

萨哈林的动物界分属于两个动物地理亚区：萨哈林亚区（覆盖萨哈林岛（库页岛）北部和中部的鄂霍次克–堪察加区）和包括南萨哈林与南千岛群岛的阿穆尔亚区。萨哈林岛（库页岛）共计有二十多种哺乳动物和 250 种鸟类（包括候鸟）（Куренцов，1969）。

在北萨哈林的稀疏落叶林中可见雪兔、萨哈林北噪鸦等动物。暗叶林中栖息着猞猁、狼獾、棕熊、松鼠、飞鼠、花鼠、红背田鼠、蝙蝠等森林动物。高山树林中可见紫貂。萨哈林岛（库页岛）的北部地区栖息着驯鹿、香獐、狐狸、白鼬、狼、水獭。

鸟类中以黑嘴松鸡、大斑啄木鸟、鸸、太平鸟、花尾榛鸡、镰翅鸡、杜鹃等最为典型。石桦林和河谷中的鸟类最多。偃松灌木林中常见松雀和星鸦，紫貂和棕熊喜欢住在这样的地方，香獐生活在亚秃峰带。鸟类中常见大嘴乌鸦、大椋鸟和小椋鸟、赤胸鸫、日本麻雀、黄鹂等。

沿海地区的动物种类相当丰富，以鳍脚目动物和外来鸟类居多。鳍脚目动物建立了海兽的陆上栖息地，而外来鸟则建立了海岸鸟群集栖地。鳍脚目动物通常包括斑海豹、环斑海豹、带纹海豹和海兔，还有北海狮和海狗等耳海豹类。还有鲸鱼类，过去可见长须鲸、小须鲸以及罕见的塞鲸等大型鲸鱼，但是现在鲸鱼成为近岸水域的稀客。东萨哈林的北部水域中栖息着白鲸。

在萨哈林的河流中长年生活着鲫鱼、西伯利亚拟鲤、狗鱼，而在山地河流中生活着花羔红点鲑。最有价值的是洄游到河中产卵的北鳟和大麻哈鱼。大河和河口湾中生活着哲罗鱼。

1）堪察加自然地理亚区

堪察加在俄罗斯东部地区中占据特殊的位置，它是亚洲与太平洋边缘之间过渡地带中的重要一环。白令海和太平洋的波涛冲刷着这座远东最大半岛的堤岸，鄂霍次克海则从西面环绕它。在北面，堪察加通过一个宽 80km 的地峡与科里亚克山原和楚科奇相连接。

堪察加向东北方向延伸 1200km，最大宽度达 480km，它的面积几乎相当于一个乌克兰，加上卡拉金群岛和科曼多尔群岛，堪察加的总面积为 47.23 万 km^2。

堪察加的大型构造包括地垒复背斜构造、地堑向斜构造、层状和火山成因构造。斯列金内山脉是堪察加造山运动形成的最大的穹窿地貌构造。

堪察加的火山活动和地震活动频繁。地震的震源深度不大，为 5～30km。地震会引发雪崩，火山喷发会使冰川融化，形成泥石流等灾害。已经查明在堪察加有 29 座活火山和约 250 座死火山（Ивашинников，2010）。

西伯利亚反气旋、鄂霍次克海北极锋和北太平洋极地锋对堪察加的气候形成产生至关重要的影响。冬季的堪察加，在较适中的寒冷、暴风和强降雪环境下，盛行气旋式环流并伴随着带状的西移。太平洋西部及其边缘海上方的气旋与大陆和北极反气旋的相互作用体现在这里。

来自大陆或白令海西北部的北极空气常深入气旋后方，直到堪察加的南部地区，北极空气带来严寒天气和刺骨的北风。在堪察加的鄂霍次克海沿岸，在风暴最猛烈也最寒冷的地区，气旋活动和反气旋活动的相互作用最激烈。堪察加东部以海洋性气候最为典型，冬季多为弱冷和中度寒冷的刮风天气。

堪察加的降水量大，年降水量在斯列金内山脉南部为 1200mm，在东南沿岸的高地为 1500mm 以上，在温暖季节为 600～700cm。在堪察加东南部的山地，雪盖层厚度达 160cm，而在峡谷中，雪在背风区的堆集作用使雪盖层堆积到 15～20m。破坏力巨大的雪崩是这里的特点，雪崩推动的雪量有时达到 1 万 t。

1 月，东部沿岸地区和彼得罗巴甫洛夫斯克地区的平均温度为-10℃，向北达-14℃，半岛腹地约为-20℃。彼得罗巴甫洛夫斯克市的无霜期为 120 天。+10℃ 以上的温度总和为 1200℃。彼得罗巴甫沃夫斯克市区的年降水量为 1200mm，山地可达 1500mm。

堪察加西部沿岸的气候条件比东部更加严寒。夏季寒冷和阴霾。7 月的平均温度为 +8～+10℃，1 月的平均温度从乌斯季博列舍列茨克市附近的-15℃ 到帕兰市的-20℃。年均降水量为 600～700mm，山地的年均降水量则高出 25%～30%。无霜期持续 80～100 天。植物生长期的零上温度总和为 800～1000℃。

堪察加中部具有大陆性特点。这里的冬季比沿岸地区更加严寒，而夏季则更加温暖，无霜期持续时间长（在米利科沃约为 130 天）。1 月的平均温度为-25℃，绝对最低温度为-57℃（Клюкин，1960）。7 月平均温度为 +16℃，零上温度的总和约为 1700℃。年平均降水量为 600～900mm。

堪察加的河水径流量是俄罗斯平均径流量的 2 倍。半岛上有大小河流约 10 万条，大小湖泊 1 万多个。以高山河流为主，半岛上最大的河是堪察加河，它自南向北流淌在宽阔的纵向谷中。河滩地中分布着众多湖泊和低洼湿地。河流的水源主要是地下水（约 50%），其次是雪水（35%～40%），其余由雨水补给。

在鄂霍次克海沿岸地带有多个大型潟湖（即盐沼）：米高扬湖、布留姆卡湖、莫洛舍奇纳亚湖等（Ивашинников，2010）。

在班纳亚河、纳雷乔瓦河、帕拉通卡河、帕乌热特卡河流域，发育温泉和间歇喷泉，而在乌宗火山口，除了间歇喷泉，还有沸水湖。其他火山（库里尔斯克火山、卡雷姆火山）的火山口也有湖泊。

堪察加的土壤层是在过湿的环境中形成的，并掺杂火山喷发的产物。因此，这里的土壤饱含铁和铝的氢氧化物并多呈赭红色。火山灰常成为形成土壤的底土层。由于植被贫瘠，土壤缺乏腐殖质，土壤的肥力低（Таргульян и др，1970）。在大多数情况下，堪察加的土壤具备有机质层的粗腐殖质或含泥炭成分。次生无定形组分占优势以及几乎完全没有表生硅酸盐矿物，使得非潜育的火山土的矿物质吸收容量低。

在堪察加的西部沿岸，分布着赭石色泥炭灰化土和赭石色灰化土，这些土壤的形成区域远离火山灰，在山间地带被淤积腐殖质灰化冻土取代，后者属于赭石色灰化土亚类（Соколов，1973）。在西北部和北部地区，在石桦林的草皮覆盖下发育赭石色灰化粗腐殖质土。

在堪察加东部，在草甸-森林石桦地貌区的草皮下分布着赭石色火山土。中等和基质成分的火山砂和火山灰是成土岩石。

在中度火山灰沉降区的偃松林下方，形成了含泥炭-腐殖质火山土，在密集火山灰沉降区的冻原植物、爬地植物和森林植物的植被下方，形成了层状火山灰土。在低洼地形和排水不畅的平缓高地，分布着含泥炭土，土壤中发育苔藓、苔草、羊胡子草、矮灌木等沼泽群丛。

在河谷地带，在冲积的砂砾石和砂壤土沉积物上发育洪泛土。

在堪察加生长着74个科的约900种植物，其中约600种是与马加丹州共有的植物。以亚洲-白令植物群占主体的堪察加植物区的本地植物为主。这里有很多当地特有物种。石桦林和茂盛的草本植物构成了堪察加独一无二的特色。

驼鹿、猞猁、大灵猫、獾等西伯利亚和远东典型的大型动物在这里并不是很多，但是这里栖息着欧亚大陆体型最大的熊和很多紫貂；狐狸、水獭、白鼬、北极狐和雪兔具有狩猎价值。高山上栖息着雪羊。北部地区的养鹿业发达。在南部的洛帕特卡角仍然保留着海獭。

堪察加没有爬行动物，两栖动物罕见。河流中的淡水鱼类很少，只有阿穆尔茴鱼、胡瓜鱼这两种当地鱼以及1930年从滨海边疆区引进的鲫鱼。主要盛产驼背大麻哈鱼、马哈鱼、大鳞大麻哈鱼、红大麻哈鱼等鲑鳟科鱼类，这些鱼在5~9月洄游到河中产卵。

在环绕堪察加的海水中，盛产海豹、鲸、白鲸、燕子等海洋动物。栖息在堪察加西海岸的螃蟹具有重要的捕捞价值。

2）千岛自然地理亚区

千岛自然地理亚区包括两个岛弧，即大千岛岛弧和小千岛岛弧，总面积超过1.5万km²。千岛自然地理亚区由长1200km、宽100~120km的大型海底构造形成，在千岛-堪察加深海沟和南鄂霍次克（千岛）深海盆之间的海面上突兀的孤立高峰让这里的地形变得复杂。

千岛岛弧系统由两个半平行的山脉（大千岛海脊和小千岛海脊）构成，这两个海脊之间被一个纵向洼地（中千岛拗陷）分隔开。

在20世纪70年代中期前，在千岛群岛共发现160座火山，其中104座火山在更新世和全新世喷发过，40多座火山在近现代有过喷发史并且目前仍在冒烟（Мелекесцев，1980）。在千岛群岛，发现了68座独立的火山，其中29座在当代喷发过，6座处于火山活动后期的喷气孔阶段，8座在不久前曾是活跃火山（是潜在的活火山），17座死火山，还有8座推测可能是火山（Федорченко и др，1989）。

小千岛海脊以岛屿形状在海面上可追索105km，之后作为维贾季海山继续延伸。一条深8~9km、最大深度10542m的又深又窄的千岛-堪察加海沟将小千岛海脊与太平洋的洋底分隔开。

在小千岛海脊没有年轻的火山。岛屿通常呈被海水夷平的平坦状，像是一片片抬升20～40m 的陆地。只有最大的色丹岛（源自阿伊努语中的"好地方"）是例外，色丹岛以古老火山和基岩被破坏所形成的低山地形为主。

在大千岛岛弧中分布着 30 多座岛屿，幌筵岛、新知岛、得抚岛、择捉岛和国后岛等是其中的大岛。这些岛屿以火山地形为主。

在堪察加半岛和千岛群岛，作为地形形成因素的火山活动起到的作用是相同的（Мелекесцев，1980）。

从中更新世开始，大千岛海脊的岛屿不断上升，其中幌筵岛每年上升 1.6～1.7mm，共上升了 500～540m，温弥古丹岛、新知岛和得抚岛每年上升 2.3～2.4mm，共上升了720～760m，择捉岛和国后岛每年上升 2.0～2.1mm，共上升了 630～660m。

在各大岛屿的沿岸广泛发育海蚀阶地，这些阶地反映了在第四纪全球冰川期导致全球海平面升降运动的背景下的最近一次总体抬升。

河成地形分布在所有岛屿上。

与堪察加半岛不同，冰川地形（冰斗、冰川谷、冰碛）在千岛群岛发育有限，仅存在于幌筵岛。

风成作用的影响在千岛群岛很显著。

千岛群岛岛弧的气候条件是在太平洋、鄂霍次克海和即使在最温暖季节水面温度也低于+10℃的千岛寒流的影响下形成的。仅岛弧系统的南部能感受到水面温度达+18℃的索伊暖流在这里变弱的分流产生的变暖效应。因此，千岛岛弧大部分区域的气候是凉爽的，年平均温度是陆地中央部分的同纬度地区年平均温度的1/3。

千岛群岛的全年总降水量为 700～1000mm，降水在各季节的分配比较均匀。冬季降雪丰富，持久的暴风雪频发，夏季多雾、云量小。河流虽短但是水量大，由于积雪融化慢和夏季降雨，使汛期从 6 月持续至 8 月中旬。

由于夏季凉爽湿润和千岛岛弧北部及中部的强风，偃松和赤杨等爬地型植物林广泛分布，覆盖从海平面到 600～700m 高的所有山坡。

高草草甸占据了岛屿的低洼地段。罗处和岛以南开始分布石桦林，石桦林以上以亚秃峰偃松灌木林和欧石楠灌丛占优势。以南的得抚岛和其他岛屿上发育石桦竹林。在择捉岛、国后岛和色丹岛，云杉-冷杉林占据了下层，在阶地地表和山坡坡脚还夹杂赤柏杉和阔叶物种。云杉-冷杉林由鱼鳞云杉、萨哈林冷杉、千岛落叶松构成。阔叶物种包括萨哈林黄檗、蒙古栎、刺楸、龙牙楤木以及藤本植物（五味子、狗枣猕猴桃、软枣猕猴桃）和浆果类（红豆越橘和樱桃越橘）。

千岛群岛上分布着高山草甸土、生草草甸土和生草土，带有腐殖土埋藏层、火山灰和松散火山碎屑夹层。

千岛群岛的很多动物物种与堪察加的相同。森林中生活着棕熊、白鼬、黑褐色和红色狐狸、花鼠。沿岸水域中盛产马哈鱼、驼背大麻哈鱼、银大麻哈鱼等鲑鳟科鱼类以及对于远东海域典型的比目鱼、大西洋鳕、鲱鱼和竹刀鱼等鱼种。海洋哺乳动物中常见北海狮、环斑海豹、海狗和鲸鱼。

2.1.3 萨哈（雅库特）共和国区

萨哈（雅库特）共和国位于东西伯利亚北部，占俄罗斯联邦总面积的 1/5，几乎相当于整个西欧的面积。雅库特 40% 以上的领土伸入极圈以内（www. panasia. ru/main/russia/180；http：//www. vostoksibir. ru/yakutiya. html）。

雅库特总面积 310. 32 万 km²，在东部与楚科奇自治区和马加丹州、在东南部与哈巴罗夫斯克（伯力）边疆区、在南部与阿穆尔州和外贝加尔边疆区、在西南部与伊尔库茨克州、西部与克拉斯诺亚尔斯克边疆区接壤，拉普捷夫海和东西伯利亚海形成了北部的天然界线，海岸线总长度超过 4500km。

雅库特的 2/5 以上领土位于极圈内。雅库特东西长 2500km，南北长 2000km。最西点在与克拉斯诺亚尔斯克边疆区的边界线上（105°E），最东点在与楚科奇自治区的边界线上（165°E），最南点在与阿穆尔州边界线上的斯塔诺夫山脉（外兴安岭）（55°30′N），大陆最北点是诺尔德维克角（74°N），岛屿最北点在亨里埃塔岛（77°N）。

由于所处的自然地理位置，雅库特自然环境和资源十分多样化。雅库特 2/3 以上的地表被高山和苔原占据，只有 1/3 是低地。最高点是位于切尔斯基山脉的波别达山（海拔 3147m，一些资料显示是 3003m）和位于孙塔尔-哈亚塔山脉的穆斯哈亚山（海拔 2959m，一些资料显示是 3011m）。在雅库特还有分隔勒拿河流域和科雷马河流域的上亚纳山脉。

雅库特西部被最大苔原之一——中西伯利亚苔原占据。大型的低地有中雅库特低地、科雷马低地以及北西伯利亚低地的东部。雅库特幅员辽阔的领土主要属于两大地质构造：西伯利亚地台和上亚纳-楚科奇中生代褶皱区，其地形构造、岩石的特点和产状不一。西伯利亚地台内发育苔原、层状高原和平原，在其南部边缘的阿尔丹地盾内是被强烈切割的山原。上亚纳-楚科奇褶皱区具有主要在中生代褶皱基底上发育的地形。除山地外这里还有低地。

雅库特西部属于中西伯利亚苔原，中西伯利亚苔原北部是阿纳巴尔高原（海拔 905m）。维柳伊高原坐落在维柳伊河上游流域，其最高点高 962m，以南是东西向延展的勒拿河沿岸高原，其海拔从南部的 500~600m 逐渐下降到接近勒拿河河谷的 300m。中西伯利亚苔原向东逐渐过渡为中雅库特平原，囊括勒拿河、维柳伊河和阿尔丹河的下游和部分中游的河谷地带及其相对应的河间平原。在中雅库特平原的阶地上分布着勒拿河和维柳伊河的支流、热喀斯特低地和湖泊、地下冰丘（永久冻土丘），局部可见海岸沙丘（一种风积沙丘）。中西伯利亚向东南逐渐过渡为阿尔丹山原，它是一个被中山山脉或山间盆地分隔开的苔原系统，苔原表面海拔 600~1200m。山脉和个别高地海拔 1600~2000m。阿尔丹山原从南侧被分隔勒拿河流域和阿穆尔河流域的斯塔诺夫山脉（外兴安岭）围绕。北西伯利亚低地沿着拉普捷夫海岸伸展。

雅库特是俄罗斯河流和湖泊最多的地区之一，有大小河流 70 万条、大小湖泊 80 多万座。所有河流的总长度约为 200 万 km，其潜在的水能蕴藏量估计近 7000 亿 kW。大型的通航河流有勒拿河（长 4400km）、维柳伊河（长 2650km）、奥列尼奥克河（长 2292km）、阿尔丹河（长 2273km）、科雷马河（长 2129km）、因迪吉尔卡河（长 1726km）、奥廖克马河（长1436km）、阿纳巴尔河（长939km）和亚纳河（长872km）。雅库特境内有布斯塔赫湖、拉本克尔湖等大型湖泊。

雅库特具有典型的大陆性气候，冬季漫长，夏季短暂。4月和10月为冬季。最冷的1月和最热的7月的平均温度的最大波动幅度为80～85℃。雅库特的最低绝对温度（在东部山系的盆地和其他低洼地中可达-70℃）和零下温度的总持续时间（每年为6.5～9个月）在北半球绝无仅有，而年波动幅度在全世界绝无仅有。气温的波动幅度超过100℃（从夏季的+40℃到冬季的-60℃），因此，雅库特堪称地球的最极端之地，雅库特的奥伊米亚康是最低温度达-71.2℃的地球寒极。

雅库特的领土属于四大地理区，即泰加林区（几乎占其总面积的80%）、冻原、森林冻原和北极荒漠，还包括沿北冰洋沿岸的一个冻原、海拔2000～3000m的东雅库特和南雅库特山区以及辽阔的西雅库特泰加林区域。

雅库特的几乎整个陆地区都是连续的永久冻土带，仅在最西北边过渡为不连续冻土带。冻土层的平均厚度达到300～400m，在维柳伊河流域达到1500m，这是地球岩石的最大冻结深度。东雅库特山脉中分布着485座冰川，总面积为413km²，淡水资源蕴藏面积约为2000km²。

在泰加林中，兴安落叶松林为优势种（占森林面积的85%），还普遍分布松树、偃松、云杉、桦树和山杨，南部分布西伯利亚雪松，山区分布西伯利亚白杨和钻天柳。

雅库特属于泰加林–冻原动物地理区，动物物种异常丰富。在岛屿地区栖息着海象、环斑海豹、海豹、白熊；在陆地部分栖息着驼鹿、驯鹿、香獐、雪羊、东北马鹿、棕熊、狼、赤狐、北极狐、白鼬、黄鼬、紫貂、北美水貂等。

在雅库特的海洋、河流和湖泊中有约50种鱼类，其中鲑鳟科和白鲑科的数量最多。雅库特境内生活着二百五十多种鸟类，包括楔尾鸥、白鹤、黑鹤、小杓鹬和矛隼等被列入国际鸟类红皮书的珍稀鸟种。

2.1.4　阿穆尔河沿岸–滨海自然地理区

阿穆尔河沿岸–滨海自然地理区从乌第河河口到图曼纳亚河（图们江）河口自南向北延伸1450km，从石勒喀河与额尔古纳河汇合处到阿穆尔河河口自西向东延伸1300km，涵盖阿穆尔州、犹太自治州、滨海连续区和哈巴罗夫斯克（伯力）边疆区的南部。

在构成阿穆尔河沿岸–滨海区的区域地理实体中，可以划分出斯塔诺夫山原、上结雅平原、图库林格拉–贾格德山链、尚塔尔岛地区、阿穆尔–结雅平原和结雅–布列亚平原、阿穆尔河下游沿岸、中阿穆尔平原、锡霍特山脉、兴凯湖平原、彼得大帝湾。

阿穆尔河沿岸–滨海区濒临鄂霍次克海和日本海。宽7.35km的鞑靼海峡北部、涅韦尔斯克海峡把阿穆尔河下游沿岸和萨哈林岛（库页岛）分开。

远东南部有多条大河，其中的阿穆尔河是俄罗斯最大河流之一（表2.2）。

从前寒武纪到全新世的不同年龄的构造参与了远东南部的地质构造。其北部边缘分布着斯塔诺维卡变质结晶岩系、西伯利亚地台的南翼。在中生代，在下沉的斯塔诺维卡断块上形成了结雅盆地地形中的一个边缘拗陷。

表 2. 2 远东南部河流的形态特征

河流名称	流域面积/km²	长度/km
阿穆尔河（从额尔古纳河源头起）	1843000	4444
结雅河	233000	1242
松花江	526000	1870
布列亚河	70700	739
乌苏里江	136000	897
阿姆贡河	55500	855
谢列姆贾河	68600	647

阿穆尔—鄂霍次克（蒙古—鄂霍次克）褶皱带的中生代构造以近东西方向从石勒喀河下游延伸到尚塔尔群岛。在晚中生代，西伯利亚地台的阿尔丹—斯塔诺夫断块与布列地块相互靠近，这些构造被挤压为"图库林格拉—贾格德"地垒式断块山。

在中生代和新生代，在阿穆尔—鄂霍次克带以南形成了一个海西期后地台构造——阿穆尔—结雅地台（布列亚地块的盖层）。地台以东是一个异源的地质构造，该构造的基底由前寒武纪基底（兴安—布列亚中间地块）的突出部分形成，而兴安—布列亚地块的西翼为阿穆尔—结雅地台的基底。

阿穆尔河下游沿岸和滨海边疆区的大部分区域由锡霍特中生界优地槽山系的褶皱构造组成，该山系的东部边缘被从基辅卡河河口（滨海南部）延伸到阿穆尔河下游的东锡霍特火山带的厚岩系超覆。

一个最古老的构造（兴凯中间地块）占据了滨海地区的西南部分，兴凯中间地块的个别断块从纳霍德卡山（谢尔盖耶夫斯基岬）延伸到哈巴罗夫斯克（伯力）边疆区南部的阿纽伊河上游（中锡霍特平移断层带中的霍尔和阿纽伊楔状断块）。与中国边界的中国东北山原的低山支脉由老爷岭—格罗杰科夫地槽褶皱系统的上古生界和中生界构造组成（Назаренко и Бажанов, 1989）。

早期的研究一直是从地槽发育的角度研究远东南部的大地构造。锡霍特褶皱系统被描述为复背斜、复向斜与被深部断层分开的构造带之间的更叠系统。最近 15 ~ 20 年，出现了指示这里发育推覆大断层、蛇绿混杂岩带和 olisthostromes 杂岩体的资料。锡霍特山脉带的最古老构造单元（兴安—布列亚地块和兴凯地块）是它的西侧围限体。到古生代末期，这两个构造单元具有了成形的陆壳，从这时起可以看作是微大陆地形带。这些微大陆被从东北向西南延伸到满洲（中国东北）吉林带的库尔—乌尔米耶带、哈巴罗夫斯克（伯力）带和比金带的海西褶皱构造分隔开。这些上古生界杂岩体标志着兴安—布列亚地形带与兴凯地形带的碰撞带。在中生代初期，它们合并成为一个统一的陆块——阿穆利亚（Amuria）（Красный, 1980）。

在东部边缘分布着上古生界和下中生界构造：兴凯地块东南边缘的阿尔谢尼耶夫卡火山深成带和科马罗夫拗陷；兴安—布列亚地块东部的下古生界边缘拗陷。在锡霍特山脉广泛分布着在白垩纪末期经历了变形和褶皱的下白垩统复理石厚岩系，这些岩系构成锡霍特山脉的主复向斜（大复向斜）。

在兴安—布列亚地块和兴凯地块之间发育白垩系陆源沉积层中的古生界和下中生界杂

岩体露头。

代表安迪亚型大陆边缘的东锡霍特火山带上覆陆缘褶皱构造，该火山带形成于 8000 万~5000 万年的时间段（从塞农期到始新世）。锡霍特山脉被左平移断层系统破坏，其中最大（长久）的是断距约 200km 的中锡霍特平移断层（Ханчук и др，1989）。

在地形构造中，兴凯湖沿岸盆地、中阿穆尔盆地、乌德利—基济盆地、埃沃龙—丘克恰吉尔斯科耶盆地、结雅—布列亚盆地、上结雅盆地等辽阔的山间盆地具有重要意义（Ивашинников，1985，1999）。在航拍照片和地形中，可以看到坦卢断层、西锡霍特断层、中锡霍特断层、阿尔谢尼耶夫卡断层等深部断层。

大气环流系统是这里的一个典型气候特点。在东亚中纬度对流层中，气团西移是主要环流形式，气压差是气团从西伯利亚转移的主要机制。在 9 月，近地气压就从贝加尔湖向西和向北显著增加，而气压在太平洋北部下降。

夏季，太平洋上方的夏威夷反气旋活动增强，而东西伯利亚高压消散。因此，大陆边缘开始感受到大洋气团的频繁影响，给这里带来阴霾天气和过高的湿度。

远东气候的突出特征是降水主要集中在温暖时节，6~9 月的降水量占全年降水量的 70% 以上。在个别年份，滨海南部的 8 月降水量达 300mm（台风期间可以在一昼夜达到这个降水量），而 1 月不到 10mm。因此河水径流量的分配明显不均匀，夏季最大而冬季最小（夏季是冬季的 10~20 倍）。

还有一个特点是冬季严寒。例如，符拉迪沃斯托克（海参崴）的 1 月平均气温为 -14℃，这与新地岛南端的 1 月平均气温相吻合（摩尔曼斯克的 1 月平均气温为 -10.1℃），也就是说，科拉半岛在冬季比滨海边疆区更加温暖（表 2.3）。

表 2.3　远东南部的气候指标

气象站	绝对高程/m	1 月平均气温/℃	7 月平均气温/℃	无霜期持续天数	植物生长期的气温/℃	年均降水量/mm	年均蒸发量/mm
乌茨科耶	57	-27.30	14.5	1199	80	671	343
马格达加奇	369	-26.9	19.0	1797	100	485	475
布拉戈维申斯克（海兰泡）	163	-29.1	20.2	2067	124	558	462
共青城	130	-24.3	21.3	2332	145	575	541
尼古拉耶夫斯克（庙街）	20	-25.6	19.9	2103	137	577	437
比金	46	-23.9	16.5	1541	119	657	319
符拉迪沃斯托克（海参崴）	70	-22.4	21.0	2504	145	693	526

数据来源：А. Г. Исаченко，1985

远东南部的特点是土壤和植被种类繁多，这里广泛分布着植物残遗种。地貌形成过程常带有与新生代的古地理和自然环境在更新世与全新世的演化有联系的继承性（Ивашинников и Короткий，2005）。

最近的 50 万年，北半球发生了周期性的气候变化，这与全球性变暖和变冷以及湿度和大气环流的变化有关。由于这些变化伴随着太平洋海平面周期下降约 100m 及以上，因此对大陆边缘和远东诸海的影响尤为显著。这期间，彼得大帝湾多次干涸，萨哈林岛（库页岛）与阿穆尔河下游地带连通，北海道岛成为萨哈林岛（库页岛）的南部延伸段。

在远东南部，冰川作用对地形的改造尤其大，出现了连接楚科奇和阿拉斯加的白令陆桥。同时，楚科奇海和东西伯利亚海、白令海北部、鄂霍次克海和日本海的陆架区变得干涸。河流变长，沿海低地的面积增大。

这为土壤形成中的泛域现象提供了解释。20 世纪 50 年代中期，Ю. А. Ливеровский 首先在松花江流域之后又在结雅-布列亚河间平原注意到了草甸黑土中的碱化残遗土。在兴凯湖平原也发现了类似的残遗土。

通过汇总自己的研究成果，Ю. А. Ливеровский 将远东南部的土壤划分为两个土相：季风气候的阿穆尔土相和东西伯利亚陆土相（1955 年）。阿穆尔土相的特点是具有垂直分带性（从山前平原到分水岭的山地冻原）。垂直带自北向南降低，土壤的某些差异消失。

在阿穆尔河沿岸地区，Ю. А. Ливеровский 划分出既占据山中高地也占据山前平原的土壤带：①高山冻原土；②北方泰加林地区的灰化土、含泥炭冻土、灰化沼泽土；③中部和南部泰加林地区的褐色泰加林土、沼泽土；④针阔叶混生林地区的褐色森林（显域）土、带漂洗层的森林土、草甸沼泽土；⑤潮湿森林草原（普列里草原）的褐色森林土、草甸黑土、草甸潜育土和草甸沼泽土。

1897 年，В. Л. Комаров 描述了远东南部的四个植物地理区：中国东北区、东西伯利亚区、达斡尔区和鄂霍次克区。远东南部某些区域的植物物种与自然环境的特点完全吻合（苏联远东的维管束植物，1988～1993 年）。

在滨海南部地区、乌苏里江流域、阿穆尔河中游流域、小兴安岭的支脉，分布着包括红松、胡桃楸、阿穆尔黄檗等大量古近纪和新近纪森林喜温物种的中国东北植物群。

鄂霍次克（鄂霍次克-堪察加）植物区系占据了阿穆尔河下游、鄂霍次克海和鞑靼海峡，它的代表性植物（鱼鳞云杉和白皮冷杉）构成了针叶泰加林，其中夹杂石桦和岩桦，在萨哈林还有萨哈林（库页岛）冷杉。

在阿穆尔河上游、结雅河流域和布列亚山原广泛分布着兴安落叶松，兴安落叶松代表着适应高山泰加林冻土环境的东西伯利亚泰加林植物区系。在阿穆尔河沿岸和滨海地区的泰加林-森林带的上方分布着偃松，形成亚秃峰矮曲林，偃松是太平洋植物区系的一个独特代表。矮曲林中通常还混杂岩须属、仙女木属、路边青属、映山红等高山冻原矮灌木-地衣植物。从冰川期在远东南部高山中保留下来的高山冻原群落复合体构成楚科奇（白令）植物区系（Никольская，1981）。

蒙古-兴安草原植物区系的代表植物明显地参与了阿穆尔河中游和滨海西南地区的森林草原地貌的形成。Колесников（1969）在阿穆尔河南部沿岸的波西耶特附近［从图曼纳亚河（图们江）河口到加莫夫角］划分出一个北朝鲜半岛暖温带森林植物区系区，其代表植物有赤松、橡树、辽东（黑）冷杉、胡枝子等。

草甸、草甸-沼泽和草甸-草原植物占据大型湖泊的湖滩地、辽阔平原的低洼地和宽广的河滩地。Куренцова（1968）研究了兴凯湖平原的类似植物，根据她的资料，兴凯湖大部分被滩地兰斯多夫拂子茅和细叶拂子茅、各种苔草、喜湿杂草占优势的中生含水草甸所占据。芒剪股颖、野古草和溚草属等禾本科植物是未开垦的干谷草甸中的优势种。这些禾本科植物的分布区曾经极广，但是今天仅在兴凯湖沿岸和阿穆尔河沿岸结雅–布列亚流域的未开垦地区零星地保留下来。沼泽草（苔草、灯心草、芦苇等）构成了与地理位置无关的特殊生境群落。

滨海和阿穆尔河沿岸农业地区的草甸草原最先被改造，开始是作为割草地，之后被开垦为耕地。仅哈桑地区南部的草甸草原因处于边境位置而没有被开垦。在艾菊和羊茅–洛草属群落中，由芒属、野古草属、西伯利亚大油芒属、细叶百合、天门冬属、六瓣铁线莲、橐吾属、西伯利亚远志构成的本地（原生）草甸草原群丛至今仍保留在洛托斯湖和塔利米湖周围（Урусов，1988）。

在兴凯湖平原和结雅–布列亚平原，主要是沿着这两个平原的泄流河道，陆陆续续地分布着森林草原植物。木本植物为夹杂大量平榛和双色胡枝子的橡树–桦树灌木丛。在平原边缘偶尔可见赤松，草本植物为远东羊茅、洛草、异燕麦、羊草、贝加尔针茅、野古草等禾本科植物。针阔叶混杂林（亚泰加林）广泛分布在阿穆尔河中游和下游沿岸的山麓和滨海地区，高度从 150～300m 到滨海南部的 600～1000m，针阔叶混杂林也会出现在阿穆尔河沿岸的暗针叶云杉–冷杉林、落叶林和松树林中。阔叶树种中以蒙古橡树、枫树、椴树、枰树、阿穆尔黄檗和桦树居多。针叶树种中分布最多的是红松，在滨海地区最南部分布最多的是辽东冷杉，构成了辽东冷杉阔叶林。

森林的典型特点是结构复杂，立木层次多。林下灌木层茂盛而且物种繁多，其中有很多种珍贵药草，如楤木科（五加属、楤木、刺五加、人参），常见藤本植物（葡萄、猕猴桃、五味子）。

应当说，针叶阔叶林的物种很丰富，尤其在滨海南部地区，这里每公顷内可以见到多达 25 种树林、30 种灌木、5 种藤本植物、15 种蕨类、80～100 种草本开花植物、50 多种苔藓和地衣以及 200 种蘑菇（Колесников，1969）。

针叶（泰加）林占据远东南部的北部和中部，针叶林或在火灾及砍伐后取代针叶林的阔叶林在这里占优势。在高山的林带边界线上方发育由石桦、偃松构成的矮曲林。再往上矮曲林更替为高山冻原植被。在北部地区的中山分水岭上可见高山戈壁荒漠地段。

构成地貌的主要树种是落叶松，包括多个物种，其中分布最广的是兴安落叶松和鄂霍次克落叶松。兴安落叶松在陆地占优势，鄂霍次克落叶松在鄂霍次克海沿岸地带占优势，并且在阿穆尔河下游增加了阿穆尔落叶松，在锡霍特山脉增加了奥莉加落叶松和科马罗夫落叶松，在乌苏里斯克（双城子）山附近增加了柳巴尔斯基落叶松。

高山荒漠和冻原是分水岭地区的典型地貌。北极戈壁荒漠占据了斯塔诺夫山原的顶峰、鄂霍次克海沿岸、布列亚山原和北锡霍特山脉的分水岭。高山冻原植被分布得更广泛。

高山冻原带向南伸至 43°N 的乌苏里江源头（奥布拉奇纳亚山、斯涅日纳亚山、谢斯特拉山等海拔 1500m 以上的高山）。

对上结雅山、谢列姆贾山、布列亚山、阿姆贡山、阿纽伊山、图姆宁山等山的典型高山冻原群落进行过研究。高山柴桦冻原（冻原灌木群系）发育在冬季有厚雪被保护的山地。除了柴桦，这里还有灌木柳（克拉西瓦亚柳、科雷马柳），偶尔还可见赤杨。苔藓层发育良好，构成了粗泥炭层。冻原灌木丛的下方分布着雪松–阔叶林、落叶和石桦稀疏林。

综上，俄罗斯太平洋地区从北极到亚热带的巨大跨度造成各个自然地理区和自然地理亚区的地貌构造存在巨大差异。地形的强烈反差和现代地质发育的不断变化让纬度地带性的天然差异加大,陆地和海洋的相互作用也让情况更加复杂。内海、边缘海和太平洋及形成的气压中心也影响着大陆边缘某些部分的气候和自然环境,这一切决定了自然资源利用中的巨大差异。

2.2 邻海的自然地理特征

俄罗斯远东地区的北部和东部濒临 6 个海,分别是北冰洋中的 3 个北极邻海(拉普捷夫海、东西伯利亚海和楚科奇海)和太平洋中的 3 个远东邻海(白令海、鄂霍次克海和日本海)(图 2.2)。远东地区的专属经济区①总面积为 5256592km²。这里每年可以捕捞约

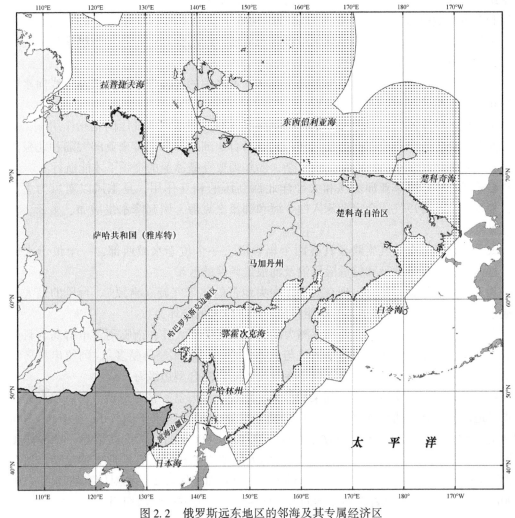

图 2.2 俄罗斯远东地区的邻海及其专属经济区

---

① 由 C. M. Краснопеев(俄罗斯科学院远东分院太平洋地理研究所)根据 1 : 1000000 比例尺阿伯斯等积圆锥投影数字地图计算岸线对应的面积和长度。

350 万 t 的海洋生物资源。连接欧洲和亚洲的俄罗斯北方海航道以及连接俄罗斯的远东诸港口与东南亚、美洲和大洋洲的线路等俄罗斯最重要的海上交通运输线经过这些海域。

2.2.1　远东邻海

白令海、鄂霍次克海和日本海是太平洋西北部的边缘海，俄罗斯 1/4 的沿岸地带面朝这三个海。远东邻海的面积几乎是俄罗斯所有其余邻海的总面积的 2 倍，体积是所有其余邻海的总体积的 7 倍（表 2.4）。远东邻海的海域从西南至东北方向延伸约 5000km，因此白令海北部的自然条件与严寒的北极非常相似，而日本海南部呈现的则是温暖的温带海洋气候特征。远东邻海的大部分海岸人口稀少，具有局部发达的基础设施。除了气候严寒和冬季结冰，这里还有船舶封冻、地震和海啸、离岸流和强大的浪涌现象、热带气旋形成的飓风和台风等危险自然现象。亚洲大陆沿岸构成了这三个海的西北天然边界线，日本群岛、千岛群岛、科曼多尔群岛、阿留申群岛形成的广阔岛弧和阿拉斯加与堪察加的沿岸构成了这三个海的东南天然边界线。

太平洋西北部的一系列边缘海是太平洋和东亚之间的过渡带。陆地从海岸线向水下延伸得相当远，构成了大陆架和大陆坡。

远东地区的季风气候显著。冬季，在亚洲反气旋与阿留申低气压的相互作用下，这里盛行西北气流。整个冬季期间，北风和西北风沿着亚洲东部海岸带来亚洲大陆和北极的冷空气，远东邻海在冬季的特点是冰情复杂，船舶需要在破冰船的带领下才能航行。

夏季风产生于夏季亚洲低压和太平洋北部高压的相互作用，夏季风以南风为主。但是，夏季时，北方冷气团会定期深入白令海和鄂霍次克海，引起降水量增加、多云、多雾和能见度差。

太平洋北部上空的气旋路径具有两个辐合区，一个位于水域西部，一个位于水域东部。这两个辐合区是危险和特危险风浪及涌浪最频发的区带。

除了中纬度气旋，还有出现在太平洋中央地带的热带气旋（台风）。台风的最大风力形成于 8~9 月。台风携带巨大的动能储量，产生巨大的破坏力。

白令海位于太平洋北部，西临亚洲大陆，东临北美洲大陆，南临阿留申群岛与科曼多尔群岛岛弧。白令海的北部经白令海峡与北冰洋连通，南部经科曼多尔-阿留申群岛海脊的众多海峡与太平洋连通。白令海属于半封闭的陆洋混合型边缘海。

白令海海底的主要地形区（陆架和岛架、陆坡和深海盆）清晰分明。海底地形的主要特点是地形主要处于两个水平面，即白令海东北部的陆架区水平面（0m 至 160~200m）和西南部的深 1000m 以上的深海盆水平面。宽 100~600m 的辽阔大陆架是一个深海慢坡平原。堪察加沿岸和科曼多尔-阿留申群岛的大陆架更加狭窄而且地形更加复杂。白令海的大陆架幅员辽阔（达 106.1 万 km²），约占白令海总面积的 46%。相对较窄的陆坡（200~3000m）几乎在全长都顺着断断续续的阶地向深海床过渡并被强烈切割。

由于白令海的跨度大，这里的各海区之间存在相当大的气候差异。总体上，从 55°N 向北，尤其在近岸地带，属更加严寒的大陆性气候，而向南的大洋对气候的稳定效应不断增加的南部海域则为更加温和的典型海洋气候。

表 2.4 俄罗斯远东邻海的形态指标和渔业资源的容许捕捞量

海的名称	类型	面积 /10³ km²	岸线长度 /10³ km	体积 /10³ km³	平均深度 /m	最大深度 /m	专属海洋经济区的面积 /km²	2012 年渔业资源建议捕捞量 /10³ t
白令海	陆洋混合型半封闭边缘海	2315（另有资料显示为 2304）	13340	3796（另有资料显示为 3683）	1640（另有资料显示为 1598）	4097	693191	683.973
鄂霍次克海	陆缘混合型半封闭边缘海-半封闭内海（Смирнов, 1987）	1603	10 460	1316	821	3521（另有资料显示为 3374、3475）	1513988	1545.987
日本海	大洋边缘海	1062	7531	1631	1536	3699	314730	273.168
楚科奇海	大陆边缘海	595（另有资料显示为 580）	2850（不计岛屿）	42	71	1256	341895	6.327
东西伯利亚海	大陆边缘海	913（另有资料显示为 901）	不计岛屿 3617	49（另有资料显示为 53）	54	915	1038034	0.693
拉普捷夫海	大陆边缘海	662（另有资料显示为 672）	不计岛屿 6850（另有资料显示为 1300 和 5254）	353（另有资料显示为 363、403、338）	533（另有资料显示为 540、578、519）	3 385（另有资料显示为 2980）	476886	无数据
千岛群岛、科曼多尔群岛和堪察加半岛的太平洋沿岸							877868	1048148
合计							5256592	3596785

资料来源：http://www.npacific.ru/np/library/encicl/15/0013.htm; http://seapool.net/sea-and-oceans/; http://www.esimo.ru/; http://geography.kz/; Добровольский и Залогин, 1982; Смирнов, 1987; Арзамасцев и др, 2010

在环绕俄罗斯的大海中，白令海的风暴潮强度排在第一位。白令海全年以浪高 2m 以下的风浪为主。伴随着强浪的冬季风暴潮会让船只封冻，对于海上航行来说尤其危险。冬季暴风的最大风速可达 38~45m/s，夏季可达 37m/s。

船舶观测记录到的最大浪高为 21m。在白令海中心地带的百年一遇的最大计算浪高为 30.5m，在北部海域为 26m（http://esimo.oceanography.ru）。

一年中最寒冷的月份是 1 月和 2 月，最温暖的月份是 7 月和 8 月。寒冷月份的月平均气温在西南部和南部海域为 -4~1℃，在北部海域为 -20~-15℃（在近大陆地区可能下降到 -50~-40℃）。在温暖月份，海域上空的气温上升到 4~13℃。除夏季外，在其他所有季节，海面的水温总体上自北向南上升。冬季的海面水温从北部的 -1.5~0℃ 到南部的 3~4℃，在伸入陆地的浅水海湾和重冰区的温度最低（-1.6~-1.4℃）。

总体来看，表层海水的盐度在一年中的各个季节都是自南向北从 33.0%~33.3%（海的西南和中心部分）降到 31%~32%。

白令海大部分海域的海水呈环流循环式总体运动（逆时针），这是白令海环流系统的主要特点。

白令海是远东邻海中最北端的海，也是气候最严寒和冰情最严重的海。在冬季和春季，约一半的海域被固定冰和浮冰覆盖。几乎所有冰体都是直接在海域范围内形成和融化。根据严寒程度不同，总体上，冰期的持续时间在暖冬为 80 天，在寒冬为 65~170 天。

从海平面的变化特点来看，白令海海域呈现出所有潮汐类型：半日潮、不正规半日潮、不正规全日潮和全日潮。大部分海域以不正规全日潮为主。在白令海峡内观测到海平面的最小波动值（0.5m 以内），在布里斯托尔湾观测到海平面的最大波动值（8m 以上）。在陆地沿岸和岛屿的其他地区，最大涨潮高度不超过 1.5~2m。

目前，白令海是全世界最丰产的海洋生态系统之一。例如，美国近 40% 的渔业产量就来自这里。

鄂霍次克海位于太平洋西北部，临近亚洲海岸，经千岛群岛和堪察加半岛与太平洋相隔。鄂霍次克海的西南方向以北海道岛沿岸、萨哈林岛（库页岛）东岸和亚洲大陆沿岸为限。海域的最大长度为 2463km，最大宽度为 1500km。从地理位置来看，鄂霍次克海属于陆缘混合型边缘海，经千岛群岛海脊的众多海峡与太平洋相通，经拉彼鲁兹海峡与日本海相通，经阿穆尔溺谷与涅韦尔斯克海峡和鞑靼海峡相通。

鄂霍次克海的大陆架在深度 2000m 处分为两个层阶，因此可以将其列为陆桥型大陆架。鄂霍次克海的上部大陆架（0~200m 层阶）面积为 65.9 万 km^2，占鄂霍次克海总面积的 41.1%，而下部大陆架（1000~2000m 层阶）面积约 30.8 万 km^2，占鄂霍次克海总面积的 19.2%。位于鄂霍次克海南部的最深的海盆（2500m 以上）占其总面积的 8%。深海盆的底部是平坦的深海平原，而千岛海脊是隔断深海盆与太平洋的一个天然界限。

鄂霍次克海地处温带季风气候带，但是向亚洲大陆深入的北部海域还具有北极海域的一些气候特点。这里冬季漫长又严寒，暴风和雪暴频繁发生，尤其是北部海域。夏季凉爽、降水充沛和多雾。春季和秋季短暂、寒冷和多云。总体上，鄂霍次克海是远东邻海中最寒冷的海。

鄂霍次克海是俄罗斯风暴最猛烈的邻海之一。由于跨度大，海域上方频繁的强风常形成强风暴潮和涌浪，例如，在泰戈诺斯角地区和乌斯季–大列茨克镇附近，秋季的持久风暴可以使浪高达到11m，在萨哈林东部沿岸刮北风、东北风和东风时，浪高达4～6m，在尚塔尔群岛地区浪高达6m，冬季在鄂霍次克和马加丹地区浪高超过5m，在堪察加西部沿岸浪高超过5m。

表层海水的温度总体上自南向北逐渐下降。南部海域的表层海水的年平均温度为5～7℃，北部海域为2～3℃。

表层海水的盐度在全年的变化范围为20%～25%至30%～33%。12月至次年3月的盐度最高。

鄂霍次克海的环流系统的主要特点是海水沿着整个海域的边界线呈整体旋涡运动（逆时针）。在总体循环的背景下，在不同的海区可以追踪到占据局部反旋涡环流和旋涡环流区和更小规模的涡流。

在大部分海域可以观测全日潮、不正规全日潮和不正规半日潮。潮汐的最大涨落值从几厘米（萨哈林岛（库页岛）北部和中部沿岸）到乌第湾的9.7m，在图古尔湾为10.1m，在品仁纳湾为13.9m。

鄂霍次克海冰情的严重程度堪比北极海域。这里的冰期在一年内最长可持续达290天。在最严寒的冬天，冰盖可覆盖99%的海域，在最温暖的冬天，冰盖可覆盖65%的海域。

与白令海一样，鄂霍次克海也具有高丰度的海洋生态系统，对于俄罗斯具有绝对重要的渔业价值。

日本海位于太平洋的西北部，在亚洲大陆岸线、日本群岛与萨哈林岛（库页岛）之间。从自然地理位置来看，日本海属于大洋的边缘海，经浅海屏障与毗邻海域相隔。日本海的东北部海域经涅韦尔斯克海峡和拉彼鲁兹海峡（宗谷海峡）与鄂霍次克海相通，东部海域经桑加尔海峡（津轻海峡）与太平洋相通，南部海域经朝鲜海峡（对马海峡）与中国东海相通。日本海的海岸线浅度切割（彼得大帝湾除外），以陡峭的高大海岸为主。

日本海的北部是一个宽阔的海沟，向北缓慢升高，海底面与鞑靼海峡的浅滩连接。日本海的最大深度（达3700m）位于中部海盆，其底部平坦，海盆自西向东和东北方向延展，海盆的南边界线为大和高地。日本海南部的地形最为复杂，这里分布着大和高地、深达3000m的本州海盆和位于日本海西南部的对马海盆。日本海的大陆架面积为27.9万km^2，占整个海域面积的26.3%。

日本海处于亚热带和温带两个大陆带内，在这两个大陆带内划分出具有典型气候和水文条件的两个区：北部严寒区（冬季部分海域被冰覆盖）和毗连日本与朝鲜半岛沿岸的温暖区。

在日本海的更加严寒的北部气候带，年平均温度为+2℃。在南部的亚热带地区，年平均温度为15℃。冬季，1～2月的月平均温度约为–19℃，绝对最低温度为–32℃。8月北部的平均温度为15℃，绝对最高温度为24℃，南部的平均温度和绝对最高温度分别为25℃和39℃。

日本海以2～3级弱风浪为主，浪高为0.25～1.25m到2m，开阔海域的海浪更高。当气旋和台风经过时，风浪加剧（可达到暴风浪）。最大浪高可能达到6～9m。日本海的风暴在冬季最频繁。鞑靼海峡以风浪大著称，海峡内的无冰区可能产生强风浪。

日本海最温暖的月份是 8 月，北部温度为 13 ~ 14℃，南部的朝鲜海峡（对马海峡）可达到 27℃。日本海最寒冷的月份是 2 月，北部的浅水海区会结冰，温度降至 0 ~ -1.5℃，而在朝鲜海峡（对马海峡）温度能达到 12 ~ 14℃。

冬季时，大部分海域的海水盐度超过 34‰，盐度略低的海域（33.5‰ ~ 33.8‰）集中在亚洲大陆和岛屿的近岸地区。到夏季前，盐度的总背景值会降至 34‰ 以下。

东南部的暖流与西北部的寒流是日本海环流体系的主要元素。

在日本海可以观测到半日潮、全日潮和混合潮。海平面的最大涨落出现在最南（3m）和最北海域。日本海中部的潮汐并不显著。沿朝鲜半岛东岸和俄罗斯滨海地区至鞑靼海峡入口的潮高不超过 0.5m。

日本海仅在彼得大帝湾和鞑靼海峡会结冰。彼得大帝湾的冰期为 120 天，鞑靼海峡南部的冰期为 40 ~ 80 天，北部为 140 ~ 170 天。

日本海生物资源的潜在捕捞量远不及鄂霍次克海和白令海，但是日本海的生物物种更加多样，具有发展海水养殖的巨大前景。

2.2.2 北极邻海

北冰洋的边缘海天然地构成了远东地区的北极邻海系列（拉普捷夫海、东西伯利亚海和楚科奇海），这三个海都位于极圈内，南面以欧亚大陆的天然海岸线为限，北部与北冰洋之间广阔连通，与北冰洋之间以大致穿过大陆浅滩边缘的一条假想边界线相隔。这三个海之间主要以岛屿和假想线为界，都是地质年龄较小的海，并且具有相同的成因，冰川时期这里曾是被冰川覆盖的陆地。冰川期后的海侵使陆地的低洼地区被水淹没，而高地以岛屿和半岛形式留在水面上。纬度高决定了这里光照不足，从而相应地使北极海域的辐射强度低（表2.4）。

极地高压和西伯利亚高压以及冰岛低压和阿留申低压影响着北极邻海，总体上在这里的海面上空形成季风型大气环流。

有多条大陆径流流入北极邻海。大陆径流主要是在海面还有冰块覆盖的春季和短暂的夏季流入大海。由于大陆径流的密度低，会在冷水的表面形成漫流，因此在距离河口区相当远的地方也可以追踪到大陆径流。

这三个海全年都有冰，即使在夏季也会有北冰洋的冰块分流到这里。

在俄罗斯的北极邻海系列中，楚科奇海处于最东端，它的西边界线从 180° 经线与大陆浅滩边缘（76°N、180°E）的交叉点开始沿 180° 经线至弗兰格尔岛，之后穿过东西伯利亚海的东边界线。楚科奇海的北边界线从 72°N、156°W 点至阿拉斯加的巴罗角，之后沿大陆岸线至希什马廖夫湾（苏厄德半岛）的南部进湾角。楚科奇海的南边界线从希什马廖夫湾的南部进湾角沿着白令海峡的北边界线至乌尼坎角（楚科奇半岛），之后沿大陆岸线至亚坎角。楚科奇海属于大陆边缘海，海中的岛屿不多，汇入楚科奇海的河流比较枯水，海岸线被浅度切割。楚科奇海的底部平坦，以 50m 深度为主，最大深度不超过 200m。中央低、边缘高的形状让楚科奇海的底部呈碗形。

　　楚科奇海属极地海洋气候,其主要特点是海面日照少,气温在全面的波动幅度小。

　　在秋冬季节,几个大规模的气压系统会影响楚科齐海,因此海上的风向十分多变。各方向风的出现频率几乎相同。平均风速为 6 ~ 8m/s。最寒冷月份的平均气温为 –25 ~ –28℃。冬季多刮阵风,为阴冷天气,偶尔有来自白令海的暖空气流进入。

　　在温暖季节,南向是到季末之前的稳定风向,风速一般不超过 3 ~ 4m/s。最温暖月份 (7 月) 的平均气温为 2.5 ~ 6℃至 10℃,在大陆沿岸的个别封闭位置甚至达到 20℃。夏季多持续阴雨天,常伴雨夹雪。夏季十分短暂,在 8 月就转入下一个季节。

　　在冬季和初春,冰下层海水温度的不同海区分布得相当均匀,为 –1.6 ~ –1.8℃。夏季的升温和太平洋海水的涌入使表层水的温度变得不均匀。8 月,近边缘区的水温为西部 –0.1 ~ 0.3℃,岸边达到约 4℃,在太平洋洋流的中轴线穿过的西经 168°经线以东为 7 ~ 8℃,白令海峡东部可能达到 1 ~ 4℃。总体上,楚科奇海的西部比以太平洋暖流为主的东部更加寒冷。

　　冬季,冰下水层的盐度在西部为 31‰,在相对咸的太平洋海水所在的白令海峡为 33.0‰ ~ 33.5‰。在冰雪强烈消融的春末和整个夏季,海水经白令海峡加速涌入,大陆径流量增加,海面的盐度分布变得相当无序。总体上,海水盐度自西向东逐步从 28‰增加到 30‰ ~ 32‰。由于冰融化,冰缘区的盐度减小至 24‰,而大型河流河口附近的海水盐度为 3‰ ~ 5‰。冬季,随着结冰开始,盐度普遍升高,表层海水的盐度分布得更加均匀。

　　经白令海峡和德朗海峡流入的海水在很大程度上决定了楚科奇海海水的总体环流。表面海流总体上形成了一个不太清晰的环流循环。白令海和楚科奇海的海流相遇后,在海的南部和中部形成多个环流式循环。在多数情况下,楚科奇海的稳定海流的速度为 30 ~ 50cm/s,但是,在白令海峡刮顺风时,流速能达到 150cm/s。

　　楚科奇海的潮汐来自三个潮汐波,其中一个来自北部的北极中央海域,一个经德朗海峡从西部进入,另一个经白令海峡从南部进入。楚科奇海的潮汐为半日潮。整个楚科奇海沿岸的潮位高度不大,在某些点为 10 ~ 15cm。由于从北侧和西侧进入的波浪叠加形成的合浪涌向弗兰格尔岛,使这里的潮位要高很多 (达 150cm)。

　　楚科奇海较少出现强风浪。秋季的风浪最猛烈,暴风在广阔的东南部无冰区形成 5 ~ 7 级的风浪。浪高可达到 4 ~ 5m,个别时候能达到 7m。

　　楚科奇海全年都有海冰。从冬季的 11 月、12 月到次年的 5 月、6 月,楚科奇海面上连绵覆盖着海冰,海岸边是固定冰 (陆缘冰带的宽度达 10 ~ 20km),远离海岸的是浮冰,多数是厚 150 ~ 180cm 的一年或两年冰体。楚科奇海的北部可见永久厚冰。在海岸的陆缘冰以外是狭长 (长达数百公里) 的楚科奇冰间航道。

　　夏季,冰缘线向北退去。初生冰在 9 月末开始形成,并随着时间不断增多,在冬季到来前覆盖整个海面。

　　北方海航道经过楚科奇海域。近岸捕鱼业和海兽捕猎业仅用于满足当地需求。

　　东西伯利亚海环绕着东西伯利亚的北岸。东西伯利亚海局部以天然界线为界,多处是以假想线为界。它的西边界线从科捷利内岛北端经线与大陆浅滩边缘 (79°N、139°E) 的交叉点到科捷利内岛的北部末端 (阿尼西角),之后沿着岛的西岸向前,再之后为拉普捷夫海的东边界线。北边界线从 79°N、139°E 坐标点开始沿着大陆浅滩的边缘向前到 76°N、

180°E 坐标点，而东边界线从这个坐标点开始沿 180°经线至弗兰格尔岛，之后沿着弗兰格尔岛的西北岸至布洛索姆角，之后到达圣角（德米特里·拉普捷夫海峡和桑尼科夫海峡的西边界线）。

从地理位置和水文条件来看，东西伯利亚海属于大陆边缘海，是俄罗斯的北极邻海中最多冰的海。

东西伯利亚海中的岛屿稀少，海岸线的曲度很大，有些地方深入陆地形成湾，有些地方伸入海中形成岬，湾和岬之间是海岸线平直的地段。

构成东西伯利亚海床的大陆架是从西南向东北倾斜的海底平原。海底没有大的洼地和高地。以 20~25m 海深为主。因迪吉尔卡河和科雷马河河口以东北的海底内存在多个相当较深的海沟。

东西伯利亚海处于大西洋和太平洋的大气影响区内。大西洋气旋尽管很少，但是也会偶尔深入东西伯利亚海的西部，而太平洋气旋深入海的东部地区。这表明东西伯利亚海的气候是受大陆影响较大的极地海洋气候。

冬季，影响东西伯利亚海的主要是西伯利亚高压向西伯利亚沿岸地区的一个分支。因此，在东西伯利亚海上方盛行 6~7m/s 的西南风和南风，它们带来大陆的冷空气，因此 1 月的月平均气温保持在-30~-28℃。冬季天气的特点是平静和晴朗，但是有时会被侵入的气旋破坏。西部海域的大西洋气旋让风力加大并略有回暖，而后方携带大陆冷空气的太平洋气旋仅仅增加了风速和云量，并在海的东南部引发暴风雪。

夏季以下毛毛雨的阴雨天气为主，偶尔会有雨夹雪。在这个时节，亚洲大陆上方的气压下降，而海上的气压升高，因此盛行北风。夏初时，北风的风力很弱，但是风速会在夏季逐渐增强，平均风速会达到 6~7m/s。到夏季末，东西伯利亚海的西部成为北方海航道上风暴最猛烈的航段。常刮 10~15m/s 的大风。持久的北风和东北风让气温变低。7 月平均气温在北部海域为 0~1℃，在沿岸地区为 2~3℃。

注入东西伯利亚的大陆径流相对较少，所有河水都注入南部海域。

东西伯利亚海的海水浅而且水温低，是俄罗斯最寒冷的北极邻海之一。各个季节的表面水温总体上自南向北呈下降趋势。冬季水温接近冰点，在河口附近为-0.6~-0.2℃，而北部边界为-1.8~-1.7℃。夏季，冰情决定了海面温度的分布。海湾的水温达 7~8℃。

冰情和大陆径流在很大程度上决定了东西伯利亚海的海水盐度在水平和垂直方向的分布情况。表层水的盐度总体上自西南向东北逐渐增加。冬季和春季，科雷马河和因迪吉尔卡河河口附近的海水盐度为 4%~5%，在熊岛群岛附近海域达到 24%~26%，在中央海区上升至 28%~30%，在北部边缘上升至 31%~32%。夏季，由于河水注入和海冰融化，表层水的盐度在近岸区下降至 18%~22%，在熊岛群岛附近海域下降至 20%~22%，在北部的融冰边缘下降至 24%~26%。

东西伯利亚海海面的稳定海流形成了不明显的气旋式环流。稳定海流常被比稳定海流更强的风海流破坏。潮汐流的影响相对不大。

在东西伯利亚海观测到的潮汐为正规半日潮。潮高波动不大，从 5~7cm 到 20~25cm。在大陆沿岸地带，因气象原因引起的海平面变化更加常见。例如，增水和减水在夏季更加明显，海平面的波动常达到 60~70cm，局部甚至达到 2.5m。

在东西伯利亚海的无冰区常形成相当大的风浪，刮西北暴风和东南暴风时的风浪最为猛烈，最大浪高达5m，通常情况下为3~4m。

东西伯利亚海的冰情在全年都很复杂。从10月、11月到次年的6月、7月，海面完全被冰覆盖。西海域的陆缘冰带达到400~500km宽，在中央区为250~300km宽，在舍拉格斯基角以东为30~40km宽，到冬季末，陆缘冰的厚度达到2m。浮冰分布在陆缘冰带以外。在东西伯利亚海的最北部存在永久北极冰。冬季盛行的南风常在新西伯利亚和外弗兰格尔的陆缘冰外形成固定冰间湖。

夏季初，在陆缘冰解冻后，冰缘在风和水流的作用下改变了位置。但是，从弗兰格尔岛一带向北——西伯利亚群岛可见海冰。艾翁冰山的支脉占据了东西伯利亚海东部的绝大部分区域，这座冰山的绝大部分由永久厚冰形成。

作为北方海航道的一部分，东西伯利亚海在运输方面的作用很大。河口的捕鱼业和近岸海域的海兽捕猎仅供满足当地居民的需求。

拉普捷夫海的西部海域介于北地群岛和泰梅尔半岛之间，东部海域介于北地群岛和新西伯利亚群岛之间。拉普捷夫海的北边界线从北极角延伸至科捷利内岛的北端经线（139°E）与大陆浅滩边缘线的交叉点（79°N、139°E）。拉普捷夫海属于大陆边缘海。纬度高、与大西洋和太平洋距离远、邻近亚洲大陆和极地冰，这些条件让拉普捷夫海成为俄罗斯北极邻海中最严寒的海之一。

拉普捷夫海中分布着数十座岛屿。大多数岛屿位于海的西部，以岛群或孤岛分布。

海岸线的轮廓相当破碎，形成了不同形状和大小的海湾、半岛和角。

拉普捷夫海占据一整片大陆架，覆盖一个大陆坡和面积不大的一段洋底，因此，拉普捷夫海的底部是一个先缓慢下降、之后向北陡然耸起的平原。这个海底平原的地形被浅度切割，平原中划分出若干海沟、高地和浅滩。拉普捷夫海的绝大部分海域非常浅，有一半海域的深度在50m以内，76°N以南的深度不超过25m。北部海域要深得多，这里的深度从50m逐渐增加到100m，之后骤然增加到2000m以上。

拉普捷夫海的气候是带有明显海洋特征的大陆性气候，而不是极地海洋气候。由于拉普捷夫海自西南向东北的跨度大，因此各处的气候各异，气候的季节性差异尤其大。

在寒冷季节，拉普捷夫海主要处于高气压影响区之内，主要是受西伯利亚反气旋的影响。在这样的气压环境下，盛行南风和西南风，平均风速约8m/s。到冬季结束前，风速变小，常风平浪静，空气显著变冷。月，气温自西南向东北下降至−26~−29℃（月平均气温）。冬季平静少云的天气偶尔会被在拉普捷夫海略以南经过的气旋破坏，气旋带来的强冷北风和暴风雪在持续数日后很快结束。

在温暖季节，高气压区开始瓦解和消散，因此常刮风速为3~4m/s的北风。夏季没有风速超过20m/s的强风。气温上升，平均气温在8月达到最高，拉普捷夫海中央海域的气温为+1~+5℃。在封闭海湾的沿岸地带，气温偶尔会升到很高。在季克西湾记录到的最高气温为+32.7℃，但是这样的高温罕见。夏季，气旋活动加剧，此时海上形成下连绵毛毛雨的阴霾天气。西伯利亚高压在8月末开始形成，这标志着秋季即将到来。

在拉普捷夫海的水文过程的形成中，大陆径流起着重要的作用。有几条大河和多条小河注入拉普捷夫海，其中最大的是勒拿河（每年约带来515km³的水）和哈坦加河（每年带来的水量超过100km³）。每年注入拉普捷夫海的径流量约为720km³，占注入俄罗斯所有北极邻海的总径流量的30%。全部径流量的约90%来自夏季融化的雪水。

水温在一年中的大多数时候接近于冰点。寒冷季节的表层水温介于-0.8℃（莫斯塔赫岛附近）和-1.7℃（切柳斯金角附近）之间。

夏季，海面升温。北极冷水流入拉普捷夫海的西部，使这里的水温比东部的更低（+2～+3℃），温暖河水主要汇集在东部，因此这里的表层水温可能达到+6～+8℃，甚至达到+10～+14℃（布奥尔哈亚湾）。

海水盐度在表层分布得十分复杂。总体上，海水盐度自东南向西北和北逐渐增加。冬季，河水径流量最小而结冰量最大，海水盐度最高，在切柳斯金角附近的盐度接近34%，而在科捷利内岛附近仅为25%。早春时的海水盐度仍然相当高，但是到了6月，随着冰的融化，盐度开始下降。夏季时，河水径流量达到最大，东南海域的海水变得最淡。布奥尔哈亚湾的海水盐度下降至5%甚至更低，在布奥尔哈亚湾以北略有升高，达到10%～15%。拉普捷夫海西部的海水盐度更高（30%～32%）。

拉普捷夫海的表层海水具有气旋式环流的特点，环流循环中的海水流速不大（约2cm/s），而环流内部有一个衰减带。受大规模气压形势影响，主要海流出现分流。稳定海流被潮汐流破坏。

拉普捷夫海的潮汐现象显著，具有不正规半日潮的特点。潮汐涨落通常不大，潮高多为0.5m左右。仅在发生朔望潮时，哈坦加湾的潮汐波动幅度超过2.0m。

增水和减水让海平面下降和上升幅度达到最大，波动达1～2m，有时达2.5m（季克西湾）。

风力弱、水浅和常年结冰让拉普捷夫海相当平静，海上以浪高1m左右的2～4级风浪为主。夏季（6～8月），在西部和中央海域，偶尔会刮起5～7级风暴，此时浪高达到4～5m，而拉普捷夫海的秋季是风暴最猛烈的季节，浪高可达6m。

在一年中的大部分时间（10月至次年5月），整个拉普捷夫海都被不同厚度和冰期的冰覆盖。9月末开始结冰。冬季，在多浅滩的东部海域发育极辽阔的厚度2m以下的陆缘冰带（约占拉普捷夫海总面积的30%）。20～25m深度作为陆缘冰分布的边界线。陆缘冰带以北是浮冰。冬季，在冰不断从拉普捷夫海向北运移的情况下，在陆缘冰以外保留下大片的冰间湖和初生冰区。6月、7月冰开始融化，到8月前，大片海域已经没有冰。

拉普捷夫海的主要经济价值是作为北方海航道的运输通道。在河口地区的规模不大的捕鱼和捕猎海兽仅供满足当地居民的需求。

2.3　自然特别保护区——自然资源利用的特殊类型

1992年10月2日，俄罗斯联邦总统颁布了第1155号总统令，规定"保护和发展自然保护区（SPNR）是俄罗斯联邦的国家生态政策的优先方向之一"，确立了自然保护区的"保障生态安全和保护俄罗斯人民的国家自然遗产"的目标。

根据《俄罗斯联邦自然保护区法》，各类自然保护区组成的体系的主要功能包括：

（1）保持生态平衡，保护自然环境、自然景观（自然综合体）和生态多样性。

（2）保护和恢复特殊自然区和标准自然区、野生动植物资源及其基因库。

（3）保护和保障游憩资源、医疗资源的使用和自然区域的康健特性。

（4）研究生物圈的天然过程并控制其状态，包括生态监测和生态评估。

（5）开展生态教育，增强生态意识。

自然保护区被看作是地区（地域）自然资源利用系统中的一个自然资源利用类型。

世界自然保护区系统（ISCN）的自然保护区分级标准与俄罗斯的自然保护区分级标准存在相当大的差异。世界自然保护区系统的分级标准被积极用于与俄罗斯自然保护区分级标准的比较中，从而为客观地界定俄罗斯的自然保护区的类级提供了巨大空间。世界自然保护区系统为自然保护区划分出六个主要级别和两个亚级别：

ⅠA 级：严格自然保护区（Strict nature reserve），即严格的自然保留地（未经垦殖的地段），完整保护区。

ⅠB 级：荒野地自然保护区（Wilderness area），即主要用于保护野生自然地貌的可管理的保护区。

Ⅱ级：国家公园（National park），即与旅游相结合的生态系统保护区。

Ⅲ级：自然纪念物保护区（Natural monument），即天然纪念物、自然名胜保护区。

Ⅳ级：生境和物种管理保护区（Habitat/species management area），即用于通过积极管理来保护栖息地和物种的禁伐禁捕区。

Ⅴ级：陆地/海洋景观保护区（Protected landscape/seascape），即受保护的陆地和海洋地貌景观、陆地和海洋景观保护区和游憩区。

Ⅵ级：资源管理保护区（Managed resource protected area），即具有可管理性资源的保护区，是对生态系统的保守利用（Соколов и др，1997）。

俄罗斯联邦现有自然保护区系统的形成已有一百多年的时间，目前主要包括由联邦现行法律规定的若干类级。此外，各地区还建立了由地区法律规定的其他类级的自然保护区，但是仍以《自然保护区法》的条款为依据。与其他国家不同，Ⅰ级自然保护区（根据 IUCN 世界自然保护联盟分级标准）——自然保护区和国家公园，在俄罗斯的自然保护区中占有很大比例。在全俄罗斯系统中，远东地区的Ⅰ级自然保护区占有重要地位（表 2.5）。

表 2.5　远东地区的国家自然保护区和国家公园

参数	俄罗斯联邦	远东地区	远东南部地区
总面积	1710/100	616.9/36	135/8
国家自然保护区面积	33.7/100	13.5/40	2.9/8.6
国家公园面积	7/100	0.6/8.6	0.6/8.6
国家禁伐禁捕区面积	17/100	1.7/10	1.06/6.2

注：分子的单位为 Mhm^2，分母的单位为%

　　远东拥有俄罗斯唯一的一个国家海洋保护区——远东国家海洋生物圈保护区，它位于日本海彼得大帝湾内。1978年，经苏联政府批准，在苏联科学院系统内成立了该保护区。

　　自远东国家海洋生物圈保护区成立伊始，即由号召成立该保护区的俄罗斯科学院远东分院海洋生物研究所来领导保护区的工作。

　　远东国家海洋生物圈保护区总面积为64316.3hm²，其中海域面积为63000hm²。有三个水域区段被划归到这个保护区境内，批准了一个围绕海洋边界线宽3海里、围绕陆地边界线宽500m的保护区。

　　彼得大帝湾以地貌景观极其丰富多样而著称，这里众多的岛屿、海中的孤岩（岛礁）、半岛、砂和砾石滩、开放海湾和半封闭海湾（图2.6）、海中的潟湖和淡水化潟湖以及河口等，为海洋生物和水禽群落创造了多样化的生境。

　　远东海洋保护区的水域中有3300多种动物和植物，包括130多种巨型海藻、约270种鱼类、350多种鸟类、300种软体动物（远东海参、滨海扇贝、斯威夫特扇贝、贻贝）。这里还栖息着鲸类（伪虎鲸、海豚）和鳍脚目（斑海豹、北海狮）等大型海洋动物。

　　从面积来看，不论是在俄罗斯联邦国内（占俄联邦总面积的38%），还是在全球范围内（占全球陆地总面积的4.4%），远东地区都是一个幅员辽阔的地区。因此，除了从整体上加以研究，还需要按照各个联邦主体和自然区（生物群落）以及按照在远东地区界内划分出的七大自然经济区（4个在陆地，1个在沿岸区，2个在海域）分别加以分析：

　　（1）远东地区南部（阿穆尔州、犹太自治州、哈巴罗夫斯克（伯力）边疆区、滨海边疆区）。

　　（2）远东地区的岛屿（萨哈林岛（库页岛）和千岛群岛、原堪察加州界内的堪察加边疆区）。

　　（3）远东地区西北部（萨哈/雅库特）。

　　（4）远东地区东北部（马加丹州、科里亚克自治区界内的堪察加边疆区、楚科奇自治区）。

　　（5）远东地区的沿岸区。

　　（6）远东地区的太平洋邻海。

　　（7）远东地区的北极邻海。

　　截至2007年，远东地区的自然保护区系统包括25个国家自然保护区、3个国家公园、11个国家禁伐禁捕区、11个自然公园、一系列植物园、森林公园、医疗和康健区和疗养区（图2.3~图2.7）。2007~2011年，国家自然保护区系统内发生了几个重大变化，包括：

　　（1）通过合并雪豹国家禁伐禁捕区和鲍里索夫斯科耶高原边疆区禁伐禁捕区，在滨海边疆区建立了豹子国家禁伐禁捕区。

　　（2）将雪松谷国家自然保护区交由自然资源部管理（根据2008年10月21日第1570号政府令）。

　　（3）将之前由农业部管辖的国家禁伐禁捕区交由自然资源部管理。

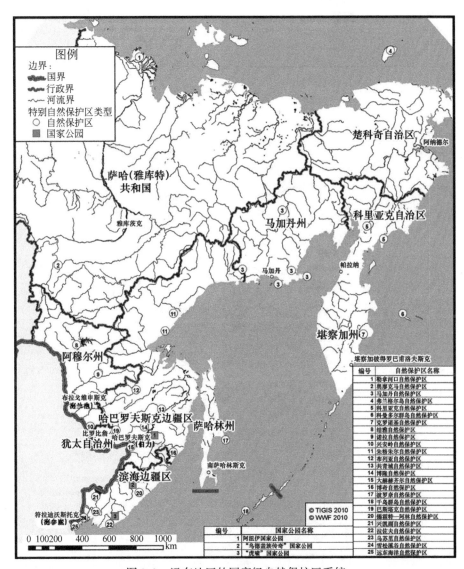

图 2.3　远东地区的国家级自然保护区系统

图 2.4　远东南部陆地和萨哈林岛（库页岛）的自然保护区系统

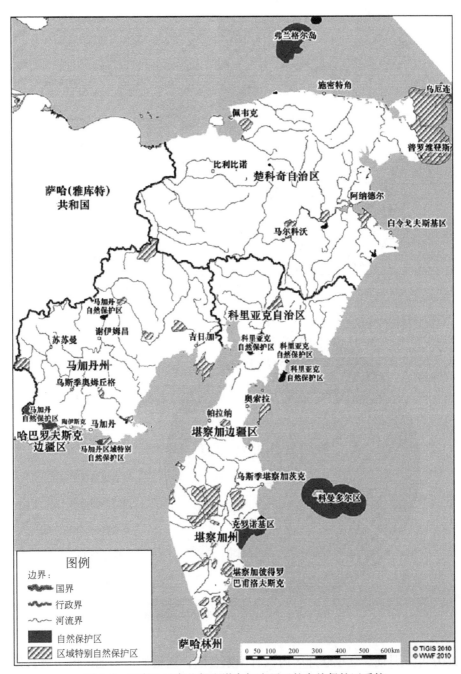

图 2.5 远东地区东北部和堪察加边疆区的自然保护区系统

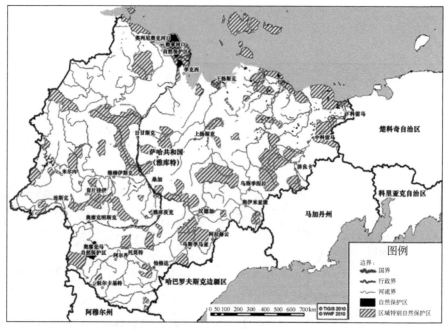

图2.6　远东地区西北部的自然保护区系统

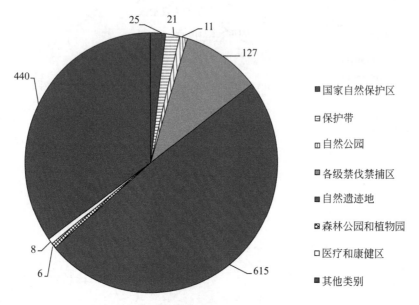

图2.7　远东地区自然保护区的数量

　　在2007年6月前，远东联邦区内没有国家公园，这是使远东地区的 I 级自然保护区（根据IUCN世界自然保护联盟分级标准）的面积与联邦区总面积的比值（为1.3%，俄罗斯平均值为2%）落后的一个主要因素。2007年6月，根据俄罗斯联邦政府决议，建立了三个国家公园：虎啸国家公园、乌德盖传说国家公园（滨海边疆区）和阿纽伊国家公园（哈巴罗夫斯克（伯力）边疆区），总面积为60.01万 hm²。这三个国家公园不仅对于保护生态系统的生物多样性来说非常有意义，也是极具吸引力的旅游区。例如，在虎啸国家公园界内坐落着滨海边疆区的最高峰——奥布拉奇纳亚山，它还拥有边疆区最大的河流——乌苏里江的源头以及其他富有魅力的自然景观。

2012 年 4 月，为了保护滨海西南地区的独一无二的生物多样性，首先是保护远东豹和作为隔离种群在这里存续下来的阿穆尔虎（东北虎），俄联邦政府下令建立了豹之乡国家自然公园（图 2.8）。

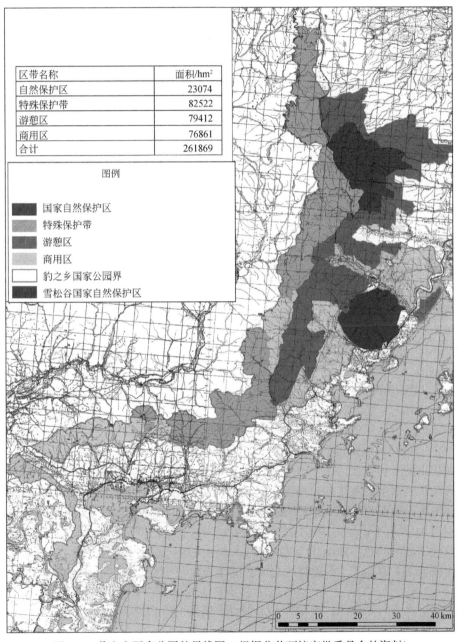

区带名称	面积/hm²
自然保护区	23074
特殊保护带	82522
游憩区	79412
商用区	76861
合计	261869

图例

■ 国家自然保护区
■ 特殊保护带
■ 游憩区
■ 商用区
□ 豹之乡国家公园界
■ 雪松谷国家自然保护区

图 2.8 豹之乡国家公园的界线图（根据公共环境审批委员会的资料）

制图：Е. Г. Егидарев

豹之乡国家公园从日本海阿穆尔湾沿岸一直延伸至俄中边境，南北长约 150km，其最大宽度为 35km。豹之乡国家公园的核心是俄罗斯联邦历史最悠久的自然保护区——雪松谷国家自然保护区。该公园总面积约 28 万 hm^2。

远东地区的各主要类型的自然保护区的占地面积分别为：国家公园 60.01 万 hm^2；国家自然保护区 1351.3 万 hm^2；国家自然保护区的保护带 637 万 hm^2；禁伐禁捕区 6500 万 hm^2；自然公园 1397.4 万 hm^2；自然遗迹地 30 万 hm^2；医疗和康健区和疗养区 15 万 hm^2（表 2.6）。

表 2.6　远东地区各联邦主体的自然保护区的构成表（截至 2007 年）

联邦主体名称	国家自然保护区（万 hm^2/个数）	占远东国家自然保护区总面积的比例	国家公园（万 hm^2/占远东国家公园总面积的百分比）	国家禁伐禁捕区*（万 hm^2/占远东国家禁伐禁捕区总面积的百分比）	地区自然保护区（万 hm^2/占远东地区自然保护区总面积的百分比）
楚科奇自治区	222.6/1	16.6	—	39/23	85.8/1.2
马加丹州	88.4/1	6.6	—	—	204.8/2.9
萨哈（雅库特）共和国	228.0/2	17	—	—	5608.9/78.5
堪察加边疆区	511.8/3	38.2	—	22.5/13.3	458.1/6.4
萨哈林州	12.2/2	0.9	—	1.98/1.2	69.6/1.0
阿穆尔州	40.4/3	3.0	—	17.43/10.2	306.3/4.3
犹太自然州	9.1/1	0.7	—	—	31.3/0.4
哈巴罗夫斯克（伯力）边疆区	170.7/6	12.7	42.94/71.5	78.02/46	277.1/3.9
滨海边疆区	56.8/6	4.2	17.08/28.5	10.6/6.3	105.6/1.5
远东地区	1340	100	60.01/100	169.55/100	7147.5/100

＊不包含水域

资料来源：自然资源部数据

自然保护区占远东地区各联邦主体总面积的比例各不相同，从科里亚克自治区的最低值（5.3%）到萨哈（雅库特）共和国的最高值（28.8%），自然保护区在其所在联邦主体的总面积中的平均占比为 17.9%。在各类自然保护区中，以森林自然保护区居多，而用于保护海洋和淡水生态系统的自然保护区数量不多。在哈巴罗夫斯克（伯力）边疆区，国家自然保护区占地面积为 170.7 万 hm^2，占边疆区总面积的 2.1%，国家自然保护区的保护带面积为 41.8 万 hm^2（占边疆区总面积的 0.5%）。哈巴罗夫斯克（伯力）边疆区的五个国家禁伐禁捕区的总占地面积为 78 万 hm^2（占边疆区总面积的 0.9%），而地区级禁伐禁捕区面积为 211 万 hm^2（占边疆区总面积的 2.7%）。

2.3.1　远东地区各自然带（生物群落）的自然保护区

建立自然保护区系统的一个基本方法是生态生物地理法，该方法规定在所有的主要生物群落建立自然保护区系统，即以地带的代表性为基础建立自然保护区系统。因此，自然保护区网络的最重要的建立（代表性）指标之一是受保护区域占生物群落面积的比例（表 2.7）。

表 2.7 远东地区各自然带中的自然保护区（国家自然保护区和国家公园）分配比例表

自然带	自然带、亚带的面积（万 km²/%）	自然保护区的面积/万 km²	自然保护区占自然带的面积比	占远东地区自然保护区的面积比
极地荒漠带	4.69/0.8	2.22	47.3	16.5
冻原和森林冻原带	129.15/20.9	6.53	5.1	48.6
泰加林带	456.79/74	3.73	0.8	27.8
北泰加林	219.25/35.5	0.88	0.4	6.6
中泰加林	201.61/32.7	0.86	0.4	6.4
南泰加林	35.93/5.8	1.99	5.5	14.8
针叶阔叶林带	24.45/3.9	0.86	3.5	6.4
大草原–森林带	2.05/0.4	0.09	4.4	0.7
合计	617.13/100	13.43	2.2	100

资料来源：TIGIS 中心计算数据

极地荒漠带的自然保护区的面积比最大。冻原和森林冻原带以及南泰加林带的自然保护区的面积分别占自然带总面积的 5.1% 和 5.5%。总体上，泰加林带的自然保护区的面积比最小，为 0.8%（俄罗斯总体上为 1.28%），而同时，泰加林带的面积占远东地区总面积的 74%。在占远东地区总面积约 4% 的最具生物多样性的针叶阔叶林带中，Ⅰ级自然保护区的面积比为 3.5%，在大草原–森林带（占远东地区总面积的 0.4%），Ⅰ级自然保护区占 4.4%，远高于俄罗斯总体水平。

2.3.2 远东地区的单独自然经济地区的自然保护区

远东南部地区的自然保护区对于保持具有国际水准的生物多样性最为重要，这里（加上高加索地区）的生物多样性程度为俄罗斯联邦最高。但是，从区域化水平来看，最近 10 年在萨哈（雅库特）共和国发展起来的自然保护区系统最值得研究。

远东南部的各联邦主体中，各级自然保护区所占的面积比各有不同（图 2.9，表 2.8）。在阿穆尔州，地区和国家禁伐禁捕区的总面积占自然保护区总面积的 80%，这是阿穆尔州现有的三个国家自然保护区所占面积比的 6.9 倍。滨海边疆区（上述两个数值分别为 62.7% 和 35.5%）和哈巴罗夫斯克（伯力）边疆区（分别为 60% 和 35.9%）的这两个面积占的差异不那么大，这很大程度上是由这两个边疆区的国家自然保护区的数量多所决定的，这两个边疆区各有 6 个国家自然保护区。

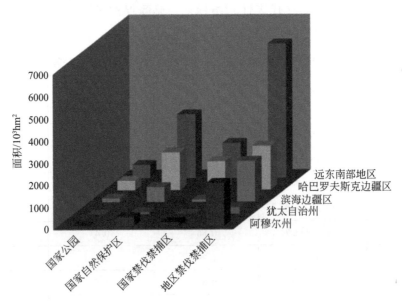

图 2.9　远东南部自然保护区的结构和面积

表 2.8　2005 年远东南部地区的自然保护区

保护区类型	国家公园	国家自然保护区	国家禁伐禁捕区	地区禁伐禁捕区	自然公园	面积	
						现有自然保护区的面积	联邦主体的面积
阿穆尔州	—	40.45 / 1.1	17.026 / 0.5	193.319 / 5.3	—	250.8 / 7	3637.0 / 100
犹太自治州	—	9.18 / 2.53	—	29.92 / 8.24	—	39.1 / 10.8	363.0 / 100
滨海边疆区	17.08 / 1	67.94 / 4.1	10.6 / 0.6	184.4 / 11.1	0.88 / 0.05	280.9 / 16.9	1659.0 / 100
哈巴罗夫斯克（伯力）边疆区	42.94 / 0.5	169.94 / 2.2	129.3 / 1.64	197.45 / 2.5	—	539.63 / 6.8	7886.0 / 100
远东南部地区	60.01 / 0.4	287.51 / 2.1	156.93 / 1.2	605.1 / 4.47	0.88 / 0.01	1050.4 / 8.2	13545.0 / 100

注：分子的单位为万 hm²，分母的单位为%

远东南部的现代自然保护区网络包括 3 个国家公园和 16 个国家自然保护区，其中哈巴罗夫斯克（伯力）边疆区和滨海边疆区各有 6 个国家自然保护区（其中 4 个获得生物圈自然保护区资质），阿穆尔州有 3 个、犹太自治州有 1 个国家自然保护区。国家自然保护区总面积为 288.33 万 hm²，包括 11.67 万 hm² 海域。在其中的 14 个国家自然保护区周围设立了总面积 66.2 万 hm² 的保护带（Андронов и др，2005）。

在远东南部地区的生态网络（Econet）[①] 中，锡霍特生物圈国家自然保护区（40.14万 hm²）、乌苏里国家自然保护区（4.04 万 hm²）和拉佐国家自然保护区（12.1 万 hm²）是最重要的老虎国家自然保护区。

远东南部地区的生态网络包括总面积 719 万 hm² 的 78 个禁伐禁捕区，其中有 8 个是国家禁伐禁捕区。

雪豹国家禁伐禁捕区具有重大意义，因其境内分布着地球上最珍稀的猫科动物——远东豹的大部分种群。雪豹国家禁伐禁捕区和地区内最早建立的雪松谷国家自然保护区、鲍里索夫高原边疆禁伐禁捕区和波尔塔夫卡边疆禁伐禁捕区一起，共同保障了远东豹分布区的生态网络。2008 年 10 月，在雪豹国家禁伐禁捕区和鲍里索夫高原国家边疆禁伐禁捕区基础上建立的豹子禁伐禁捕区被移交给雪松谷国家自然保护区进行管理。由此，将自然保护区的独立单元合并入豹子分布区的生态网络的后续步骤得以完成。

自然遗迹地用于保留虽然不大但是重要的地貌景观和珍稀植物种群。远东地区有 615 个自然遗迹地，其中南部有 425 个，但是这些自然遗迹地的建立大多没有经过系统的论证，其重要性也不一而足。

法律规定，俄罗斯联邦的联邦主体可以建立基本法律中没有列出其级别的自然保护区。除了国家公园、国家自然保护区和禁伐禁捕区，远东南部地区还设有其他级别的自然保护区。在由这些自然保护区构成的生态网络中，包括哈巴罗夫斯克（伯力）边疆区的总面积 15.66 万 hm² 的 4 个生态走廊，阿穆尔州的阿利季孔湿地（27.5 万 hm²，占阿穆尔州自然保护区总面积的 7.9%）和滨海边疆区的中克雷洛夫卡自然保护区。

在萨哈（雅库特）共和国，已经形成了极具特色并兼顾民族特殊性的自然保护区系统，相较于俄罗斯联邦的自然保护区系统来说，这个系统更接近于世界自然保护区系统。建立自然保护区网络已经成为萨哈共和国国家生态政策的优先内容，该生态政策最大限度地运用了《萨哈共和国自然保护区法》规定的建立其他级别自然保护区的权利。

《萨哈共和国自然保护区法》是组建和运行萨哈共和国自然保护区系统的依据，该法依据《俄罗斯联邦自然保护区法》第 2 条批准了新类型的自然保护区及其以萨哈共和国官方语言命名的名称，包括国家自然公园、资源保留地、景观保护区、自然遗迹地以及所谓的"储备地"。在前两种类型中，划分出了民族生态区或传统自然资源利用区等特殊功能区，在这些功能区正在建立特殊的制度，用以保障萨哈共和国土著民的居住环境（阿拉斯凹地、养鹿牧场、狩猎和捕鱼地、割草地）以及保留其传统生活方式。因此，与当地居民因限制自然资源利用发生的冲突得以杜绝。在契约基础上与自然保护区境内的土地使用者建立关系。

国家自然公园是对应于世界自然保护区系统第 2 级别的共和国级自然保护区。资源保留地是萨哈共和国的自然保护区的主要类型，它涵盖了世界自然保护区系统中的 4、6 和 7

[①] 生态网络（Econet）是指一个地域的生态构架，包括所有带有任何形式的自然资源利用限制的地域：各级和各辖域的自然保护区、水库卫生保护带和水保带、传统自然资源利用区、坚果采摘区、居民点绿化带、游憩和医疗康健区、森林特殊保护段、未被开发利用的湿地等。同时，自然保护区是生态网络的基本单元和有效的自然保护形式。

级自然保护区。景观保护区对应于世界自然保护区系统中的第 5 级别。

　　萨哈共和国的自然保护区系统把国家级（国家自然保护区）和共和国级（国家自然公园、资源保留地、景观保护区、自然遗迹地）的自然保护区以及一系列地方级自然保护区联合为一个统一的网络。

　　这个自然保护区系统包括 2 个国家自然保护区、127 个共和国自然保护区（5 个国家自然公园、70 个资源保留地、8 个储备地、1 个景观保护区、26 个稀有湖泊保护区、17 个自然遗迹地）和 100 多个地方 [乌卢斯（译注：西伯利亚和中亚某些民族的村庄）级和城镇级] 自然保护区。

　　截至 2001 年 8 月 1 日，雅库特的自然保护区总面积为 883258km²，占雅库特总面积的 28.5%。

　　远东地区自然保护区系统的发展历程总体上与全俄罗斯的相似。远东地区是俄罗斯最早建立国家自然保护区的地区之一。但是，遗憾的是，20 世纪初建立的堪察加国家自然保护区最终被取缔，俄罗斯太平洋地区的首批国家自然保护区中只有 1916 年作为地区保留地建立的雪松谷国家自然保护区保留至今。远东地区建立的最后一个自然保护区是诺尔国家自然保护区（1998 年建）。因此，和整个俄罗斯联邦一样，在 20 世纪 80 ~ 90 年代末的密集建立期过后，自然保护区的发展迎来停滞期。俄罗斯联邦（苏联）的自然保护区的建立总是带有明显的折中成分：在确立保护物种多样性的主要任务时，科学因素通常是被优先考虑的，但是，在建立自然保护区时，却远远不是总能够保留保护区的必要规模和最佳界限。

　　在远东南部地区，自然保护区系统的发展极不均衡，各联邦主体的区别很大。在哈巴罗夫斯克（伯力）边疆区，自然保护区系统的发展虽然缓慢但是相对持续，而滨海边疆区则相反，它的自然保护区的面积占比虽然在远东地区居于首位，但是却呈跳跃式发展（图2.10）。总体上，像国家级自然保护区一样，建立各联邦主体的地区自然保护区系统的速度也放缓。目前，现有的国家自然保护区略有发展：兴凯国家自然保护区得到扩大，在其他国家自然保护区建立了保护带，有三个国家自然保护区获得了世界生物圈保护区的地位。自然保护区系统的发展在很大程度上得益于环保组织和国际社会的大力支持。在"献给地球的礼物"活动框架下以及世界自然基金会（WWF）的支持下，在 15 年的时间里，建立了总面积 460 万 hm² 的新的自然保护区。

　　建立自然保护区系统的目的不是为了增加具有确定的保护制度的经济活动限制区的面积，而是为了解决脆弱的生态系统和具体濒危物种的保护问题。东北虎（阿穆尔虎）和远东豹是远东地区被列入世界濒危动物红皮书的最具代表性的物种。最近一次（2005 ~ 2006年）东北虎清点结果显示，远东地区大约生活着 500 只东北虎（334 ~ 417 只成年虎和97 ~ 112 只幼虎）。这不仅说明东北虎的种群数量在这 25 年期间保持了稳定，还说明其数量正在增加。

　　考虑到森林采伐正在向不具备自然保护区资质的泰加林地区扩散以及亚洲对老虎衍生物的巨大需求，可以肯定地说，如果没有建立自然保护区来保护东北虎的主要栖息地，那么就不可能取得这样的成绩。

　　远东豹的处境更加岌岌可危。最近几十年，远东豹的分布区缩小至原来的 1/45。由于

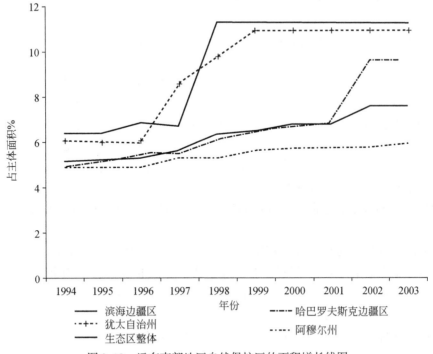

图 2.10　远东南部地区自然保护区的面积增长线图

盗捕盗猎，每年都有近三只的远东豹被捕杀。与此同时，由于采取了保障现有自然保护区制度的措施，已经成功地控制住了局势，保障了种群数量稳定在 30 只左右。

　　通过建立自然保护区，已经把丹顶鹤和白枕鹤以及其他珍稀和濒危鸟类的多个重要栖息地纳入保护范围之内。

　　对于保留远东地区的生物多样性来说，现有的自然保护区系统并没有起到充分的保障作用，尤其是最具生态多样性的区域，即远东南部的雪松阔叶林带（行政区划上主要是指滨海边疆区）（Богатов и др，2000）。这里极丰富的生物多样性首先是由古地理因素决定的（首先是没有内陆冰盖层），其次是由它的地理位置决定的：①地处北极和赤道的中间，任何全球气候波动在这里都能显著体现；②地处欧亚大陆和太平洋的交界，这一点保证了迁徙物种的最大多样性。

　　远东地区生物多样性的空间布局以及人类活动因素对生物多样性的威胁，在很大程度上决定了发展地区自然保护区系统的优先方向，即在远东南部，尤其在滨海边疆区，自然保护区系统的发展要比远东北部等地的发展迫切许多。

　　在认识到了远东南部的生物多样性对于全球的重要意义后，2000 年，世界自然基金会发起了远东生态地区计划，该计划的成果之一是评价远东南部的生物多样性、社会和经济分析以及判定威胁生物多样性的因素（Darman et al.，2003）。之后制定了《保护远东地区生物多样性行动计划》（远东南部），并与国家和社会自然保护组织取得一致（Дарман и Вилльямс，2003）。该计划提出了地区的优先工作内容，确定到 2020 年前将远东南部 10% 以上的泰加林、20% 以上的针叶阔叶林和 30% 以上的湿地纳入自然保护区的保护之下。该计划得到联邦和地区政府权力机构的赞同。

2.3.3　远东地区建立跨境自然保护区的先决条件

在诸多的生态和资源问题中，保护自然和生物多样性的问题在地域方面带有极显著的跨境特点（Simonov et al., 2006）。在远东南部地区，这个问题的产生是由于约 80%的领土位于河和海的流域，而这些河和海的一部分流域分布在邻国。最值得研究的也是问题最多的是流经远东、中国和蒙古国的阿穆尔河流域。在远东和中国东北地区进一步整合的背景下，对阿穆尔河流域和河谷地带的大力开发已经指日可待。因此，联合俄罗斯、中国和蒙古国的力量建立阿穆尔河流域的跨境生态网络的时机已经成熟。在这方面，由世界自然基金会倡议的"阿穆尔绿色带"国际规划迈出了明确的步伐（Дарман и Симонов, 2005；Darman et al., 2008）。

边境制度使阿穆尔河和乌苏里江沿岸的最有价值的森林和湿地生态系统得以保存下来。世界自然基金会的计划包括设计和建立以国境线附近的生态系统为重心的用生态走廊和缓冲带连接起来的自然保护区网络（Подольский и др, 2006）。自然保护区网络的建立是阿穆尔河流域综合管理规划的最重要环节。到 2003 年前，俄中蒙三国已经有约 600 个不同资质的自然保护区（21.2 万 km²，占阿穆尔河流域总面积的 11%）（表 2.9）。

表 2.9　阿穆尔河流域各国的自然保护区

国家名称	国家级自然保护区	地区级自然保护区
中国	25 个（33210km²）	>200 个（>83660km²）
俄罗斯	21 个（25180km²）	69 个地区自然保护区（50300km²） >260 个自然纪念地（534km²）
蒙古国	4 个（11485km²）	4 个（8181km²）
总计	50 个（69880km²）	>532 个（>142675km²）

"阿穆尔绿色带"国际规划拟在远东南部建立新的特别自然保护地区：在滨海边疆区，扩大兴凯自然保护区和豹子禁伐禁捕区，组织建立阿尔昌-比金禁伐禁捕区和斯特列利尼科夫山脉生态走廊、一系列自然遗迹地或在鹤和鹳筑巢地（乌苏尔卡河和比鑫河河口）建立小型禁捕区；在哈巴罗夫斯克（伯力）边疆区，在波德霍列诺克河下游建立鸟类禁捕区和谢列梅捷夫湖植物禁采禁伐区，建立谢利贡走廊和"不可接近之湖"禁伐禁捕区作为博隆国家自然保护区的缓冲带，在霍尔河流域建立三个生态走廊；在犹太自治州，拟在蓬佩耶夫卡河流域建立一个自然保护区，该保护区与季丘恩禁伐禁捕区和鹤乡禁伐禁捕区共同保护阿穆尔河兴安峡谷的生态系统；在阿穆尔州，需要将阿穆尔禁伐禁捕区和穆拉维伊禁伐禁捕区之间的地段和阿利姆河下游纳入保护范围，建立布谢禁伐禁捕区和上阿穆尔禁伐禁捕区，以及建立用于保护斯塔诺夫山脉（外兴安岭）的雪羊种群的自然保护区。

建立跨境自然保护区。目前，远东地区有一个政府间级别批准的俄中双边自然保护区——兴凯湖自然保护区，该保护区联合了俄罗斯的兴凯湖自然保护区和中国的兴凯湖国家级自然保护区，该保护区可以视为目前唯一的实际上在发挥功能的跨境自然保护区。它的俄罗斯部分是兴凯湖自然保护区（3.93万hm²），包括湿地平原和兴凯湖沿岸水域，这里是333种鸟类的家园，其中的44种已被列入濒危动物红皮书。

在远东南部可以据实建立5个新的跨境自然保护区：

（1）中阿穆尔/三江自然保护区：该保护区位于阿穆尔河、松花江和乌江里江的三江汇合地区，可以包括俄罗斯的大赫赫齐尔自然保护区与赫赫齐尔国家禁伐禁捕区和乌苏里江河谷地带的三个自然遗迹地、扎别罗夫禁伐禁捕区（已移交给巴斯塔克国家自然保护区管理）以及中方的三江自然保护区和红河自然保护区。可以在塔拉巴罗夫群岛建立一个国际公园作为这些自然保护区的中间连接环节，哈巴罗夫边疆区和黑龙江省之间已经签署了国际公园的筹建协议。

（2）兴安谷自然保护区：该自然保护区中可以包括俄罗斯的季丘恩景观保护区和计划中作为巴斯塔克自然保护区一部分的蓬佩耶夫卡集群。在中国黑龙江省萝北县建立了太平沟森林自然保护区，目前正在积极发展生态旅游的基础设施和组织兴安谷自然保护区的阿穆尔河水上观光旅游。

（3）在俄罗斯阿穆尔河上游建立了乌鲁沙禁伐禁捕区和残遗橡树禁伐禁捕区（加济穆尔-乌留姆坎河河口），完成了对奥利多伊河河口的上阿穆尔河禁伐禁捕区的可行性论证。中方的乌玛自然保护区毗邻上述保护区。

（4）作为东北虎从锡霍特山向中国跨境迁徙的唯一通道，乌苏里江中游的完达山/斯特列利尼科夫地段是建立跨境自然保护区的远景地段。2003年，哈巴罗夫斯克（伯力）边疆区在这里建立了斯特列利尼科夫山脉生态走廊。

（5）黑山山脉（图们江）是阿穆尔河流域以外最重要的地段。在滨海边疆区，豹子国家禁伐禁猎区在这里临近边境，它与雪松谷国家自然保护区一起为保护地球最后的30~40只远东豹起着至关重要的作用。2002年，中国在边境建立了珲春国家自然保护区（吉林省）。2005年3月，完成了"建立图们江跨境自然保护区可行性研究"项目（联合国教科文组织朝鲜分部），在该项目的框架下制定了建立这一最重要的国际自然保护区的建议书。2009年6月，俄中跨境合作委员会的决定中加入关于建立俄中远东豹和东北虎保护区的一项。

俄罗斯边境地带实际上是一个独特的跨境生态走廊，它具有特殊的利用制度和中方一侧的小区域人员放行制度。在过去的半个世纪，它实际上是一片受保护区域，而且它的保护制度比俄罗斯大多数自然保护区的更加严格，面积也很大（数百万公顷）。正是在这里，保留下了作为大型哺乳动物迁徙通道的最重要的天然走廊。不论是对于保护黑山山脉（滨海边疆区哈桑区-吉林省珲春市）、斯特列尼科夫-完达山脉的东北虎和远东豹，还是保护小兴安岭和其他跨境生态系统中的喜马拉雅棕熊，都具有现实意义。

2.4 人口与聚落

20世纪，尤其是在1926年的全俄第一次人口普查之后，到俄罗斯太平洋地区定居的人口呈现相当稳定和快速的增长态势，人口大致上从1926年的160万增加到1940年的

300 万，到苏联末期已经达到 800 多万。但是，从 20 世纪 90 年代开始，远东地区的人口锐减（图 2.11），截至 2011 年 1 月 1 日，仅为 630 万人。

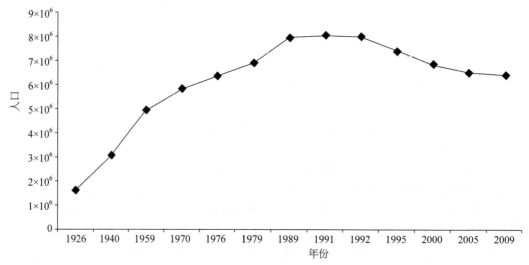

图 2.11　俄罗斯远东的移民踊跃期和人口减少期

　　在 1991～2011 年的历次改革期间，远东地区损失了 176.5 万人，占其总人口的 22%，这一数值总体上多于哈巴罗夫斯克（伯力）边疆区和马加丹州的目前总人口数。远东的人口下降速度显著高于全国总体水平。

　　在这一时期，国内大多数地区的人口都在减少：西伯利亚地区从 2000 年起、伏尔加河沿岸地区和各中央区从 2002 年起出现人口减少。到 2006 年前，除了南部地区和乌拉尔地区外，所有联邦区的人口数量都显著减少（图 2.12）。

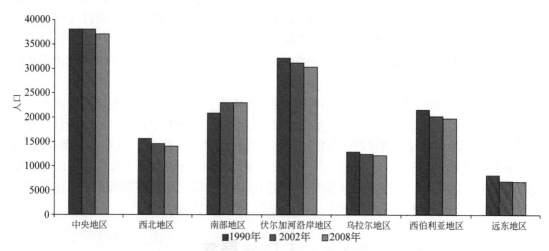

图 2.12　俄罗斯联邦各地区人口数

　　根据 Е. Л. Мотрич 的计算，远东的人口下降速度是全国总体下降速度的 3.9 倍（2006 年）。远东的人口数在 1991 年初达到峰值（805.7 万人）之后开始逐渐减少（表 2.10）。

表 2.10　远东地区的人口动态　　　　　　　　（单位：10³ 人）

地区名称	1990 年	1991 年	2001 年	2006 年	2007 年	2010 年	2010/1991
远东联邦区	8045	8057	6832	6547	6508.9	6440.4	80.0
萨哈（雅库特）共和国	1111	1115.2	958	949.9	950	949.3	85.4
滨海边疆区	2297	2303.5	2120	2019	2005.9	1982.0	86.3
哈巴罗夫斯克（伯力）边疆区	1620	1622.0	1460	1412	1405	1400.5	86.5
阿穆尔州	1056	1054.8	923	881	874.6	860.7	81.5
堪察加州	477	478.0	367	349	347.1	342.3 *	66.5 *
其中：科里亚克自治区	38	38.0	26	23	22.6	—	—
马加丹州	390	387.0	240	172	168.5	161.2	41.3
萨哈林州	714	714.7	560	526	521.2	510.8	71.5
犹太自治州	218	219.0	193	187	185.6	185.0	84.9
楚科奇自治区	162	160.0	57	51	50.5	48.6	30.0

＊从 2010 年起，科里亚克自治区被划入堪察加边疆区

　　大部分人口生活在滨海边疆区和哈巴罗夫斯克（伯力）边疆区，其次人口较少的是楚科奇自治区、马加丹州和犹太自治州（图 2.13）。

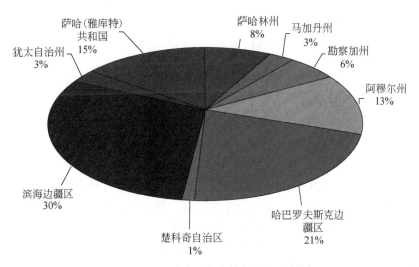

图 2.13　远东各联邦主体的人口比例图

　　2001 年前，北部地区的人口减少最为严重：楚科奇自治区（减少 53.7%），马加丹州、堪察加州和萨哈林州分别减少 40.7%、20.7% 和 18.5%。根据 В. М. Дьяченко 与合著作的计算（2003 年），北方人口在 1991~1994 年的损失量占总损失量的 58%。可以明显看出人口向远东南部聚集。在历次改革期间，远东南部人口的比重上升至 68.5%，而北部人口的比重下降至 31.5%（1991 年分别为 64.2% 和 35.8%）。人口外迁和人口的自然负增长造成人口减少（表 2.11，图 2.14）。

表 2.11　远东人口数量变动情况

年份	增加量/减少量/10³ 人			增加量/减少量/%		
	总量	自然量	迁移量	总量	自然量	迁移量
1950	221.1	100.2	120.9	100	45.3	54.7
1959	111.7	91.9	19.8	100	82.3	17.7
1970	140.3	61.6	78.3	100	44.1	55.9
1979	118.1	67.4	50.7	100	57.1	42.9
1989	67.5	70.0	-2.5	100	103.7	-3.7
2005	-46.5	-24.9	-21.6	100	-53.5	-46.5
2006	-35.6	-13.6	-22.4	100	-37.1	-62.9
2007	-37.8	-18.6	-19.2	100	49.2	50.8
2008	-35.7	-15.9	-19.7	100	44.7	55.3

资料来源：俄联邦国家统计局数据

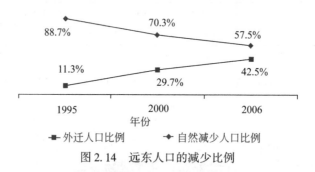

图 2.14　远东人口的减少比例

　　20 世纪 90 年代，远东地区的出生率下降了 50% 以上。年轻和低龄妇女的生育率逐渐高于大龄妇女，头胎比例增加。

　　俄罗斯联邦的出生率的特点是子女普遍少（1～2 孩）、城市和农村人口出生率相接近、生育头胎推迟、非婚内出生率增加。在出生率方面还有显著的民族差异。

　　低出生率问题已经非常严重。女性多在 20～29 岁年龄段生育，同时，最高生育率从 25～29 岁人群向更低龄的 20～24 岁人群转移。但是，即使是这些育龄妇女中（如 20～24 岁女性），生育率也下降了 50%。女性的生育年龄"压缩"。不仅是 40 岁以上的女性，即使是 35～39 岁年龄段的女性，生育密度也显著下降。

　　从 20 世纪 80 年代中期开始，人口死亡率开始明显上升。到 90 年代末，死亡人口数的增加导致总死亡率几乎增加了一倍。

　　每 10 万人中，各种致死原因的比例与全国总体的比例基本一致。致死最多的是血液循环系统疾病（每 10 万人中 549.7 例），其次是意外事故、中毒和创伤（每 10 万人中 288.6 例），最后是肿瘤（每 10 万人中 153.4 例）。在滨海边疆区和哈巴罗夫斯克（伯力）边疆区，因心血管系统疾病和肿瘤致死的人数最多；在科里亚克自治区和萨哈林州，因意外事故致死的人数最多；在犹太自治州和科里亚克自治区，传染病和呼吸系统疾病导致死亡的人数最多。

　　男性的平均寿命依然低于正式退休年龄（楚科奇自治区为 54.06 岁，农村为 46.85

岁），平均寿命普遍呈稳定下降趋势（图 2. 15）。

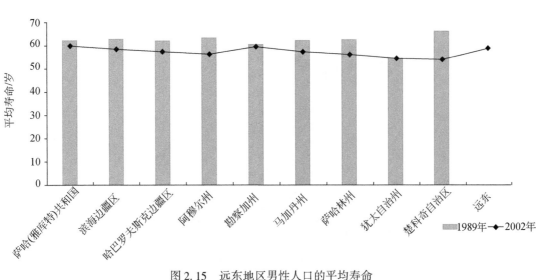

图 2.15　远东地区男性人口的平均寿命

　　在不同时期，远东地区的移民来自俄罗斯和苏联的全境。尽管民族成分在苏联解体后有所简化，而且很多移民已经迁往新的国家，但是，根据人口普查结果，人口的多民族成分依然被保留下来（表 2. 12）。

表 2. 12　远东人口的民族成分　　　　　　（单位:%）

民族	1989 年	2002 年	2010 年
俄罗斯族	79. 8	81. 7	78. 9
乌克兰族	7. 8	4. 2	2. 5
白俄罗斯族	1. 3	0. 7	0. 3
鞑靼族	1. 1	0. 8	0. 6
北方民族	1. 1	0. 6	1. 5
雅库特族	4. 6	6. 5	7. 4
其他民族	4. 3	5. 5	8. 8
全部人口	100	100	100

资料来源：2002 年和 2010 年全俄罗斯人口普查资料

　　在人口绝对值减少的情况下，乌克兰族、白俄罗斯族和鞑靼族的部分人口迁出或返回自己的本土，使这几个民族占总人口的比例有所下降。但是雅库特人、来自中亚各共和国和高加索地区的移民在俄罗斯太平洋地区的民族组成中所占的比例增加。根据 2010 年的普查结果，以滨海边疆区的民族成分为例，俄罗斯族占 92.5%，乌克兰族占 2.8%，白俄罗斯族占 0.3%，鞑靼族占 0.6，朝鲜族占 1.0%，乌孜别克族和亚美尼亚族各占 0.2%，汉族和阿塞拜疆族各占 0.2%，摩尔多瓦族占 0.1%。在人口总数中，没有显示其民族性的人口占 7.4%（是 2002 年的 7.6 倍）。性别和年龄金字塔图（图 2.16）说明了远东地区人口的性别和年龄结构。

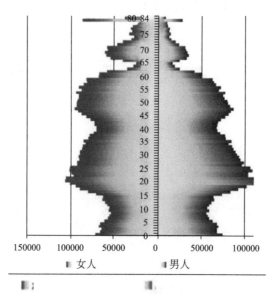

图 2.16　远东地区人口的性别和年龄金字塔

　　20 世纪 90 年代初，远东地区是小于劳动年龄人口的比例最高的地区之一（1996 年为 24.6%），仅次于东西伯利亚区（26.1%）和中央区（24.9%）。目前，萨哈（雅库特）共和国、楚科奇自治区和科里亚克自治区是最年轻化的地区，其 20% 以上的人口小于劳动年龄。滨海边疆区和哈巴罗夫斯克（伯力）边疆区的年轻人比例最低。远东是俄罗斯唯一一个同时具有高于劳动年龄人口的最低比例（11.7%）和劳动适龄人口的最高比例（61.4%）的地区。在人口的年龄结构上存在地域差异，人口总体上呈现显著的老龄化（图 2.17）。

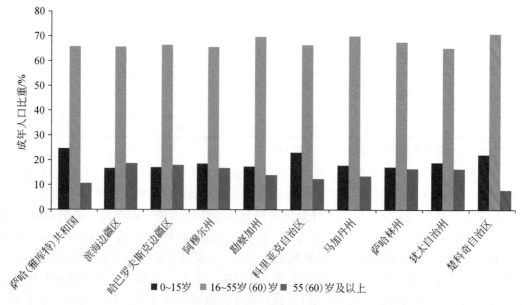

图 2.17　远东各联邦主体人口的年龄结构（2008 年）

虽然人口呈现明显的老龄化，但是远东地区的老年人口比例依然大大低于全国平均水平。考虑到地区复杂的自然和气候条件，似乎可以认为，这样的年龄结构是退休年龄人口努力用工作年限来限制自己在北方的居住时间产生的结果。大多数移民从一开始就没有把远东视为长期定居的地方。在北方各地区，年龄结构中存在相当大的差异，这一差异是由于劳动适龄人口的比重更大形成的。

各种变动对年龄结构的影响是显著的，但是现在认为人口老龄化趋势是不可逆的这种观点是不对的。从2009年起，人数不多的90后开始步入劳动年龄，而人数众多的50后和60后则开始退出劳动年龄。但是在步入劳动年龄和开始劳动之间存在一个时间差。需要指出，由于战后的生育高潮过后，生育水平开始回落，20世纪60年代曾出现过一个出生率低潮期的"人口陷阱"，国家在当时制定了生育政策措施，让70~80年代的出生率有所提高。

近年来，俄罗斯联邦政府也在制定各种鼓励生育的政策措施（如母亲基金、增加儿童津贴、划拨个人建房用地等）。这些措施已经在一定程度上开始显示出效果。但是，尽管如此，2050年前的预测人口数仍然在400万~500万人到700万~800万人之间（图2.18）。

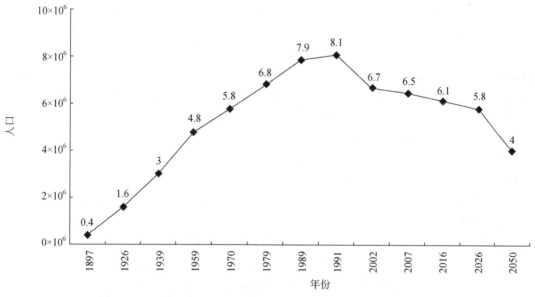

图2.18　19世纪末至今的远东人口数趋势图和2050年预测人口数

尽管退休人口数量增加，但是应当考虑到，1/3的退休人员在退休后仍然在从事正式工作。他们没有给地区增加额外的支出，相反，还在纳税和缴纳养老基金。

在远东联邦区内，劳动适龄人口占地区总人口数的65%。各地区经济发展的不均衡导致人口就业率的不均衡。

劳动市场发生了显著变化。近年来，劳动力资源的特点是就业者在各经济领域之间重新进行分配。就业人员向贸易、大众餐饮、酒店等其他经济领域的私营企业转移，这些领域具有弹性大、收入相对较高和资本周转快的优势（表2.13）。

表 2.13　2008 年各类所有制组织的员工年均人数比例

俄罗斯联邦的主体	总就业人数 /10^3 人	各类所有制组织/%				其他所有制形式
		国家	城镇	私营	外商合资	
滨海边疆区	977.7	2.6	4.5	84.2	4.5	4.2
哈巴罗夫斯克（伯力）边疆区	733	3.3	5.7	83.1	4.1	3.8
阿穆尔州	428.3	7.9	14	67.7	4.8	5.6
堪察加边疆区	185.1	5.9	8.4	75.7	5.2	4.7
马加丹州	93	6	8	76.2	4.6	5.2
萨哈林州	294	5.5	6.3	75.2	7.1	5.9
萨哈（雅库特）共和国	483.8	10.7	12.9	66.3	4.1	6
犹太自治州	82.6	10.4	11.3	60.5	9.8	8
楚科奇自治区	37.9	21.2	24.2	43.4	6.5	4.7

资料来源：俄罗斯各地区…，2010

越向北，劳动流动性的收紧程度越大，在预算单位（医疗卫生、教育、文化）的就业率就越高，因为在预算单位的工作收入尽管低但是有保障。在很多经济模式单一的城镇，由于物质生产量减少而出现严重问题。就业人口的学历结构发生了变化，具有高等或中等学历的人口比例呈升高趋势。

2000～2007 年，官方登记的失业总人数从 45.9 万减少至 23.8 万，这在很大程度上是由于居民接受了当地就业指导中心的服务，居民的劳动积极性增加。近几年的失业率变化不大。根据 2010 年 7 月初的数据，远东联邦区的就业机构登记的失业人数为 96868 人，同时，远东各地区有 96001 个空缺岗位。滨海边疆区的需求量最大，这里的空缺岗位超过 3.7 万个，萨哈（雅库特）共和国有 0.85 万个、堪察加边疆区有 0.55 万个、哈巴罗夫斯克（伯力）边疆区有 1.74 万个、阿穆尔州有 1.6 万个、马加丹州有 0.15 万个、萨哈林州有 0.63 万个、犹太自治州有 0.13 万个、楚科奇自治区有 0.16 万个。

职位需求中的季节性波动也较明显，这与渔业、林业、矿业、农业等采掘业及其周边经济行业的特点有关。

半数的失业人员仅接受过初级职业教育或普通中等教育。毕业后转行的大学生比例正在增加，这一情况说明，需要开展年轻人的就业指导工作。在促进增加就业率的举措中，除了按照劳动市场的需求对专业人员进行职业培训和再培训，安排到临时工作岗位就业和发展人口的地域流动性也具有很大意义。

雇佣外国劳动力①。20 世纪 90 年代的自由化改革让企业有可能在俄罗斯境内雇佣大量的外国劳动力。被雇佣的外国劳动人口的数量不断增加，其中，远东的增加速度要比俄罗斯总体水平高很多。根据国家统计局的数据，2010 年，有 15.16 万外国劳动人口在远东工作（表 2.14），占俄罗斯正式聘用的外国劳动力总数的 9.2%，而远东地区的人口占全国人口的比例为 4.5%。外国劳动人口在地区经济领域就业总人口中所占的比例（4.7%）

---

① 此部分由 B. Л. Ушакова 撰写。

是俄罗斯总体水平（2.4%）的1.9倍（表2.15）。与2000年相比，外来打工者的数量增加了4.7倍，是2010年来此长期定居的移民人数的1.6倍。64.1%的外来打工者在滨海边疆区、哈巴罗夫斯克（伯力）边疆区和阿穆尔州等边境地区的经济领域找到工作。

表2.14　在远东各经济领域就业的外国劳动人口数　　　　（单位：10³人）

俄联邦主体名称	2000年	2002年	2006年	2007年	2009年	2010年
远东	26.5	44.3	114.8	147.4	166.9	151.6
萨哈（雅库特）共和国	1.0	1.8	14.9	19.4	15.4	17.7
堪察加边疆区	1.0	1.3	0.5	2.2	4.3	7.8
滨海边疆区	11.7	15.9	37.9	31.9	43.7	41.7
哈巴罗夫斯克（伯力）边疆区	5.5	11.5	13.6	25.1	34.1	34.1
阿穆尔州	3.7	5.5	18.5	26.7	27.9	21.4
马加丹州	0.5	3.0	1.8	2.4	3.7	4.5
萨哈林州	2.0	4.0	16.8	29.6	27.2	20.9
犹太自治州	0.6	1.3	6.3	5.0	6.5	—
楚科奇自治区	0.4	—	4.5	5.1	4.0	—

资料来源：俄罗斯各地区…，2011

表2.15　在远东各经济领域的外国劳动力在总就业人数中的比例

年份	经济领域就业的总人数 /10³人	外国劳动力数量 /10³人	外国劳动力在地区经济领域就业 总人数中所占的比例/%
2000	3162.2	26.5	0.84
2002	3212.9	44.3	1.38
2006	3290.7	114.8	3.49
2007	3315.3	147.4	4.45
2008	3315.4	174.4	5.26
2009	3291.3	166.9	5.07
2010	3211.3	151.6	4.72

资料来源：Ивахнюк，2008

应当指出，不仅在俄罗斯远东地区工作的外国人数量在增加，其在远东大区经济领域就业总人数中的比例也在增加，而且增速很快，2000～2011年增长了4.5倍（表2.15）。

外国劳动移民是远东经济的组成部分，也是一系列经济部门能够正常运转的条件，例如，建筑、贸易、交通运输、道路维修、住宅和公共事业、大城市的私人服务和社会服务、农业和林业等经济部门。

如果说中国人和朝鲜人承揽了建筑业、农业、绿化装修业的重体力和低技能劳动，那么来自中亚国家的移民则进入了道路建设、住宅和公共事业和贸易等领域。

在远东，滨海边疆区经济领域的外国劳动人口数量最多（占俄罗斯联邦外国劳动人口总数的2.5%，占远东地区外国劳动人口总数的27.5%，主要是中国人、朝鲜人和乌兹别克人）。

地区劳动力市场的特点在于，劳动力移民主要是来自独联体以外的国家（中国、朝鲜和越南）和独联体国家（乌兹别克斯坦、亚美尼亚、乌克兰）。在来自独联体各国的移民中，来自更贫穷和劳动力过剩的乌兹别克斯坦、塔吉克斯坦、吉尔吉斯斯坦等中亚国家的移民人数越来越多。例如，2007～2010 年，滨海边疆区的乌兹别克斯坦移民人数（3.09万）增加到乌克兰移民（0.27 万）的 11 倍，而后者曾长期在独联体国家移民劳动力市场上占据前列。中国的移民劳动力也在迅速增加，但是同时，中国的移民劳动力在远东移民总人数中的比例正在逐渐下降，这里开始更多地雇佣越南人和朝鲜人。

城市化的发展为城市和工人新村的快速成长以及出现新的城市居民点创造了必要条件。1959～1989 年，远东的城市人口的增长速度数倍于农村人口的增长速度，因此，城市与农村人口的比例持续增加，1959 年为 67.5%，1970 年为 71.4%，1979 年为 74.5%，1989 年为 75.8%。20 世纪 90 年代，城市化过程在形式上稳定下来。从 1989 年起，城市的绝对人口数开始逐渐减少，但是城市人口的占比几乎没有变化。最近 20 年，远东地区失去了 95 个城市居民区，其中的 73 个（其中有 4 座城市）被改制为乡村，而 23 个则不再作为独立居民区存在（Мотрич，2011b）。根据全俄人口普查数据，2010 年，远东联邦区共有包括 70 座城市在内的 306 个城市居民区。其中，1/3 的城市居民集中在符拉迪沃斯托克（海参崴）市和哈巴罗夫斯克（伯力）市这两个边疆区首府（图 2.19）。

城市聚落的地域建制总体上依然存在，尽管人口仍在从农村居民区向城市居民区"溢流"。同时，城市与最近的甚至更远一些的农村地区保持着紧密的联系。有些时候，在这些农村地区会出现前居民的农庄生产单位。因此，在很多情况下，也应当把农村地区划归为城市聚落的地域结构的周边或边缘区。在俄罗斯太平洋地区，总体来看，构成聚落系统的独特发展潜力的不仅是人口（其中包括滨海地区的人口），还有沿岸近海地带等（表 2.16）。

表 2.16　俄罗斯远东联邦主体的主要指标

联邦主体	面积/10^3 km²	海岸线长度/km	人口数/10^3 人		城市数量	滨海地区的人口数/10^3 人	2009 年地区生产总值/10^6 卢布
			1990 年	2009 年			
萨哈（雅库特）共和国	3103.2	2800	1112	950	13	56.2 (5.9)	329680
楚科奇自治区	737.7	3200	162	50	3	75.0 (100)	45397
马加丹州	461.4	1650	390	163	2	137.6 (78.6)	48128
堪察加边疆区	472.3	4250	475	343	3	337.6 (95.9)	95591
萨哈林州	87.1	2450	713	515	15	512.7 (93.9)	392311
滨海边疆区	165.9	1150	2279	1988	12	1364.1 (67.0)	367698
哈巴罗夫斯克（伯力）边疆区	788.6	2600	1611	1402	7	197.4 (13.9)	274984
犹太自治州	36.0	—	216	185	2	—	25345
阿穆尔州	363.7	—	1059	865	9	—	151750
合计	6215.9	18100	8017	6460	66	2680.6 (40.7)	1730885

注：括号内是该州（边疆区）的滨海地区的人口占其总人口的比例

资料来源：俄罗斯统计年报，2002；俄罗斯各地区…，2009

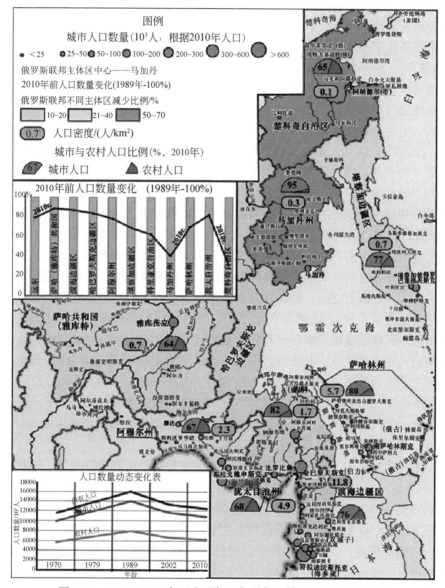

图 2.19　1989 ~ 2010 年远东联邦区各联邦主体的人口数变化趋势

　　同以往一样，远东的城市仍在聚集大量人口。城市人口的比例从阿穆尔州的64.8%到马加丹州的90%。除了萨哈（雅库特）共和国和各个自治区之外，其他地区的农村人口比例不超过25%。各地区的大部分人口居住在大城市。例如，雅库茨克市拥有萨哈（雅库特）共和国18%的人口，符拉迪沃斯托克（海参崴）拥有滨海边疆区29%的人口，哈巴罗夫斯克（伯力）拥有哈巴罗夫斯克（伯力）边疆区约40%的人口。

　　在经济形势不稳定的背景下，人口在大城市的集中带来很多不良后果。例如，北方地区的人口比例失调主要是指城市的社会基础设施承受巨大的人口负担，而在空缺岗位紧缺的背景下，"多余"的劳动力资源量增加。同时，很多城市居住区的人口流失：萨哈共和国和萨哈林州的城市和工人新村的人口数分别减少了 74.7% 和 87.8%。

笔者分析了远东城市人口数在 1959 ~ 2010 年的变化趋势，从而可以直观地呈现重新构建城市聚落系统结构中的种种复杂性。

1）大城市

远东地区仅有两座 50 万以上人口的城市，即远东地区的社会、经济和文化中心——符拉迪沃斯托克（海参崴）市和哈巴罗夫斯克（伯力）市，尽管这两座城市的人口数也呈现负增长，但是两者都保留了在远东地区的龙头地位，只是与符拉迪沃斯托克（海参崴）相比，哈巴罗夫斯克（伯力）市显得更加稳定（人口潜力指数下降得更慢），而符拉迪沃斯托克（海参崴）市的人口减少得更快。对于移民来说，远东地区的这两座城市最具就业吸引力，但是由于居住和生活成本昂贵，向地区南部迁移的人口并不总是选择在此落脚，而更愿意到这两座城市的近郊。房屋租赁、商铺租赁和土地租赁在这里普遍存在。

2）20 万以上人口的城市

布拉戈维申斯克（海兰泡）市、阿穆尔河畔共青城和南萨哈林斯克市这三座城市的规模相当，但是具有各自的发展动力和趋势。最初，布拉戈维申斯克（海兰泡）市作为阿穆尔河沿岸地区的中心城市之一，曾经具有更加稳定发展的优势，但是这些优势在后来转移到阿穆尔河畔共青城。20 世纪 90 年代上半期，阿穆尔河畔共青城的人口也开始减少。但是，由于阿穆尔河畔共青城的多种经营程度更高（炼油、冶金等），这让促进生产制造的投资更多地涌入该市的企业，其中包括军工企业（首先是飞机制造企业），还引进了改善军工企业生产状况的新技术，到 2000 年以后，人口下降趋势得以缓解，人口数量稳定下来。

对石油和天然气综合体（指油气产业）的巨大投资让南萨哈林斯克市的人口得以保持稳定。此外，来自萨哈林州北部的人口向这座城市聚集。

在这一系列的城市中，最薄弱的是堪察加地区彼得罗巴甫洛夫斯克市，它的人口数大幅度减少至 20 世纪 60 年代初的水平。

乌苏里斯克（双城子）市、纳霍德卡市属于一个系列（人口不足 20 万），这两座城市的人口在 20 世纪 90 年代具有相同的增长趋势，在 21 世纪前几年仍然相当稳定。这两座城市的人口能够保持一定的平衡状态，或许是受到符拉迪沃斯托克（海参崴）市的辐射，而且其各自的经济发展也相当稳定。

3）小城市

小城市是远东地区城市聚落系统框架和区域布局的重要元素。国有生产企业在这里的部署促进了这些小城市（结雅市、阿穆尔斯克市、阿尔谢尼耶夫市、达利涅戈尔斯克市）的快速发展。但是，这些城市明显更易受主导产业在未来波动的影响。在确立了市场关系后，小城市作为企业生活区所特有的单一功能建制，更加激化了社会紧张度。由于不具备足够的内部发展潜力，这些城市正在失去来自农村地区的“补给”。在改革年代，远东地区仅有两个小城市（福基诺市、维柳钦斯克市）的人口数有所增长。

人口数不足 4 万的城市发生的变化最大。例如，这些城市中的 1/3 回到了战后的水平。其中的一部分城市被改制为农村居民点。在某些情况下，这么做是为了改变财政状况，尤其是在有可能自动提高工资时（在农村工作可以让工资提高 25%）。

总体上，应当把离交通枢纽和国家边境近以及城市的经济地理位置列为城市发展的主要因素，这些因素决定着城镇的行政活动和社会活动。例如，阿纳德尔市是东北地区的稳定点，一部分居民从楚科奇自治区的其余部分迁至这里。以小城市尤其是沿海地带的小城市的数量众多而著称的萨哈林州，其城市聚落系统经历了特别大的变化。

位于交通干线沿线的城市具有更大的稳定性，首先是在西伯利亚大铁路沿线，这里保留了国家级企业和相应的专业化分工。像这样的在一定条件下可以快速恢复以往的人口数并成为经济发展增长点的城市约有十座。

4）市级镇

经济比重的减少造成这些市级镇的多个生产企业缩水、人口减少，尤其在远东北部。市级镇构成的网络缩减了 20%～40%。主要是人口向更高级别的居住区迁移。越往北，相对大部分的居民区被予以关闭。滨海边疆区和犹太自治州的主要位于铁路沿线的小型城市居民区是稳定的。

将沿海居民区划为单独的系列。在多个岛镇中，尤其是在某些卫戍部队解散后，人口数减少至 1960 年的水平。应当强调的是，在苏联时期，远东的几乎整个太平洋沿岸地区都呈现出人口稳定增加的特点。

近年来，卫星镇与附近城市的融合已经成为趋势。位于城市周边的多座人口大镇失去了自己的行政地位，被纳入城市范畴。例如，通过这样的方式，被改制为农村居民点的镇加入符拉迪沃斯托克（海参崴）市和阿尔乔姆市，这两座城市的市区面积增加了。随之而来的是镇的行政功能向卫星城转移。重新配置的原因包括财政原因（减少行政开支）、城郊区逐渐上涨的地价、土地分配部门可以更加集中等原因。合并后的地段划分问题将不在镇级，而是在市级解决。

对远东地区的聚落系统的分析表明，在个别居民区，社会与人口过程取决于城市的大小、居民点及城市在聚落系统中的地位。尽管如此，即使在远东全境，总体的差异相对不大，这主要是由于居民向其居住地提出的要求实际上可以归纳为两大优势：居住地和周边区域的就业方向多元化；所有潜在或实际的就业地点具有交通可达性。

在聚落系统中常常可以划分出两类居住区：一类是可以在经济活动中转型的生存能力相对强的居住区（首先是指边境居民区），另一类是由于工业企业关停而正在失去或已经失去人口潜力的居民区。由于不断加大的潜在发展机会方面的差异，聚落系统正在发生两极化，这导致地区因投资吸引力等级和就业潜力的不同而出现社会和经济分化。

因此，综合分析结果，可以说，在聚落系统的发展中存在两个趋势，这两个趋势影响着聚落系统的布局并常滋生冲突。一个趋势是社会过程的普遍化，它的结果是形成在地域和空间划分方面中立的社会组织形式。这个趋势的特征是地域和空间单元扩展、若干更小的地域和空间单元合并为一个更大的地域和空间单元，小的地域和空间建制的边界线被部分或完全"溶解"，其功能被移交给在该地域和空间建制基础上批准的更大单元。另一个趋势是经济和社会过程的自治化，这与传统计划经济的衰落有关。为了确立各自的新形态的社会和经济组织（地区身份），不论是民族团体和民族宗教团体，还是自古形成的聚落体系，都力求自治。因为城市经济特征（其功能结构）的重要性被改革显著降低，作为解释正向或负向发展趋势中的决定性标准，与边界的相对位置、与市场临近等经济地理因素跃升至第一位。

　　为了保持远东城市网络的正向发展趋势，边境位置、具备军工产业、实施国家重大投资项目等因素非常重要。这些城市有布拉戈维申斯克（海兰泡）市、阿尔谢尼耶夫市、阿穆尔河畔共青城、纳霍德卡市、苏维埃港市等。为了证明远东的发展与中央的决策紧密相关，可以列举出以下远东最重要的投资建设工程：赤塔—纳霍德卡干线公路、哈巴罗夫斯克（伯力）市跨阿穆尔河铁路桥、阿穆尔河畔共青城市到阿穆尔斯克市、索尔涅奇内市到哈巴罗夫斯克（伯力）市和符拉迪沃斯托克（海参崴）市的天然气管道、滨海边疆区的铅锌矿新产能、新的泰舍特–科济米诺石油管道和科济米诺转运站、符拉迪沃斯托克（海参崴）贸易港码头、阿穆尔州的一系列食品生产企业、符拉迪沃斯托克（海参崴）市2012年亚太经济合作组织峰会场馆建设和其他一些主要借助国家投资落实的工程项目。

　　经济呈持续下降趋势的沿海城市的处境极其困难。在具备相当强大的对外合作的情况下，相对弱的地区内合作在远东背景下发挥着特殊的作用。在聚落系统中，体现出因传统计划经济的衰落产生的经济和社会过程自治化趋势。

　　远东大多数城市居住区的特点是彼此之间隔离和偏远，这需要在管理和经济上付出很大努力来保障居住的舒适性。在这种条件下，大部分居民不能实现社会和经济主张，也不能提高或哪怕保持其在独立居民区的社会地位，从而造成传统聚落中的关系紧张，加剧了人口的地域流动性。

　　这种情况下，或者通过政治因素（增加边界的开放性或透明性，将远东地区纳入包括国际发展项目在内的大型发展项目中），或者通过经济因素（开发新的矿床、提高地区出口潜力、出现新的正面的地区品牌、形成新的成品销售市场等）谋求地区的发展。

　　多学科的科学教育系统赋予远东地区的城市以巨大和稳定的发展潜力。这个系统的主干单位有俄罗斯科学院远东分院的科研院所（远东各联邦主体的34个研究所）、2所联邦大学即符拉迪沃斯托克（海参崴）市的远东联邦大学和雅库茨克市的东北联邦大学、其他多所大学和研究所。在创新活动中和区域合作项目中，这些院校和院所发挥着"黏合剂"作用。

2.5　经　　济

　　在俄罗斯远东地区，或俄罗斯太平洋地区，通过150年的积极开发，形成了多产业的经济：从冻原养鹿业和北极地带的海兽捕猎业，到开发陆地和海洋的各类矿藏，生产制造最先进的飞机和直升机、水下机器人、纳米材料和生物药品。远东联邦区在俄罗斯其他联邦区中的总体表现见表2.17。

表 2.17　2010 年俄罗斯联邦的远东联邦区　　　　　　　　（单位:%）

联邦管区的名称	领土面积	截至 2011 年 1 月 1 日的人口数	经济领域的年平均就业人数	2009 年的地区生产总值	矿产开采量
俄罗斯联邦总值	100.0	100.0	100.0	100.0	100.0
中央区	3.8	26.9	27.6	35.8	9.8
西北区	9.9	9.5	10.0	10.7	7.2

联邦管区的名称	领土面积	截至2011年1月1日的人口数	经济领域的年平均就业人数	2009年的地区生产总值	矿产开采量
南区	2.5	9.7	9.0	6.2	1.4
北高加索区	0.9	6.6	4.9	2.3	0.3
伏尔加河沿岸区	6.1	20.9	21.3	15.3	15.2
乌拉尔区	10.6	8.4	8.9	13.7	40.6
西伯利亚区	30.1	13.6	13.4	10.6	14.2
远东区	36.1	4.4	4.9	5.4	11.3

资料来源：俄罗斯各地区…，2011

2010年，远东各联邦主体占俄罗斯领土的36.1%，占俄罗斯矿产开采量的11.3%。

从其他社会和经济指标来看，远东在俄罗斯的作用不是很大。例如，在总人口、经济领域的就业人数、地区生产总值等中所占的比例勉强达到俄罗斯联邦相应指标的5%（俄罗斯各区，2011；亚太地区中的俄罗斯，2011）。

从表2.17可见，太平洋大区的社会和经济总体潜力（人口数和地区生产总值）占俄罗斯的4.5%~5.4%。由于领土面积达616.94万km²（约占俄罗斯总领土面积的36.1%），太平洋大区的各个社会和经济空间的差异极大：从南部的最发达和开发度最高的滨海边疆区和哈巴罗夫斯克（伯力）边疆区，到雅库特和楚科奇的分布在北极沿海的零星的小居住区、小港（表2.18）。

总体上，俄罗斯太平洋大区的产业结构特点如下：工业在地区经济中起着主导作用，主要是资源采掘行业，这些行业构成了原料导向型的专业化产业，包括捕鱼和海产品捕捞业、林木采伐、有色金属矿产开采。

俄罗斯太平洋地区的各联邦主体的一个经济特点在于，原料导向型生产方式制约了发展速度，而在加工制造业企业的技术装备水平低的条件下提高原料的加工深度导致其产品的效用和市场价值下降（Гладышев и др，1971）。这一问题的解决取决于地区经济潜力的提高、资源利用的综合发展、采掘企业和加工制造企业的技术装备的改善以及人才素质的提高。俄罗斯太平洋地区各联邦主体的国际合作、与亚太地区更发达国家的经济一体化在这方面也起着重要作用。

根据经济发展水平、生产合作特点和原材料加工深度的不同，俄罗斯太平洋地区划分为若干经济区（Гладышев и др，1971）。首先是密集型开发和居住区，包括滨海边疆区、哈巴罗夫斯克（伯力）边疆区南部、阿穆尔州南部和萨哈林州南部。在这些地方，全俄罗斯的专业化分工行业和部分地区国际专业化分工行业的比例较低，而辅助生产和服务型生产部门的比重高。这一经济区拥有发达的服务型工业、农业和交通运输业。正是从这个经济区进行俄罗斯太平洋地区的新地区的经济开发。经济开发和聚落系统的轴线是西伯利亚大铁路。其次是中等发展区，包括哈巴罗夫斯克（伯力）边疆区北部和阿穆尔州北部、萨哈林州南部、萨哈共和国和堪察加边疆区。这些地方的专业化产业主要由国际专业化和全俄罗斯专业化的采掘产业构成。服务型产业仅能保障地方需求。贝加尔-阿穆尔干线是经济轴线。最后是局部发展区，在这里开发在国内和全球都稀有的自然资源。

表 2.18　2010 年俄罗斯太平洋地区的主要社会和经济指标

（单位：%）

远东联邦区的联邦主体	领土面积	人口数	年均就业人数	地区生产总值	主要经济储备	矿产开采量	制造业产品产量	水电和煤气的生产与分配	农产品产量	新增住房供应量	零售贸易额	固定资产投资额
远东联邦区总和	100.0	100.0	100.0	100.0	100.0	100.0	100.0	100.0	100.0	100.0	100.0	100.0
萨哈共和国（雅库特）	49.9	15.2	14.6	19.0	17.1	31.1	7.5	20.6	18.8	18.4	16.7	16.2
堪察加边疆区	7.5	5.1	5.6	5.5	4.2	0.9	11.6	7.9	5.2	3.5	5.1	4.1
滨海边疆区	2.7	31.1	29.8	21.2	18.6	1.4	32.1	24.2	21.4	32.5	26.9	27.6
哈巴罗夫斯克边疆区	12.8	21.4	21.9	15.9	17.5	3.4	31.4	20.2	15.9	19.1	22.0	18.1
阿穆尔州	5.9	13.2	13.0	8.8	12.3	3.6	7.1	10.4	23.9	10.1	10.2	10.9
马加丹州	7.5	2.5	2.7	2.8	3.2	4.1	1.2	4.8	1.8	0.9	2.2	1.9
萨哈林州	1.4	7.9	8.8	22.7	23.2	50.8	7.8	7.2	6.9	12.2	13.7	18.0
犹太自治州	0.6	2.8	2.5	1.5	2.3	0.1	1.1	1.4	5.6	3.2	2.3	2.6
楚科奇自治区	11.7	0.8	1.1	2.6	1.6	4.6	0.2	3.3	0.5	0.1	0.9	0.6

资料来源：数字俄罗斯…，2011

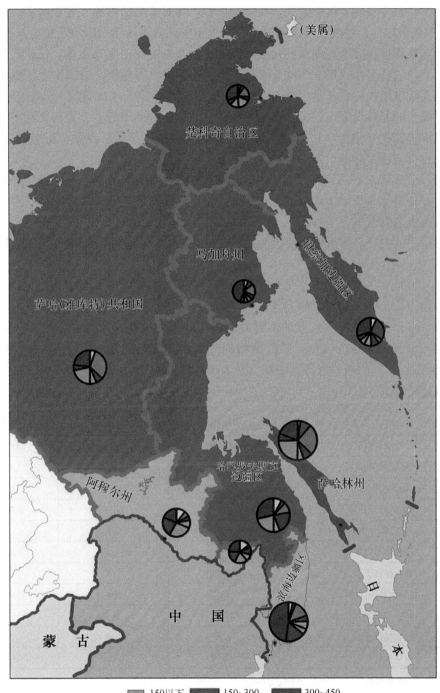

图 2.20   远东联邦区各联邦主体的总附加值（总利润）的行业结构（2007 年）

地方消费品市场的发展受到物价高而居民收入相对不高的制约。远东的人均收入水平（每月 20729.0 卢布）在俄罗斯排第三位，仅次于中央联邦区和乌拉尔联邦区。

在远东联邦区，滨海边疆区的社会和经济指标领先于其他联邦主体，仅矿产开采量指标逊色于其他联邦主体（图 2.20）。滨海边疆区的龙头位置在很多方面决定了其经济领域的投资额大幅度增长，尤其是用于 2012 年在符拉迪沃斯托克（海参崴）市召开亚太经济合作组织峰会的基础设施建设投资（交通干线、桥涵、净化设施、教育和文化场所等）。

哈巴罗夫斯克（伯力）边疆区在就业人口数、制造业产量、农业、新增住房供应量、固定资产投资方面仅略逊于滨海边疆区。

萨哈（雅库特）共和国不仅是远东联邦区面积最大的联邦主体，在地区生产总值、产品产量（矿产开采量、水电煤气的生产和分配量）、农产品产量、零售贸易额和固定资产投资额方面也名列前茅。

阿穆尔州的农产品产量居首位。萨哈林州的国内生产总值和采矿量（石油和天然气）领先。

1995～2004 年，俄罗斯太平洋地区的各地生产结构发生了一系列变化（表 2.19）。例如，燃料能源综合体（电力和燃料工业）在工业产品产值中的比例显著下降，从 30.7% 下降至 24.6%，同时，电力行业的衰退最严重，从 19.3% 降至 11.4%。相反，冶金综合体（黑色冶金和有色冶金行业）的产值增加（从 21.2% 增至 30.7%）。机械制造综合体（指机械制造行业）的产值也显著增加（从 8.5% 增至 16.7%）。其他行业在工业产品产值中所占的比例减少。

表 2.19　俄罗斯太平洋地区的工业产品的行业结构　　　（单位:%）

行业名称	1995 年	2000 年	2004 年
燃料能源综合体	30.7	24.6	30.1
冶金综合体	21.2	30.7	31.5
机械制造综合体	8.5	16.7	9.6
化工综合体	0.7	0.6	0.7
森工业综合体	5.4	4.1	5.2
建筑材料工业	4.2	1.5	2.7
轻工行业综合体	0.6	0.4	0.4
农工综合体的加工行业	27.3	20.4	17.2
其他行业	1.4	1.0	2.6
合计	100.0	100.0	100.0

资料来源：俄罗斯各地区…，1997，2001，2006

这一时期，俄罗斯太平洋地区的各工业领域交替领先。燃料能源综合体在 1995 年领先，而冶金综合体在 2004 年跻身领先行列（首先是有色冶金）。

远东的所有地区都表现出类似的趋势。同时，各地区的生产动态、生产规模的变化和相应的个别行业在工业结构中占比的上升和下降各有不同。

在萨哈（雅库特）共和国，通过冶金综合体（有色冶金）的一些变革，冶金业的占比几乎增加了 4%（从 59.9% 增加至 63.9%）。燃料能源综合体的比例有所下降（从 25.7% 降至 26.6%）。萨哈共和国因有色冶金行业保持住了领先地位。

楚科奇自治区的燃料能源综合体的占比提高（从 47.7% 提高至 59.5%），而有色冶金的占比下降（从 45.6% 下降至 26.4%）。尽管如此，有色冶金行业仍然在楚科奇自治区的工业结构中保持龙头作用。

在犹太自治州，机械制造综合体工业产品的占比下降（从 19.6% 下降至 16.3%）。2004 年，冶金综合体（有色冶金）、建材工业（首先是水泥生产）、森林工业和木材加工业保持了主导地位。其余行业的占比变化不大。

滨海边疆区的重大变化仅涉及机械制造行业，其在工业产值中的占比几乎提高了 50%（从 9.8% 提高至 14.0%）。其他工业领域的变化不大，除了燃料工业，其在产品产值中的占比下降了 50%（从 5.3% 下降至 2.9%）。在滨海边疆区的工业领域，食品工业（包括鱼类食品）是当之无愧的龙头，但是它的占比也有所下降（从 45.6% 下降至 33.3%）。

相似的情况也见于哈巴罗夫斯克（伯力）边疆区，它的机械制造行业的占比从 20.0% 提高至 27.7%。同时，燃料能源行业这一过去的龙头行业的占比从 37.1% 下降至 19.8%。在边疆区的其余行业中，机械制造业的工业产品产量领先。

阿穆尔州仅有色冶金的产值大幅度提高（从 13.7% 提高至 23.9%）。阿穆尔州已经跻身国内主要黄金开采地区行列。燃料工业的占比下降了 50%，从 8.5% 下降至 3.9%。尽管如此，燃料能源行业（通过发电领域的稳定形势）仍然在工业中保持了龙头作用，占 1995 年工业总产值的 44.0%，占 2004 年工业总产值的 43.5%。

堪察加州的重大变化仅触及机械制造行业，其占比几乎下降了 50%，从 8.3% 下降至 5.0%。与此同时，有色冶金的占比显著增加，从 0.5% 提高至 7.4%。堪察加州的龙头行业——食品（包括鱼类食品）行业几乎没有发生任何变化（1995 年其占比为 63.0%，2004 年为 56.6%）。因此，目前堪察加边疆区有两个专业化行业，即食品（鱼类）行业和有色冶金行业。

2.5.1　渔业

鱼类和非鱼类水产捕捞业是俄罗斯太平洋地区最发达的工业行业（表 2.20）。渔业是俄罗斯太平洋地区的多数联邦主体的经济基础行业之一。同时，它还包括原材料供应企业、产品需求企业和原材料产出企业等其他工业企业（Ворожбит и Байшева，2011；Бакулев，2002；Блинов，2004；Латкин，1999）。

表 2.20　俄罗斯远东地区的鱼类捕捞量和水生生物资源采收量

参数	1980 年	1990 年	1995 年	1998 年	2000 年	2004 年	2006 年	2008 年
远东/10^3 t	3523.9	4627.9	2810.1	2959.3	2278.5	1741.4	2000.2	2188.4
远东捕鱼量占国内总捕鱼量的比例	51.6	58.7	71.4	72.5	60.3	58.7	61.3	65.7

续表

参数		1980 年	1990 年	1995 年	1998 年	2000 年	2004 年	2006 年	2008 年
远东各地区在远东总捕捞量中的占比	萨哈共和国	0.2	0.1	0.1	0.1	0.1	0.2	0.2	0.2
	堪察加边疆区	28.2	27.4	27.4	25.3	29.6	32.4	30.7	33.2
	滨海边疆区	37.1	39.6	47.1	46.9	39.9	32.2	31.9	31.6
	哈巴罗夫斯克（伯力）边疆区	8.5	7.9	7.7	8.5	8.5	7.4	7.2	6.7
	阿穆尔州	0.001	0.002	0.004	0.001	0.001	0.001	5.1	4.2
	马加丹州	1.6	2.9	2.9	1.9	3.3	4.6		
	萨哈林州	24.1	21.4	14.7	17.1	18.3	21.9	22.6	21.7
	犹太自治州	—	—	—	—	—	0.0001	—	—
	楚科奇自治区	0.2	0.1	0.04	0.1	0.1	1.3	2.3	2.3

资料来源：俄罗斯工业…，2009；俄罗斯统计年报，2009

　　滨海边疆区和堪察加边疆区是俄罗斯太平洋地区的主要捕鱼地区，占远东渔业水域的渔业年产量的60%以上。

　　自20世纪90年代中期开始，俄罗斯的70%以上的鱼类和非鱼类水产捕捞量和50%以上的鱼产品生产量来自远东地区。目前，远东所占的比例缩减至65%。捕鱼船队的主要活动地区在俄罗斯200海里专属海洋经济区内，几乎全部的鱼类和非鱼类水产都是在这里捕获。

　　俄罗斯太平洋地区的海洋经济区和内陆水体的水生生物资源总储备量为2600万 t，可以提供每年300多万吨的捕获量（Меламед，2008）。2000～2004年，俄罗斯远东的鱼和海产品的年平均捕获量约为200万 t，占总容许捕获量的60%。2004年，鱼类和非鱼类水产捕获量减少至174.14万 t（占全俄罗斯总捕获量的58.7%）。但是，2008年，鱼类和非鱼类水产捕获量达到218.84万 t（占俄罗斯鱼类捕捞量的65.7%）。200海里专属经济区产出捕捞量的96%，还有0.4%来自内陆水体，其余来自公海和外国海域。

　　渔业产品主要在滨海边疆区、堪察加边疆区和萨哈林州进行加工。最大的捕鱼企业都部署在滨海边疆区。在经济改革开始前，滨海边疆区的渔业产业包括12个大型工业企业、5个科研生产和设计单位、8个捕鱼集体农庄。目前，滨海边疆区的该行业包括167家渔业企业，其中大、中型企业占23.3%，小型企业占76.7%。经济改革从实质上改变了行业的组成和结构，出现了股份公司、私营公司、合营企业（包括外国合资企业）等新型渔业企业。同时，还要求对沿海渔场进行彻底改造，以提高鱼类和非鱼类水产的加工深度。但是渔业企业碰到了严重的生产问题和资金问题。对鱼产品的内需促进了这些企业的顺利运转。

　　堪察加边疆区和滨海边疆区依然是远东的食用商品鱼的最大产地（表2.21）。这两个边疆区在2009年贡献了87.1%的食用商品鱼类产量。远东当之无愧的鱼罐头龙头产地是滨海边疆区（占70.5%）和萨哈林州（占24.9%）。

表2.21 远东地区的渔业产量

产量	1991年	1995年	2000年	2002年	2003年	2005年	2007年	2009年
食用商品鱼（鱼和海产品）/10^3t	4062.2	2816.2	2292.9	1761.4	1991.7	1972.1	2231.7	2247.3
鱼罐头/10^6罐	1000.7	274.2	114.2	156.1	229.4	215.9	196.2	213.7

资料来源：Леонов и др，2007

主要的捕捞对象依然是黄线狭鳕、鲑鳟类和螃蟹，其工业配额几乎被完全开发。另一个重要问题是远东海域的高流动性、捕捞对象的资源量下降和部署海水养殖。2005年，远东的鲑鳟类小鱼产量来自44个鱼养殖场（Меламед，2008）。共产出6.781亿条鱼，其中，驼背大麻哈鱼2.782亿条（占41%）；大麻哈鱼3.792亿条（占55.9%）；银大麻哈鱼710万条（占1.1%）；红大麻哈鱼970万条（占1.4%）；马苏大麻哈鱼310万条（占0.1%）；大鳞大麻哈鱼80万条（占0.1%）。2006年鲑鳟类小鱼的产量为6.192亿条，其中，驼背大麻哈鱼2.546亿条（占41.1%）；大麻哈鱼3.422亿条（占55.3%）；银大麻哈鱼960万条（占1.6%）；红大麻哈鱼850万条（占1.4%）；马苏大麻哈鱼350万条（占0.6%）；大鳞大麻哈鱼60万条（占0.1%）。2008年，远东已经有53家养鱼场，其中，萨哈林州34家；滨海边疆区2家，哈巴罗夫斯克（伯力）边疆区7家；马加丹州4家；堪察加州6家。

在国内划分出以下渔业地区：鄂霍次克海（1996年这里捕捞70%的鱼类和非鱼类水产），西白令海地区（19.3%），东堪察加地区（5.2%），日本海（1.5%），南千岛地区（1.5%）和北千岛区（2.2%）。

沿海基本没有工业捕捞。不用说增加现有的捕捞量、鱼产品产量和向当地市场的供应量，即使是保持的可能性也已经穷尽。

渔业企业的工作效率低的主要原因是传统海洋渔业（黄线狭鳕）原料的枯竭和原料加工的深度低。此外，为渔业船舶提供燃料、水、食品等的服务不佳。在转运、向鱼加工船或岸上企业交付捕获品中也存在难度。从20世纪90年代中期开始，水产捕捞业老化的工业固定资产（独立核算企业）的更新速度低，落后于老化设备的淘汰速度。

传统意义上的船舶修理企业的情况依然复杂。在目前地区的捕鱼船和鱼加工船的修理资源短缺的背景下，船舶修理企业没有充分发挥产能，原因是金属、零备件、木材、油漆材料等短缺以及运输费用高。此外，能源的价格高也造成修理的成本高。

鱼产品出口正在成为增加各公司企业资金的主要来源，其中包括捕捞和加工设备的现代化改造资金。因此，渔业企业在购买已经安装进口设备的零配件时需要税收和海关优惠。对于水产捕捞企业来说，刺激其对国产产品的购买兴趣也很重要，如边疆区生产的捕鱼船和导航设备。

在远东的区域市场上，近海捕鱼业能够向当地市场供应的价格可接受的海产品数量不足。此外，亚太地区邻国对海产品的巨大需求也刺激着远东地区的近海捕鱼和水产养殖的发展。

由于鱼类和非鱼类水产的质量高，保障了亚太地区国家对这些产品的稳定需求。尤其是日本海沿岸国家对远洋捕捞和近海捕捞的需求量都特别大，如海胆籽、海参、扇贝、螃蟹、虾、海带等产品。

远东渔业的最重要课题是从昂贵的远洋捕鱼向成本更低的近海捕捞转型，并在最大程度上以满足本国的普通消费者为导向。在这方面，水产捕捞企业出现的问题是缺乏能够保障对近海海域进行合理捕捞的专业捕鱼索具和小型捕鱼船。

远东地区拥有制造小型捕鱼船只的良好经验，其中包括通过大卡缅市军工企业的军转民生产线进行制造。在组织有效的近海捕捞时，必须解决一系列问题。首先，要确保小型捕鱼公司和水产养殖公司的法律地位，当这些公司为捕鱼区和销售市场与大型渔业公司发生冲突时保护其利益。此外，边疆区缺乏有组织的鱼产品批发和零售市场。

大型渔业企业的处境更加复杂，如母港、管理局等。渔业的效率不断下降。例如，最近 15 年，大型渔业企业按照渔获量与过滤水量的比值计算的渔获率下降了约 77%。20 世纪 90 年代末，1t 鱼的成本接近于捕捞 1t 鱼所需的 1t 柴油的成本。

大型渔业公司的一个发展方向是扩大粗放型渔业，向国外市场销售原料和半产品。通过生产企业重组可以提高经济效益。还应当指出，在本国渔业公司和外国渔业公司之间，俄属大陆架和鄂霍次克海在原料储量开发问题方面存在着严重矛盾。

在远东海域，在捕鱼量的总体结构中，黄线狭鳕（明太鱼）的捕捞量达到 70%（Меламед，2008）。黄线狭鳕的捕捞量出现了减少，这与它的储量下降有关。同时，尽管在 1993 ~ 2005 年，远东海域的渔民是在资源量过剩的条件下捕鱼，但是远东的渔业产业还不打算捕捞其他鱼类。平均来看，远东渔业的资源量已经被利用了近 70%（与预期的潜在渔获量相比，少捕获量为 Mt/a 以上）。少捕获量的国际市场价格计为 8 亿 ~ 9 亿美元。尤其是，各类水产的少捕获量为：水生贝壳类 1.9 万 ~ 3.0 万 t、软体动物 32 万 ~ 36 万 t（其中枪乌贼 30.5 万 ~ 34.5 万 t）、棘皮动物 1.3 万 ~ 1.6 万 t。渔获不足的主要原因是渔业船队没有做好捕捞受众面窄的非量产海产品的技术准备。

远东的各个边疆区和州的领导层以及地方渔业公司不关注目前业已形成的资源开发和分配规则（鱼类和非鱼类水产捕捞配额）。在分配捕捞配额时，过度的集中化让外国渔业公司有机会几乎无控制地利用俄罗斯领海水域中的渔业资源。在这种情况下，必须通过制定区域渔业发展规划把联邦政府部门与地方政府部门的利益挂钩。联邦渔业法的通过将在法律基础上建立和理顺联邦政府与各地区的关系，从而解决自然资源潜力的区域利用问题。

综上，俄罗斯远东渔业具有如下重要问题（Меламед，2008）：

（1）渔业的投资环境不佳；

（2）缺乏海洋生物资源利用和保护方面与新时期要求相符的法律监管保障；

（3）高流动性捕捞对象的资源量下降；

（4）出口鱼产品的加工深度低；

（5）港口船舶的养护水平低；

（6）政府控制捕捞量和保护水生生物资源的效率低。

近年来，水生生物资源利用的法律监管有了一定的进步。批准了《俄罗斯 2020 年前渔业发展构想》，通过了《俄罗斯联邦渔业资源保护法》。建立了新的政府渔业管理机构，正在完善捕捞配额的分配制度。

2.5.2　森林工业

俄罗斯太平洋地区的森工企业包括木材采伐、木材加工和造纸等企业，几乎遍布俄罗斯太平洋地区的所有联邦主体。在森林工业综合体的结构中，木材采伐生产企业获得了优先发展，这些企业主要是在通车通航地区采伐优质的木材，即具有经济效益的原料（Леонов и др，2007；Заусаев，1992）。

俄罗斯太平洋地区保障了国内森林工业行业的大部分产量。2004 年，俄罗斯太平洋地区的森林工业、木材加工和造纸工业贡献了远东工业总产值的 5.1%。森林工业、木材加工和造纸工业在工业总产值中所占比例较高的是犹太自治州（占该州工业总产值的20.4%）、哈巴罗夫斯克（伯力）边疆区（占 13.3%）和滨海边疆区（占 8.5%）。

其中，采伐优质木材原料的木材采伐业占据领先地位，所采伐的大部分木材销往俄罗斯其他地区和国外。本地区的木材加工生产能力向来落后于木材采伐能力。木材加工企业在 20 世纪 90 年代的改革过程中经受了重创。例如，如果说 1990 年有约 47% 的采伐木材被输送给远东木材加工企业，那么到 1995 年则降至 19%。

远东几乎不从事木材深加工。哈巴罗夫斯克（伯力）边疆区和萨哈林州的造纸企业的状况尤其艰难，这两个地区的造纸企业减产或停产（Леонов и др，2007）。

森林工业和木材加工工业是俄罗斯太平洋地区南部的各联邦主体（滨海边疆区、哈巴罗夫斯克（伯力）边疆区、阿穆尔州和萨哈林州）的专业化行业。20 世纪 90 年代中期，哈巴罗夫斯克（伯力）边疆区、滨海边疆区和阿穆尔州贡献了远东 3/4 以上的木材采伐量以及一半以上的锯材量，远东 90% 以上的板材和刨花产自滨海边疆区和哈巴罗夫斯克（伯力）边疆区；远东的全部纸浆、纸张和纸板由哈巴罗夫斯克（伯力）边疆区生产；远东的全部胶合板由滨海边疆区生产。该行业发挥着最重要的社会和经济功能，为不发达的泰加林地区的居民提供工作岗位、向当地财政上缴利润。此外，木材是俄罗斯向国外市场稳定出口的商品。

在改革期间，远东森林工业产业的几乎所有类型产品的产能都出现衰退（表 2.22）。其主要原因在于，业已形成的传统采伐方式不能适应不断下降的林木出材量。对生产设备的现代化改造在很大程度上受森林工业行业的生产利润率下降所限。

表 2.22　远东森林工业主要产品的产量

	产品	1990 年	1995 年	2000 年	2002 年	2004 年	2006 年	2008 年
经济用材外运量	远东（实积）/$10^3 m^3$	29598	10521	10161	12549	14337	15511	13116
	远东在俄罗斯经济用材总出口量中的占比/%	9.7	9.0	10.8	12.9	12.7	13.2	12.1

续表

产品		1990 年	1995 年	2000 年	2002 年	2004 年	2006 年	2008 年
经济用材外运量	远东各地区在远东经济用材总出口量中的占比/%							
	萨哈共和国	11.5	8.2	5.1	3.8	3.7	4.4	3.3
	堪察加边疆区	2.4	1.7	1.5	1.1	1.2	1.2	1.3
	滨海边疆区	16.2	17.4	21.8	19.5	26.6	28.9	29.1
	哈巴罗夫斯克（伯力）边疆区	39.2	43.4	53.9	57.4	55.0	52.8	52.6
	阿穆尔州	18.8	14.6	8.8	10.4	8.5	8.9	11.5
	马加丹州	0.8	0.1	0.01	0.01	0.04	0.1	—
	萨哈林州	9.9	14.1	8.6	7.1	3.9	2.2	1.3
	犹太自治州	1.1	0.5	0.2	0.7	0.9	1.5	0.9
	楚科奇自治区	0.04	—	—	—	—	—	—
经济用材产量	远东（实材积）/10³ m³	23456.5	7370.3	8450.5	10580	12191	13361	11866
	远东在俄罗斯经济用材总产量中的占比/%	9.1	7.9	10.5	12.6	13.2	13.6	12.9
	远东各地区在远东经济用材总产量中的占比/%							
	萨哈共和国	8.0	4.7	3.2	2.8	2.6	3.5	4.8
	堪察加边疆区	2.2	0.8	0.7	0.5	0.5	0.4	0.5
	滨海边疆区	15.8	16.7	22.1	19.3	26.1	27.8	27.5
	哈巴罗夫斯克（伯力）边疆区	40.5	46.8	56.5	59.8	57.9	56.4	54.4
	阿穆尔州	19.4	15.7	8.3	9.2	7.9	7.9	10.7
	马加丹州	0.8	0.1	0.01	0.01	0.02	0.1	—
	萨哈林州	11.4	14.8	8.9	7.5	3.9	2.2	1.1
	犹太自治州	1.9	0.5	0.3	0.8	0.9	1.7	1.0
	楚科奇自治区	0.003	—	—	—	—	—	—
锯材产量	远东/10³ m³	5414.1	972.7	673.3	830.2	1146.1	1317.4	1152.1
	远东在俄罗斯锯材总产量中的占比/%	7.2	3.7	3.4	4.5	5.4	5.9	5.6
	远东各地区在远东锯材总产量中的占比/%							
	萨哈共和国	14.9	23.1	22.1	20.0	16.4	15.1	15.9
	堪察加边疆区	3.9	4.0	3.2	1.8	1.6	1.3	2.0
	滨海边疆区	19.3	13.7	22.4	19.7	22.2	22.6	27.2
	哈巴罗夫斯克（伯力）边疆区	28.5	32.3	34.1	42.8	46.1	50.7	40.5
	阿穆尔州	15.9	12.5	8.0	7.3	5.7	3.5	4.8
	马加丹州	2.0	0.5	0.4	0.1	0.1	0.2	0.1
	萨哈林州	8.3	10.8	8.8	7.8	6.8	4.8	5.6
	犹太自治州	7.0	3.1	1.0	0.5	1.1	1.8	3.9
	楚科奇自治区	0.2	—	—	—	—	—	—

续表

产品		1990 年	1995 年	2000 年	2002 年	2004 年	2006 年	2008 年
胶合板产量	远东/10³ m³	25.3	1.0	—	—	0.5	0.001	—
	远东在俄罗斯胶合板总产量中的占比/%	1.6	0.1	—	—	0.02	0.0	—
	远东各地区在远东胶合板总产量中的占比/% 滨海边疆区 哈巴罗夫斯克（伯力）边疆区 阿穆尔州 犹太自治州	68.0 24.5 4.7 2.8	100 — — —	— — — —	— — — —	 100 0	100 — — —	— — — —
纸浆产量	远东/10³ t	539.9	60.0	11.3	4.6			
	远东在俄罗斯纸浆总产量中的占比/%	7 2	1 4	02	0 1			
	远东各地区在远东纸浆总产量中的占比/% 哈巴罗夫斯克（伯力）边疆区 萨哈林州	48.9 51.1	45.7 54.7	— 100	— 100			
纸张产量	远东/10³ t	215.5	14.2	9.5	4.6			
	远东在俄罗斯纸张总产量中的占比/%	4.1	0.5	0.3	0.1			
	远东各地区在远东纸张产量中的占比/% 阿穆尔州 萨哈林州 犹太自治州	1.4 94.7 3.9	0.7 98.6 0.4	— 100 0	— 100 0			
纸板产量	远东/10³ t	240.6	13.1	32.8	30.8	21.2	24.0	23.5
	远东在俄罗斯纸板总产量中的占比/%	7.8	1.0	1.6	1.3	0.7	0.7	0.6
	远东各地区在远东纸板总产量中的占比/% 滨海边疆区 哈巴罗夫斯克（伯力）边疆区 萨哈林州	— 64.7 35.3	— 38.2 61.8	56.4 14.3 29.3	68.5 19.8 11.7	83.5 16.5 —	92.0 8.0 —	96.6 3.4 —

资料来源：俄罗斯各地区…，2008，2009

　　远东生产的主要林业产品用于出口外运和生产经济用材与锯材。哈巴罗夫斯克（伯力）边疆区的木材采伐和木材加工企业无疑是远东的龙头企业。值得强调的是，1/4 以上的锯材产量来自在森林开发行业优先投资项目框架内建立的也里可温（Arkaim）合资企业有限公司和阿穆尔森林（Amur-Forest）有限公司。

20世纪90年代末，远东停止生产胶合板和刨花板，对锯材和木地板生产企业的产能利用显著减少。仅在2004年才恢复生产胶合板，而且产量不大（阿穆尔州为500m³）。

森林工业和木材加工工业是泰加林地区的各工业重地的基础工业。各森林工业重地的木材采伐量和外运量出现减少，这首先是由于木材产品的生产成本高。经济用材和锯材的生产量也大幅度下降。燃料费和工资是主要的生产成本。产品的销售期长，这让企业没有必要的流通资金用于部署正常的生产流程。

亚太地区国家对经济用材的需求较稳定，这让从事木材采伐的各工业重地的产量下降速度慢于木材加工重地的产量下降速度。

总体上，国外市场上的传统客户和新客户的需求对边疆区专业化行业产生的影响是有利的。远东各地区的产品出口量稳定增加，这让行业内的很多企业免于破产，甚至让木材采伐（外运）量增加。例如，2006年，远东各地区的木材和纸浆与纸制品的出口额为3.94亿美元。

在出口产品中，以未加工的带皮原木为主（圆木占行业出口产品的近90%），其原因在于外国客户的需求特点。由于俄罗斯联邦政府实行了一系列限制圆木出口的措施，从20世纪90年代末开始，与圆木相比，加工过的锯材在出口中的比例得到提高（俄罗斯远东的地理系统，2010）。

森林工业和木材加工企业利用产品出口取得的资金，可以让设备保持高速度的更新换代。在这样的环境下，主要是通过开办新企业和关停并转亏损企业的方式进行地区行业结构的改革。

在森林工业和木材加工工业中，生产锯材、胶合板、刨花板、纸浆、纸张和纸板等的木材加工企业的处境最为艰难。仅在1998年经济崩溃后，在出口行业出现了刺激产量增加的补充动力时，这些企业的情况才略有好转。

在木材加工业产品市场上经营的企业，首先定位于有需求的和交通可通达的消费者以及高收入居民群体。在滨海边疆区，这主要是指符拉迪沃斯托克（海参崴）市、阿尔乔姆市、乌苏里斯克（双城子）市、达利涅列琴斯克市、列索扎沃茨克市的家具制造企业。

成品销售是远东森林工业企业在向市场转型期间遇到的最严重的问题。能源和运输费用高，造成边疆区生产的产品成本高，这让产品的竞争力不敌俄罗斯的北部欧洲地区和乌拉尔地区。例如，滨海地区森林工业企业产品销售的国内市场主要分布在边疆区本地。在本国国内找不到客户的情况下，企业向国外寻找产品（主要是经济用材和锯材）的销售市场。

亚太地区国家是俄罗斯太平洋地区的森林工业和木材加工产品的传统销售市场，这首先是指经济用材和锯材。但是，由于外国制造家具的进口量大，本国企业在家具市场遭遇到产品销售的困境。这些外国家具产品往往采用俄罗斯的木材制造，它们具有吸引人的外观和大范围的广告攻势。

近年来，除了本国企业，在森林工业产品市场的不同板块中，合资和外资企业也获得普遍的发展。根据合资企业数量、员工人数和产品产量，森林工业和木材加工工业在以鱼类产品为主的食品工业之后排在第二位。

除了利用木材资源生产的产品（经济用材、锯材），合资和外资企业还出口非木材资源产品（人参、梅花鹿茸）。利用森林中的非木材资源生产的单位货物在国外市场的销售收入往往是木材加工产品尤其是锯材的销售收入的很多倍，但是却比作为传统货物的经济用材的销售收入低很多。

森工产业的最本质问题是采伐企业与加工企业之间的生产和技术联系脱节。通过私有化，木材采伐企业获得了行业的原料资源，而木材加工企业属于加工制造行业。目前，本国的木材加工企业缺乏流动资金。行业内的企业一直是在银行获得下一个木材采伐季的贷款，但是由于商业银行贷款利率高和产品销售问题，这些企业无法指望收购的原料。木材采伐企业与加工企业之间潜在的互动能力依然没有发挥出来。

采伐企业被迫把产品（圆木）出口至国外市场。但是，失去控制的大规模出口导致产品在亚太地区国家市场积压。木材价格的下降让木材出口商亏损严重。木材采伐企业试图打入新的更有利可图的成品市场。例如，捷尔涅伊林业（Terneyles）股份公司（滨海边疆区普拉斯通镇）与日本公司合作生产锯材。从木材加工企业方面，通过在国内其他地区收购更廉价的木材解决原料供应问题，即使算上运输成本，这样做也是划算的。除此之外，木材加工联合企业还建立了自己的原料基地。例如，滨海木材加工联合厂（达利涅列琴斯克市）拥有自己的采伐区。

在进行下一步改革时，行业内的企业应当考虑经济用材及其制品的国内生产者遇到的严重的产品销售问题以及20世纪20年代的经验教训，在当时，由于政府对出口没有进行合理调控而失去了在日本市场的领先地位。地区和边疆区的本国的和合资的森林工业企业的任务在于保持在国际市场的现有地位。另外，还必须巩固在本国的但是外国企业十分活跃的家具市场上的地位。

2.5.3　采矿业

俄罗斯太平洋地区的采矿行业企业包括矿物原料（有色金属原矿、有色金属精矿）开采企业、初级加工企业和有色冶金加工企业（Леонов и др，2007；Ломакина，2002）。

在远东地区的冶金行业中，采矿工业环节包括有色金属矿的开采和精矿的生产。有色金属矿（贵金属、锡、铅、锌、钨、铋等）的开采是地区的专业化行业之一。远东的矿业企业开采出的大多数自然资源对于全俄罗斯都具有重要意义。例如，仅远东就开采出俄罗斯的几乎全部金刚石、锡、钨、2/3 的金和大量银、铂、铅和锌（表 2.23）。

表 2.23　远东的各类矿物资源在俄罗斯矿产行业中所占的比例　　（单位：%）

矿物名称	开采量	已探明储量	预测资源量
金刚石	100.0	81.0	50.0
金	50.0	33.0	45.0
银	50.0	30.0	85.0
锡	100.0	92.0	100.0

续表

矿物名称	开采量	已探明储量	预测资源量
钨	87.0	23.0	60.0
铅	63.0	9.0	27.4
锌	10.0	3.6	15.9

20 世纪 90 年代，由于税收制度不合理等因素，远东地区的金矿开采工业遭遇了严重的困境。例如，在 1994 年，商品成本中的税赋比例高达 56%。此外，贵金属定价制度的改变也产生了负面影响，当时的涨价速度大大滞后于金矿开采费用的增长速度。20 世纪 90 年代的最终结果是金矿开采量从 1991 年的 96600kg 下降至 1996 年的 73926kg。进入 21 世纪后，由于向行业的资本和物资投入增加，金矿开采量有所回升。在政府层面上，承认了必须提高本国矿物原料产业在国家经济中的作用（表 2.24）。

表 2.24　俄罗斯太平洋地区主要金矿开采地区的原生矿床的金开采量　（单位：%）

地区	2001 年	2005 年	2006 年	2007 年	2008 年
俄罗斯联邦	43.5	54.8	57.9	59.5	67.0
萨哈（雅库特）共和国	26.0	47.0	49.7	48.5	51.4
楚科奇自治区	17.0	42.9	49.3	56.6	94.2
哈巴罗夫斯克（伯力）边疆区	57.7	69.8	66.0	70.0	72.2
阿穆尔州	23.7	38.9	44.0	49.5	62.0
马加丹州	51.6	46.7	40.0	32.0	29.2

资料来源：Брайко и Иванов，2006；Ломакина，2009

即使在经济危机的背景下，远东企业的贵金属开采也进行得非常成功。在俄罗斯太平洋地区的除马加丹州之外的所有金矿开采地区，原生金矿床的开采量都增加了。例如，苏苏曼金业股份公司（马加丹州苏苏曼区）在 2009 年的一个季度的金矿开采量就超过了 2008 年的全年开采量。在 2009 年的开采季，全部 8 台挖泥机的采金量预计为 1240kg。

从 2009 年初开始，楚科奇自治区的金矿开采企业开采出金 27.7t、伴生银 242.7t，贵金属开采量接近于 20 世纪 70 年代中期的历史最高水平（年产 35t 贵金属）。在楚科奇的金矿开采企业中，开采库波尔矿床（已采出金 22.7t、银 234t）的楚科奇矿山地质公司依然是龙头。2008 年，楚科奇跻身俄罗斯采金业的前三名地区，仅次于克拉斯诺亚尔斯克边疆区（第三名是阿穆尔州）。

金矿开采是阿穆尔州采掘工业的基础。行业的龙头企业是彼得罗巴甫洛夫斯克集团公司，该集团是一个专业生产黄金和黑色金属的大型工业控股公司，其金矿开采量在俄罗斯排在第三位。2009 年，阿穆尔州共开采出 21.9t 金，比 2008 年增加了 3t（由于彼奥涅尔矿床的二期矿井投产）。到 2010 年末，别列吉特（Beresite）矿全部达产；2010~2012 年，马洛梅尔矿、阿尔本矿启动运转，这让阿穆尔州的金开采量大幅度提高。

在俄罗斯太平洋地区的各个地区中，马加丹州的有色冶金行业最为发达（2004 年的有色冶金产量占马加丹州工业总产量的 64.7%），其次是萨哈（雅库特）共和国

（63.9%）、科里亚克自治区（43.4%）、楚科奇自治区（26.4%）、阿穆尔州（23.9%）、哈巴罗夫斯克（伯力）边疆区（12.7%）和滨海边疆区（4.2%）。

俄罗斯太平洋地区的有色冶金企业贡献了国内几乎所有的锡、钨和铅锌矿石产量。这些行业的主要问题在于燃料、电能、材料和运费价格上涨以及税赋高。锡、钨和铅锌矿石的开采集中在滨海边疆区、哈巴罗夫斯克（伯力）边疆区、萨哈（雅库特）共和国和马加丹州。从1985年开始，采出矿石的金属品位自然下降，采矿作业向更深的地层和更复杂的地质环境转移。

行业的进一步发展要求不断增补储量、补充勘探新矿床、对原料和废弃物进行综合加工。行业内的企业迫切需要投资进行技术设备的更新改造。主要生产设施的淘汰速度大大超前于设备的更新速度。更新生产设施可以抑制有色金属出口配额的实行并减少全球有色金属需求的不稳定性。

目前，主要的问题是电价高和精矿向各大冶金中心的转运，这些问题不仅阻碍着金矿开采企业的有效发展，还对行业的生存构成威胁。

在采矿企业的发展中，最重要的问题是产品销售，主要是各类矿石和精矿的销售。远东地区不具备精矿冶炼、制取有色金属及其各种合金的必要产能。十月革命前建成的一个小型铅厂——远东多金属（Dalpolimetall）股份公司（滨海边疆区鲁德纳亚普里斯坦镇）从事废旧电池的回收利用。没有设置原料加工的最终阶段，这是由铅锌精矿的特性决定的，即有用组分的品位高和高度的运输便利性。开采、选矿和冶炼阶段在地域上是彼此分割的。类似状况也存在于锡、钨开采行业。锡精矿的冶炼厂不设在原料产地，而设在精矿的运输线路上（新西伯利亚市）或成品需求地区。

滨海边疆区具备建设本地区的成品金属冶炼基地的必要条件，即具备原料和产品需求方——机械制造企业（如符拉迪沃斯托克（海参崴）市的工具厂）。1998年，在滨海边疆区（斯韦特洛戈里耶镇）的湿法冶金联合企业开始了设备安装的设计工作，该联合企业以现有的莱蒙托夫矿业公司、俄罗斯钨业有限公司滨海分公司为依托，将钨精矿加工成为成品金属并生产其他贵金属。该联合企业拟使用新西伯利亚科研人员研发的工艺，该工艺可以将从边疆区生产的钨精矿中提取有用组分的效率提高40%。在滨海采选联合企业（东方2号镇）开采和洗选三氧化钨中产生的伴生元素是掺砷的铜精矿。国内和国外公司都有可能参与铜精矿的加工。在落实有色冶金改造和发展规划中，预计使用企业产品的出口收入作为另一个资金来源。

钨业企业的产品（钨和铜的精矿）尽管具有国际标准的高质量，却在俄罗斯国内没有找到销路。为了生存下去，企业不得不走向国外市场。

另一个有特色的企业是雅罗斯拉夫斯基采选联合企业上市股份公司（OJSC YaGOK，雅罗斯拉夫斯基镇），该公司生产俄罗斯约80%的萤石精矿。制取出的精矿在远东以外的冶金企业进行加工。原料和所产出的精矿的稀缺性结合政府调控的电费和运输费率，让雅罗夫斯拉夫斯基采选联合企业的产品在俄罗斯市场具有竞争能力。早在1994年，该企业的产品订单就已经饱和。但是从20世纪90年代中期开始，产量开始下降。如果说1992年雅罗夫斯拉夫斯基采选联合企业生产的萤石精矿达29.35万t，那么到1996年则降至3.23万t，到1997年企业有可能停产。

　　在俄罗斯政府完全没有保护关税政策的情况下，来自国外的萤石生产厂商的竞争成为对雅罗夫斯拉夫斯基采选联合企业的产品需求下降的主要原因。向在俄罗斯的萤石精矿进口商提供的大幅度关税优惠把雅罗夫斯拉夫斯基的产品挤出这个市场板块，并导致停产。只是在边疆区政府和本国领导层的降低能源费率、采选联合厂产品的运费、免于向边疆区财政纳税和提高从蒙古国进口精矿的关税等后，该企业才恢复生产。在企业的今后发展中，需要通过联邦贷款和税收优惠筹集大量资金用于企业的设备改造。

　　影响远东采矿企业发展的最重要因素有：①传统客户和新客户的需求低；②能源和原材料价格上涨；③设备老化和生产设施更新换代慢；④来自本国和国外客户的竞争。

　　采矿企业的产量减少（锡精矿甚至停产），这首先是由于来自位于西伯利亚和欧洲部分的冶金厂和军工企业等传统客户的需求减少。生产成本高、运费高导致的价格过高和客户的支付能力低，这些不利因素造成远东企业的产品订单数量减少。例如，1999年，克拉斯诺亚尔斯克铝厂拖欠雅罗夫斯拉夫斯基采选联合企业50多亿卢布的货款。

　　但是，在私有化之后，矿业企业可以在俄罗斯国内或者国外自由选择生意伙伴（客户和投资商）。有色冶金企业的产品出口额骤然增加，让企业的财政状况得到改善。例如，莱蒙托夫矿业公司完成了日本、美国、比利时的1673t钨精矿供货合同，取得50多亿卢布的利润。

　　同时，由于来自国外生产商的竞争以及政府缺乏对本国企业的支持，矿业企业出口产品的销售效率下降，这证明联邦政府的政策缺乏远见。例如，在1995年，向国际市场抛售了俄罗斯国家储备物资中的大批钨精矿后（在国际需求为1.5万t的情况下供应了约8000t），滨海采选联合企业和莱蒙托夫矿业公司的状况严重恶化。中国企业扩大了钨精矿的生产，这些都给滨海生产企业在国外市场上销售产品增加了难度，企业被迫开展多种经营，开办了锯材生产车间。

　　从1992年开始，卢布对美元汇率的快速走弱和俄罗斯国内的有色金属价格与国际价值不一致也刺激了矿业产品出口的增加。在1995年实行固定汇率（外汇走廊）后，出口业务的效率下降。例如，在这些因素的共同影响下，滨海边疆区的有色冶金企业蒙受了207.34亿卢布的损失（以当时实际价格计）。

　　如前所述，国内客户对矿业企业产品的需求减少在很大程度上促进了出口供应的增加。由于暴发式的军转民，很多工厂被关闭，没有关闭的企业的国防订单也大幅度减少。具备国际最高质量标准的优势让军转民产品（如硼酸）打入了国外市场。与此同时，外国投资不能作为矿业企业从危机中走出来并取得赢利的万能手段。例如，瑞士嘉能可（Glencore）公司，作为当时远东多金属（Dalpolimetall）股份公司（滨海边疆区达利涅戈尔斯克市）的最大股东和有实力的投资商，甚至由于企业的效率低而威胁减少以后给企业的贷款。尽管得到贷款，企业的赢利从20世纪90年代中期开始仍逐渐减少，生产出现亏损。发生此类状况的原因既包括外在因素（俄罗斯的精矿和金属价格与国际价格均等化），如卢布汇率固定、产品成本中的运费和能源费上涨等，也包括内在因素，如产量下降和产品质量不合格（精矿中的金属品位低）。

　　政府对生意人的官僚作风、还贷保障问题和外国公民不动产所有权问题的不确定性等，让寻找外国投资商变得困难。潜在的贷款银行想持有俄罗斯公司的可观股票作为还贷保障。在国家持股的矿业企业的发展项目中，联邦预算能提供的融资额也有限。在国内和远东地区发展生产的主要费用（50%以上投资）主要由经营主体自身承担。

受益于联邦和地方财政的一次性投资并通过降低（甚至临时取缔）地方税、提供优惠的电费和运输费等对远东地区矿业企业的临时扶持措施，无法解决既想生产原矿石和精矿也想生产成品的生产企业的设备改造问题和根本性改革问题。国际市场的残酷竞争向产品质量提出了高要求，而只有最新的高性能设备才能确保达到这个要求。

设备老化问题和生产设施更新换代速度慢也决定了俄罗斯太平洋地区的现代化矿业产业需要引进新技术。

政府不合理的税收政策、生产成本上升、在国外市场竞争中缺乏政府的支持等，让矿业企业减少了用于生产设施更新换代的费用。同时，陈旧和无法使用的设备正在加速淘汰。企业缺乏设备更新的资金造成减产。例如，远东多金属（Dalpolimetall）股份公司停止了设在滨海边疆区的采锡企业的锡开采，只有赫鲁斯塔利纳亚矿业公司保留下来，取代了大型企业——赫鲁斯塔利涅茨基采选联合企业；在犹太自治州，兴安锡业股份小规模开采锡矿；索尔涅奇内采选联合企业（哈巴罗夫斯克（伯力）边疆区）继续开采锡矿；在楚科奇自治区，尤利廷采选联合厂、佩韦克采选联合厂和共青采选联合厂从1997年起完全停止开采锡矿。在远东的设有矿业企业的任何一个地区，都没能避免企业被关闭或者设备被临时封存。还在运营的企业的达产能力不足50%。很多采矿企业甚至没有拆除和保护已封存矿井中的设备的资金。带有有色金属零件的设备被拆除，作为废旧金属卖给亚太地区国家。

目前，几乎所有矿业企业都在开采有用组分品位极高的矿床。地质勘探工作没有获得经费。最终，不仅矿业行业失去发展前景，它们能否生存下去都令人怀疑。

结构性改革事关远东矿业行业的发展前景，即部署自己的有能力将有色金属矿石和精矿加工为成品的冶金业基地。这不仅会通过对所采原料的综合加工和提取伴生稀有金属和贵金属来提高生产效率，也可能会让企业打入国际市场的新板块，如金属成品板块。目前，具备在远东多金属矿冶联合企业（GMK-Dalpolimetall）股份公司铅厂（鲁德纳亚普里斯坦镇）的基础上部署对所有在滨海边疆区生产出的精矿进行加工的工艺，包括铅锌精矿制取锌、铅和伴生金属；锡矿石制取锡和伴生金属。此外，通过对锡矿开采和加工的废弃物进行回收，可以组织生产波尔（Bor）股份公司长年需求量巨大的硫酸。通过矿业企业的跨行业交叉合作和减少废弃物对环境的污染，此类生产的效率正在提高。

改革期间，矿业企业陷入危机，如缺乏用于设备更新和开展地质勘探作业的资金，矿井被关闭，选矿厂低负荷运行，生产出的产品不是都能找到客户，客户也往往没有结算货款的资金。生产费用大（能源和运输费率高、出口业务效率低、纳税、老客户减产等）让矿业企业的产品生产和销售都无利可图，国内市场和国外市场都如此。

由于联邦和地方的财政能力有限，地方政府和中央政府采取的降低产品成本的措施不能长期执行，无法从根本上解决俄罗斯太平洋地区矿业产业的问题。外国向地区经济领域的投资也不多。同时，国内公司不仅需要保留对传统商品（有色金属原矿和精矿、硼和其他产品）市场的控制，也需要利用加工业的产能组织生产各类成品。

俄罗斯太平洋地区的黑色冶金业向来发挥的是服务功能。2004年，在大多数地区，黑色冶金占工业品产量的比例不超过 1.0%。只有哈巴罗夫斯克（伯力）边疆区是例外（占边疆区工业品产量的 7.3%），这里有阿穆尔金属（Amurmetall）股份公司（阿穆尔河畔共青城），该公司利用废金属生产产品，是唯一一家保障当地机械制造厂的钢和轧材需求的黑色冶金企业。

应当指出，近年来，废金属原料的资源量呈稳定减少趋势，其中的原因包括来自国外（中国、朝鲜等）等废金属客户的有力竞争。尽管建造冶金基地的问题从地区的工业化进程一开始就存在，并且越来越迫切，但是俄罗斯太平洋地区仍没有黑色金属的初级生产企业或者全工艺循环的冶金联合企业。在具备大型铁矿床（萨哈共和国、阿穆尔州和犹太自治州）的情况下，这一问题尤为重要。对于大规模生产企业来说，把铁矿基地与分布在贝加尔-阿穆尔干线铁路远东段沿线的煤田的焦煤（Меламед，2007）相结合最值得研究和考虑。

在 20 世纪 90 年代的社会经济改革过程中，由于对产品的需求总体下降，矿业行业的主要类型产品的产量也随之显著减少（表 2.25）。

表 2.25　远东各地区在黑色冶金主要产品产量中所占的比例

	地区名称	1990 年	1995 年	2000 年	2002 年	2004 年	2006 年	2008 年
黑色金属成品轧材的产量	远东/10^3 t	1211	128	389	399	614	755	1021
	远东在国内的黑色金属成品轧材总产量中的占比/%	1.9	0.3	0.8	0.8	1.1	1.3	1.8
	哈巴罗夫斯克（伯力）边疆区在远东黑色金属成品轧材总产量中的占比/%	100	100	100	100	100	100	100
炼钢量	远东/10^3 t	1408	146	400	417	638	810	1065
	远东在国内的总炼钢量中的占比/%	1.6	0.3	0.7	0.7	0.9	1.1	1.5
	远东各地区在远东的总炼钢量中的占比/%　　萨哈共和国	0.1	0.4	0.1	0.02	—	—	—
	滨海边疆区	0.5	0.6	0.2	0.1	0.1	0.1	0.03
	哈巴罗夫斯克（伯力）边疆区	98.2	94.5	99.0	99.3	99.6	99.7	99.8
	阿穆尔州	0.4	1.2	0.2	0.2	0.1	0.1	—
	马加丹州	0.7	3.0	0.5	0.4	0.2	0.1	—
	萨哈林州	0.1	0.3	0.03	—	—	—	—

资料来源：俄罗斯各地区…，2008，2009

1990～2008 年，黑色金属成品轧材的产量大幅度减少（2008 年是 1990 年的 84.3%）。但是，成品轧材的产量在 2008 年大幅增加（增加了 35.2%）。总体上，2008 年全国的成品轧材产量为 1990 年的 88.9%（Леонов и др，2007；Регионы и России，2009）。

矿业行业的龙头企业——阿穆尔金属（Amurmetall）股份公司（阿穆尔河畔共青城）利用废旧金属生产钢和成品轧材。但是，废黑色金属向亚太国家的出口基本上不受限制，使原料成为企业的大问题。例如，根据哈巴罗夫斯克（伯力）工业管理局的数据，仅远东废金属出口（Daltranzitskrap）有限公司每年就出口 35 万~40 万 t 废金属，这堪比整个阿穆尔金属（Amurmetall）股份公司的需求量。根据远东海关的数据，在 1999~2000 年，有200 万 t 以上的废金属被通过非法途径运往国外。因此，向远东的俄罗斯企业的废旧金属供应量锐减。从 2001 年开始，莫斯科的 Alfa-Eco 公司持有阿穆尔金属（Amurmetall）股份公司的控股权，该公司的领导层为解决原料（废金属）保障这一关键问题付出了很多努力，他们在国家杜马和俄联邦政府游说设立限制废黑色金属出口的法律。这些行动必将有利于阿穆尔金属（Amurmetall）股份公司的工作。

阿穆尔州的采掘业的一个极具前景的方向是依托铁矿床和钛铁矿床形成一个冶金产业集群（Мезенцев，2010）。这个集群将由两个采选联合厂构成，即依托奥廖克马矿床运行的奥廖克马采选联合企业（一期已于 2008 年投入建设）和依托加里矿床的第二个联合企业，该联合企业已经接通了能源基础设施。整个产业综合体在 2014 年就可以达到设计产能，用以保障采用日本最新一代 ITMk3 技术的直接还原炼铁法生产过程。笔者注意到，目前国际上只有一家美国企业在采用这种金属喷镀方法。

阿穆尔州冶金行业的龙头企业——彼得罗巴甫洛夫斯克集团公司于 2004 年开始在滨海地区生产铁和铁精矿，该集团拥有阿穆尔州和犹太自治州的 5 个铁矿床的开采许可证。未来，冶金行业的各大企业生产的冶金原料将出口到邻国，也会用于阿穆尔钢厂（Amurstal）（阿穆尔河畔共青城），阿穆尔钢厂目前已经开始对生产设备进行现代化改造。

2.5.4　能源工业

俄罗斯太平洋地区的所有地区都拥有发展煤炭行业和石化行业所需的燃料和能源资源的巨大储量：①基本上所有地区都保有煤炭资源储量；②存在利用水电资源潜力的可能性［阿穆尔州和马加丹州、滨海边疆区和哈巴罗夫斯克（伯力）边疆区、萨哈（雅库特）共和国］；③已探明的石油和天然气的重要储量集中在萨哈林岛（库页岛）（及毗邻大陆架）和萨哈（雅库特）共和国。

在建立俄罗斯太平洋地区的能源生产结构时，兼顾了以下能源策略：①通过集中能源生产企业保障能源生产效率；②大型能源设施是按照在能源供应和能源销售中广泛开展跨地区合作的思路进行建设。

向市场经济的转换要求对俄罗斯太平洋地区燃料能源行业结构的发展做出改变。能源载体涨价、电费和从远东境外运输燃料的费用上涨等迫使地区政府按照能源自主的理念制定自己的社会和经济政策。

燃料能源行业的上游环节，即燃料资源的开采，经历了重大的组织结构改革。改革的目的是加强市场环境，为促进煤炭工业的有效的自我发展。根据国家的行业整合规划，远东的主要采煤联合公司获得了补贴。根据这一规划，拟通过关闭亏损矿井和重点发展露天开采来扩大煤炭开采量。

在远东的大多数地区，煤炭依然是主要的燃料资源（表 2.26）。但是，与 1990 年相比，煤炭的开采量显著下降。

表 2.26　远东各地区主要类型燃料的开采量

地区		1990 年	1995 年	2000 年	2002 年	2004 年	2006 年	2008 年
煤炭开采量	远东/10^3t	49756	33850	28353	30061	31894	32054	32333
	远东占全国煤炭总开采量的比例/%	12.6	12.9	10.9	11.7	11.3	10.3	9.8
	远东各地区在远东采煤总量中的占比/%							
	萨哈共和国	34.1	34.8	35.5	32.9	34.7	35.5	38.6
	堪察加边疆区	0.1	0.1	0.1	0.2	0.1	0.1	0.3
	滨海边疆区	31.9	32.0	36.5	35.8	33.4	33.2	31.3
	哈巴罗夫斯克（伯力）边疆区	4.2	4.5	7.1	8.8	7.9	6.1	7.1
	阿穆尔州	13.4	13.7	7.6	8.3	9.7	10.6	8.9
	马加丹州	3.9	4.3	2.4	2.0	1.7	1.3	1.5
	萨哈林州	9.8	8.0	9.5	10.0	10.4	11.2	11.1
	犹太自治州	—	—	0.1	0.4	0.4	0.3	0.0
	楚科奇自治区	2.6	2.6	1.2	1.6	1.7	1.7	1.2
石油开采量（含凝析气）	远东/10^3t	2026	1908	3781	3670	3905	6573	13635
	远东在全国石油开采量中的占比/%	0.4	0.6	1.2	0.9	0.8	1.4	2.8
	远东各地区在远东石油开采量中的占比/%							
	萨哈共和国	5.3	9.7	11.1	11.4	9.2	6.2	5.5
	萨哈林州	94.7	90.3	88.9	88.6	90.8	93.8	94.5
天然气开采量	远东/10^6m^3	3234	3303	3551	3678	3588	3856	9424
	远东在全国天然气开采量中的占比/%	0.5	0.5	0.6	0.6	0.6	0.6	1.4
	远东各地区在远东天然气开采量中的占比/%							
	萨哈共和国	43.4	50.4	45.9	43.9	45.9	42.3	19.0
	堪察加边疆区	—	—	0.2	0.2	0.2	0.3	0.1
	萨哈林州	56.6	49.6	53.9	55.9	53.9	56.7	80.8
	楚科奇自治区	—	—	—	—	—	0.7	0.1

资料来源：俄罗斯各地区…，2008，2009

　　在远东，最大型的采煤重地分布在萨哈（雅库特）共和国（涅留恩格里镇）和滨海边疆区（新沙赫京斯克镇）。远东的煤炭主要开采自涅留恩格里、卢切戈尔斯克、巴甫洛夫斯克等露天煤矿。采煤重地包括涅留恩格里镇、卢切戈尔斯克镇、新沙赫京斯克镇和利波夫齐镇。地区的几乎所有露天煤矿都隶属于西伯利亚煤炭能源公司（SUEK）。

　　俄罗斯太平洋地区各大热电站的发电量和发热量在很大程度上体现出了煤炭开采量的变化趋势。远东能源（Dalenergo）联合公司的热电站燃料短缺，这一严重问题正在通过从东西伯利亚、外贝加尔地区外运燃料进行弥补。例如，在外贝加尔地区，赤塔州的两个最

大的露天煤矿——哈拉诺尔露天煤矿和东方露天煤矿正在顺利开采。伊尔库茨克州最大的
采煤企业是穆贡露天煤矿。布里亚特共和国拥有布里亚特煤业有限公司和 Bain-Zurxe 有限
公司（古西诺奥泽尔斯克市）这两个采煤企业。应当指出，未来，将继续从克拉斯诺亚尔
斯克边疆区、克麦罗沃州、伊尔库茨克州、哈卡斯共和国等地向俄罗斯太平洋地区运送动
力煤和电煤。但是，对于此种经济合作来说，某些外运煤的运费数倍于煤的批发价格成为
一个很大的制约因素。

　　在萨哈林（奥哈镇）和萨哈（雅库特）共和国，正在小规模开发石油，包括凝析气。

　　在经济危机期间，化学工业和石化工业曾面临过巨大的困境。但是，由于对某些产品
品种（硫酸和硼酸、燃滑油料）的需求稳定，使生产得以维系（Леонов и др, 2007）。21
世纪前十年，哈巴罗夫斯克（伯力）边疆区大幅度地增加了石油的初级炼制量和汽油、锅
炉用重油的产量（表 2.27）。

表 2.27　远东石化行业的产量　　　（单位：10^3t）

生产类型	2004 年	2005 年	2006 年	2007 年	2008 年
石油初级炼制品	8709.4	10095.0	10220.6	10860.0	11212.7
汽油（包括车用汽油）	1619.8 702.2	1932.4 763.1	1963.2 815.3	2011.2 815.9	2087.5 972.0
锅炉用重油	3386.3	3935.5	3947.1	4221.9	4416.0

　　在萨哈林和萨哈（雅库特）共和国是天然气的重点开采地区，堪察加州从 2000 年起、
楚科奇自治区从 2006 年起也开始进行小规模的开采。

　　应当指出，在远东陆地和水域对烃类矿床的发现才刚刚开始，这造成高等级的储量在
原始总资源量的结构中所占的比例低。石油的原始资源量的勘探度为 4.4%，天然气为
7.6%。从主要参数来看，俄罗斯东部地区的石油质量高于俄罗斯的 Urals 出口标准，这主
要是指轻质原油和低硫原油。原油的大部分已证实储量的密度低于 0.87g/cm³，同时，约
78% 的储量的硫品位低于 0.5%。在 95% 的储量中，天然气的组分（乙烷、丙烷和丁烷）
发挥重要作用；这三种天然气的平均品位分别为 56.2g/cm³、27.8g/cm³ 和 14.0g/cm³，其
储量可供建立乙烯和丙烯的大型工业生产企业，从而在俄罗斯太平洋地区建立塑料产业。
在萨哈（雅库特）共和国，油气田的游离天然气的特点是氦（0.2～0.6）以及乙烷、丙
烷、丁烷和冷凝物的浓度高（Меламед, 2008）。这个特点要求建立一个产品运输体系，
打造分离乙烷、丙烷和丁烷馏分、冷凝液的天然气加工产能，发展现有的和建立新的油气
化工企业。

　　2009 年，在萨哈林岛（库页岛）建成了俄罗斯首个年产能 960 万 t 的液化天然气厂，
该厂是欧亚大陆最大和世界第六大天然气企业（Челпанова, 2010）。该厂采用双混合制冷
剂进行天然气的液化，这可以使能效比其他同类设备高 6%～8%。

2.5.5　机械制造业

在俄罗斯太平洋地区，通过广泛开展跨行业合作，机械制造业因而发挥着重要的建构功能。这些跨行业合作充分供给区域生产资料市场和消费品市场的需求，因此是系统的所有单元发挥其功能的最重要条件。

俄罗斯太平洋地区的机械制造行业的形成和发展首先是以亚太地区复杂的地缘政治环境和执行国家防卫功能的需要为条件。地区的开发是建立在利用最丰富的自然资源潜力的基础上，因此机械制造业的功能还包括为采掘行业提供所需的机械和设备。俄罗斯太平洋地区的机械制造业包括普通机械制造、精密机械制造、电气设备制造、交通运输设备制造、农业机械设备制造、化工机械设备制造等（Бакланов，2001；Гудкова，2007；Демьяненко，2003；Леонов и др，2007；Минакир，2001，2006；Минакир и Прокапало，2010；Михеева，2000；Мошков，2001，2005，2008）。

在远东各地区，机械制造业能够满足地区对海洋捕鱼船和运输船修理、机床和工具、导航仪表、各种金属构件、日用电器生产等方面的需求（表2.28）。

表 2.28　2009 年远东机械制造业的结构（与 2008 年相比）　　　（单位：10^6 卢布/%）

地区	机器和设备的产量	电气设备、电子和光学设备的产量	交通运输车辆和设备的产量
滨海边疆区	11772.8/2830.5	2830.5/1.6p	19457.4/147.9
哈巴罗夫斯克（伯力）边疆区	3079.4/1465.2	1465.2/65.9	6355.6/39.3
阿穆尔州	386.1/164.7	164.7/63.5	1625.7/105.5
堪察加边疆区	135.0/78.8	76.3/99.4	1301.9/86.1
马加丹州	247.1/112.6	19.1/80.6	55.3/135.0
萨哈林州	1775.9/1.6p	134.9/1108.1	120.5/41.9
萨哈（雅库特）共和国	216.2/97.2	157.4/98.3	38.8/2.5p
犹太自治州	46.0/285.6	285.6/81.9	—/—
楚科奇自治区	—/—	—/—	—/—

资料来源：远东联邦区的滨海地区，2010

国防军工产业在远东的经济中发挥着巨大作用。机械制造产品的主要竞争力在于其质量高、技术新，尤其在高新行业。

地区内只需求生产出的小部分产品，这是由于生产企业的专业化水平高，成品或配件销售的合作广泛。地区体现出对进口机械制造产品的高度依赖。

从亚太国家进口产品对远东机械制造企业所生产产品的市场行情产生了决定性影响。例如，在滨海边疆区的机械制造业中，包括为生产资料市场生产商品的行业：航空制造业（阿尔谢尼耶夫市）、机械制造业（符拉迪沃斯托克（海参崴）市、游击队城）、船舶制造业（符拉迪沃斯托克（海参崴）市、纳霍德卡市、大卡缅市、斯拉维扬卡镇、普列奥布拉热尼耶市等）。哈巴罗夫斯克（伯力）边疆区有发达的重型机械制造、船舶制造和航空制造（阿穆尔河畔共青城）、仪表制造（哈巴罗夫斯克（伯力）市）；阿穆尔州有发达的船舶修理（布拉戈维申斯克（海兰泡）市）、交通运输设备制造和农业机械设备制造。希马诺夫斯克机械制造联合厂股份公司（Kranspecburmash）（希马诺夫斯克市）利用炮兵野战车改装生产集材拖拉机和木材运输车，组装公共事业用的垃圾运输车和真空机，还用白俄罗斯零配件组装 Amur-Palesse 橡胶履带式联合收割机。此外，布列亚吊装设备股份公司（Burkran）（新布列亚镇）生产砂金矿床的毛矿加工设备；阿穆尔农用机械厂（别洛戈尔斯克市）生产新型固体燃料锅炉等。犹太自治州（比罗比詹市）拥有比罗比詹电力变压器厂股份公司、汽车修理厂。军工企业（阿穆尔河畔共青城、哈巴罗夫斯克（伯力）市、符拉迪沃斯托克（海参崴）市、阿尔谢尼耶夫市、大卡缅市）构成了机械制造产业的重要部分，其产品的特点是质量好、有特色，因此在国际军工产品市场上拥有稳定的需求。

通过转产，军工企业生产的民用产品在这些企业的工业总产量（1995 年）中的比重在阿穆尔州为 100%、在滨海边疆区为 53.8%、在哈巴罗夫斯克（伯力）边疆区为 15.3%。鉴于此，哈巴罗夫斯克（伯力）边疆区和滨海边疆区的机械制造业的状况特别值得研究，这些企业仍保留着相当高的军工生产潜力。

在此之前，农业机械制造企业一直生产和维修农业生产工具。例如，滨海边疆区的拖拉机修理厂（斯帕斯克达利尼市）、联合收割机修理厂（乌苏里斯克（双城子）市），还生产畜牧养殖厂用的设备（锡比尔采沃镇）。但是，一些企业已经暂停了生产，尤其是远东最大的农业机械制造企业——远东农机股份公司（Dalselmash）的比罗比詹联合收割机厂。远东农机股份公司（Dalselmash）的主要发展方向是为各类型联合收割机生产履带行走部件、生产和组装联合收割机、制造配煤和输煤零件。

引进先进的农业作物种植技术促进了农业机械制造产品消费市场的形成。来自地区政府方面的支持可以让这一机械制造行业不仅在远东地区，也在西伯利亚地区的各农业区变得非常有前景。例如，2010 年，依托乌苏里斯克（双城子）汽车修理厂开始生产农业设备（拖拉机）。一些转产企业可以成为农业机械制造行业的相当有力的竞争者，这首先是指阿斯科尔德（Askold）股份公司（阿尔谢尼耶夫市）。

在滨海边疆区，普罗格列斯厂（Progress）和阿斯科尔德厂（Askold）（阿尔谢尼耶夫市）、伊祖姆鲁德厂、瓦良格厂、东方造船厂、无线电仪表（符拉迪沃斯托克（海参崴）市）和兹韦兹达厂（大卡缅市）为机械制造行业的发展作出的贡献最大。尤其应当提到边疆区的军工企业。在普罗格列斯厂（Progress），已经可以生产 Ka-52 型军用直升机和 Ka-62 型民用运输直升机系列，东方造船厂生产边境巡逻船。在兹韦兹达厂（大卡缅市）建成了用于建造大吨位油轮、液化气运输船和捕鱼船、浮式钻孔设备的船坞。以东方港的干船坞为基地，正在为萨哈林大陆架开发项目建造油气开采平台的下部基础。

交通运输机械制造业包括机车修理厂、船舶修理厂和汽车修理厂等修理企业（滨海边疆区和哈巴罗夫斯克（伯力）边疆区、萨哈林州、堪察加州和阿穆尔州）。

目前，船舶修理厂徘徊在破产边缘。这些企业没有用于生产设备改造的资金，员工人数倍减，而且仍在减少。在几十个船坞中，仅有几个还在运行，其余都被卖往国外。主要是作为废旧金属卖掉。例如，目前滨海边疆区的船舶修理行业有约 150 家企业。但是具有船舶修理的完整作业周期的符合修船厂定义的企业（即具有自己的生产车间、码头、船坞等）在滨海边疆区不超过 10 个。

根据俄罗斯船级社远东分社的数据，2009 年，滨海边疆区共修理船只 284 艘（包括在船坞修理），而 2005 年修理船只 540 艘。同时，滨海地区悬挂俄罗斯国旗的大部分海船是已经超过服役期的进口船只。例如，捕鱼船的磨损率已经超过 60%，加工船的磨损率超过 75%。每年有 110 ~ 115 艘船被注销，而最近几年，在远东海域登记的 2500 个浮动艇筏只剩下了 1900 个。船舶修理企业的达产率不超过 50%（DV- ROSS 互联网出版物，www. trud- ost. ru，2010 年 2 月 11 日）。

从危机中走出来的战略主要在于开展多种经营。例如，阿穆尔州布拉戈维申斯克（海兰泡）造船厂计划建造小型围网渔船。这一项目的实施可以完全满足远东渔民对这一类型海洋渔船的需求。

中国、日本、韩国、新加坡的公司是远东机械制造企业在船舶建造和修理服务市场上的有力竞争对手。只有稳定的商业需求、缩短修理期，才能保障让本国企业在亚太地区船舶建造和修理市场上保持稳定地位。与亚太国家就在俄罗斯远东部署生产海洋船舶进行互利合作的前景十分广阔。例如，在兹韦兹达厂（大卡缅市）厂区将建成干船坞和用于建造油船和液化气运输船的周边生产企业；计划与新加坡合资方合作建设用于在恰日马湾（滨海边疆区什科托夫区）生产钻井平台的新造船厂。

在改革时期，各个机械制造行业在远东工业中的比例几乎减少了 50%。在 20 世纪 90 年代中期，滨海边疆区的机械制造产品的减产尤为显著。在哈巴罗夫斯克（伯力）边疆区，到 1998 年，在接到军工订单之后才恢复到改革前的水平。应当指出，正是在这两个边疆区集中了俄罗斯太平洋地区的主要国防潜力。机械制造行业包括机器和设备制造、电气设备、电子和光学设备制造，交通运输车辆和设备制造等类型。

在各联邦主体的机械制造行业结构中，所提供的经营类型能够满足地区对海洋捕鱼船与运输船修理、机床和工具、导航仪表、各种金属构件生产以及日用电器生产等方面的需求。

地区内建成了远东船舶建造与维修中心，它是俄罗斯联合造船集团的子企业。在沿海一带的工厂中，兹韦兹达厂，以及第一七八、九十二、三十船舶修理厂被纳入远东船舶建造与维修中心。在加入哈巴罗夫斯克（伯力）边疆区和堪察加边疆区的造船子控股企业行列后，这些工厂具备了地区规模。在远东船舶建造与维修中心的赞助下，滨海边疆区建立了 4 个船舶建造和维修区。

（1）"东方–莱弗士"远洋钻井平台建设区，这是俄罗斯和新加坡的合资企业，该企业在杜奈镇附近的恰日马湾以第三十船舶修理厂为基地建设半潜式钻井平台。

（2）"兹韦兹达–0. 8. M. E. "大吨位造船区，它建在远东兹韦兹达厂的东部，将是一家俄韩合资企业，正在设计和筹备阶段。造船厂用于建造大吨位民用船只和冰区航行油轮。在征用情况下，也能够确保建造包括航空母舰在内的大型军舰。

（3）潜艇和水面舰艇修理和改装区，用于满足太平洋舰队对舰艇的所有高难度、中等难度修理和现代化改装的需要（大卡缅市兹韦兹达厂）。

（4）符拉迪沃斯托克（海参崴）船舶修理区，用于修理太平洋舰队的舰艇，未来可修理渔业和贸易船只，它由第九十二和一七八船舶修理厂组成。

滨海边疆区的 4 个军工企业有权利为国外客户生产和供应军工产品。滨海边疆区已经与俄罗斯国防出口公司签订了与国外进行军工合作的总协议。边疆区财政通过向企业补偿电费差价继续为国防工业提供支持。

在远东各大企业进行的军工企业转产是机械制造行业结构的现代改革阶段的一个特殊组成部分。军工行业的相当大的一部分生产能力被转而生产民用产品，机械制造企业的跨行业合作因此发生了显著变化。

军工生产在机械制造业的行业结构中曾一直发挥重要的作用。在设置军工企业的各大机械制造重地，形成了完整的居民区公共生活保障系统。城市支柱企业的正常运转为居民生活提供了良好的社会和经济环境。在各大型多功能城市的军工企业，集中了最专业化和高素质的人才队伍，这些企业引进的先进技术确保了生产出高质量的产品。计划经济保障了产品在国内和国外的稳定销售。在经济改革过程中，对机械制造企业的产品的需求显著下降。新的国防主张拟要求减少国家军备和缩小武器贸易。结果，军用产品的国家订单被大幅度裁减，这让很多企业濒临破产边缘。

远东地区的军工企业可以在国际军工市场上成功销售自己生产的有竞争力的产品（军用直升机、鱼雷艇、防空导弹系统）。这些军工产品的用户既可以是俄罗斯在亚洲的传统盟友（印度、越南、老挝），也可以是快速发展中的中国和土耳其。还应当考虑到，俄罗斯军事武器的很多传统买家现在正在经历严重的财政困境。尽管如此，退出这些国外市场也显然是没有远见的。重要的是保持自己在这些国外市场的参与度，至少以对苏联制造和供应的武器进行售后服务的形式参与。

远东地区的转产引发很多负面现象：机械制造企业的总产量雪崩式减少，无竞争力的民用产品产量增加，对原材料的不合理浪费。首先，这些后果体现为减产、辞退熟练工人、工艺设备停工或低效运行。20 世纪 90 年代前半期，机械制造行业的陈旧设备淘汰速度大大超前于固定资产的更新，此类趋势之后被保留下来。

20 世纪 90 年代，机械制造业中的传统民用行业的情况也相当严峻：对各种铸件、金属加工工具和木材加工机床、卫生设备和其他产品的需求大幅度减少（表 2.29）。原因是生产衰退、船舶修理、森工和木材加工、建筑等行业的客户的资金严重短缺。从 2001 年开始，这些行业的产量才出现小幅上升。

表 2.29　远东主要民用机械制造产品的产量

地区		1990 年	1995 年	2000 年	2002 年	2004 年	2006 年	2008 年
金属切削机床的产量	远东/台	839	530	82	37	—	—	—
	远东在俄罗斯金属切削机床总产量中的占比/%	1.1	2.9	0.9	0.6	—	—	—
	哈巴罗夫斯克（伯力）边疆区在远东金属切削机床总产量中的占比/%	100	100	100	100	—	—	—

续表

地区		1990 年	1995 年	2000 年	2002 年	2004 年	2006 年	2008 年
家用冰箱和冰柜的产量	远东/10^3 台	151.5	0.3	—	21.8	128.7	152.0	189.0
	远东在俄罗斯冰箱和冰柜总产量中的占比/%	0.6	0.01	—	0.7	3.6	3.8	5.1
	远东各地区在远东冰箱和冰柜总产量中的占比/% 滨海边疆区 哈巴罗夫斯克（伯力）边疆区	100 —	66.7 33.3	— —	100 —	98.9 1.1	92.1 7.9	100.0 —
洗衣机的产量	远东/10^3 台	191.8	3.3	7.1	115.9	299.4	201.5	91.2
	远东在俄罗斯洗衣机总产量中的占比/%	3.5	0.2	0.7	8.5	20.6	9.9	3.4
	远东各地区在远东洗衣机总产量中的占比/% 滨海边疆区 哈巴罗夫斯克（伯力）边疆区 犹太自治州	60.6 39.4 —	81.8 8.2 —	2.8 97.2 —	37.8 62.2 —	29.2 62.2 8.6	10.8 73.8 15.4	100.0 — —
电视机的产量	远东/10^3 台	—	8.1	18.3	215.7	408.2	98.5	43.1
	远东在俄罗斯电视机产量中的占比/%	—	0.8	1.6	10.9	8.7	2.1	0.6
	远东各地区在远东电视机总产量中的占比/% 滨海边疆区 哈巴罗夫斯克（伯力）边疆区 犹太自治州	— — —	— 100 —	— 100 —	16.1 83.9 —	14.7 85.3 —	50.2 22.8 27.0	100.0 — —

资料来源：俄罗斯各地区…，2008，2009

哈巴罗夫斯克（伯力）边疆区、滨海边疆区和犹太自治州是生产民用机械制造产品的主要地区。例如，滨海边疆区（乌苏里斯克（双城子）市的罗季纳厂）、哈巴罗夫斯克（伯力）边疆区（阿穆尔河畔共青城的家用电器生产厂）和犹太自治州（比罗比詹市的Avest-OEM 股份公司）生产电视机；滨海边疆区（乌苏里斯克（双城子）市）和哈巴罗夫斯克（伯力）边疆区（阿穆尔河畔共青城）生产洗衣机。

机械制造业中的民用生产领域的发展前景与俄罗斯企业在亚太地区的国际劳动地域分工中的参与度紧密相关。

船舶修理业也遭遇了困难，而且来自韩国、新加坡和中国企业的有力竞争让情况雪上加霜。生产成本高，导致本国企业在争夺客户的竞争中不敌这些国外企业。

拟在船舶修理业进行的技术改造伴随着边疆区失业率的上升。为了保留行业的生产潜力，对于船舶修理企业来说，重要的是不仅要在边疆区领海开展民用船舶和近海捕鱼船的建造和修理，也要开辟其他服务类型。

目前，远东的机械制造企业仍保留着相当可观的科研和生产潜力，可以保障地区经济和人口对生产资料和消费品的多方面需求。例如，在 2002 年启动破产程序后，远东厂（Dalzavod）控股股份公司引入了外部管理，取得了所有类型的船舶修理作业的许可证。该企业从事了水上船舶修理（2002 ~ 2005 年共修约 65 艘船）。此外，每年平均为 50 艘船提供船坞修理。还建造了新的船只。尤其是由企业专家设计的新的加克利（Gakkel）号围网渔船已经从企业的船台启航。萨哈林州和堪察加边疆区的渔场经营者已经有意购买此等级的船只。

最近，在远东厂（Dalzavod）控股股份公司的厂区内，为俄罗斯 Sollers 汽车公司建起了若干工业场区。Sollers 项目要求在符拉迪沃斯托克（海参崴）市建设一个工业规模的汽车厂，用于生产韩国双龙（SsangYong）越野车、日本 ISUZU 载重车和 FIAT Ducato 汽车。首批产品将以重型建筑设备为主，其次是越野车。第一批汽车已经交付给客户。计划年内组装 3 万 ~ 6 万辆汽车，这些汽车将主要运往俄罗斯西部（拟在俄罗斯远东销售约 2000 辆汽车）。

在机械制造企业的生产和销售关系的基础上形成了地域上相互关联的跨行业工作体系，总的来说，这一体系的形成在远东各地区的经营活动的效益中得到良好体现。由于生产周期缩短和运输成本下降，此类地域行业系统中的企业的社会和经济效益得到提高。生产能力的发展还有力地反映在地区的社会环境上：失业率下降；企业和劳动者上缴的税款使地方财政收入提高并为各项社会规划提供资金。但是，目前，地区的机械制造企业基本上没有利用此类整合的可能性。

2.5.6　电力工业

电力行业是俄罗斯太平洋地区燃料能源行业的基础。俄罗斯太平洋地区的燃料能源行业（燃料能源综合体），一方面起着为整个地区国民经济正常和可靠运行提供基础服务的作用（Леонов и др，2007；Меламед，2008）。任何经济环节（企业、公司、基础设施）的任何变化和发展都与燃料能源行业的运转紧密相关。另一方面，在远东地区几乎所有类型的商品和服务的定价中，燃料能源行业构成了一个重要的基础。因而，燃料能源行业的经济参数是地区所生产的商品和服务竞争力的最重要因素。

燃料能源行业的生产和经济特殊性决定了其在社会和经济发展中的特点。首先，燃料能源行业需要确保俄罗斯太平洋地区的各地区国民经济优先行业和其他所有行业的稳定发展。

在 20 世纪 90 年代的改革时期，远东的能源产能数量和结构没有发生重大变化（表 2.30）。2003 年，在阿穆尔州的布列亚水电站一期投用后，远东地区的发电量取得大幅增长。

表 2.30　远东的发电量指标

远东联邦管区的联邦主体	1990 年	1995 年	2000 年	2002 年	2004 年	2006 年	2008 年
远东/10^9kW·h	47.5	38.5	38.8	38.6	40.1	41.1	41.8
远东在俄罗斯总发电量中的占比/%	4.4	4.5	4.4	4.3	4.3	4.1	4.0

续表

远东联邦管区的联邦主体	1990 年	1995 年	2000 年	2002 年	2004 年	2006 年	2008 年
远东各地区在远东总发电量中的占比/%							
萨哈共和国	17.9	18.7	19.6	20.9	20.7	18.7	18.4
堪察加边疆区	4.0	4.1	4.1	4.1	3.9	3.9	4.1
滨海边疆区	24.8	22.9	20.9	23.9	22.7	22.1	22.7
哈巴罗夫斯克（伯力）边疆区	20.4	20.5	21.9	21.5	19.7	18.7	18.7
阿穆尔州	16.4	17.7	17.8	14.2	18.4	22.6	22.7
马加丹州	6.7	7.3	7.2	6.9	6.2	5.5	5.3
萨哈林州	7.2	7.0	6.9	6.9	6.7	6.8	6.7
犹太自治州	0.01	0.03	0.0	0.003	0.0	0.0	0.0
楚科奇自治区	2.5	1.8	1.5	1.3	1.2	1.2	1.4

资料来源：俄罗斯各地区…，2008，2009

　　俄罗斯水电股份公司的五年投资规划要求开始建设下结雅水电站和下布列亚水电站。根据专家评估，下结雅水电站和下布列亚水电站将于 2015 年开始发电（Меламед，2008）。远东当之无愧的发电大户是阿穆尔州和滨海边疆区，其发电量占远东发电量的一半。阿穆尔州的主要发电站是地区最大的结雅水电站和布列亚水电站。

　　热电站贡献出主要的发电量；在滨海边疆区、哈巴罗夫斯克（伯力）边疆区、萨哈林州和堪察加州，热电站是唯一的发电单位。远东电力股份公司是热电行业的龙头企业，其办事处设在哈巴罗夫斯克（伯力）市。在远东统一电力系统（东方统一电力系统）下辖的电力公司实施改革后，形成了远东电力股份公司。远东电力股份公司包括阿穆尔能源电站（Amurenergo）、哈巴罗夫斯克（伯力）电站（Khabarovskenergo）、远东电站（Dalenergo）、卢切戈尔斯克燃料能源综合体股份公司（LuFEC）和涅留恩格里国有地区电站（南雅库特）以及主干热网。远东电力股份公司生产热能和电能，为哈巴罗夫斯克（伯力）边疆区、滨海边疆区、阿穆尔州、犹太自治州和萨哈（雅库特）共和国南部的电站周边地区的用户集中供暖。远东电力股份公司还具有向终端用户销售热能的功能。

　　远东电力股份公司是第四大地区级电力公司和远东最大的能源市场参与者。公司的经营范围覆盖国内 1/10 的地区。远东电力股份公司的装机容量为 5945.58MW，电能 12639.1 吉卡，发电量 191.66 亿 kW·h，发热量 2233.7 万吉卡，员工总人数约 1.7 万。

　　远东电力股份公司的结构按照所在地原则形成，包括以下企业：阿穆尔发电（Amur Generation）分公司（布拉戈维申斯克（海兰泡）中央热电站、赖奇欣斯克中央热电站）、涅留恩格里国有地区电站分公司（涅留恩格里国有地区电站、丘利曼中央热电站）、卢切戈尔斯克燃料能源综合体分公司（滨海国有地区电站、卢切戈尔斯克露天矿）、滨海发电（Intracoastal Generation）分公司（符拉迪沃斯托克（海参崴）2 号中央热电站、阿尔乔姆中央热电站、游击队城国有地区电站）、滨海热网分公司（符拉迪沃斯托克（海参崴）1号中央热电站、哈巴罗夫斯克（伯力）3 号中央热电站、共青城 3 号中央热电站、阿穆尔 1 号中央热电站、迈斯基国有地区电站、尼古拉耶夫斯克（庙街）中央热电站）、哈巴罗夫斯克（伯力）2 号中央热电站、比罗比詹中央热电站、哈巴罗夫斯克（伯力）热网、共青城热网、乌尔加尔中央发电站）。

在远东建成的唯一的核电站（比利比诺核电站）用于保障楚科奇自治区的居民和生产部门（有色金属矿石开采）对低廉电能的需求。在俄罗斯的东北地区，建成了一个大功率能源中心，它包括核电站、恰翁中央热电站、阿纳德尔中央热电站和埃格韦基诺特国有地区电站。比利比诺核电站是俄罗斯国家核电站电能和热能康采恩股份公司（Concern Rosenergoatom）的分公司，该核电站运行各 12MW 的四个 ЭГП-6 型铀–石墨管式反应堆。所有发电机组在 1973~1976 年陆续启动。该核电站的发电量大约占孤立发电的恰翁–比利比诺电力系统发电量的 75%（其中，该电力系统本身约满足楚科奇自治区 40% 的电力需求）。

为发展远东地区的电力产业，与亚太地区国家，首先是与中国和朝鲜的国际合作具有巨大前景。

2.5.7 建筑业

如同其他地区一样，俄罗斯太平洋地区的建筑行业同样包括股份制建筑安装联合体、小企业、合作社以及建筑构件、制品和材料的生产企业。

在计划经济时期，建筑单位的首要任务是保障完成基本建设和住宅建设的建筑安装工作计划。在地区发展的整个历史时期，承包单位的实力不够用于落实向生产用建筑和住宅建筑的投资。在实施地区社会与经济发展计划中，建筑材料短缺和建筑承包单位的实力不足，为烂尾工程现象的出现创造了条件。

在选择落脚点时，建筑行业的大多数企业和单位向来以客户（基本建设和住宅建设的甲方）为导向。因此，大型建筑单位分布在经济最发达和人口最多的南部，如滨海边疆区、哈巴罗夫斯克（伯力）边疆区、阿穆尔州。20 世纪 80 年代末和 90 年代初，建筑行业在这三个地区的地区总产值中所占的比例不超过 10%~25%。随着改革的开始，建筑行业在地区总产值中的比例显著减少（2005 年，在滨海边疆区为 3.4%，在哈巴罗夫斯克（伯力）边疆区为 5.9%，在阿穆尔州为 8.9%）。

随着经济改革的开始，各行各业的产量都大幅度减少，大多数居民的生活水平下降，这导致各类型建筑行业的施工量减少。服务市场上出现了新的参与者——各种所有制形式的建筑与安装组织。除了国营建筑单位，出现了城镇集体所有制、个体所有制、俄罗斯混合所有制和俄罗斯与国外混合所有制的建筑组织。来自朝鲜、中国等邻国的外国工人大量涌入建筑服务市场。如果说在 1990 年，几乎全部的承包工程量都由国营建筑单位完成，那么到了 2000 年，其比例已经降至 17.7%。几乎一半的建筑工程（48.3%）由个体组织完成。混合所有制的建筑组织在建筑安装工程中也占有相当大的比例（32.8%）。应当说，国营建筑单位的比例逐渐减少（例如，2007 年国营建筑单位总共完成 8.2% 的建筑工程量），而个体建筑单位的重要性在增加（62.8%）。

目前，小型企业是建筑安装工程的主要承包商，这些企业承接了大部分的住宅建筑订单。但是，由于房价高和人口少，在远东地区存在着住宅销售问题，这个问题可以通过抵押贷款来解决。

20 世纪 90 年代初，远东拥有直属于冶金、能源、煤炭等其他大型部门的建筑企业。但是由于这些企业的工人人数少、劳动生产力低下，地区的建筑数量和规模没有增加。而且这些行业复杂的财政状况也无法保障行业内的建筑单位对建筑材料和劳动力资源的最低需求。

地区对于新建和改造各经济类型的企业的需求高。地方生产企业的有限资金为出现各类商业和股份制联合体创造了前提。利用中央资金落实的大型投资项目为建筑行业的活跃起到了重要作用，其中包括基础设施建设和改造项目、管道建设项目、亚太经济合作组织峰会场馆设施建设项目等。不仅建筑组织，还有建筑材料生产商、建筑安装工程设备供应商等其他企业也参与这些项目中。因此，大型贸易和工业中心、基础设施施工（跨国公路、铁路、新港口设施）等规模庞大的国民经济意义重大项目的建设问题得到解决。

建材工业是经济的服务行业。在苏联时期，由于各行各业对基本建设用和住宅建设用材料的需求高，建筑材料的产量始终保持高速增长。但是，随着 20 世纪 90 年代改革的开始，由于各行各业的衰退，对建筑产品的需求也显著减少。

近年来，由于住宅建设量的增加，对建筑材料的需求有所复苏（表 2.31）。

表 2.31　远东各地区建筑材料产品的产量

	地区	1990 年	1995 年	2000 年	2002 年	2004 年	2006 年	2008 年
水泥产量	远东/10^3 t	4873.0	1105.6	853.2	1097.0	1273.3	1431.7	2919.1
	远东在国内水泥总产量中的占比/%	5.9	3.0	2.6	2.9	2.8	2.6	5.4
	远东各地区在远东水泥总产量中的占比/%							
	萨哈共和国	7.6	21.9	18.1	21.5	17.6	21.0	9.6
	堪察加边疆区	—	1.6	1.5	0.9	1.0	1.5	1.2
	滨海边疆区	68.5	50.4	49.1	43.3	56.6	53.8	71.0
	马加丹州	—	1.5	2.0	1.5	1.8	1.8	1.1
	萨哈林州	1.9	—	—	—	—	—	—
	犹太自治州	22.0	24.6	29.3	32.8	23.0	21.9	17.1
预制钢筋混凝土构件的产量	远东/10^3 m³	4662.1	768.1	405.2	445.2	587.6	625.0	751.5
	远东在国内预制钢筋混凝土构件总产量中的占比/%	5.9	2.7	2.2	2.2	2.6	2.4	2.6
	远东各地区在远东预制钢筋混凝土构件总产量中的占比/%							
	萨哈共和国	13.5	24.4	19.0	17.4	14.2	18.9	16.4
	堪察加边疆区	5.4	1.9	1.5	1.8	1.1	1.4	3.2
	滨海边疆区	27.4	26.9	26.6	26.2	33.4	27.4	21.7
	哈巴罗夫斯克（伯力）边疆区	21.2	23.2	27.7	27.7	28.6	31.6	37.0
	阿穆尔州	16.3	15.2	17.3	21.8	14.5	13.5	13.6
	马加丹州	6.0	1.5	1.8	1.1	1.1	1.1	0.7
	萨哈林州	6.7	5.3	4.1	2.7	5.5	3.9	3.9
	犹太自治州	1.8	1.6	2.0	1.3	1.6	2.2	3.5
	楚科奇自治区	1.7	—	—	—	—	—	—

续表

地区		1990 年	1995 年	2000 年	2002 年	2004 年	2006 年	2008 年
建筑用砖的产量	远东/10^6 块标准砖	864	217	121	142	147	152	190
	远东在国内建筑砖总产量中的占比/%	3.5	1.6	1.1	1.3	1.3	1.3	1.4
	远东各地区在远东建筑砖总产量中的占比/%							
	萨哈共和国	1.6	2.0	0.8	0.7	—	—	—
	滨海边疆区	33.5	30.6	28.9	14.1	19.7	12.8	9.2
	哈巴罗夫斯克（伯力）边疆区	22.2	32.2	47.7	44.9	41.0	48.0	47.9
	阿穆尔州	28.1	25.8	22.6	40.3	39.3	38.7	36.2
	萨哈林州	0.6	0.1	—	—	—	—	—
	犹太自治州	14.0	9.3	—	—	—	0.5	1.2

资料来源：俄罗斯各地区…，2008，2009

在建筑行业的发展中，应当指出大型投资项目的积极作用，如符拉迪沃斯托克（海参崴）市的亚太经济合作组织峰会场馆和设施建设项目、阿穆尔州乌格列戈尔斯克保密行政区的东方航天器发射场建设项目。其中，航天器发射场建设用的建筑材料由远东水泥（DV-cement）有限公司供应，该公司是斯帕斯克水泥厂和捷普洛奥焦尔斯克水泥厂的正式经销商。

远东的几乎所有联邦主体都生产预制钢筋混凝土构件（马加丹州、萨哈林州和楚科奇自治区不生产建筑用砖）。1990～2006 年，钢筋混凝土构件的产量减少至原来的 1/5，主要原因是需求减少和产品成本高（电价和热费上涨）。

大型投资项目的实施（例如，2012 年符拉迪沃斯托克（海参崴）市举办的亚太经济合作组织峰会的交通基础设施、酒店宾馆、会议厅的建设），增加向亚太国家市场的出口水泥量，这些都决定着俄罗斯太平洋地区建筑材料业未来的发展前景。

2.5.8 食品工业

食品工业是俄罗斯太平洋地区农工产业的最重要组成部分，它的功能是用食品商品服务于居民。因此，食品工业和轻工业都遭遇了来自国外生产商的竞争影响。产品成本的快速增长（由于原材料、运输、电力和热能等价格上涨）也造成食品产量的下降。

目前，自产消费品的产量呈现增长，居民的购买力上升。但是，20 世纪 90 年代生产衰退产生的不良后果延续至今（表 2.32）。

表 2.32　远东食品工业的产量

地区		1990年	1995年	2000年	2002年	2004年	2006年	2008年
肉类食品产量（含一类副食品）	远东/10³t	225.7	58.5	19.0	19.3	28.8	35.7	48.0
	远东在国内肉类总产量中的占比/%	3.5	2.5	1.6	1.3	1.6	1.6	1.7
	远东各地区在远东肉类总产量中的占比/%							
	萨哈共和国	10.2	17.3	13.1	9.9	6.4	3.1	2.5
	堪察加边疆区	6.0	5.3	3.6	3.2	1.8	1.1	0.6
	滨海边疆区	25.6	16.5	15.6	14.6	36.1	45.1	47.6
	哈巴罗夫斯克（伯力）边疆区	15.5	17.3	22.0	24.9	19.1	14.3	14.7
	阿穆尔州	21.1	22.2	31.5	37.4	30.9	30.5	29.4
	马加丹州	7.7	3.8	1.6	0.7	0.2	0.3	0.2
	萨哈林州	8.8	8.9	8.4	7.4	4.2	2.5	2.5
	犹太自治州	3.9	7.3	1.6	0.3	0.3	1.1	1.0
	楚科奇自治区	1.2	1.4	2.6	1.6	1.0	2.0	1.5
全脂奶食品的产量（按奶当量换算）	远东/10³t	1070.5	189.3	159.6	171.9	204.7	226.7	257.5
	远东在国内全脂奶产品总产量中的占比/%	5.1	3.4	2.6	2.2	2.3	2.3	2.4
	远东各地区在远东全脂奶产品总产量中的占比/%							
	萨哈共和国	13.2	28.3	9.1	12.3	15.4	15.8	14.1
	堪察加边疆区	6.7	4.9	3.9	3.6	3.5	3.7	4.0
	滨海边疆区	28.9	22.2	39.2	30.7	28.8	25.6	22.3
	哈巴罗夫斯克（伯力）边疆区	19.0	17.8	23.2	27.6	26.2	27.1	25.9
	阿穆尔州	11.8	2.4	8.8	10.2	13.8	15.4	21.8
	马加丹州	6.4	6.2	3.8	2.9	1.9	1.9	1.4
	萨哈林州	10.6	5.5	9.1	10.9	9.2	8.9	8.8
	犹太自治州	2.5	2.1	2.6	1.5	0.9	1.3	1.2
	楚科奇自治区	0.9	0.6	0.3	0.3	0.3	0.3	0.5
动物油脂的产量	远东/10³t	13.6	6.1	3.7	4.4	5.3	5.1	5.5
	远东在国内动物油脂总产量中的占比/%	1.6	1.4	0.2	0.2	1.9	1.9	2.0
	远东各地区在远东动物油脂总产量中的占比/%							
	萨哈共和国	27.8	32.1	34.8	55.7	55.9	55.0	54.5
	堪察加边疆区	0.3	1.2	0.5	0.1	0.1	0.1	—
	滨海边疆区	6.3	11.5	24.1	10.3	16.6	19.0	17.9
	哈巴罗夫斯克（伯力）边疆区	1.1	9.9	17.7	13.9	11.3	11.4 13.8	7.0
	阿穆尔州	58.1	39.8	21.2	18.0	15.3		18.2
	马加丹州	—	0.1	0.03	—	—	0.5	—
	萨哈林州	6.4	2.7	1.5	1.3	0.6	0.2	2.3
	犹太自治州	—	2.7	0.3	0.7	0.2		0.1

续表

	地区	1990 年	1995 年	2000 年	2002 年	2004 年	2006 年	2008 年
面包和焙烤食品的产量	远东/10^3 t	893.4	573.5	347.4	291.2	332.9	321.0	306.2
	远东在国内动物油脂总产量中的占比/%	4.9	5.1	3.8	3.5	4.1	4.1	4.1
	远东各地区在远东动物油脂总产量中的占比/%							
	萨哈共和国	11.3	13.1	14.9	16.6	15.3	15.3	15.6
	堪察加边疆区	4.3	4.1	4.7	5.2	6.1	6.3	6.5
	滨海边疆区	32.3	42.0	35.6	30.4	29.9	27.3	24.4
	哈巴罗夫斯克（伯力）边疆区	20.7	19.7	20.4	23.8	25.0	25.2	25.5
	阿穆尔州	14.9	8.7	10.0	10.5	10.8	13.6	15.4
	马加丹州	3.2	2.0	3.0	2.7	1.8	1.7	1.9
	萨哈林州	8.5	7.3	9.8	9.1	8.2	7.8	7.6
	犹太自治州	3.6	2.6	0.8	0.6	2.0	1.9	2.2
	楚科奇自治区	1.2	0.5	0.8	1.1	0.9	0.9	0.9
砂糖产量	远东/10^3 t	147.3	81.1	74.1	0.03	43.7	141.2	153.9
	远东在国内砂糖总产量中的占比/%	3.9	2.6	1.2	0.001	0.9	1.4	2.6
	滨海边疆区在远东砂糖总产量中的占比/%	100	100	100	100	100	100	100

资料来源：俄罗斯各地区…，2008，2009

最大的食品生产企业首先以消费者（居民）为导向，分布在各大城市（主要是各城镇的首府和工业枢纽）：哈巴罗夫斯克（伯力）市（磨面-碾米、肉类、油脂类、酒类、面包类食品）、布拉戈维申斯克（海兰泡）市（乳类、肉类、油脂类、面包类食品）、乌苏里斯克（双城子）市（油脂类、乳类、砂糖）、符拉迪沃斯托克（海参崴）市（罐头类、酒类、面包类）、比罗比詹市（乳类、肉类、油脂类、酒类、面包类食品）（Леонов и др，2007）。

应当指出，远东的主要食品类型［肉类（含副食）、全脂乳产品、动物油、面包和焙烤类食品］的产量在俄罗斯各联邦区中排在最末位。仅 2008 年的砂糖产量排在第 4 位。俄罗斯东部唯一的糖厂（滨海边疆区乌苏里斯克（双城子）市）利用甘蔗原糖制糖，糖产量排在第 10 位。还应当提及的是这里的油脂联合企业，这些企业用大豆生产植物油、人造奶油、色拉油。滨海边疆区的植物油产量在俄罗斯排在第 6 位（1.87 万 t，占国内植物油总产量的 0.7%）。

阿穆尔州是最大的大豆产地（例如，2008 年阿穆尔州生产 30.49 万 t 大豆，占远东大豆总收成量的 63.2%）。最大的农业原料与大豆加工企业是阿穆尔农业中心有限公司（Amuragrocenter），该企业拥有 7 个大型粮仓，分布在阿穆尔州（波亚尔科沃镇、谢雷舍沃镇、别洛戈尔斯克市、布拉戈维申斯克（海兰泡）市、扎维京斯克市）和犹太自治州（比罗比詹市）的主要粮食收购地区。2007 年，阿穆尔农业中心有限公司的二期大豆油低温冷榨厂投产，该企业生产进口替代型产品，因此在国内市场享有稳定和高的需求：90% 以上的产品销往哈巴罗夫斯克（伯力）边疆区、滨海边疆区、犹太自治州等阿穆尔州以外地区。

2.6　区域性农业组织的特点

远东的农产品的主要产地是 4 个联邦主体（共 9 个），包括南部的阿穆尔州、滨海边疆区和哈巴罗夫斯克（伯力）边疆区和北部的具有农业生产极端自然条件的雅库特。目前，这 4 个联邦主体产出的农产品占远东总产量的 77% ~ 80%。

在改革年代，北部和南部地区在产量上的差异加大。北部地区（萨哈（雅库特）共和国、马加丹州、堪察加边疆区和楚科奇自治区）的占比总体上下降了 6% ~ 7%。

到 20 世纪 90 年代末，楚科奇自治区只生产出远东农业总产量的 0.4%，而在 2008 年为 0.7%。马加丹州的生产规模在 1998 年比地区平均水平略高 1.4%，在 2008 年略高 1.8%。堪察加边疆区的自然条件不那么极端，在 90 年代末的产量占远东地区农业总产量的 8.3%。

东北这三个地区总共仅生产远东总产量中的约 10%，只有雅库特自治区，因其共和国地位而具备更加良好的经济、法律和财政环境，在远东总产量中的占比甚至上升了 2.9%。

如果说在南部地区（阿穆尔州和滨海边疆区），谷物、大豆、马铃薯和蔬菜在生产结构中明显占优势，那么在北部的雅库特，则首先以肉奶类产品为主，其次是马铃薯和若干种蔬菜。马加丹州、堪察加边疆区、楚科奇自治区等其他北部地区，由于自然气候条件和耕作面积有限，则专门生产不便于运输的马铃薯、奶、蛋和若干种蔬菜等产品。

像北部地区一样，同样是耕地面积有限的哈巴罗夫斯克（伯力）边疆区和萨哈林州，则更多地专注于生产马铃薯、奶和蔬菜。犹太自治州实际上和远东南部的主要农业地区一样，生产相同系列的农产品，如马铃薯、大豆、谷物、蔬菜以及肉奶产品和蛋。

远东大区的耕地主要集中在其南部的阿穆尔州（2008 年为 72.6 万 hm^2）和滨海边疆区（30.83 万 hm^2）。在犹太自治州和哈巴罗夫斯克（伯力）边疆区等南部其他地区，由于前述原因，耕地面积要少得多，犹太自治州为 10.2 万 hm^2，哈巴罗夫斯克（伯力）边疆区为 7.71 万 hm^2。同时，南部的所有联邦主体的耕作结构是完整的，这里有温带气候典型的全部四大类耕种作物：谷物、经济作物、饲料作物、马铃薯和蔬果作物。

在所有北部地区和萨哈林州，耕地结构被削减，从中去除了经济作物和大多数情况下的谷类作物。在楚科奇，微乎其微的耕地面积目前都用于种植马铃薯和几种蔬菜（大多种植在保护地）。

农业生产的地域结构可以按照地区内（或联邦主体）主要产品的种类和数量进行更加直观的表示。阿穆尔州和滨海边疆区等南部地区具备有利于农业生产的大片平原，这里的农业生产结构更加完整。这种状况是客观存在的。农业生产大部分集中在结雅-布列亚平原的阿穆尔州，这里拥有整个远东地区的 53.5% 的耕地。同时，这一地区的农业区较有利于种植基本上所有的温带作物：禾谷类、大豆、其他经济作物、马铃薯、蔬菜等。滨海边疆区的情况类似：这里的耕地面积（大部分分布在相当"舒适"的兴凯湖沿岸平原和乌尔里江沿岸平原）几乎比阿穆尔州少一半，但是在某种程度上比阿穆尔州更加有利于农业活动。这两个南部地区总共拥有远东83.5%的耕地，农业土地类型最具价值。因此，恰恰需要让这两个地区（阿穆尔州和滨海边疆区）专注于农业生产。

在阿穆尔州和滨海边疆区，远东大区的主要作物即谷物和大豆的生产应当依然是重要的方向。尽管这两个地区的产量在20世纪90年代上半期大幅度减产（图2.21），但是，在引进现代工艺、高产品种、高优良粮食收割技术、耕作技术等基础上，这里具备大规模增产的必要自然条件。

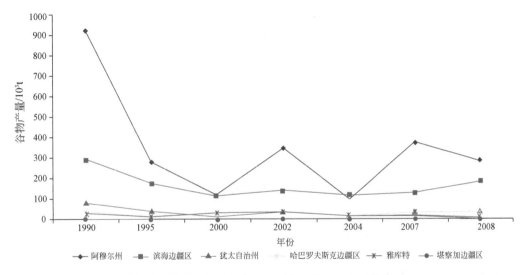

图2.21　1990~2008年俄罗斯联邦远东地区的谷物产量

今天，农业生产向大城市近郊区的产业区域转移所取得的成效越来越显著，大城市是农业产品的主要消费地区。农业生产者在很大程度上要面向城市消费者，面向稳定和容量大的市场。大型农业企业的工业化生产也得到恢复（尽管不是全面恢复），如养禽场、养猪场、温室大棚等。

由图2.22可见，在临近符拉迪沃斯托克（海参崴）市、哈巴罗夫斯克（伯力）市、布拉戈维申斯克（海兰泡）市、南萨哈林市、比罗比詹市等的多个城镇地区，农业产值超过10亿卢布。离增长极越远，农业产值越低，并形成不同密度的特殊半圆环（由于边境或沿海的位置）。在阿穆尔州的区域性农业组织中，这些半圆环最为明显。尽管哈巴罗夫斯克（伯力）边疆区和滨海边疆区的地理特点不那么明显，但是这两个地区也具备区域组织中的这些特征。

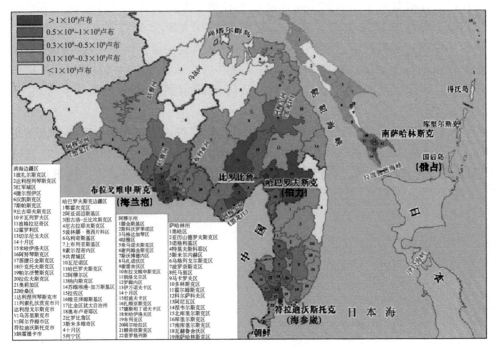

图 2.22　远东南部地区分组图（按照农业总产值）

2.7　交通运输业

　　俄罗斯太平洋地区具备目前现有的全部交通运输类型。同时，地区内的交通运输网络发展的总体水平极低。仅在南部的沿海地区、阿穆尔河沿岸地区和萨哈林岛（库页岛）具备相对发达的铁路和公路网络。北部地区几乎没有铁路这样的安全可靠的地面交通基础设施。地区的交通运输执行着货物运输（表 2.33）和旅客运输（表 2.34～表 2.36）等基础功能。

表 2.33　俄罗斯太平洋地区各经营类型的运输企业的货运量　　（单位：10^3 t）

地区	2006 年	2007 年	2008 年	2009 年	2010 年
萨哈（雅库特）共和国	50 355.3	53 549.1	47 605.8	31 728.4	29 988.0
堪察加边疆区	4036.5	3713.3	3878.3	4221.4	4861.8
滨海边疆区	69 192.0	72 112.0	76 27.8	57 303.4	61 637.6
哈巴罗夫斯克（伯力）边疆区	76 084.3	75 518.4	77 034.4	67 232.5	67 790.1
阿穆尔州	44 054.3	40 566.7	72 276.5	36 844.3	51 392.4
马加丹州	6161.5	5638.9	5579.9	5798.8	4990.5
萨哈林州	22 568.1	22 483.9	22 480.1	16 454.5	17 660.5
犹太自治州	8781.0	71 788	7659.6	7807.9	7981.4
楚科奇自治区	2821.3	1638.5	1791.5	2778.3	

表 2.34　俄罗斯太平洋地区的公共铁路旅客运输量　（单位：10^3 人次）

地区	2006 年	2007 年	2008 年	2009 年	2010 年
萨哈（雅库特）共和国	258	274	302	324	285
滨海边疆区	19144	19178	17968	12349	10537
哈巴罗夫斯克（伯力）边疆区	4972	4650	4556	3517	3184
阿穆尔州	4897	4592	4485	3509	3192
萨哈林州	1110	1100	1042	880	798
犹太自治州	1811	1932	1466	1000	796

注：数据中计入了有权免费乘坐市郊铁路车辆的旅客的运输量

表 2.35　俄罗斯太平洋地区的公路旅客运输量　（单位：10^6 人次）

地区	2006 年	2007 年	2008 年	2009 年	2010 年
萨哈（雅库特）共和国	81.4	93.6	87.9	86.8	88.4
堪察加边疆区	22.3	46.3	47.4	48.5	48.0
滨海边疆区	108.0	111.6	113.9	102.1	101.5
哈巴罗夫斯克（伯力）边疆区	171.8	173.1	169.9	173.5	180.0
马加丹州	11.8	12.2	12.8	13.6	14.3
萨哈林州	30.0	25.8	24.9	32.5	30.6
楚科奇自治区	0.5	0.6	0.6	0.9	0.6

表 2.36　俄罗斯太平洋地区的航空旅客运输量　（单位：10^3 人次）

地区	2006 年	2007 年	2008 年	2009 年	2010 年
萨哈（雅库特）共和国	705.0	783.3	912.2	988.8	1234.5
滨海边疆区	642.7	775.9	892.8	1084.0	1261.7
哈巴罗夫斯克（伯力）边疆区	671.9	738.5	495.9	44.8	48.5
马加丹州	13.3	5.3	0.6	12.3	17.1
萨哈林州	149.0	190.0	219.3	232.2	—
楚科奇自治区	58.9	51.7	64.9	40.0	39.6

　　市场经济环境和实施的改革显著地改变了交通运输的运营方式和对交通运输服务的需求特点。例如，货运量和客运量在不同地区和不同交通类型之间的分配比例变了，货流方向变了。所运输货物的特点也有很大变化，出现了对俄罗斯太平洋地区来说新的交通运输方式，如输油管道、天然气管道。根据《远东和贝加尔地区 2025 年发展战略》，可以期待，这些新的交通运输方式的重要性将会进一步提高。

　　考虑到俄罗斯太平洋地区的全球化的地理特点和地缘政治特点、其自身经济发展的前景、过境货物运输量增加等，可以期待，交通运输行业的需求度将会加大，各种交通运输方式将取得进一步发展。

　　1）海洋运输

　　远东是濒临太平洋和北冰洋的一个沿海大区。在地面线路发展不充分的背景下，恰恰是海洋运输保持着濒临各大洋（首先是太平洋）的各个地区的活力。俄罗斯的太平洋海岸线长度为13600km，占俄罗斯海洋国境线总长度的42.4%。在远东沿岸，分布着32座海港和约300个港口站（即港湾站）。270家商业企业发挥着地区内的港口功能。海港的主要经营方向是近海运输和国际运输。

远东最大和最重要的港口有纳霍德卡港、东方港、符拉迪沃斯托克（海参崴）港、波西耶特港和普拉斯通港（滨海边疆区）；瓦尼诺港、德卡斯特里港、阿穆尔河畔尼古拉耶夫斯克（庙街）港、拉扎列夫港（哈巴罗夫斯克（伯力）边疆区）；科尔萨科夫港、霍尔姆斯克港和乌格列戈尔斯克港（萨哈林州）；北方的马加丹港、阿纳德尔港、白令港、埃格韦基诺特港、普罗维杰尼耶港、佩韦克港、季克西港和堪察加地区彼得罗巴甫洛夫斯克港。

2010年，科济米诺市（滨海边疆区）和萨哈林州普里戈罗德内市的石油运输综合体投入使用，使远东各港口的货运量比2009年度增加了28%（表2.37）。2010年的总货运周转量为1.18亿t货物，其中6440万t是干货，5360万t是散装液体货物。应当指出，俄罗斯航海船队的太平洋海域的货物比例占俄罗斯总货运量（5.26亿t）的1/5，未来几年，通过经远东港口转运石油和天然气及其加工品，太平洋海域的货运量将会增加。

表2.37　远东某些海港的货运量　　　　　　（单位：10^3t）

贸易海港	1995年	2000年	2005年	2010年
符拉迪沃斯托克（海参崴）港	4100	4478	6159	6915
纳霍德卡港	5500	5700	6547	6544
东方港	8600	11310	15504	14700
瓦尼诺港	—	4800	6200	6119

在远东海域的海洋运输实行私有制和股份制后，出现各类航运公司200多家，取代了之前的四大主要航运公司。大多数私营公司只有几艘船可供调遣。个体小船主主要在国内市场经营和完成近海货物运输。

（1）远东海洋轮船运输公司。该公司是最大的海上航运商，在符拉迪沃斯托克（海参崴）拥有一补给基地。远东海洋轮船运输公司从事近海和远洋的货物、旅客、行李运输；利用本公司的和向其他船主租借的船队进行补给加油；参与其他运输类型的混合运输和国际运输。从2004年起，远东海洋轮船运输公司开始成功经营新的Fesco-Korea集装箱航线（FECKO Korea Sakhalin Line FKSL）。这条线路把韩国的釜山港和萨哈林的霍尔姆斯克港连接起来，每月完成3个航班（以20ft[①]货柜单位表示的600个标准集装箱）。

（2）滨海海洋轮船运输公司。该公司专业从事石油和石油产品的运输。主要的经营方向是在远东和亚太地区的近海运输和国际远洋运输。它是俄罗斯唯一的由非国有资金控股的大型航运公司。Shipping-Service公司从事外贸货流的运输和运营服务管理及船只租赁。

---

① 1ft＝3.048×10^{-1}m。

从 2008 年起，滨海海洋轮船运输公司开始从萨哈林岛（库页岛）向亚太国家运输液化天然气。在日本建造了三个高科技的冰级液化气运输船，可用于在结冰和低温海域中航行。这些船舶的结构允许从位于萨哈林南部的普里戈罗德诺耶镇的工厂向亚太地区国家进行全年的天然气运输。这些船只目前由俄日财团管理。

（3）萨哈林轮船运输公司。该公司很好地保留了生产能力。萨哈林诸港口的运营特点在于，因所处位置偏离国际运输线路，这些港口主要是满足国内地区的需求，即使用萨哈林式轮渡将火车皮从大陆运至岛上进行货物运输和集装箱运输。一系列小型港口既用于作为钻井平台的供应基地、避风港，也用于煤炭和木材的出口运输。

由于要实施大型油气项目，目前正在建设用于停泊液化气运输船的新港口和在科尔萨科夫城郊建设工厂。在萨哈林的东北沿岸，也急需为石油工作者建设多功能季节性海港（纳比利港）。

（4）堪察加轮船运输公司。堪察加地区彼得罗巴甫洛夫斯克港是堪察加边疆区的重要海上门户。在鼎盛时期，该港口的年吞吐量可达 4×10^6 t，到 20 世纪 90 年代中期，年吞吐量减少至 40 万 t（Вахненко，2008）。

专业人士看到了发展北方海航道运输的巨大潜力。北方海航道是亚洲和欧洲之间的最短的往返线路，这条航线的东线年货运量可达到 6×10^6 t，西线可达到 3×10^6 t。堪察加地区彼得罗巴甫洛夫斯克港可以成为东北海洋轮船运输公司的基础和支柱港口，提供供给、加油、修理和其他航班间期船只服务，也可以作为航海人才队伍的教学和技术基地。为了落实设计方案，必须建设新的港口设施，建立"堪察加地区彼得罗巴甫洛夫斯克自由港"经济特区。建立枢纽港可以吸引巨大的过境运输潜力，因为这座港口城市位于"东亚—欧洲—北美"的三个跨大陆海上贸易线路的有利交叉点。沿北方海航道行驶的俄罗斯和外国过境船舶，可以利用堪察加地区彼得罗巴甫洛夫斯克港作为区间枢纽港，可以免于支付港口费自由地进入港口，还可以享受优惠的港口税（类似于加里宁格勒州的经济特区），这些有利条件将成为未来港口发展的强大助推剂。

作为贸易通航和国际货物过境的北方海航道的复兴起点，2010～2011 年的通航必将载入历史。在 2010 年通航期内，有 4 艘船经北方海航道航行，而 2011 年，有 15 艘船使用了破冰船领航。发展北方海航道的船舶运输对于堪察加地区是一个巨大机遇。未来几年，拟沿"北欧—堪察加—美洲西部沿岸—东南亚"线路开通北极海上运输。

在未来 3～5 年，北方海航道很可能大力通航。发展北极地区的大型产业，将成为提高北方海航道总货运量的主要助推剂。俄罗斯天然气总公司打算在亚马尔半岛建立一个大型液化气厂，该厂的最终产品将通过北方海航道运往欧洲和东南亚国家。还拟在北极地区发展原油开采。

最近 10 年，由于石油产品运输量增加，远洋运输的结构也发生了改变。煤和焦炭依然是主要的出口品种。木材是固定的出口产品。

滨海边疆区的符拉迪沃斯托克（海参崴）港、纳霍德卡港、东方港以及哈巴罗夫斯克（伯力）边疆区的瓦尼诺港对于地区来说具有重要意义，它们是主要的出口门户，经这些港口实现与亚洲各国、澳大利亚、美国、加拿大和拉美的贸易往来。

对于马加丹州、堪察加州和萨哈林州的某些地区以及哈巴罗夫斯克（伯力）边疆区的北部地区来说，小型港口和港口站的作用非常重要。一条几乎唯一的将货物运至俄罗斯偏远地区的线路经过这些小港口和港口站。而季克西港、佩韦克港、阿纳德尔港、白令港、普罗维杰尼耶港、埃格韦基诺特汇等辅助港口服务于北方海航道。

新一代大吨位船舶的出现对港口建设提出新的要求。由于吃水浅，地区的很多港口暂时无法接收超级船舶，东方港具备这方面的良好条件。

在港口货运量的总体结构中，过境货物的比例越来越大。在俄罗斯境内过境的63%以上货物需要经过国内的海港。地区的过境运输功能主要由具有直抵西伯利亚大铁路和贝阿铁路的四大港口承担，分别是符拉迪沃斯托克（海参崴）港、东方港、纳霍德卡港、瓦尼诺港。这些港口的过境货物比例超过总货运量的80%。

打造运输物流综合体是货物运输的最新形式，能够在服务成本总体上与市场环境相当的情况下确保门对门送货和正点送货原则。

为了提高运输的安全和可靠性，拟建立国际运输配送中心，这些中心是对接海洋运输、航空运输和陆地运输并具有可靠联络渠道的特殊的交通枢纽。滨海边疆区计划建立两个互动的物流枢纽，即符拉迪沃斯托克（海参崴）枢纽和纳霍德卡枢纽（连接新的科济米诺专用海上石油港）。纳霍德卡枢纽通过乌格洛瓦亚站与西伯利亚大铁路相连，可通往格罗杰科沃边境站、马哈利诺–珲春边境站。通过建立港口经济特区和发展用于处理过境运输的仓储和贸易基础设施，可以在东方港基础上建立国内最大的国际枢纽。

哈桑交通运输枢纽具备巨大的发展潜力，这首先是指特罗伊察港。由于位于距离俄中边境线和俄朝边境线的数十公里内，它成为开展跨国运输创新式发展的理想之地。

为了充实沿海地区的物流系统，拟依托哈巴罗夫斯克（伯力）边疆区的瓦尼诺港–苏维埃港枢纽建立一个物流集散地。远东其他地区也在发展物流项目。在萨哈林油气项目落实后，萨哈林岛（库页岛）和德卡斯特里（哈巴罗夫斯克（伯力）边疆区）的港口吞吐量将得到提升。

大乌苏里项目（哈巴罗夫斯克（伯力）边疆区）值得研究。大乌苏里岛（黑瞎子岛）位于哈巴罗夫斯克（伯力）市附近的乌苏里河河口，在俄罗斯和中国共同管辖区内。未来，这里计划建成东亚商务合作中心、物流中心。到2020年前，中国向大乌苏里岛的客流量计划增加至每年150万人次，哈巴罗夫斯克（伯力）边疆区的国内客流从每年34.5万人次增至57.5万人次。该项目的一期是建设交通基础设施，近期拟建成一个跨阿穆尔河的浮桥。

上述这些项目有望把远东的交通物流综合体推向新的发展阶段，让它成为亚太地区的亮点。

2）铁路交通

铁路网络主要集中在远东南部地区。占远东总面积23%的这些地区总计拥有8600km铁路线，占远东铁路总长度的98%。萨哈林州和滨海边疆区的铁路密度最大（表2.38）。堪察加边疆区、马加丹州和楚科奇自治区没有铁路。

表 2.38　公共铁路的密度

地区	1990 年	1995 年	2000 年	2005 年	2010 年	2010 年在俄联邦的排名
俄罗斯联邦	51	51	50	50	50	
远东联邦区	14	14	13	13	13	8
萨哈（雅库特）共和国	0.5	0.5	0.5	0.5	2	75
滨海边疆区	98	98	94	94	95	52
哈巴罗夫斯克（伯力）边疆区	32*	29	29	27	27	68
阿穆尔州	82	82	83	81	81	57
萨哈林州	123	121	110	92	92	53
犹太自治州	—	87	86	141	141	38

* 1990 年包括犹太自治州

注：截至年底每 10000km² 领土的铁路线长度（km）

　　远东地区的重要铁路线是两条东西干线——西伯利亚大铁路和贝阿铁路。西伯利亚大铁路在远东境内全长 2198km，贝阿铁路在远东境内全长 2445km。西伯利亚大铁路构成了远东地区的基本交通运输系统。西伯利亚大铁路的年货运量为 5173.6 万 t，长途客运量为 500 多万人次，近郊客运量约为 200 万人次[1]。

　　19 世纪铺设西伯利亚大铁路，标志着远东开始大力发展交通运输，西伯利亚大铁路于 1891 年开工建设，1901 年从莫斯科至符拉迪沃斯托克（海参崴）的铁路线首次通车[2]。1916 年 10 月，随着跨阿穆尔河大桥完工，连接东部太平洋边陲与俄罗斯中央区的西伯利亚大铁路全线贯通。

　　2003 年，随着西伯利亚大铁路主要路段的电气化改造完工，铁路的通过能力提高了（火车重量从 4500t 提高至 6300t，而车速提高至每小时 120km）。西伯利亚大铁路的当前技术水平可以使年货运量达到 1 亿～1.2 亿 t（如同改革之前），其中，国际过境运输量为 20 万个大型集装箱。而 2010 年的货运量实际上仅约为 8000 万 t（表 2.39）。

表 2.39　公共铁路的货物运输量　　　　　（单位：10⁶t）

地区	1990 年	1995 年	2000 年	2005 年	2010 年
远东联邦区	113.5	44.7	42.8	58.1	68.0
萨哈（雅库特）共和国	13.5	8.0	8.4	10.2	8.4

　　① 全世界轨道交通长度约 1285000km。所有铁路线连在一起可以绕地球 30 多圈。远东境内的铁路线长约 9000km。但是远东的铁路保有率远低于俄罗斯平均水平。每 10000km² 面积仅有 14km 铁路，而俄罗斯平均超过 50km。

　　② 最初，在克服哈巴罗夫斯克（伯力）市区内阿穆尔河的巨大水路屏障时，为了缩短距离（几乎缩短 1000km）和降低难度，西伯利亚大铁路从外贝加尔到符拉迪沃斯托克（海参崴）的一段曾穿过中国东北。建设了从满洲里站到绥芬河站（口岸）的中东铁路，长 2450km，其中的通往阿尔图尔港和达利尼港的南线全长 950km，建设了 6 年（1897～1903 年），使用的是俄国国库资金。1905 年俄日战争失败后，部分中东铁路归于日本，这说明，在别国领土铺设的铁路，在战略方面不能很好地保障本国的利益和安全。因此，1906 年，恢复了西伯利亚大铁路在俄国境内的最后一段即阿穆尔段的建设并于 1916 年 10 月完工。

续表

地区	1990 年	1995 年	2000 年	2005 年	2010 年
滨海边疆区	34.5	13.4	11.5	13.8	14.5
哈巴罗夫斯克（伯力）边疆区	27.1	8.4	13.3	20.0	20.2
阿穆尔州	22.3	9.8	5.8	8.8	21.5
萨哈林州	11.1	3.5	2.2	3.4	2.5
犹太自治州	5.0	1.6	1.6	2.0	0.9

长期以来，在哈巴罗夫斯克（伯力）市区附近的阿穆尔河铁路桥一直是西伯利亚大铁路运行中的一个瓶颈。这座铁路桥（长 7.6km）位列世界十大桥梁行列，在 2005 年，对它进行了全面翻新。

贝加尔-阿穆尔干线铁路（贝阿铁路）是远东铁路基础设施的第二个重要的支柱环节。随着这条铁路的建成，俄罗斯拥有了通往太平洋沿岸的第二个铁路出海口。贝阿铁路不仅缩短了过境货物和出口货物到达太平洋的距离，也是未来开发远东这片辽阔土地的自然资源的运输支柱。

但是，由于资源开发和经济结构仅处于初级形成阶段，贝阿铁路的利用率不高。如果说，当前经西伯利亚大铁路向沿海港口的货运量为 5000 万 t 以上，那么经贝阿铁路到瓦尼诺港的货运量则不超过 900 万 t，而贝阿铁路现有的货运能力为 1500 万 t。为了不让贝阿铁路的建设资金白花，必须将其装运能力提高到 500 万~600 万 t。

向瓦尼诺港和苏维埃港方向的货流量正高速增长。最近，在这两个港口出现了很多新运输综合体建设项目。例如，远东煤炭运输公司（Daltransugol）启用了年吞吐量 1200 万 t 的瓦尼诺散装货船站，到 2025 年前，它的吞吐能力预计翻番；预计建设年吞吐量 2500 万 t 的煤港。而苏维埃港计划为彼得罗巴甫洛夫斯克集团公司的铁精矿建设由该集团自用的 700 万 t 级转运综合体。

贝阿铁路二期建设项目的实施将有助于提高北纬通道的运输和通过能力。

萨哈林岛（库页岛）的岛上铁路网络采用的是窄轨（1067mm）单线铁路。从 2003 年起，这里按照全俄通用标准即 1524mm 进行了轨道改建。1973 年建成的瓦尼诺—霍尔姆斯克渡口使萨哈林岛（库页岛）与大陆连接起来。未来几年，计划为这个轮渡建造大容量和全新标准的新一代渡轮。

在萨哈（雅库特）共和国境内，直到不久前才铺完"别尔卡基特—托莫特—雅库茨克"铁路（830km）的最后一段。1985 年从托莫特开始铺设的阿穆尔—雅库茨克干线铁路直抵雅库茨克。沿途只留下勒拿河这一道水路屏障。为了让这条铁路带来经济效益和回收成本，这条铁路的货运量应当不低于每年 500 万 t。计划到 2015 年前铁路通车至雅库茨克市。为此需要建设一条横跨勒拿河的铁路公路两用桥（长 3km）并通往雅库茨克河运港口。

随着铁路通车至雅库茨克，将形成"西伯利亚大铁路—阿穆尔雅库茨克干线—北方通道"的南北交通大走廊。根据计划，该铁路应当继续向马加丹、乌厄连（楚科奇）和堪察加地区彼得罗巴甫洛夫斯克市前进。

未来，远东地区与东北亚交通运输系统的一体化要求在西伯利亚大铁路基础上形成"日本—俄罗斯—欧洲"和"朝鲜半岛—俄罗斯—欧洲"的陆路走廊，还要扩大俄中边境的交通线路的通过能力。俄罗斯和中国的跨境合作具有进一步完善战略伙伴关系的巨大潜力。国际运输通道的主要问题之一是缺乏横跨阿穆尔河和乌苏里江的桥梁设施。中国投资商对于在远东打造彼得罗巴甫洛夫斯克集团公司的黑色冶金产业集群表现出极大的兴趣。预计在2012年开始在上勒拿村（俄罗斯犹太自治州）和同江市（中国黑龙江）建设横跨阿穆尔河的铁路桥。双方有意未来在这一口岸地区建成一个合营的贸易经济综合体（Зубов，2011）。

将日本岛、朝鲜半岛与俄罗斯连接起来的项目可能成为俄罗斯太平洋地区的国际交通系统的组成部分。计划建设白令海峡隧道、萨哈林隧道和萨哈林—北海道隧道。

3）公路

俄罗斯太平洋地区的公路总长度（含工业企业道路）为7.83万km，以低等级道路为主。公路密度显著低于俄罗斯平均水平，仅滨海边疆区的公路密度接近于俄罗斯平均水平（表2.40）。

表2.40 远东联邦区各联邦主体的硬路面公路密度

联邦主体	2006年	2007年	2008年	2009年	2010年
萨哈（雅库特）共和国	2.7	2.7	2.7	2.6	2.7
堪察加边疆区	3.0	3.0	3.6	3.6	3.6
滨海边疆区	43.1	49.0	49.1	50.5	51.9
哈巴罗夫斯克（伯力）边疆区	6.1	6.1	6.8	7.1	7.4
阿穆尔州	20.5	21.9	21.9	22.6	21.5
马加丹州	4.8	4.8	4.8	4.7	4.7
萨哈林州	9.3	11.2	12.5	12.8	13.6
远东联邦区平均值	5.8	6.0	6.0	6.0	6.1
俄罗斯平均值	35	37	37	38	39

注：每1000km^{2}面积内的道路长度（km）

由于公路呈局片分布，公路线路主要是进行短途的地区内运输。但是对于不能使用其他交通线路运输的地区来说，公路运输的意义很大（图2.23）。具备可远程运输的多条大型干线公路。例如，从南方通往萨哈共和国的"涅韦尔—阿尔丹—雅库茨克"公路。最北端的公路从雅库茨克通至马加丹（科雷马公路）。除了干线公路，远东北部还有冬季公路和地方公路。

在萨哈林州，40%以上的货物通过汽车运输。在不通铁路的雅库特自治区、马加丹州、堪察加边疆区，汽车运输的比重更大。在远东南部地区的汽车运输比例是25%～30%。

乌苏里公路和阿穆尔公路穿过人口稠密和经济发达地区，这两条国道具有重要交通运输意义。建成于1935年的乌苏里干线公路把哈巴罗夫斯克（伯力）市（伯力）与符拉迪

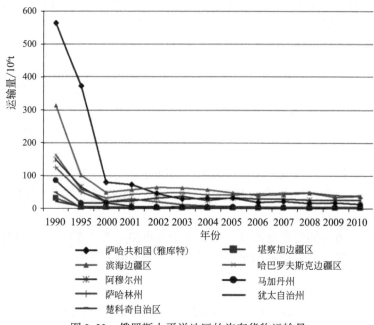

图 2.23　俄罗斯太平洋地区的汽车货物运输量

沃斯托克（海参崴）市（海参崴）连接起来。近几年对乌苏里公路进行了翻修改造。路况得到完善，使乌苏里公路变得更加舒适和安全。

阿穆尔公路是不久前新建的公路，它连接着阿穆尔州、哈巴罗夫斯克（伯力）边疆区和东西伯利亚的地区。通过这条公路，远东地区俄罗斯总体交通系统的公路运输连通。"赤塔—哈巴罗夫斯克（伯力）"段的长度为1200km。2004年，完成了"赤塔—哈巴罗夫斯克（伯力）"公路的土路基施工，2009年这条国道完成了全线施工。当前，这里的货运量显著增加，"哈巴罗夫斯克（伯力）—符拉迪沃斯托克（海参崴）"方向的货运量的增长最为明显，这也与2012年符拉迪沃斯托克（海参崴）亚太经济合作组织峰会场馆设施的大量建设有关。

最近10年，哈巴罗夫斯克（伯力）边疆区大力开展道路建设。以往这里没有通往海港的公路，就在不久前，刚刚开通了从阿穆尔河畔共青城至阿穆尔河畔尼古拉耶夫斯克（庙街）方向的公路运输。在远东北部，建立起与沿岸的全年候公路联络，在极端自然条件下铺设了从阿扬港到涅尔坎的道路，这条道路解决了向哈巴罗夫斯克（伯力）边疆区最北部地区运送货物的问题。

"利多加—瓦尼诺"公路（346km）的完工将为地方货物运输带来巨大前景。计划经这条公路定期实现集装箱运输。有了这条公路，沿"哈巴罗夫斯克（伯力）—南萨哈林斯克"线路往返的货运时间将从15天缩短到3~4天，货物成本也将显著下降。

在滨海边疆区，从哈巴罗夫斯克（伯力）到符拉迪沃斯托克（海参崴）市的乌苏里公路（756km）以及通往东部交通枢纽海港的"符拉迪沃斯托克（海参崴）—纳霍德卡"公路（142km）具有特别意义。未来，在这个方向计划建设一条高速公路，将比现有道路短28km。

　　未来几年，在边疆区的采矿地区，计划提高"奥西诺夫卡—达利涅戈尔斯克—鲁德纳亚普里斯坦"重要交通干线的技术等级。正在对连接符拉迪沃斯托克（海参崴）与边疆区最南部港口、朝鲜和中国的"拉兹多利诺耶—哈桑"公路进行现代化改造。该改造项目为一个优先项目，这条道路的改造将促进拓展这几个国家的国际合作。

　　未来，将继续建设从哈巴罗夫斯克（伯力）到纳霍德卡的东方公路（824km），该公路基本上为新建。向东沿着现有的"符拉迪沃斯托克（海参崴）—哈巴罗夫斯克（伯力）"公路，这条公路给交通欠发达的边疆区北部地区提供了通往大型港口的出口。"赤塔—哈巴罗夫斯克（伯力）—纳霍德卡"公路网络的轮廓将更加完整，将出现提升和优化城际交通网络的环形路。

　　在与中国的贸易中，远东南部的公路运输起着特别重要的作用。近年来，这里开放了13个公路口岸，其中5个在滨海边疆区，3个在阿穆尔州，2个在哈巴罗夫斯克（伯力）边疆区，3个在犹太自治州。

　　萨哈（雅库特）共和国仅8%的领土可全年通车，这里的公路密度仅相当于俄罗斯总体水平的1/11。主要客运方式是飞机（占客运量的70%）。货物（占货运量的60%以上）主要在短暂的通航期经河道运输。

　　科雷马公路（全长2080km）是萨哈共和国东部唯一一条公路，可与马加丹州全年通车。

　　2000年以后，雅库特的地面交通网络发生了重大改变，其境内的硬路面公路的里程数增加了2341km。随着阿姆加公路的完工，雅库特与哈巴罗夫斯克（伯力）边疆区阿扬海港地区的鄂霍次克海沿岸也将通车。

　　4）内河航运

　　远东的通航河道保有率是俄罗斯平均水平的3倍。大的可通航河流有阿穆尔河、乌苏里江、阿姆贡河、马亚河、通古斯卡河（哈巴罗夫斯克（伯力）边疆区）；结雅河、布列亚河、谢列姆贾河（阿穆尔州）；勒拿河、维柳伊河、基廉加河、维季姆河、奥廖克马河、阿尔丹河、因迪吉尔卡河（萨哈共和国）；阿纳德尔河（马加丹州）。

　　尽管这些内河具有相当大的通航潜力，但是地区的内河运输并不发达。河道的运输能力没有被充分利用。大多数河流流经雅库特和马加丹州的人烟稀少地区，因此这些水路动脉的利用率不高。限制内河运输的主要原因是通航期短（4~5个月）、河道在雨季不稳定和淤塞、沿岸地区的经济欠发达等自然气候因素和交通与经济因素。

　　勒拿河是雅库特交通运输最繁忙的河流。勒拿河河口通过河汊与北极的季克西港连通，这大大扩展了向雅库特北部地区运输货物的可能性，这一运输环节被纳入北方海航道。

　　南部的主要水道是阿穆尔河及其支流，通航河道总长度为6000km。通航期为5~6个月。阿穆尔河的深度和宽度可以接纳500~3000t吨位的船舶和驳船，而下游最多可接纳5000t吨位。河海两用型船舶被广泛使用。

　　地区内最大的内河航运商是阿穆尔内河航运公司，该公司向哈巴罗夫斯克（伯力）边疆区、阿穆尔州的北部地区以及向萨哈林州、滨海边疆区和马加丹州的沿岸港站运送货物。过去，阿穆尔内河航运公司主要经营国内线路，运输货物近500万t。今天，通过进军国外港口（日本、中国、朝鲜、新加坡），公司大大拓展了航运版图，公司的货运量虽然减少了一半（250万 t），但是依然是俄罗斯最大的内河航运公司之一。

随着开放中国的边境，阿穆尔河成为一条国际运输动脉。俄方的布拉戈维申斯克（海兰泡）、波亚尔科沃、下列宁斯科耶、哈巴罗夫斯克（伯力）、阿穆尔河畔共青城获得了开放港口地位。中方的黑河、绥芬河、同江、抚远也可以让俄罗斯船只进入。未来，计划从日本、韩国向中国北方省份经阿穆尔河及其右岸支流——松花江进行过境运输。

阿穆尔河在旅客运输方面也发挥着重要的作用。近年来，在国内线路客运量减少的情况下，到中国的往返跨境运输呈现增长趋势。

5) 航空运输

辽阔的领空、广袤的土地和地面交通欠发达，决定了航空运输对于远东地区具有更大的意义，其中既包括与俄罗斯其他地区的运输，也包括地区内运输，尤其是旅客运输。

对远东地区的很多地区和居民点来说，航空运输是与"大陆"连通的唯一途径。远东共计有200多个航空港和民用机场，其中105个位于南部地区，只有约30个具备可接收重型客机和运输机的专用混凝土跑道。

集中主要客流量的重要空港位于各边疆区和州的首府：哈巴罗夫斯克（伯力）、符拉迪沃斯托克（海参崴）（克涅维奇）、南萨哈林斯克（霍穆托沃）、布拉戈维申斯克（海兰泡）（伊格纳季耶沃）、堪察加地区彼得罗巴甫洛夫斯克（叶利佐沃）、马加丹（索科尔）、阿纳德尔、雅库茨克。

远东地区航空管理局下辖的主要航空公司包括：符拉迪沃斯托克（海参崴）航空公司（符拉迪沃斯托克（海参崴）市）；SAT 航空公司（南萨哈林斯克市）；雅库特航空公司（雅库茨克市）；哈巴罗夫斯克（伯力）航空公司（位于阿穆尔河畔尼古拉耶夫斯克（庙街）市）和东方航空公司（位于哈巴罗夫斯克（伯力）市）。由俄罗斯航空公司（Aeroflot）、俄罗斯洲际航空公司（Transaero）和西伯利亚航空公司（Sibir）承接主要客运量，尤其是向俄罗斯中央地区和国外的客流。

每年，经这三大航空公司运输的旅客约300多万人次，货物3万 t。2010年，符拉迪沃斯托克（海参崴）飞机场运输旅客126万人次，哈巴罗夫斯克（伯力）飞机场运输旅客116万人次，雅库茨克飞机场运输旅客90.8万人次。

地处航空线路交叉点的哈巴罗夫斯克（伯力）飞机场的地理位置优越，在远东地区具备最高的空中运输潜力。开通了从哈巴罗夫斯克（伯力）向俄罗斯和独联体40多座城市的定期航班。该机场的通过能力为每小时1500人次。第二大机场是符拉迪沃斯托克（海参崴）飞机场，每小时可通行800人次，经该机场可直达俄罗斯的20多座城市。目前，在符拉迪沃斯托克（海参崴）建成了新的航站楼，每年可服务旅客达300万人次。

在长期停航后，小型航空运输开始复苏。例如，2005年开始，恢复了向马加丹州偏远居民点和各地区首府的定期通航。

几乎从所有地区首府向亚太地区多个国家的国际航空运输都活跃发展起来。1995年，为俄罗斯远东地区的国际航空开通了新的空中走廊。主要的国际航班在哈巴罗夫斯克（伯力）机场和符拉迪沃斯托克（海参崴）机场起落。

远东境内的管道运输首先在萨哈林、哈巴罗夫斯克（伯力）边疆区和萨哈（雅库特）

共和国这三个地区得到发展。早在 1942 年，从萨哈林出发沿鞑靼海峡的海底铺设名为"奥哈—阿穆尔河畔共青城"（626km）的第一条干线管道。萨哈林所采石油的客户是阿穆尔河畔共青城的炼油厂（约 500 万 t）和哈巴罗夫斯克（伯力）的炼油厂（350 万 t）。

　　除了输油管道，还铺建了用于运输液化天然气的天然气管道。从萨哈林向共青城的天然气管道建成于 1987 年。之后该管道被延长至索尔涅奇内、阿穆尔斯克市、哈巴罗夫斯克（伯力）市（400km）。2011 年，天然气到达符拉迪沃斯托克（海参崴）市。

　　在雅库特境内，覆盖各个居民点的天然气管道网络形成了"塔斯—图穆斯—波克罗夫斯克"管道。石油通过仅在温暖季节使用的"塔兰—维季姆"管道（110km）输送。

　　在国际政治和与俄罗斯东部邻国的关系中，交通和能源是重要的组成部分。目前，"萨哈林—哈巴罗夫斯克（伯力）—符拉迪沃斯托克（海参崴）"天然气管道、"东西伯利亚—太平洋（泰舍特—纳霍德卡—科济米诺）"石油管道即将完成建设。从"东西伯利亚—太平洋"石油管道（阿穆尔州斯科沃罗季诺市）分出了通往中国的支线。亚太地区的很多国家对俄罗斯的烃类出口产品很感兴趣。因此，目前计划落实（从 2012 年末开始）另一个大型项目，即铺设"雅库特—哈巴罗夫斯克（伯力）—符拉迪沃斯托克（海参崴）"天然气干线管道（6600km），并可能向朝鲜半岛继续延伸。

　　未来将发展石油和天然气的深加工产业。为此，计划在纳霍德市郊外建设一个产能 1000 万 t 的炼油厂。萨哈林、哈巴罗夫斯克（伯力）边疆区和滨海边疆区拥有多个天然气加工厂建设项目。综上，在开采和运输石油与天然气以及建设油气加工企业的基础上，俄罗斯太平洋地区正在形成油气资源循环的地域格局。

3 地区长期发展的主要因素

3.1 自然资源因素

3.1.1 自然环境及其对经济活动的约束

自然环境与经济活动的关系体现为两种形式：①对人类健康和体感的直接影响，这体现在人类经济活动的强度和效率上；②自然环境对保障正常的生命活动和经济活动产生的间接影响，这反映在居住成本、工业设施和基础设施的建设与运行成本、农业产量等的差异上。

自然环境（平原地形、最佳温况、水汽充足等）可以有助于或者反作用于人类的经济活动。农业、采掘业、某些交通运输类型、游憩活动等对自然环境的依赖程度尤其高。

寒冷的气候导致远东的以下费用高昂：①基本建设费用；②工程管线铺设费用；③路面养护费用；④房屋供暖费用。

温度因素（温度昼夜变化的特殊性、气温波动剧烈、霜冻等）可能导致农作物病害。春季和秋季的霜冻最危险，如气温降至0℃及以下，同时昼夜平均温度保持在0℃。

在-2.2~0℃的温度范围内，植物会因细胞液结冰而发生重要变化。

萨哈林的特点是土壤的霜冻危险期的持续时间最短（30天以内）。随着向西推进，土壤霜冻期的潜在持续时间增加至60天，而向北则增加至90天。滨海边疆区的土壤霜冻的危险度最高，可能发生霜冻的时期持续50~60天。在堪察加，内陆的中堪察加盆地的特点是土壤霜冻的持续时间最长。对于封闭的宽谷地和深盆地等地形区来说，发生霜冻的概率最大，持续时间也最长。

强降雨（24小时降雨量不小于30mm）：对于滨海边疆区最为典型。在哈巴罗夫斯克（伯力）边疆区、堪察加边疆区、阿穆尔州、萨哈林州和犹太自治州也存在强降雨的巨大危险。强降雨的危害主要是会诱发河水泛滥、泥石流、滑坡、雪崩等危险的自然过程。

强降雪（24小时降雪量为20mm及以上）：在最大程度上限制萨哈林州、堪察加边疆区以及滨海边疆区沿岸、哈巴罗夫斯克（伯力）边疆区沿岸和马加丹州沿岸地区的经济活动。

强风：在热带气旋或温带气旋、龙卷风、风飚经过时，可能出现风速超过25m/s的强风。强风的危险性主要在于，它所产生的动态荷载可能给房屋建筑造成破坏。堪察加南部沿岸、千岛群岛和萨哈林的特点是风力最强，这些地方的风速可能超过40m/s。在太平洋沿岸的其余地区，最大风速超过30m/s。

海洋风暴：主要是在热带气旋或温带气旋经过时产生。海上风暴对于日本海、白令海南部和鄂霍次克海南部以及毗连的太平洋西北部来说最为典型。

低温加强风、强风伴降水（暴风雪、水平雨）、相对低温时的高湿度、气象特征值在短时期内变化大、挂冰和雾凇现象等极端气候条件的结合会带来巨大的危害。

船舶积冰尤其危险。结冰发生在甲板、桅杆、索具、船头和侧面以及其他船体结构上。积冰层减少了水线以上的船舷高度，船只因重心升高而不稳。结冰的强度可能很大。船舶积冰对于白令海和鄂霍次克海来说更加典型。

在远东联邦区的9个联邦主体中，有3个［萨哈（雅库特）共和国、楚科奇自治区和马加丹州］全境都位于冰岩地带，3个（哈巴罗夫斯克（伯力）边疆区、堪察加边疆区、阿穆尔州）部分地位于冰岩地带，还有3个（滨海边疆区、犹太自治州和萨哈林州）属于季节性深度冻结地带。远东境内总体上80%以上的地域的特点是存在多年冻岩。

多年冻岩的厚度为100～500m［最大厚度（1500m）在维柳伊河的支流——马尔哈河流域］。季节性冻岩在滨海边疆区的厚度为107～201cm，在阿穆尔州达到250～270cm。在萨哈林州，由于积雪层的厚度大，冻结深度要小很多，为60～80cm（Втюрина，1984）。

从对经济活动的影响来看，最重要的低温过程是冻胀（冻拔）、热喀斯特、热磨蚀、热侵蚀、冻裂和融冻泥流。冻结及其相关过程最大限度地限制着矿床的开采以及住宅和各类工业设施（公路、铁路、管道、机场、厂房、地下通信电缆、港口、水文设施）的施工和运行。

在公路、铁路、机场、工业厂房的建设和使用过程中会出现冻胀，冻胀会破坏这些设施的连续性和平整性，从而可能引发交通事故。

尤其应当提及水电设施的建设和使用。一些大型水电站、水库以及由水坝形成的众多小型人工水体就运行在多年冻岩区。

地形对于所有区域来说都是最重要的自然条件（表3.1）。

表3.1　各类地形区的分布指标

地形类型	高度/m	占地面积/km²	合计/%
高山	>1800	17070	0.3
中山	1200～1800	262910	4.3
	800～1200	771120	12.5
低山	400～800	1627710	26.5
山麓	200～400	1597830	26.1
多丘平原	100～200	777530	12.7
平原	0～100	1076780	17.6
合计		6130950	100

资料来源：В. В. Ермошин 估算

表3.1中的数据表明，远东境内以山地地形为主，占地区总面积的69.7%。根据В. В. Ермошин 的数据，萨哈林州和犹太自治州在这方面的情况最好，这两个地区的山地地形的占比分别为33.2%和37.9%。马加丹州（山地占89.9%）和哈巴罗夫斯克（伯力）边疆区（山地占79.0%）的地形最为不利。

　　在修筑和运行各类工程设施时，对地形的要求由建筑工程施工规范加以调整。大多数工程设施都更适合修建在平整地形上，因此，正确的选址会降低用于场地竖向土方平整的费用。有很多设施（选矿厂、水渠等）需要有一定的坡度。为解决工程设施与地形合理匹配的问题，主要是通过地形测量分析。大多数情况下（工程设施的施工和运行、农业生产等），山地地形会给经济活动增加难度。

　　远东的大多数联邦主体都存在着河水泛滥的危险。其中，最危险的是滨海边疆区的由台风引发的暴雨洪水、雅库特的溃坝洪水和阿穆尔州的气旋经过时因降雨引发的洪水。总体上，在洪水引发的紧急情况中，有68%都发生在这三个地区。

　　海冰是限制远东地区经济活动的一个极其重要的因素。海冰可能是固定的（沿岸冰）或是浮动的（漂移冰）。

　　冰盖层在各年份的停留时间和面积变化很大。例如，在鄂霍次克海，寒冬时的冰盖层占整个海域的99%，而在暖冬时则占65%。冰期的最长持续时间达到290天。在白令海，冰在暖冬时覆盖20%的海域，在寒冬时覆盖56%。根据所处位置和冬季严寒程度的不同，冰期的持续时间为80～365天。

　　俄罗斯远东地区河流的封冻期从2.5个月（萨哈林岛（库页岛）的河流）到7.5～8个月（勒拿河、因迪吉尔卡河和科雷马河）不等。远东地区河流的结冰厚度可能超过2.5m。河流的冰对经济活动的影响取决于三个因素：存在冰区和冰区移动、流冰壅塞、形成冰坝。

　　流冰壅塞对于从上游向下游解冻的河流来说最为典型，这样的河流有：①自南向北流的河流；②上游位于高山和半山、下游位于平原的河流；③不同河段的解冻期存在很大差异的河流。远东不仅是俄罗斯的也是全世界最易发生流冰壅塞的地区。总体上，地区内的大小河流共计有600多处壅塞段。

　　在远东境内，壅塞发生在上述三类河流中的前两类。勒拿河、亚纳河、因迪吉尔卡河和科雷马河是最易发生壅塞的第一类河流。第二类河流有阿穆尔河及其支流——结雅河、布列亚河、乌苏里江。

　　壅塞的危险性主要取决于两个因素，即水位大幅升高和冰的动压。这两个因素对住宅、河道运输、桥梁、公路和铁路、种植业、水力发电、给水、管道、输电线等经济设施和人类活动产生影响。

　　日照的持续时间发挥着特殊的作用。冬季的日照时间比夏季短，而且纬度越高差异越大。在极夜期间会产生额外的照明费用。而与此同时，在太阳昼夜不落的极昼期间，大部分居民会出现失眠问题。

3.1.2　自然资源

　　俄罗斯太平洋地区几乎所有区域都拥有丰富多样的自然资源，最主要的是矿产资源（金属和非金属、燃料能源）以及木材、鱼、土地、水资源和游憩资源。

1. 有用矿物

　　远东是俄罗斯主要的锡矿产地［重要锡矿床分布在萨哈（雅库特）共和国、马加丹州、滨海边疆区和哈巴罗夫斯克（伯力）边疆区]。钨、钼和铅锌矿床临近锡矿床地带。地区内还发现了汞矿床（在楚科奇自治区和科里亚克自治区、雅库特的东北部和哈巴罗夫斯克（伯力）边疆区）。

远东地区的贵金属矿床和宝石矿床特别丰富，是国内最大的金矿区域（金矿的主要开采区分布在雅库特以及楚科奇、马加丹州和阿穆尔州的毗邻区域）和大型的金刚石产地（金刚石的主要开采区位于雅库特）。

这里发现了巨大的铁矿石储量。位于雅库特南部的阿尔丹铁矿盆地最为重要。在阿穆尔河沿岸地区也发现了大型的铁矿床。

远东拥有丰富多样的能源资源。例如，勒拿煤田的煤储量位列全球前十。位于萨哈共和国南部的南雅库特煤田最具有远期前景。其他地区也有多座煤田。远东拥有较大的石油和天然气储量。但是，远东目前只能称得上是开采烃类原料的远景地区。尽管在萨哈林州、马加丹州、堪察加边疆区、楚科奇自治区及这些地区的大陆架已经发现了含油气区，但是目前仅在萨哈林进行着大规模的以及在雅库特西南部进行着较小规模的石油开采。

俄罗斯太平洋地区是国内最重要的矿物原料产地之一，在矿物的总体结构中，包括工业浓度的黑色金属、有色金属、贵金属和稀有金属以及多种非金属原料和其他原料。截至1996年1月1日，远东地区已探明116亿t铁、1510万t锰、约210万t锡、40万t钨、180万t铅、250万t锌、80万t铜、1670万t萤石、3.8万t银、8000t金、3.1万t汞、350万t硼、1030万t钛、25.4万t锑、47t铂砂。在改革时期，为了划分出目前开采具有经济效益的表内储量，需要重新评估矿物原料的储量。1997~1999年进行的重新评估结果表明，市场经济提出的更加苛刻的要求使国家矿物的潜在资源量减少了27%~30%（Дауев и др，2000）。

滨海边疆区的两座铅锌矿床的铅锌储量占国内已探明铅锌总储量的7%，其中，尼古拉耶夫斯科耶矿床占3.5%，游击队矿床占3.5%。俄罗斯的铅矿预测资源量的17.4%集中在滨海边疆区。

在远东，铜矿仅作为伴生矿从含铜的复合矿床中开采，主要是在哈巴罗夫斯克（伯力）边疆区的共青城矿区。基本上没有进行过专门的铜矿普查和勘探。

萨雷拉赫矿床的 C_1 级锑储量（Безносов，2005）为8.6万t，占俄罗斯已证实储量的43%，锑的平均品位为19.0%。后来开采的先塔昌矿床规模更大也更富矿，该矿床的锑矿总储量（C_1+C_2 级）为9.5万t（占俄罗斯锑总储量的24%），已证实储量（C_1 级）为8.9万t（占44%），锑的平均品位为23.6%。

在俄罗斯太平洋地区境内分布着世界上最大的斜长岩带之一——东亚斜长岩带，该矿带具有磷灰石-钛铁矿-钛-磁铁矿的复合成矿特征。已经在东亚斜长岩带发现一些复合矿床并进行部分调查，这些复合矿床集中在朱格朱尔矿区和卡拉尔-哈尼矿区。卡拉尔-哈尼矿区具有相当优越的经济地理位置，因此这里展现出开发矿床（大谢伊姆矿床、卡拉尔矿床、库拉纳赫矿床）和建设俄罗斯东部第一个钛工业基地的实际前景。位于滨海地区优越的经济地理环境中的阿里亚纳钛铁矿床和科克沙罗夫钛铁矿床也具有工业价值。

俄罗斯太平洋地区共登记了4个矿床的萤石储量，截至1996年1月1日登记的储量共为1670万t，储量的主要部分（1200多万吨）和开采集中在滨海边疆区的几个规模少有的矿床（沃兹涅先斯科耶矿床、波格拉尼奇诺耶矿床、拉格尔诺耶矿床）。这些矿床的特点是萤石矿石中含有珍贵的稀有元素和稀土元素。

俄罗斯太平洋地区的全境几乎都在不同程度上具备进一步发展采矿工业的前景。很多矿床及矿床组合依然能够构成发展俄罗斯矿物原料基地的基础。

目前已知的具有商业价值的能源资源潜力巨大。石油的总储量和资源量评估为114亿t，天然气为26.8万亿m^3，煤炭为1.2万亿t。但是，目前对这些资源的地质学研究依然不够充分。石油的已查明储量（$A+B+C_1+C_2$级）与原始潜在资源量的比值不足6.2%、天然气的这一比值为14.5%、煤炭的这一比值仅为2.6%。

俄罗斯太平洋地区的所有区域及其大陆架都拥有石油和天然气的潜在资源量。从潜在的发展规模、对国内外能源市场行情的影响来看，萨哈林及其东部陆架、雅库特西南部和中部的油气资源最具价值（表3.2）。

表3.2　远东的石油和天然气的储量与资源量（截至2002年1月1日）

次区域和小分布区	天然气/$10^9 m^3$	石油/$10^6 t$
萨哈共和国	2280.6/7844.1	309.5/2 120.94
哈巴罗夫斯克（伯力）边疆区	1.9/72.1	—/—
堪察加边疆区	22.6/815	—/149
萨哈林州：		
陆地	68.4/252.3	44/141
大陆架	1007.8/1913.8	310.1/325.7
楚科奇自治区	14.7/336	9.6/2806
其他次区域：		
陆地	—/91	—/—
大陆架	—/12109.4	—/5234.0
远东联邦区	3396.0/23433.7	673.2/10776.6

注：分子为$A+B+C_1+C_2$级储量；分母为$C_3+D_1+D_2$级潜在资源量

北极东部邻海（东西伯利亚海、楚科奇海）和远东邻海（白令海、鄂霍次克海、日本海）的大陆架拥有巨大的烃类地质资源，这些邻海的大部分区域衔接行政边界。

在萨哈林岛（库页岛）大陆段的62座油气田中，石油和天然气的原始总资源量（各级别储量和资源量以及评估之前的累计开采量）为石油2.95亿t、天然气3640亿m^3。在大陆架发现的8座油气田中，有7座位于大陆架东北部，1座（不大的天然气田）位于鞑靼海峡的萨哈林岛（库页岛）西南沿岸，所含石油为6.40亿t、天然气为29620亿m^3。大陆架东北部的所有油气田（不包括储量较小的维宁气田）均属于大型油气田。其中，伦斯科耶气田是远东天然气储量最大的气田（天然气表内储量3841亿m^3），阿尔库通–达吉油田和帕利通–阿斯托赫油田是原油储量最大的油田，萨哈林大陆架的已查明原油储量的74%集中在这两座油田中。开发大陆架对萨哈林大规模发展油气工业具有重要意义。

在萨哈（雅库特）共和国境内，已经查明有30多座油气田，石油和天然气的原始总资源量分别为24.32亿t和10.2万亿m^3。这些资源的勘探程度非常低。在雅库特西南部发现的所有油田均为复合型。根据所采用的储量规模分类标准，有两座油田——塔拉坎油田和中博图奥巴油田属于大型油田，这两座油田的已查明原油储量分别为 1.238 亿 t 和 6630 万 t。主要的天然气藏主要赋存在雅库特西南和中部的气田，其中最大的是恰扬达气田（约 12400 亿 m³ 天然气）。

2. 水能资源

大多数次区域都拥有相当巨大的水能储量，可以修建各种容量的水电站（表3.3）。

俄罗斯太平洋地区的大中型河流的水能资源总潜力评估为 10080 亿 kW·h（装机容量 1152 亿 W），加上小型河流，年均发电量为 11390 亿 kW·h（1301 亿 W）。雅库特贡献了一半以上的水能资源潜力，哈巴罗夫斯克（伯力）边疆区、阿穆尔州和马加丹州也拥有较大的水能资源潜力。开发水能资源的技术条件总体上是良好的，20 世纪 60 年代的水能资源有效利用系数为 0.68。

表3.3　俄罗斯太平洋地区大中型河流的水能资源蕴藏量

（单位：10 亿 kW·h）

次区域	总潜力	工业潜力
萨哈（雅库特）共和国	508	345
滨海边疆区	25	15
哈巴罗夫斯克（伯力）边疆区和犹太自治州	200	138
阿穆尔州	76	51
堪察加州和科里亚克自治区	51	35
马加丹州和楚科奇自治区	144	100
萨哈林州	5	3
远东联邦区	1008	687

3. 土地资源

广袤的土地面积总计为 6.216 亿 hm²（表3.4）。

表3.4　远东的各土地类型的结构

（单位：10⁶hm²）

各地区	土地类型							合计
	农用地*	林地	建设、交通设施用地等	宜牧用地	水域	未利用地	其他	
萨哈（雅库特）共和国	1.7	143.2	0.2	90.1	13.0	14.1	48.0	310.3
滨海边疆区	1.6	11.3	0.2	—	0.5	0.5	2.5	16.6
哈巴罗夫斯克（伯力）边疆区	0.7	52.5	0.2	10.4	1.1	8.3	5.6	78.9
阿穆尔州	2.7	22.5	0.2	0.6	1.1	4.9	4.5	36.4
堪察加边疆区	0.44	19.1	0.026	17.1	0.9	2.8	6.8	47.2

续表

各地区	土地类型							合计
	农用地*	林地	建设、交通设施用地等	宜牧用地	水域	未利用地	其他	
马加丹州	0.1	17.1	0.02	18.5	0.4	0.9	9.1	46.1
萨哈林州	0.2	5.5	0.06	1.0	0.2	0.5	1.3	8.7
犹太自治州	0.4	1.5	0.03	—	0.03	1	0.6	3.6
楚科奇自治区	0.008	5.1	0.03	42.6	2.5	0.7	22.9	73.8
远东联邦区，2000	7.8	277.8	1.0	180.3	19.7	33.7	101.3	621.6

＊对于远东及其各地区，农业企业和务农户的土地被划归为农用地

远东是多山地区。在这里，最大的山系与太平洋的海岸线具有相同的走向，这让空气团难以在大洋与大陆之间直接进行交换，从而频繁引发逆温现象。复杂的山系让地区的很多区域难以通达，造成严重的交通运输问题。平坦区域占地不到地区的1/4。平坦地段最适宜于人类生活和经济活动，包括面积不大的平原、河谷和山间盆地，在雅库特还包括高原。正是在这些地方聚集了大部分的居民和经济潜力。例如，在开发程度最高的远东南部（滨海边疆区、哈巴罗夫斯克（伯力）边疆区、阿穆尔州和犹太自治州），适宜于和相对适宜于大规模经济活动的土地占了不到1/3的面积（表3.5）。

表3.5　远东南部的各类地形的分配比例

主要地形	比例/%
高山（海拔2000m以上）	7.4
中山（海拔1000~2000m）	27.2
低山（含低苔原）（海拔300~1000m）	31.7
其他山区	66.3
平原区，包括结合个别低山段的平原区	33.7
合计	100.0

4. 森林资源

在远东，森林占据土地面积的主要部分。森林用地总面积为5.032亿 hm^2，占地区总面积的81.0%，其中2.804亿 hm^2 是森林覆盖地，在此集中了206亿 m^3 的木材蓄积量。截至2004年初，这些土地被作为"森林资源"评估的绝大部分（98.6%）归俄罗斯联邦自然资源部管辖（表3.6）。

63%的森林是高山森林。萨哈（雅库特）共和国的山地化程度最低，这里的高山森林占森林面积的34%，在其余地区则占到98%~100%。约3/4的森林位于永久冻土区，其余森林分布在季节性持久冻土区，这成为林分的平均增长量相对不大的原因，从楚科奇自治区的0.2 m^3/hm^2 到滨海边疆区的1.5 m^3/hm^2，每年平均为0.9 m^3/hm^2。

表 3.6 远东各类土地的林地面积（2003 年）

地区	林地/$10^3 hm^2$			非林地/$10^3 hm^2$	森林总面积/$10^3 hm^2$	木材蓄积量/$10^6 m^3$
	森林覆盖地	森林未覆盖地	合计			
萨哈共和国	143061.8	49447.8	1925096	62243.7	254753.3	8825.6
滨海边疆区	11373.3	138.6	11511.9	338.6	11850.5	1753.1
哈巴罗夫斯克（伯力）边疆区	50924.2	6918.2	57842.4	15862.7	73705.1	5034.6
阿穆尔州	22654.8	2826.9	25481.7	5062.7	30544.4	2000.4
堪察加州	9004.5	531.6	9536.1	5539.3	15075.4	623.1
马加丹州	16259.9	11144.9	27404.8	17301.3	44706.1	387.3
萨哈林州	5519.5	695.7	6215.2	732.0	6947.2	618.3
犹太自治州	1563.1	59.9	1623.0	514.2	2137.1	170.1
科里亚克自治区	9837.6	1395	11232.6	17682.4	28915.0	553.4
楚科奇自治区	4912.6	4733.8	9646.4	17823.8	27470.2	82.0
远东联邦区	275111.3	77892.4	353003.7	143100.7	496104.4	20047.9

森林覆盖率（森林面积与总面积的比值）从科里亚克自治区的 32.6% 到滨海边疆区的 75.8%。仅在完全处于冻原带和森林冻原带的楚科奇自治区，森林覆盖率下降至 6.8%。

5. 远东的陆地水资源

俄罗斯太平洋地区的陆域属于两个大洋——太平洋和北冰洋流域。地区内的决定水资源总量的河川总径流量为 1848km²（占俄罗斯河川总径流量的 43.4%）。地区的可供水量高于俄罗斯平均水平，而需水量和水体污染率显著低于俄罗斯的平均水平。仅一位远东居民的地表水平均可供水量就是俄罗斯的地表水平均可供水量的 9 倍。但是，水资源在地区内分布不均衡，造成个别地区的供水问题（表 3.7）。

表 3.7 远东地区各联邦主体的地表水资源评估值

联邦主体	面积/$10^3 km^2$	年均径流量/(km³/a)	可供水量	
			$10^3 m^3$/年/人	$10^3 m^3/km^2$
雅库特	3095	707.3	745	229
阿穆尔州	361.7	170.8	179	470
哈巴罗夫斯克（伯力）边疆区和犹太自治州	824	138.5	317	611
滨海边疆区	164.5	56.1	25.2	303
萨哈林州	78	46	86.4	656
马加丹州和楚科奇自治区	184	324.8	649	259
堪察加边疆区	462	300	720	589
远东联邦区合计	6169	1848	310	326
俄罗斯联邦	17098	4259	34	286

地区的地下水资源已勘探 4.4%，而其利用率为 0.6%。地下水的预测资源量为每天 $159232 \times 10^3 m^3$（$58.2 km^3$），约占俄罗斯联邦地下水预测资源量的 1/5，可开采量为 $6945.9 \times 10^3 m^3$（$2.3 km^3$）。目前每天开采地下水 $1307.7 \times 10^3 m^3$，每天使用地下水 $944 \times 10^3 m^3$，大部分用于满足生活和饮用水需求（表 3.8）。

表 3.8　截至 2008 年 1 月 1 日的地下水资源量

地区	预测资源量			开采储量/($10^3 m^3/d$)	地下水资源的勘探程度/%	开采量和回收量/($10^3 m^3/d$)	使用量/($10^3 m^3/d$)	
	合计/($10^3 m^3/d$)	占俄联邦总量的百分比/%	模量/[m^3/($d \cdot km^2$)]				合计	其中，用于满足生活饮用水之需
俄罗斯联邦	869055	100	50.9	93816.7	10.8	29865.7	23603.6	16396.5
远东联邦区	159232	18.3	25.6	6945.9	4.4	1307.7	944	677.5

地下水矿床（地段）共有 583 座，其中 325 座正在开采。地下水的开采储量集中在自流盆地。

6. 近海和远海烃类资源

在毗连俄罗斯东部的邻海的大陆架，烃类资源的勘探程度约为 6%（表 3.9）。

表 3.9　远东大陆架的烃类资源原始总资源量　（单位：$10^6 t$ 标准燃料）

水域（海）	原始总资源量	储量	预测资源量	累计开采量	矿床数量
东西伯利亚海	5583	—	5583	—	—
楚科奇海	3335	—	3335	—	—
白令海	1075	—	1075	—	—
鄂霍次克海	8735.2	1737.24	6977.96	20	8
日本海	485.6	4.55	481.05	—	1
堪察加太平洋沿岸	113	0.75	112.25	—	—
远东大陆架合计	19326.8	1742.54	17564.26		9
俄罗斯大陆架合计	98678.05	10828.27	87829.78	20	43

资料来源：Клещев и др，1999

目前，国家矿产储量平衡表登记了远东邻海大陆架的 9 座烃类矿床，其中，鄂霍次克海有 8 座（1 座油田、5 座凝析油气田、1 座凝析气田、1 座气田），日本海的大陆架有 1 座气田（表 3.10）。

表 3.10　远东大陆架的已分配[*]地下资源

水域（海）	远景面积/$10^3 km^2$	已分配地下资源的总面积/$10^3 km^2$	占水域中的远景面积的百分比/%	已分配的地下资源中的总资源量/$10^6 t$ 标准燃料	占水域总潜力的百分比/%
东西伯利亚海	460	—	—	—	

水域（海）	远景面积/10^3km²	已分配地下资源的总面积/10^3km²	占水域中的远景面积的百分比/%	已分配的地下资源中的总资源量/10^6t 标准燃料	占水域总潜力的百分比/%
楚科奇海	330	—	—	—	
白令海	190	4	2	64	3
鄂霍次克海和日本海	610	95	16	3150	21
远东地区合计	1590	99	6	3214	19
俄罗斯联邦合计	4093	249	6	11463	12

＊指划拨给开采企业的资源。

资料来源：俄罗斯联邦自然资源部联邦地下资源利用署的数据

7. 海洋生物资源

截至 20 世纪 90 年代初，在太平洋及其边缘海的俄罗斯专属经济区的生物资源总量中，评估有鱼类和非鱼类水产 2600 万 t，其中 1600 万 t 鳕鱼类（黄线狭鳕、大西洋鳕、长尾鳕、宽突鳕、狗鳕等）、300 万 t 鲱鱼类，比目鱼、鲈鱼、沙丁鱼、鲑鱼和秋刀鱼各 30 万～70 万 t。非鱼类的海洋动植物资源量评估为 250 万 t，其中，磷虾占 62%，枪乌贼占 21%，蟹占 12%，蛾螺、扇贝和伊谷藻各占 1%～1.5%，毛虾、海参和海带各占 0.1%～0.5%。这些资源在各个水区的分布比例为西白令海区占 11%，东堪察加区占 7%，北千岛群岛区占 18%，鄂霍次克海区占 46%，日本海区占 12%。

鄂霍次克海是盛产水产品的水体，是俄罗斯的重要渔业水域。这里的陆架区的底层鱼有 16 个种和亚种。在个别区域（如在堪察加西部大陆架），潜在渔获率可能达到 22t/km²。20 世纪 80 年代末，鄂霍次克海的鱼类的总生物量评估为 3000 万～3500 万 t，其中上层鱼类约占 90%。在很长时间内，鲱鱼、比目鱼和螃蟹一直是鄂霍次克海的渔业基础，但是，在 20 世纪 90 年代，黄线狭鳕跃升至第一位。占总渔获量的近 75%。在 20 世纪 90 年代末，主要的渔业资源包括黄线狭鳕（近 200 万 t）、太平洋鲑鱼（12 万～12.5 万 t）、鄂霍次克鲱鱼（10 万～15 万 t）和螃蟹（5.3 万～5.8 万 t）。

日本海的渔业资源远不如鄂霍次克海丰富。日本海的鱼类资源大致定义为 1000 万～1100 万 t（不计中水层和深水层鱼类），无脊椎动物的渔业资源量为 170 万 t，而在俄罗斯的专属经济区共有 60 万～70 万 t（另有数据显示为 27 万 t），其中，在鞑靼海峡为 19 万 t，在萨哈林岛（库页岛）的西南沿岸为 24.4 万 t。根据单位面积内的生物量多少进行排序，萨哈林岛（库页岛）的西南沿岸地区排在第一位（21.4t/km²），鞑靼海峡排在最末位（5.4t/km²）。在鞑靼海峡栖息着 193 种鱼类。在 20 世纪 80 年代，远东拟沙丁鱼具有重要的渔业价值。

目前，黄线狭鳕是主要的捕捞品种（占鱼类总量的 30%～48%，占鳕鱼类生物量的 46%～86%）。其次是比目鱼类（平均占 22%）、杜父鱼类（占 6%）和六线鱼类（占 5%）。日本海的渔业基础由高产品种或者没有形成密集性聚集但是具有很高食用价值的品种构成，如黄线狭鳕（近 22.6 万 t）、远东多线鱼（近 13.8 万 t）、大西洋鳕鱼（6.9 万 t）、比目鱼（近 12.6 万 t）、鲑鱼（近 4000t）、枪乌贼（20 万 ~ 80 万 t）、螃蟹（近 3000t）、毛虾（近 2400t）、软体动物（近 12.5 万 t）、棘皮动物（近 3000t）。此外，这里还有俄罗斯的非传统捕捞品种：虎鱼常见品种（储量 8.8 万 t）、软骨鱼类（9000t），这些品种在亚太地区国家享有很高的商业价值。

北冰洋水域则是另一番情形。东西伯利亚海和楚科奇海的生物资源丰度在俄罗斯是最低的。底栖生物的生物量低于 $25g/m^2$，而同时，在相当寒冷的巴伦支海，这一指标则超过 $300g/m^2$。东西伯利亚海和鄂霍次克海的鱼类不超过 60 种，在白令海和鄂霍次克海则约为 300 种，在日本海为 600 种。仅在海湾的岸边以及在注入北冰洋的河流的辽阔河口水域，鲑鱼类（红点鲑、白北鲑、茴鱼）、白鲑鱼（秋白鲑、欧白鲑）和胡瓜鱼夏季在此摄食肥育。北冰洋边缘海的鱼类中，仅宽突鳕具有不大的捕捞价值，海洋动物中具有价值的是环斑海豹。

在鄂霍次克海北部，数量最大和最常见的鱼是黄线狭鳕（明太鱼）。黄线狭鳕的最大产卵场沿着大陆架和大陆坡的下半部从堪察加的最南端分布到舍列霍夫湾的南部。黄线狭鳕的第二大产卵地位于陶伊湾以南。更小的产卵地位于鄂霍次克海西北部的外大陆架和杰留金盆地向约内岛以北和以西南的分叉上。在东萨哈林水域，除了捷尔佩尼耶湾的个别段，再没有大型的产卵场。在鞑靼海峡的北部也有黄线狭鳕的产卵场。在日本海，黄线狭鳕的小鱼向两个地区聚集，即北部的鞑靼海峡和南部的朝鲜半岛湾-彼得大帝湾段。鞑靼海峡的黄线狭鳕的生物量与滨海水域中的基本相同，即 10 万 ~ 20 万 t，北海道水域中的约为 50 万 t。

目前，黄线狭鳕的资源量在不同地点有所不同：栖息在南千岛群岛附近的鱼群处于萎缩中；日本海的黄线狭鳕在最近几十年的数量少；栖息在北千岛群岛和堪察加西南部附近的黄线狭鳕资源量正在减少。西白令海区的黄线狭鳕数量少。在 20 世纪 90 年代，鄂霍次克海的黄线狭鳕鱼群数量锐减。2001 年，鄂霍次克海的产卵黄线狭鳕的总储量与 1996 年相比减少了 2/3，而与 20 世纪 80 年代末相比减少了 5/6（TAC 总允许捕捞量，2002）。黄线狭鳕资源量的减少在某种程度上可以被鲱鱼（预测量为 52 万 t 以上）、比目鱼（20 万 t）、毛鳞鱼（14 万 t）、秋刀鱼（13 万 t）和多线鱼（7 万 t）的有利预测量补偿（Борисов，2000）。

鲱鱼是最重要的渔业资源之一，其主要产于鄂霍次克海。种群的多年龄结构、每年多次产卵、高繁殖率、沿鄂霍次克海西北岸分布的产卵场面积大，这些保证了鄂霍次克海鲱鱼的高产量。在年龄组和鱼群的数量方面，鄂霍次克海的鲱鱼清晰地表现出 20 年和 5 ~ 6 年的波动周期。鲱鱼繁殖的最佳生物量约为 91 万 t。

近年来，在远东海域，鲱鱼类的数量增加了 1 ~ 2 倍。黄线狭鳕和鲱鱼的数量呈反向变化（Шунтов，2003）。鄂霍次克海鲱鱼群、吉日加-堪察加鲱鱼群和科尔夫-卡拉加鲱鱼群的数量继续增加。鄂霍次克海鲱鱼群和吉日加-堪察加鲱鱼群的肥育场广泛分布在鄂霍次克海，一直到达千岛群岛中部。萨哈林-北海道鲱鱼和捷卡斯特里鲱鱼已经约 50 年处于深度萎缩中。

在鱼类资源中，驼背大麻哈鱼、马哈鱼、红大麻哈鱼、大鳞大麻哈鱼和银大麻哈鱼等太平洋鲑鱼占据重要一席。在 20 世纪 30 年代末，在太平洋西北部，太平洋鲑鱼的最大总生物量为 1000 万 ~ 2500 万 t，其中，80 万 ~ 120 万 t 为在鄂霍次克海水域繁殖的种群。在 20 世纪 50 ~ 60 年代，由于过度捕捞和数量的周期变化，太平洋鲑鱼迎来深度萎缩期。从 70 年代中期开始，太平洋鲑鱼数量缓慢回升，但是即使在 80 ~ 90 年代，太平洋鲑鱼资源仍不稳定。

经鄂霍次克海洄游的太平洋鲑鱼的生物量估计为 20 万 ~ 32 万 t，大约是 20 世纪 20 ~ 30 年代的 1/4。从 90 年代中期开始，太平洋鲑鱼资源减少。但是，驼背大麻哈鱼的数量保持很高，大概在未来几年将迎来高峰。总体上，与一系列的其他普通捕捞品种一样，太平洋鲑鱼也在 20 世纪 80 ~ 90 年代经历了气候变化周期和产量周期的峰值。今后，如同 20 世纪 40 ~ 50 年代一样，太平洋鲑鱼资源量预计会逐渐下降（Кляшторин，2000）。

近年来，由于高龄鱼退出鱼群，大西洋鳕鱼的生物量有所减少。六线鱼的数量在长期萎缩后开始增加。

在远东海域，哺乳动物的资源量巨大。在白令海西部，鳍脚目动物的总数量评估为 80 万头以上，其中髯海豹 25 万头、海象 20 万头、环斑海豹 13 万头、带纹海豹 11.7 万头、斑海豹 10.7 万头。科曼多尔群岛的海狗种群相对稳定在 23 万 ~ 24 万头。楚科奇-加利弗尼亚种群的灰鲸数量约为 2.1 万头，白鲸估计为 1 万头。灰鲸和白鲸都处于稳定状态。白令海的长须鲸和座头鲸种群没有走出深度萎缩，仅出现在以往分布区的一小部分区域。

在鄂霍次克海，栖息在冰面的海豹种群数量稳定在 130 万头，其中环斑海豹 54.5 万头、带纹海豹 40.5 万头、斑海豹和髯海豹各 18 万头。海豹岛（秋列尼岛）的海狗种群处于萎缩中，约 6 万头。小鳁鲸约为 1.9 万头，而白鲸为 1 万头。长须鲸的数量在增加，露脊鲸、弓头鲸和北大西洋露脊鲸的分布区正在恢复，但是座头鲸种群依然处于濒危状态。

在海洋无脊椎动物中，螃蟹的价值最大，其中就有堪察加蟹。存在两个主要的螃蟹种群：阿扬-尚塔尔蟹和西堪察加蟹。在 20 世纪 60 年代，过度的捕捞造成螃蟹资源量锐减。通过采取繁殖保护和调节捕捞量的措施，让螃蟹数量显著增加，但是，在 90 年代，由于极度粗放式捕捞，螃蟹数量再度锐减。与 1998 年相比，1999 年的西堪察加蟹的种群储量从 5780 万只减少至 3400 万只。雪蟹、蓝蟹、短足拟石蟹等其他种类螃蟹的资源量相对不大，状况良好。

鄂霍次克海的蛾螺资源没有被充分利用，状况良好，而日本海的蛾螺数量少。日本海的富山虾、日本长额虾、北极虾的储量不大并有下降趋势，海胆和海参的储量状况良好。日本海和鄂霍次克海的章鱼生物量评估为 6000t 并有上升趋势，枪乌贼资源量保持高水平并且在持续增加。鄂霍次克海的深海动物总量为 2.5 亿 t，其中有渔业价值的无脊椎动物占 150 万 t。

在鄂霍次克海和日本海的近岸地带，海藻种类特别繁多。仅在鄂霍次克海，每年就可以采收 66 万 ~ 67 万 t 海带和约 30 万 t 翅藻和褐藻。此外，还可以开发利用千岛鹿角菜、翼藻、皱波角叉菜、杉藻、红皮藻等，其资源量评估为 16 万 t。

8. 内陆水体的渔业资源

内陆水体的渔业资源情况迥然不同，评估为 5.5 万 t，其中阿穆尔河流域为 2.1 万 t，在雅库特的水体为 2.5 万 t。实际上，在内陆水体的多处，已经有 100 年的时间都在进行野蛮捕捞。

　　远东的内陆水体的主要渔业资源与阿穆尔河息息相关。阿穆尔河是北半球生物多样性排名第二的河流，仅次于密西西比河。阿穆尔河中栖息着 104 种鱼类，其中 18 种是当地特有鱼种。36 种鱼具有渔业捕捞价值，其中的 25 种为具有高商品价值的鱼，包括洄游的太平洋鲑鱼（秋季马哈鱼），其次是夏季马哈鱼、近海和阿穆尔河的驼背大麻哈鱼、红点鲑（花羔红点鲑）、马苏大麻哈鱼；鲟鱼类（鳇和施氏鲟）；某些大型密网鱼（狗鱼、野鲤、红鳍鲌、鲶鱼、白鲢、哲罗鱼、细鳞鱼、白鲑、草鱼、鳡鱼、欧鳊、江鳕）。小型密网鱼中以鲫鱼为主。

9. 资源类产品的对外贸易

　　总体上，巨大和丰富的自然资源潜力成为广泛发展采掘工业首先是发展采矿工业的最重要因素。20 世纪 90 年代前的最后一个世纪主要是满足国内需求。在 90 年代的危机期，地区的采掘工业也发生严重衰退，但是同时，采掘业的贸易地区明显地转向亚太地区国家的外部市场。通过分析远东外贸总额的变化可知，在 20 世纪 90 年代的前半期，出口的特点是原料型产品所占比重大（图 3.1）。

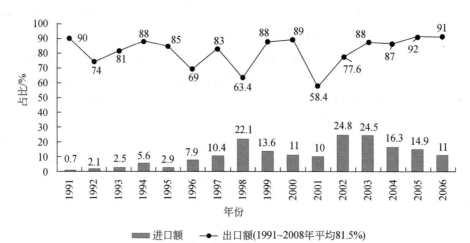

图 3.1　1991～2008 年俄罗斯远东的自然资源在出口和进口产品中的占比
资料来源：Ткаченко，2003；远东…，1999；自然资源利用…，2005；信息…，2011

　　总体上，1991～2008 年，资源型产品的出口占地区总出口的年平均比例为 81.5%。同时，矿物原料行业出口产品的物理量继续增加，1992～2005 年几乎增加了 5 倍（图 3.2）。

　　20 世纪 90 年代，远东的出口商品结构的特点是鱼类和非鱼类水产品的比例高居不下（图 3.2、图 3.3）。在地区的产品结构中，约 20% 是在地区境外生产的再出口产品。在改革过程中，原料行业（燃料行业、渔业、林业）把产品销售区域转向亚太地区，尤其是东北亚，从而更加成功地融入市场关系中。

　　从 20 世纪 90 年代下半叶开始，尤其是在 21 世纪初，随着萨哈林油气项目的启动，原油出口量增加（Калашников，2001）。到 2008 年前，远东的原料出口贸易额接近 120 亿美元（图 3.4）。

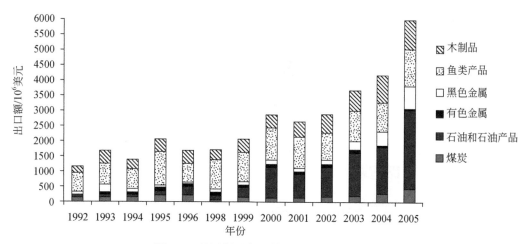

图 3.2　俄罗斯远东原料总出口额及其结构

资料来源：远东…，1999；自然资源利用…，2005；经济合作…，2007

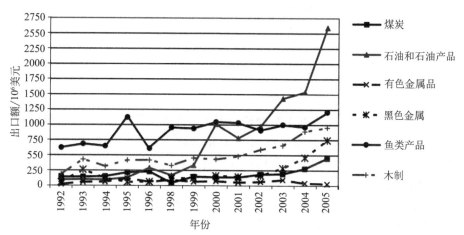

图 3.3　远东地区 1992~2005 年最重要的各类原料型产品的出口额变化图

资料来源：远东…，1999；自然资源利用…，2005；经济合作…，2007

　　林业产品出口也使原料产品在出口中的数量和占比均增加，自 21 世纪初开始，煤炭和黑色废金属的出口额增加；海产品在俄罗斯关税区以外的销售额呈增加趋势。

　　最近十年，在俄罗斯太平洋地区的出口结构中，燃料能源、机械制造、林业和渔业产品占主导地位，在 2008 年的远东出口额中占 92.5%（2000 年占 77.8%）。这几个行业对 2000~2008 年的远东出口增长速度的总贡献率达到 98.3%。燃料能源行业对地区出口增长（增长 74%）速度的贡献最大。

　　在燃料能源产品的当代出口结构中，原材料资源（萨哈林的石油和雅库特的煤炭）占 96%。2008 年，地区开采的 78% 的石油和约 16% 的煤出口至国外市场。2000~2008 年，石油的出口贸易额增加了 14.5 倍，煤炭增加了 3.9 倍，而同时，石油和煤炭的实际出口数量分别仅增加了 3.3 倍和 0.1 倍。石油出口额出现如此大幅度的增长是由于国际原油价

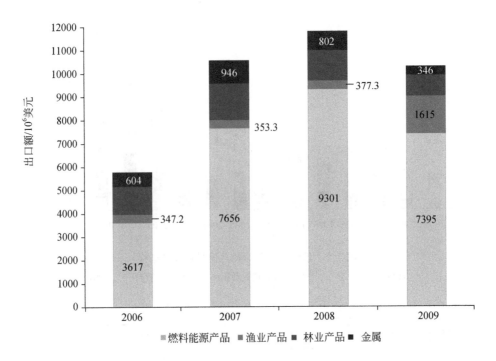

图 3.4　远东地区 2006~2009 年原料总出口额及其结构

资料来源：俄罗斯各地区…，2007，2010

格高以及国外对能源载体的需求在不断增长。由于石油供应量增加，其在燃料能源类产品的出口结构中的占比从 49.9% 增加到 88.4%（Деваева，2009）。

金刚石、贵金属、有色金属原矿和精矿等矿物原料产品继续在远东出口中占据稳定的一席（2008 年占 12.2%）。在森工产品的出口结构中，尽管未加工木材的出口关税上涨，使 2008 年的圆木的实际出口数量（减少 16.8%）和贸易额（减少 11.9%）相较于 2007 年均显著下降，但是经济木材的比例依然很高。

在渔业产品的出口中，传统上以鲜冻鱼和非鱼类水产品为主。最近几年，在地区的鱼产品出口中，原料指向型产品越来越多。如果说 2000 年原料型产品（冻鱼、甲壳类和软体类）在地区鱼类和非鱼类水产品出口贸易额中所占的比重为 77.4%，那么在 2008 年，原料型产品的比重上升至 88.1%。国外对鱼产品的需求量大而且稳定，这对形成鱼产品的生产规模起着重要作用。在渔业资源供应量增加的背景下，远东鱼产品出口中的成品和半成品的实际出口量却呈下降趋势（Деваева，2009）。

3.2　作为地区发展因素的经济地理区位

俄罗斯远东具有独特的经济地理区位（Маергойз，1974；Трейвиш，1982；Бакланов等，1996；Бакланов，2001a；Каракин，2004），但是这种独特性是双重的，它同时包含着有利于和不利于区域经济发展的先决条件。

俄罗斯太平洋地区的经济地理位置中的以下组分影响着区域经济的发展（图 3.5）：

（1）俄罗斯太平洋地区处于俄罗斯的边缘位置，与产业最发达的中央地区、与西伯利亚的燃料能源地区都相距遥远。像伊尔库茨克市、克拉斯诺亚尔斯克市、新西伯利亚市、鄂木斯克市这样的西伯利亚的经济中心城市与俄罗斯太平洋地区的最大城市（哈巴罗夫斯克（伯力）市和符拉迪沃斯托克（海参崴）市）相距 3500～5000km。与俄罗斯欧洲地区、乌拉尔地区和西西伯利亚地区相比，俄罗斯太平洋地区的人口数量和密度、总产值等社会和经济潜力指标骤然下降，也加重了地区的边缘性。也就是说，俄罗斯太平洋地区在地理上的边缘性因它的社会和经济层面的外围性而越来越凸显。

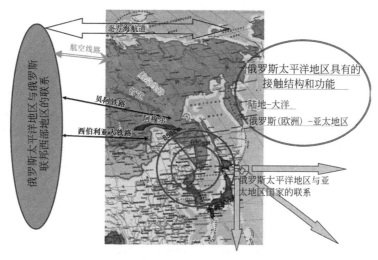

图 3.5 俄罗斯太平洋地区经济地理位置基本特征图

（2）宽广的近海、近洋位置。地处自然地理特点对比强烈的北冰洋和太平洋的交界处，具备先进的破冰船队和水下舰艇，这些条件让地区的几乎所有海岸点都能实现全年候通航。但是，滨海地区、哈巴罗夫斯克（伯力）边疆区、萨哈林岛（库页岛）和堪察加半岛的南部和东南部的船舶运输条件更加有利。

（3）俄罗斯太平洋地区仅与本国的一个地区——东西伯利亚地区直接接壤，后者的开发程度与俄罗斯太平洋地区相比更高，并且拥有极其丰富和多样的自然资源（表 3.11）。在过去的开发阶段，东西伯利亚地区凭借自身的主打产品（金属、电力、木材等）在经济上更多地向位于其西部的地区敞开，很少与东部的尤其是在结构上有某种类似的远东打交道。直到今天，与相邻的东西伯利亚地区相比，俄罗斯太平洋地区依旧更多地与西西伯利亚地区开展经济往来。但是未来对地区自然资源的开发以及从东西伯利亚向太平洋方向的石油和天然气干线管道的修建，也必将加强俄罗斯太平洋地区与东西伯利亚地区的联系。

（4）东西方向的交通线，首先是西伯利亚大铁路、贝加尔-阿穆尔铁路、赤塔-纳霍德卡干线公路以及经勒拿河、石勒喀河和额尔古纳河上游，之后经阿穆尔河，保障了经东西伯利亚地区与国内其他地区相连通的可能性。此外，滨海北部和东部地区经北方海航道相互连通。

与俄罗斯其他地区连通的主要交通线路集中在远东南部。但是，在夏季，经北方海航道以及东西方向的大量空中航线，北部也可以实现活跃的跨地区联系。俄罗斯太平洋地区的经济地理位置的重要特点在于，两大干线铁路——西伯利亚大铁路和贝阿铁路自西向东横穿地区全境，并且具有通向沿海港口——瓦尼诺港、符拉迪沃斯托克（海参崴）港、纳霍德卡–东方港、扎鲁比诺–波西耶特港的四条主要通道。

表 3.11　俄罗斯各地区的人口密度和经济发达程度的主要指标（2008 年）

指标	人口密度和定居密度			经济密度				
	人口/（人/km²）	居民点/（个/10³km²）	城市/（个 10³km²）	单位面积的地区生产总值/（10³卢布/km²）	单位面积的生产性固定资产/（10³卢布/km²）	农业开发程度/%	铁路密度/（km/10000km²）	硬路面公路的密度/（km/1000km²）
西伯利亚	3.9	2.4	0.02	201.3	728.6	9.3	29.0	18.0
远东，其中：	1.1	0.5	0.01	78.1	308..2	0.7	13.0	5.3
南部次区域	4.6	1.9	0.04	279.3	1197.9	2.9	71.3	19.3
北部次区域	0.3	0.2	0.004	34.1	113.3	0.2	0.3	2.3
俄罗斯联邦平均值	8.4	9.3	0.06	554.7	1890.1	11..3	50.0	32.0
最大值	58.0	93.9	0.46	4960.6	12877.5	66.5	263.0	187.0
最小值	1.1	0.5	0.01	78.1	308.2	0.7	13.0	5.3

资料来源：俄罗斯各地区…，2009

（5）俄罗斯太平洋地区的东南地区的过境运输潜力巨大。经该地区即经阿穆尔州、哈巴罗夫斯克（伯力）边疆区和滨海边疆区的南部进行货物过境运输的可能性是由其经济地理位置决定的。对于其相邻地区（包括第一、第二梯队邻国）来说，经该地区的最大可能货运和客运量可以评价为该地区的过境运输潜力。因此，地区的过境运输潜力，一方面由该地域的经济地理位置决定，另一方面，又因反映经济地理位置的相关方面而成为经济地理位置的组分。

（6）具有通往中国、朝鲜、日本和美国四个国家的陆地和海上国境线的出口。笔者指出，中国、美国和日本不仅是亚太地区大国，也是全球大国。俄罗斯太平洋地区的经济地理位置在很多方面的独特性在于，如果说这个地区在俄罗斯是边缘地区，与最发达的中央地区相距十分遥远，那么在亚太地区，它则与多个具有巨大社会和经济潜力的发达和发展中大国直接毗邻（表 3.12）。

表 3.12　东北亚各国家（地区）之间的远近程度

东北亚国家	中国（东北地区）	日本	朝鲜	韩国
俄罗斯（远东地区）	0 5200	40 6550	0 5120	450 5500

续表

东北亚国家	中国（东北地区）	日本	朝鲜	韩国
中国（东北地区）		600 3240	0 1780	330 2280
日本			500 2160	60 2050
朝鲜				0 1125
韩国				

注：分子为地区之间的最近两点的距离；分母为地区之间的最远两点的距离

俄罗斯太平洋地区与这些国家经陆路、水路，尤其是海路和空路等多种方式相连通。还有多条交通走廊（铁路走廊、经阿穆尔河的河道走廊、航空走廊）穿过这里，这些走廊既连接了俄罗斯其他地区与亚太地区国家，也连接了亚太地区与欧洲和中亚等地。能源线路、油气管道向邻国的新输出项目成为这一点的佐证。

（7）在俄罗斯太平洋地区与国外相邻地区的自然资源（Ткаченко，2009）、与国外相邻地区的生产和活动类型中，存在着差异，在很多情况下还存在一定的结构互补性。对于俄罗斯太平洋地区与日本、俄罗斯太平洋地区与朝鲜和韩国来说，自然资源和经济行业中的差异和互补性最为明显。类似的差异和互补性也存在于俄罗斯太平洋地区与中国的关系中（Адмидин и Деваева，1998；Минакир，2003，2005；Прокапало，2007；Быстрицкий и др，2008）。

因此，仅在经济地理位置的前述的第 1 个和第 3 个组分中，包含着不利于地区发展的先决条件。在其余的组分中，主要是包含良好和正面的先决条件，即与俄罗斯其他地区和外国开展有效的社会和经济合作、利用这些国家及其边境地区的自然资源潜力和社会经济潜力、广泛利用各类海洋资源的可能性。但是，应当强调，在任何地区的经济地理位置方面，其中还包括俄罗斯太平洋地区，总是存在已经实现和没有实现的社会和经济发展机会。在这种意义上来说，地区的经济地理位置的总体潜力是已经实现的和潜在的机会、利益（或损失）的某种总和。通过更严格和详细的策略，也可以以 GDP、支出的增减、价格、经济效益、生活水平等形式定量地评价地区经济地理区位的有利和不利组分的特殊平衡。

根据取为"1"的远东平均值，可以确定每个联邦主体的这一指标的正向或负向偏离值。

经济地理位置中的"与国内最发达地区的远近程度"组分的数值按照从远东该地区的首府到莫斯科的距离计算。同时，这一距离越短，经济地理位置的该项的优越性就越高。"与其他国家和地区毗邻""出海口"等经济地理位置中的组分用"占地面积""岸线长度""与东北亚国家的国境线的长度（陆地国境线）"等指标进行评价（表3.13）。

把经济地理位置的所有组分的绝对值换算为比值（用"分"表示），最终得出[①]：

---

① 由 Г. Г. Ткаченко 完成经济地理位置的定量评价。

表3.13　反映远东经济地理位置各个方面的主要指标及其以分数表示的比值

远东联邦管区的联邦主体	占地面积		与远东其他区域的最近距离		与远东其他区域的最短距离		远近程度（从首府到莫斯科的距离）		岸线长度		到与东北亚国家的最近国境线的最近距离		与东北亚国家的国境线的长度（陆地）		与远东其他地域的接壤情况		通往东北亚国家的直接通道线的情况（陆路或海路）		交通线的密度（铁路+公路+河路）		总分
	10³km²	K	km	K	km	K	km	K	km	K	km	K	km	K	国家数量	K	国家数量	K	km/100km²	K	
萨哈共和国（雅库特）	3103	4.49	3319	0.81	351	1.99	8468	1.05	2800	1.39	2400	0.7	0	0	4	1.06	0	0	0.63	0.74	12.23
犹太自治州	36	0.05	2231	1.21	868.7	0.8	8361	1.07	0	0	220	6.0	400	1.18	2	0.53	1	0.82	7.01	8.35	20.01
楚科奇自治区	737.7	1.07	3550	0.76	1118	0.62	8635	1.04	3200	1.59	3700	0.45	0	0	3	0.79	0	0	0.17	0.2	6.52
滨海边疆区	165.9	0.24	2688	1	848.7	0.82	9302	0.96	1200	0.60	390	4.31	1160	3.41	2	0.53	3	2.46	5.19	6.11	20.44
哈巴罗夫斯克边疆区	788.6	1.14	2300	1.17	183.7	3.8	8533	1.05	2600	1.29	1700	0.99	250	0.74	6	1.59	2	1.64	1.27	1.49	14.9
阿穆尔州	363.7	0.53	2435	1.11	633.7	1.1	7985	1.12	0	0	560	3.0	1246	3.66	4	1.06	1	0.82	3.42	4.02	16.42
堪察加边疆区	472.3	0.68	2875	0.94	771.3	0.91	11876	0.75	4250	2.11	2800	0.6	0	0	4	1.06	1	0.82	0.28	0.33	8.2
马加丹州	461.4	0.67	2519	1.07	558.7	1.25	7110	1.26	1650	0.82	2400	0.7	0	0	5	1.32	1	0.82	0.8	0.94	8.85
萨哈林州	87.1	0.13	2331	1.16	948.7	0.74	10417	0.86	2450	1.21	970	1.73	0	0	4	1.06	2	1.64	3.19	3.75	12.28
远东	6216								18150				3056						0.85		
平均值（远东的1/9）	690.6	1	2694	1	698.2	1	8965	1	2017	1	1682	1	340	1	3.78	1	1.22	1	0.85	1	

注：K为与远东平均值的比值（用"分"表示），远东的平均值指标等于"1"。

资料来源：第1、4、10项来源于俄罗斯各地区…，2003；第2、3、6、8、9项来源于笔者的计算值；第5、7项来源于Романов，2003。

（1）每个单独组分在所研究区域与对照区域的经济地理位置系统中的地位（图3.6），可以用于评价所研究区域社会经济发展的各种地理条件的优越程度。

（2）远东个别区域的经济地理位置的一体化潜力（图3.7）。

（3）每个区域的经济地理位置组分的总评分。这一数字（用"分"表示）是每个具体区域（地区）的经济地理位置与其他区域相比较所得出的评分。因此，得到的是几个区域的经济地理位置的相对数值，从而可以比较这些区域的经济地理位置的优越程度。

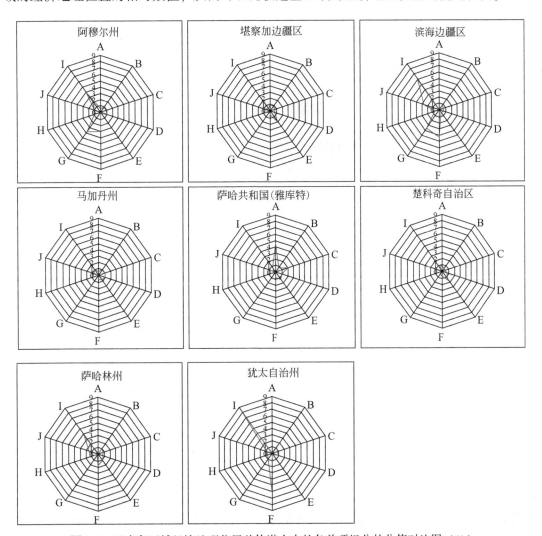

图3.6 远东各区域经济地理位置总体潜力中的各单项组分的分值对比图（%）

经济地理位置的组分：A. 占地面积；B. 与远东其他区域的最远距离；C. 与远东其他区域的最短距离；D. 与国内最发达地区的远近程度（从地区的首府到莫斯科的距离）；E. 岸线长度；F. 到与东北亚国家的最近国境线的最远距离；G. 与东北亚国家的国境线（陆地）的长度；H. 与远东其他区域毗邻；J. 直接通往东北亚国家的国境线（经陆路和海路）；I. 交通线的密度（km/100km²）（铁路+公路+河路）

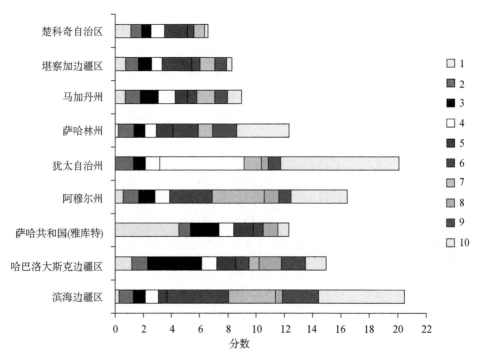

图 3.7　远东各区域的经济地理位置的一体化潜力的结构和优越度

经济地理位置的各组分的评价指标：1. 占地面积；2. 与远东其他区域的最远距离；3. 与远东其他区域的最短距离；4. 与国内最发达地区的远近程度（从地区的首府到莫斯科的距离）；5. 岸线长度；6. 到与东北亚国家的最近国境线的最远距离；7. 与东北亚国家的国境线（陆地）的长度；8. 与远东其他区域毗邻；9. 直接通往东北亚国家的国境线（经陆路和海路）；10. 交通线的密度（km/100km²）（铁路+公路+河路）

　　总体上，根据 9 个组分计算的经济地理位置潜力的优越程度，远东的行政区域可以分为 4 个组别：①16 分以上，滨海边疆区、犹太自治州、阿穆尔州；②12 ~ 15.99 分，哈巴罗夫斯克（伯力）边疆区、萨哈（雅库特）共和国、萨哈林州；③6 ~ 11.99 分，马加丹州、堪察加边疆区、楚科奇自治区。

　　俄罗斯太平洋地区及其各个部分的经济地理位置是与外部结构的潜在关系构成的系统。能否利用和实际落实这些潜在关系取决于所研究地区在具体历史时期的具体政治经济环境。例如，作为经济地理位置的最重要组分，俄罗斯远东相对于本国中央地区的外围性因交通运输费的放开而更加严重地凸显。同时，在对外贸易和其他行业类型的去垄断化的背景下，同样是经济地理位置的组分，远东相对于作为重要经济实体和新市场的毗邻国家的向心性无疑得到了强化。最终，经济地理位置体现为一些联邦主体（经济地理位置更加有利）能够更加有效地发挥功用，而另一些联邦主体（经济地理位置不太有利）却无法很有效地发挥功用。经济地理位置的影响机制通过经济联系（包括对外经济联系）、劳动地域分工和专业化以及形成区域经济结构的相应环节等得以实现。

　　总体上，在新的条件下，俄罗斯太平洋地区的经济发展和区域布局的前景在很多方面由经济地理位置的不同组分的组合所决定。同时，经济地理位置的作用既直接体现在俄罗斯太平洋与外部地理结构建立联系和关系上，也通过区域发展的所有其他因素间接地体现，包括自然资源因素和基础设施因素。

这些关系的多维性是经济地理位置的最重要特色。也就是说，对外经济关系系统的建立，既为了俄罗斯太平洋地区整体及其各联邦主体，也为了单独的经济中心、城市、居住区及其紧凑的高密度区。一般按照宏观、中观和微观三个维度划分和评价经济地理位置。

（1）宏观经济地理区位。俄罗斯太平洋地区的宏观经济地理位置维度包括评价地区在亚太地区和俄罗斯的位置，以及评价它相对于大型经济地区（或联邦管区）的位置。在这个维度上评价经济地理位置，是为了建立地区在亚太地区和国内的经济空间中的地位，以及为了确定俄罗斯太平洋地区的劳动地域分工的基本轮廓和优先职能方向、经济结构和发展规模，从而确保国家在这一区域的利益。

（2）中观经济地理位置。评价中观经济地理位置是为了确定俄罗斯太平洋地区的单独地区，即俄罗斯联邦主体和分散的经济区在跨地区（在俄罗斯远东范围内以及在边疆区、州和共和国范围内）劳动地域分工中的作用。

（3）微观经济地理区位。评价微观经济地理位置（某些经济中心及其部分区域、经济实体）是为了提高在基层地区、乡镇、城市集聚区、单个居住区及其部分区域框架内的经济综合体的效率，从而优化经济实体的经济联系。

作为地区发展的因素，经济地理位置，首先是宏观经济地理位置，对于远东这样的"年轻"地区和欠开发地区是极其重要的。Майергойз（1986）认为，这是由于新兴地区的自身经济潜力还不够大，因此在更大程度上依赖于外部的重要经济结构和实体及其交通通达性，依赖于跨地区和跨国家的劳动分工。这些地区的经济地理位置的很多方面尚处于未开发的潜在形态中。

早在 20 世纪 70 年代初，И. М. Майергойз 就曾指出，远东地区在国内的宏观经济地理位置的最重要特点是它相对于中央的遥远和边缘性以及与唯一的同样远离中央的邻居——东西伯利亚的往来非常有限，后来 Трейвиш（1982）、Глушко（1990）、Бакланов（2001c）、Романов（2004）等也纷纷指出了这一点。与国内其他区域相比，地区的这些特点对于限制地区发展以及限制其参与跨地区交流和专业化范围变窄的影响非常重大。因此，在本国的经济区或者联邦管区体系中，俄罗斯太平洋地区在国内的宏观经济地理位置被评价为是最不利的。例如，远东各联邦主体与莫斯科的平均距离为 8965km（图 3.8），而远东地区最远的州首府——堪察加地区彼得罗巴甫洛夫斯克市与莫斯科的距离几乎达到1.2 万 km。

与之相比，东西伯利亚地区的各联邦主体的首府与首都平均距离为 5050km，而西西伯利亚的则为 3140km。与远东各联邦主体相比，其他联邦管区的联邦主体与莫斯科的距离一般来说不大。

在市场经济背景下，俄罗斯太平洋地区的各地区与更富裕和更发达的中央各地区的遥远距离为有效和稳定持久的跨地区经济联系增加了很大难度。从 20 世纪 90 年代开始，交通费在市场环境下的失控增长让很多跨地区的货物运输变得不合算，这造成俄罗斯太平洋地区与西部地区的包括与中央地区的很多经济联系中断，从而导致这些地区把目光转向亚太地区国家。此外，远东北部地区（雅库特、楚科奇、马加丹州和堪察加边疆区）、哈巴罗夫斯克（伯力）边疆区的北部地区（55°30′N 以北）基本上不具备可以保障与俄罗斯其

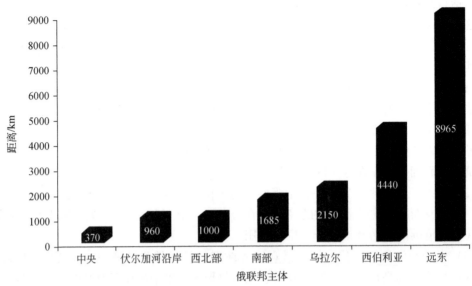

图 3.8　各联邦主体的首府与首都莫斯科的远近程度（平均统计值）
资料来源：俄罗斯苏维埃联邦社会主义共和国行政区划，1986

他地区保持持久和全年联系的可靠的地面交通干线。航空运输的造价高，因此无法促进发展大规模的跨地区生产和技术合作。

　　远东与其他地区的直接接壤范围非常有限，只与在经济结构上有很多相似之处的东西伯利亚地区直接接壤，因此，它的边缘位置的限制效应趋于明显，Майергойз（1986）曾正确地指出，东西伯利亚对于远东往往起着双向"壁垒式过滤器"的特殊作用，尤其是在西向。

　　俄罗斯太平洋地区的优越的外部宏观地理位置可以成功地弥补内部宏观经济地理位置的限制性影响。如前所述，俄罗斯远东同时与美国、日本和中国等多个经济大国以及与发展中的朝鲜民主主义人民共和国直接接壤。在经济地理位置方面，高度发达的韩国属于第三梯队邻国，但是韩国与俄罗斯远东之间经海路以及经可能的跨朝鲜通道（铁路和公路）的距离大约是 650km。

　　远东与作为世界人口第一大国并在经济潜力上（按照购买力评价计的 GDP）仅次于美国位居第二的中国之间拥有长达 4000km 的国境线。与第二个第一梯队邻国——朝鲜民主主义人民共和国的国境线长度约为 17km，但是拥有可靠的地面（铁路和公路）交通线。远东通过这些交通干线和相应的边境口岸开展与朝鲜的对外经济联络，而在可预见的未来，还可能与第二梯队邻国——韩国建立对外经济关系。

　　俄罗斯远东（萨哈林岛（库页岛）和千岛群岛）隔日本海、拉彼鲁兹海峡和千岛群岛诸海峡与日本相望（北海道岛），而隔白令海峡与美国相望（阿拉斯加）。应当指出，穿过太平洋的辽阔水域，俄罗斯太平洋地区的经济实体几乎可以与太平洋流域的所有国家实现直接的对外经济联络。

　　在经济封闭和冷战的环境下，这种独特的国际宏观经济地理位置无疑不能显著促进地区的经济发展和它的对外经济联络。但是，通过 20 世纪 90 年代的政治改革及与之相关的对外经济关系自由化，这一领域的情况发生了根本性的改变。

应当承认，在 20 世纪 90 年代的危机背景下，地区的资源采掘企业能够生存下来，在很大程度上是得益于出现了建立直接对外经济联系的可能性。随着经济的开放，地区的对外贸易额急剧增加，如果说出口的年平均增长速度（按照可比价格计算）在改革前达到了 5%，那么在 20 世纪 90 年代则超过了 17%（Адмидин и Деваева，1998；Минакир，2006；Быстрицкий и др，2008）。在新的环境下，地区的独特的国际经济地理位置以及俄罗斯远东与毗连国家的经济和自然资源潜力的结构互补性，促进了对外经济合作的开展。

在过去各个时期建成的铁路和海路交通运输综合体也促进了不仅是地区自身的对外经济联系度的提高，还保障了亚太地区各国和欧洲、俄罗斯欧洲部分之间经远东领土进行过境货物运输。

最终，俄罗斯太平洋地区的经济地理位置的独特性在客观上造成地区在国内的社会和经济空间中进一步孤立和隔离，限制了它在俄罗斯统一的国民经济综合体中的发展。

在制定国家的地区政策和交通政策时，应当特别关注远东的经济地理位置的这个特殊性。从根本上改变业已形成的西伯利亚大铁路和贝阿铁路等交通线的收费政策，有可能成为解决这一复杂问题的有效机制。让铁路货物的运输费保持在相当低的水平，包括通过一定的国家补贴，可以确保货物运输从东（国外方向）向西（国内方向）的适当转向，从而确保俄罗斯经济空间的统一性。

在评价俄罗斯太平洋地区的国际经济地理位置为总体优越的同时，应当承认，这种优越性对于地区的每个联邦主体来说远不是均等的。由于直接与外国毗邻，并且在其境内铺设了西伯利亚大铁路和贝阿铁路，因此远东南部的联邦主体无疑具有优越的国际经济地理位置和相对来说更加优越的国内经济地理位置。

俄罗斯远东大陆部分的三个联邦主体（阿穆尔州、犹太自治州、哈巴罗夫斯克（伯力）边疆区）都与同一个国家——中国直接接壤。直接毗连日本经济空间的萨哈林州的国际经济地理位置也相当优越。但是，国际经济地理位置最优越的是滨海边疆区，它经在西伯利亚大铁路的出海口（符拉迪沃斯托克（海参崴）港、纳霍德卡-东方港、扎鲁比诺-波西耶特港）建成的铁路和港口运输综合体，与多个亚太地区国家直接开展对外经济联络。滨海边疆区拥有很高的作为经济地理位置组分的过境中转潜力，通往中国和朝韩两国的铁路和公路在其境内穿过。

由于存在西伯利亚大铁路和贝阿铁路，因此，与远东北部相比，远东南部的联邦主体还拥有更加优越的国内经济地理位置。在缺乏可靠的地面交通线的情况下，远东北部的联邦主体想要实现跨地区的经济联系需要经水路（海路和河道），并且在很多情况下需要通过冬季道路。这种状况为俄罗斯东北部的经济实体的生产与技术联系增加了很大难度和成本，并且延长了时间甚至空间。

为了改善地区北部的联邦主体（雅库特、哈巴罗夫斯克（伯力）地区的北部地区、马加丹州、堪察加边疆区和楚科奇自治州）的交通和地理状况以及建立可以长远发展跨地区联系的优越环境，可以按照本书推荐的方案修建铁路干线（图 3.9）。

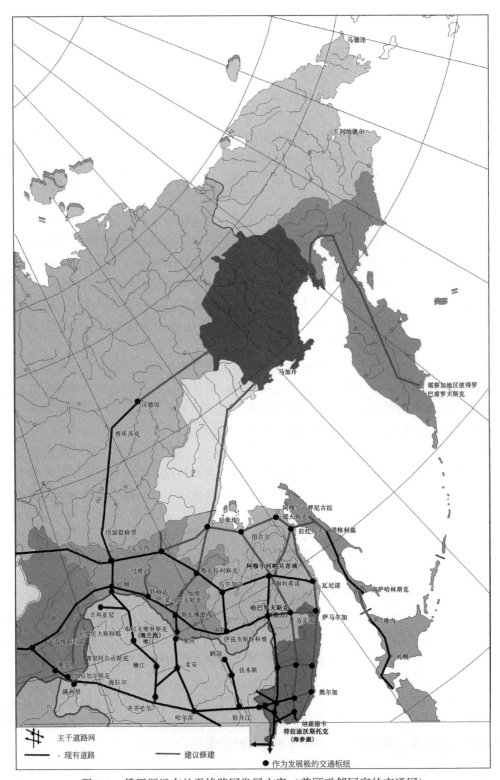

图 3.9　俄罗斯远东的干线路网发展方案（兼顾毗邻国家的交通网）

　　在完善俄罗斯太平洋地区的区域经济和人口建制时，一定应当考虑远东的各联邦主体在经济地理位置中的显著差异。

　　作为地区发展和专业化的最重要因素，濒临太平洋的宏观经济地理位置和滨海的中观经济地理位置是远东地区的几乎所有联邦主体、多个经济中心城市的最重要特点。这一点体现为广泛开发各类海洋资源的可能性和具有重要经济意义的国外沿海国家的可通达性。

　　应当指出，在改革前，地区的经济实体对海洋生物资源方面的经济地理位置的利用要有效得多，例如，远东的鱼类和其他海产品的渔获量从1990年的463万t减少到2004年的171.5万t就是证据。因此，发展海洋经济综合体是地区发展战略的最重要优先方向之一。

　　俄罗斯和国外的历史经验表明，与位于"接触地带"或沿海区以外的联邦主体相比，远东地区具有沿海位置的联邦主体天然地拥有更具优势的经济地理位置。在这方面，例如，Безруков（2004）划分出距离海岸远近程度不同的地带，这些地带在经营和发展经济联系方面的条件各不相同。

　　在地区的经济地理位置发展潜力总体上优越的情况下，其个别地区（俄罗斯联邦的主体）在自身更局部的经济地理位置方面则具有不同的发展潜力。

　　根据笔者的概括性评价来看，各区域的经济地理位置的差异化程度相当高（表3.14）。

表3.14　作为地区发展因素的远东地区经济地理位置的对比评分表

州、边疆区	经济地理位置的评分（分值为0~5分）						
	可通至沿海地区	可通至国境与外国接壤	可经铁路到达其他地区	长年可经公路到其他地区	相邻地区具备资源市场和商品市场	相邻地区具备自然资源	总计
阿穆尔州	2	3	5	5	3	5	23
萨哈共和国	1	1	2	3	3	4	14
犹太自治州	2	3	4	4	4	4	21
哈巴罗夫斯克（伯力）边疆区	4	4	5	5	4	5	27
滨海边疆区	5	5	4	4	3	4	25
萨哈林州	5	4	1	0	2	5	17
马加丹州	3	1	0	2	1	3	10
堪察加边疆区	4	1	0	0	0	3	8
楚科奇自治区	2	2	0	0	0	2	6
总计	28	24	21	23	20	36	

　　由总评分可知，哈巴罗夫斯克（伯力）边疆区和滨海边疆区的经济地理位置最为优越，这两个边疆区的经济地理位置的所有方面都得到了高评分。阿穆尔州和犹太自治州的经济地理位置相当优越，萨哈林州和萨哈（雅库特）共和国的经济地理位置不太优越。最后，马加丹州、堪察加边疆区和楚科奇自治区的经济地理位置总体上不优越。

　　远东各联邦主体在经济地理位置某一分量的总评分值得研究。由表4的数据可知，俄罗斯太平洋地区在自然资源方面的分值最大，在"可通至沿海地区""可通至国境与外国接壤"等项的分值较大。

任何区域的经济地理位置的优越性能否变成现实，总体上取决于该地区的社会经济潜力和经济实力。对于俄罗斯太平洋地区来说，当代背景下的对外经济联系在很多方面变得"更短"，相应地，在多数情况下也比内陆地区更加有利。因此，近年来，远东地区的各个联邦主体越来越多地参与国际劳动地域分工中。

3.3　作为地区发展因素的地缘政治地位

在俄罗斯太平洋地区的一系列区域发展因素中，地缘政治因素非常重要，但是，对地缘政治因素的研究似乎不多。应当把地区的地缘政治地位、存在地缘政治利益交叉带、地缘政治潜力的相互关系等划为地缘政治因素。

对俄罗斯太平洋地区的地缘政治地位的当代评价往往会被简单地归结为评价其经济地理位置的基本特征。例如，地区与多个外国毗邻被看作是发展对外经济联系的有利前提。地区的地缘政治地位总体上也被评价为优越。但是，这种理解显著地收窄了地缘政治地位的内涵。

笔者认为，俄罗斯太平洋地区的地缘政治地位应当理解为它相对于其他国家的首先是相对于邻国的位置，同时要兼顾这些国家与俄罗斯在政治制度上的相同和不同、地缘政治潜力的相互关系以及是否存在相互的地缘政治利益与问题。对亚洲和太平洋地区的某些国家是否参与军事、政治和经济同盟（这无疑会加强这些同盟中的盟国的地缘政治潜力）、军事基地的部署和实力、主要宗教的相似性或对抗性进行评价也很重要。

俄罗斯太平洋地区的地缘政治地位由其独特的地理位置决定，即地处最大的大陆与最大的大洋的接触地带，同时临近最重要的"强力中心"国家：①中国、朝鲜和韩国（由美国海军第 7 舰队和驻韩军事基地支持）；②日本（由美国海军第 7 舰队和驻冲绳岛及其他岛屿的军事基地支持）；③美国，目前最具军事和经济实力的大国。

"毗邻"的特征、邻国的地缘政治潜力及其政治制度、是否相互觊觎和存在问题，这些是决定一个国家、一个地区的地缘政治地位的因素。如果第一梯队邻国是像中国这样的新兴的超级大国，那么考虑国界的"直接性"就特别重要。因此，在评价地缘政治地位时，除了共同的边界，还必须考虑在边界上是否存在重要的天然界线，首先是海域界线或者大型山系、河流界线。

如果在相邻国家之间存在广阔的海洋空间、高大的山脉，那么可以在某些情况下避免边境问题或者更加对等地解决边境问题。也就是说，此类的重要天然边界在一定程度上可以起到"缓冲"的功用，类似于大国之间的小的"缓冲"国。相反，界河则往往由于被以这样或那样的形式进行经济利用而导致发生冲突。

应当把第一梯队邻国再细分为与俄罗斯太平洋地区直接接壤的国家（中国和朝鲜）以及分别经宽 43km[①] 的拉彼鲁兹海峡和宽 86km 的白令海峡隔海域相望的国家（日本和美

---

①　尽管俄罗斯和日本之间有更窄的海域空间，即位于小千岛海脊的俄罗斯诸岛（坦菲利耶夫岛、锡格纳利内岛、斯托罗热沃伊岛、里福维岛）与北海道的根室半岛（日本）之间的宽 10km 的苏维埃海峡。

国）。同时，在形式上属于第二梯队邻国的韩国，与滨海边疆区经海路仅相隔500km，因此，正是这一系列国家应当代表俄罗斯在亚洲太平洋地区的最大的地缘政治利益。

俄罗斯太平洋地区的地缘政治地位的某些单独组分具有如下特点：

本地区经陆地和海洋与美国、日本、中国、朝鲜四个国家（强力中心国）直接毗邻。从强硬的共产主义制度（朝鲜）和社会主义路线（中国）到总统制共和国（美国）和君主立宪制国家（日本），这四个国家具有非常不同的有时截然相反的政治制度。俄罗斯远东的第二至第三梯队的邻国（加拿大、韩国、越南、老挝、尼泊尔、印度等国）也具有迥异的政治制度。未来，俄罗斯远东的这些邻国的政治制度的差异可能变小，但是总体上的差异依然会是相当显著的。

地区的地缘政治潜力取决于地缘政治潜力的组分（军事潜力、面积、人口、地区总产值）的大小、其对外互动的能力（地理位置、出海口、交通开发度）、地区对外经济影响的程度（金融和经济的自给自足水平、技术和工艺发达程度、自然资源潜力、对外经济潜力、基础设施一体化潜力、黄金和外汇储备）。

可以利用已知的程式评价和比较边境地区的地缘政治潜力，例如，俄罗斯东北地区和阿拉斯加（美国）、俄罗斯远东南部、中国东北和北海道（日本）等边境地区。考虑俄罗斯太平洋地区的面积和自然资源潜力巨大和军事潜力举足轻重，看来可以认为，在20世纪下半叶，苏联远东地区和其他国家边境地区保持着总体上同等的或可以相提并论的地缘政治潜力。但是，到20世纪末，在苏联解体和之后的俄罗斯的系统性经济危机之后，中国和美国的边境地区的总体地缘政治潜力高于俄罗斯的毗邻地区。某些参数显示，地缘政治潜力的差异（反差）正在加大，这一点尤其涉及人口过程、经济发展速度和军事潜力的变化趋势。

20世纪90年代，几乎所有周边国家都力图利用这片地域及与之毗连的海洋水域作为自然资源、商品、资本和劳动市场、陆海空的客货过境运输区域，这些国家显著加大了对俄罗斯太平洋地区地缘政治的关注。

一些国家努力拓展本国在具有战略意义的陆域和水域（如某些海峡、岛屿、海岸地段等）的势力范围，从而形成了一种特殊类型的地缘政治利益。

同时，在俄罗斯与亚太国家的联系中，远东地区所发挥的特殊接触功能显著增强。从目前以及长远来看，乌拉尔、西伯利亚的诸地区通过远东与亚太国家发展经济联系或将更加有效（Бакланов，2000）。

在远东境内，俄罗斯也存在一些地缘政治问题，如与日本的若干边境领土问题（南千岛群岛）至今无法解决。不久前还存在的与中国的若干边境问题目前已经解决，俄罗斯和中国于2004年完成了东部勘界①。

根据俄罗斯太平洋地区的地缘政治地位的主要组分的概括性评价可以断定，在第一和

---

① 俄中边界（在远东和外贝加尔界内的俄中边境长度为4325km，在阿尔泰共和国界内的俄中边境长度为55km）形成于17世纪末到21世纪初期间。最近400年内签署了数十份条约，其中的第一份正式条约是1689年签订的《涅尔琴斯克（尼布楚）条约》（《尼布楚条约》）。确立俄中边界的政治特点在于，边境不是通过战争，而是在外交谈判过程中确立的。

第二梯队邻国之间，例如，朝鲜和韩国之间、中国和越南之间、中国和印度之间等，当前的地缘政治问题要多得多（表 3.15）。

受一系列因素影响，地缘政治地位成为地区长期发展战略的一个最重要因素。

表 3.15　俄罗斯太平洋地区的地缘政治地位评价表

毗邻国家	俄罗斯太平洋地区的邻国的政治制度类型	把俄罗斯太平洋地区列入地缘政治势力范围	地缘政治利益	地缘政治问题
第一梯队邻国：				
中国	社会主义市场经济体制	俄罗斯太平洋地区是以下国家的地缘政治势力的交叉区：美国、日本、中国、韩国	对俄罗斯太平洋地区的领土和领水作为自然资源、商品、资本和劳动市场感兴趣	与日本的一些边界问题无法解决
朝鲜	强硬的共产主义制度			
美国（阿拉斯加）	总统制共和国			
日本（北海道）	君主立宪制国家			
第二梯队邻国：				
韩国、越南、老挝、印度、加拿大等国。经海路和太平洋可以与亚太地区其他多个国家往来	总体上与俄罗斯联邦相比有很大的多样性和反差。	地缘政治潜力在增长	中国、美国、日本、韩国、朝鲜和其他一些亚太国家对利用俄罗斯太平洋地区的过境能力感兴趣	朝鲜与韩国、中国及其邻国等第 2 梯队邻国之间存在地缘政治问题

首先，远东地区未来依然是俄罗斯与中国、美国、日本等世界大国接壤的地区，这些国家在远东的地缘政治利益只可能扩大。这些国家的地缘政治潜力也会增长，包括其地缘政治潜力中的军事因素。应当强调，正是由于与这些世界大国接壤的恰恰是东部的欠发达地区，这决定了俄罗斯的地缘政治版图的显著不对称性（Бакланов，2000）。如果未来朝鲜与韩国统一（统一的先决条件会周期性地出现），统一后的朝鲜半岛的地缘政治潜力也会显著增长，其在俄罗斯远东的地缘政治利益会扩大。在这一背景下，根据邻国的政治制度的不同，俄罗斯可能对拥有相同地缘政治潜力的俄罗斯太平洋地区实行有力的差异化的对外政策，以此保持这里的地缘政治平衡。历史经验表明，邻国及其地区的地缘政治潜力中的差异或反差如果长期保持甚至加重，则最终会导致地缘政治问题的出现，并且还常常引发严重的冲突。因此，对于俄罗斯远东来说，增强这里的地缘政治（包括人口）潜力和经济潜力是具有战略意义的重要任务。国防潜力也应当与邻国保持总体上对等的水平。

其次，远东地区曾经是并且依然是拥有广阔出海口的地区。远东拥有 2 万 km 海岸线，从波西耶特湾（滨海边疆区）到季克西湾（萨哈-雅库特），分布着约 30 个大型海港和约 300 个小港及港口站。远东的港口吞吐能力占俄罗斯港口总吞吐能力的 40%，而这些港口辐射的海洋运输区带覆盖整个太平洋水域、北冰洋和印度洋的大部分水域，并且与大西洋水域连通。苏联解体后，西部的多个沿海共和国脱离了俄罗斯，远东出海口的作用随之增强，其中就包括地缘政治作用。

远东的一个最重要功能是保卫俄罗斯的海上国境线、保护和开发海洋专属经济区内的海洋自然资源。必需积极主动地支持和发展俄罗斯在太平洋和北冰洋的地缘政治利益，从开发远景考虑还要加上其他大洋。从长远来看，大洋的各类自然资源的实际分配和开发将在很大程度上取决于沿海各国的地缘政治潜力水平和分布在这些国家沿海地区的海洋开发基地的发展水平。

因此，发展海上船队、港口和港口城市及其与俄罗斯其他地区可靠的交通联系、发展海洋经济领域及其与陆地经济领域的一体化，从长远来看，将成为俄罗斯太平洋地区作为太平洋和北冰洋开发的根据地实现可持续发展的基本前提。近期，出现了不仅是俄罗斯还有其他国家积极和有效地利用北方海航道的新前提。因此，这些国家在北极地区的地缘政治利益正在增加。同时，俄罗斯在亚太地区总体上的地缘政治利益也将强化。

从实质来看，远东地区的上述功能也是建立在陆地与海洋之间在自然资源、经济和地缘政治的各个层面协同发展基础上的对接功能。发挥上述经济和地缘政治对接功能的根据地首先是俄罗斯远东。远东的不断增长的经济和地缘政治潜力、海洋经济行业的高度发展将成为俄罗斯保持在大洋地带稳定的地缘政治利益的可靠条件。

最后，俄罗斯在远东的陆上和海上国境线贯穿多个完整的自然资源系统：阿穆尔河及其流域、乌苏里江及其流域、图们江及其流域、兴凯湖及其流域以及日本海、鄂霍次克海和白令海及其流域。在这些河流、湖泊和海洋流域范围内，很多自然过程和自然资源相当紧密地相互关联，例如，分布在不同流域区的渔业资源、森林资源、油气资源、土地和水资源。在同一个国家的同一个流域进行的资源开采和利用，可能使这些资源发生重大改变，其中就包括让其他流域和其他国家的同一资源减少。一个地区的人为生态破坏可能会转嫁到其他地区和国家，影响其自然资源和环境。在此类的统一地理系统（河流、湖泊和海洋流域）界限内，人为污染的跨境转移更加容易和影响巨大（图 3.10）。

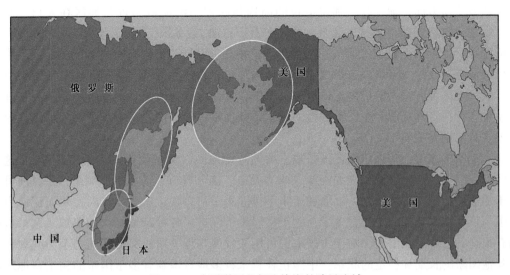

图 3.10　太平洋西北部边缘海的跨界流域

　　鉴于此，对某一国家的上述地理系统的自然资源进行广泛开发的单独方案可能导致包括俄罗斯在内的靠近边境的国家之间产生尖锐的经济和生态问题，很多时候还会导致地缘政治问题。在这种情况下，各国必需共同开展研究和评价，并在此基础上为边境毗邻地区制定和实施综合的国际发展规划和自然资源利用规划，并且在今后对这些规划的完成情况进行国际监督（全球监测）。

　　因此，跨境地域基本上一直都全部或者部分地是相邻国家的地缘政治利益范围。

　　从这一点出发，还可以述及地缘政治关系的某种对称和不对称，其中也包括两个跨境地域链环中的利益对称和不对称。当然，完全的相同和完全的对称实际上并不存在。在邻国对外国边境地域的地缘政治关系、利益、影响及其种种表现形式中，总是会有这样或那样的差异。这些差异总体上也将决定相邻国家在跨境地域中的地缘政治关系的不对称程度。

　　可能会有不是两个而是三个和更多国家的三个或更多边境地域形成一个完整的跨境地域的情况。例如，图们江流域的跨境地理系统由俄罗斯、中国和朝鲜这三个国家的边境地域形成。最大的阿穆尔河流域跨境地理系统涵盖俄罗斯、中国和蒙古国的领土以及朝鲜的几平方公里领土。在此种情况下，跨境地区内建立起来的地缘政治关系更加复杂。个别的边境地域可能同时进入两个和更多国家的地缘政治利益范围。在这种情况下，这些国家在跨境地域的个别地段内的地缘政治利益会出现交叉。

　　总之，在跨境地域内，总是存在着两个和更多国家的地缘政治利益相互交叉的前提条件。此种前提条件即是在边境地区的自然资源领域、社会经济和地缘政治领域形成的地理接触结构。在流域的跨境地理系统中，由于自然过程的关联程度更高以及生态范畴的关联，这些前提被放大（Бакланов и Ганзей，2008）。

　　例如，笔者的研究结果显示，多个国家已经在最大的跨境地区——阿穆尔河流域存在地缘政治利益，而且这些利益在未来可能增长。不论是俄罗斯和中国，还是蒙古国和朝鲜乃至日本，在这些国家现实存在的地缘政治利益的增长前提都会促成这一点。

　　从俄罗斯方面，地缘政治利益增长的前提与阿穆尔河流域是远东地区在人口、开发度、农业、自然资源（木材、煤炭、金属矿石、石油、天然气、水、土地、水电资源和游憩资源等）方面的关键地区有关。阿穆尔河流域是俄罗斯与世界人口最多的国家——中国的接触地带，在这一接触地带形成了交通运输通道、石油和天然气管道、输电网等跨境结构。这一地区拥有很高的过境运输潜力，其中包括河海联运线路。对于各国领土在地理流域系统中存在自然资源和生态关联性的认识不断加深，使得俄罗斯增加了对阿穆尔河流域的地缘政治利益关切。

　　对于中国来说，阿穆尔河流域是最重要的资源地区（森林资源和土地资源等）。这一地区拥有巨大的淡水资源和能源资源（水力发电、油气管道、动力网）储量，是目前可能用于船舶航运的交通线路之一，而在未来不排除用于河海联运运输。在阿穆尔河流域内有中国与俄罗斯联邦的一个接触地带，这个接触地带促进了各种跨境结构的形成。这一地区拥有很高的过境运输潜力，对于中国来说可用于发展与俄罗斯西部地区的乃至与欧洲和北美其他国家的长期和稳定的联系。中国正在越来越多地意识到有多个国家的领土在地理流域系统中存在自然资源和生态的高度关联性。

　　对于日本来说，阿穆尔河流域是保护鄂霍次克海和日本海的生物丰度的最重要因素，这里具备日本非常感兴趣的多种自然资源（木材、金属矿、能源资源等），这些资源对于日本的经济非常重要。地区的巨大的过境运输潜力也让日本保持着对这一地区的地缘政治利益关切。由于不断意识到阿穆尔河、鄂霍次克海和日本海流域的地理系统在自然资源和生态层面，也可能是在地缘政治层面存在着高度的关联性，已经促使日本创建一系列大型科学项目，并采取实际行动制定措施以保持阿穆尔河的巨大的生态潜力（Shiraiwa，2011）。

同时，正如 Бжезинский（1999）所指出的，这些行动将促使多个国家在阿穆尔河流域的地缘政治利益交叉趋于加剧和复杂化。在这种情况下，各种地缘政治工具，首先是国际条约和规划，对于地区的稳定发展将起到越来越重要的作用。

在与全世界最大的几个核心国家直接毗邻的背景下，俄罗斯远东必将成为本国的地缘政治关键区域。由于毗邻的亚太地区国家正在大力发展经济、人口、军事和政治，远东的战略重要性在最近几十年里正在稳定增加，未来将会进一步增加。

应当承认，俄罗斯在亚太地区的国家安全问题总体上受制于自身的经济状况、俄罗斯太平洋地区的经济开发程度低和人口密度低以及联邦政府对俄罗斯在亚太地区的国家利益包括地缘政治利益的态度。

关于国家对发展俄罗斯太平洋地区所持态度的这一评价得到很多研究者的认同。例如，Минакир（2003）指出，直到不久前，发展俄罗斯太平洋地区一直都不是联邦政权机构的优先方向。这一点也被 Прокапало（2007）对俄罗斯太平洋地区不同时期发展任务的完成情况的分析所证实。在地区的所有发展规划中，只有完成了两个，即斯托雷平的滨海边疆区发展计划（1880~1918 年）和全俄中央执行委员会与苏联共产党（布尔什维克）中央委员会决议（1930~1942 年，完成了 130%）。之后，俄罗斯太平洋地区发展规划的投资任务的完成度不断下降（1996~2005 年和 2013 年前远东和外贝加尔地区经济和社会发展的联邦专项规划）。

Замятин（2004）还认为，俄罗斯太平洋地区的潜力增长缓慢与用于完成这些目标的资金拮据有关，众所周知，俄罗斯人早在 17 世纪就出现在这片土地上，但是，由于开发新边疆的资源明显不充足，我们国家对这片土地的政治影响和文化影响却是非常有限的。

应当指出，离俄罗斯的西部大区越远，各地区的经济和人口潜力总体上会越来越下降（图 3.11），这在很大程度上与地区社会和经济发展的投资总量相一致。

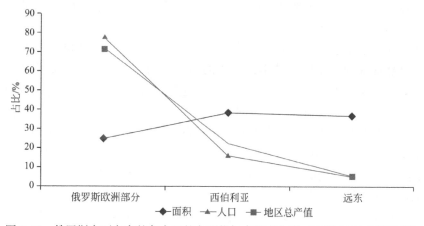

图 3.11　俄罗斯自西向东的各大区的主要指标占比变化图（根据 2006 年的数据）

俄罗斯面积最大的西伯利亚大区的情况也只是比远东略好一些。由图 3.12 可知，在占据了俄罗斯 3/4 领土的西伯利亚大区和远东大区，却仅生活着 20.7% 的人口，仅贡献 26.3% 的地区生产总值。

Шинковский 等（2007）指出，在西伯利亚大铁路竣工后，当国家的东部地区获得重要的"承重结构"后，俄罗斯太平洋地区的潜力显著地增强了。之后的贝加尔-阿穆尔干线铁路建设本应当让这一地区更多地把重心转向亚太地区、转向太平洋。但是，在过去的 100 年里，从完成赋予地区的地缘政治功能和经济功能的效率来看，俄罗斯太平洋地区的社会经济发展和人口发展并没有呈现出很大的向好。在苏联解体前，远东仅占地区生产总值的 5.8% 和俄罗斯联邦总人口的 5.4%，而在 20 世纪 90 年代和 21 世纪初的危机时期，则仅占地区生产总值的 5% 和人口总数的 4.6%。

到了 21 世纪，规模堪比西伯利亚大铁路和贝阿铁路的建设中的"西伯利亚-太平洋"输油管道、"萨哈林-哈巴罗夫斯克（伯力）- 符拉迪沃斯托克（海参崴）-韩国"天然气管道、"赤塔-哈巴罗夫斯克（伯力）-纳霍德卡"干线公路等，在一定程度上可能成为促进俄罗斯太平洋地区社会经济发展的重要推动力，成为地区履行和发挥其地缘政治功能和经济功能的前提。这些项目将为俄罗斯太平洋地区的发展提供强大支撑，同时巩固国家在东部的地缘政治潜力。

3.4　生态地理问题与约束

当前的和潜在的生态地理问题与约束是区域发展尤其是长期发展的重要因素。

区域生态问题，或者说生态地理问题，是结合自然资源的自然系统（生态系统、地理系统）与从事各类经济活动的一定人群之间相互作用的结果。一个地区的多种多样的生态问题取决于自然系统的地理分异，包括极端自然过程的出现、自然资源与不同经济开发类型、不同自然资源利用类型的组合。

与极端自然现象或者人为现象有关的区域生态问题的出现可以看作生态威胁。区域内现有的生态问题和潜在的威胁决定了自然资源利用的生态地理约束。陆域和水域的景观和生态特点与自然资源潜力共同构成了自然资源利用的所有容许类型的组合。如果把所有自然资源利用容许类型以及生态地理约束都放到地区的陆域或水域加以考量，那么可以得到自然资源利用的优先和容许类型。

生态地理约束系统包括反映空间和时间层面的自然资源计算指标的组合以及在一定区划系统中的自然资源利用制度。其中，重要的不仅是对某种破坏（形成滑坡、洪水、污染、生态系统被破坏）做出判断，还要找到产生这些过程的原因。此外，对实施某一自然资源利用方案后的未来发展情况进行预测也很重要。

通过对在俄罗斯东亚地区的条件下的可持续自然资源利用的生态约束进行评价，发现了主要的生态问题和威胁（Бакланов и др, 2003）。在研究具体的区域时，本书中是指俄罗斯远东的陆域和水域，还必须考虑到区域的特色，因为其在很多方面决定了自然地理问题和自然地理约束的评价策略。

俄罗斯太平洋地区的生态地理特色由它的地理位置和自然条件的特殊性所决定：

（1）不论是在最大的欧亚大陆的中央，还是在欧亚大陆与太平洋的接触地带，地区都属于边缘位置。

（2）大部分陆域具有山地地形特点。

（3）地区内（堪察加、萨哈林、千岛群岛）的火山和地震的活动频度高，其结果是灾难性的地震和海啸频繁出现。

（4）西伯利亚的大陆性气候特点和西伯利亚东部的季风气候特点明显，这决定了各个季节的湿度分配不均衡和与之有关的极端现象频发（一方面是内陆区的干旱和特大火灾的蔓延，另一方面是东部地区的台风、强降雨、洪水、土壤侵蚀和滑坡）。

（5）不均衡的经济开发，人为活动的压力集中在陆域和近海水域的个别地段。最近150年尤其活跃的经济活动显著地改变了西伯利亚和俄罗斯太平洋地区的很多地区的地貌、动植物的组成与结构，也就是说改变了生物的多样性。

在地区的主要问题之中，阿穆尔河及其支流未来的生态问题是重中之重，这取决于在这些流域的经济活动的规模、强度和持续时间。由于拥有最丰富的矿物、生物、水、土地和游憩等资源，并且处于优越的地理环境中，阿穆尔河沿岸地区在最近20~30年内开始遭遇人类活动的严重影响（Бакланов и Воронов，2010）。

俄罗斯国内外的众多学者认为，阿穆尔河的生态问题正在日趋严重（Воронов，2006；Махинов，2002；Shiraiwa，2011）。最近10年出现的自然灾害和形成过程就证明了这一点。其中应当提及的是松花江、霍尔河、比金河、大乌苏尔卡河的特大洪水，还有阿穆尔河在夏季平水期的创纪录低水位、河水在夏季的浑浊度高和水温高。森林火灾和沙尘暴成为严重影响阿穆尔河流域自然环境以及相应地影响地域生态状况的因素。

水资源经历的改造最大，水资源的状态呈现出明显的恶化趋势。在阿穆尔河流域，每年平均形成346km³的河水，这一数量超过了亚速海的总水量。阿穆尔河的主要径流量形成于俄罗斯境内（248km³，占72%）。阿穆尔河在中国境内的径流量为94km³，占27.5%。这样，俄罗斯在阿穆尔河流域获得了从毗邻国家（加上蒙古国）流入俄罗斯境内的总水量的40%以上。因此，应当特别关注对阿穆尔河的水资源监测，目前的监测值绝对不符合水质背景值。

日本海流域的多个近海地区的生态情况同样令人担忧。来自日本海流域所有国家境内的地表径流对日本海的尤其是近岸海域的海水成分产生重大影响（Regional，2007；State of the Marine Environment Report，2007）。

对于俄罗斯的远东地区来说，地面空气成分的形成特征是同样重要的问题（Regional Overview，2007）。俄罗斯科学院远东分院的远东水文气象研究所和太平洋地理研究所的科研人员通过对各个方向的气团移动对形成日本海流域俄罗斯部分中心地带（锡霍特山脉生物圈自然保护区）的地面空气成分的贡献率进行了评估，结果表明，70%以上的污染物质来自朝鲜半岛和中国方向（Kachur and Kondratyev，2004，2005）。同时，观测显示，污染最严重的空气团来自东方，即沿着从日本方向和朝鲜半岛南方的路径。文献资料显示，俄罗斯次区域的污染物质的主要源头位于这几个方向（Kachur，2002）。

在自然资源利用的地球化学问题中，首先可以划分出由自然地球化学过程引起的第一类问题，其次是直接由经济活动引起的第二类问题。

第一类问题是指在火山喷发、沙漠化、沼泽化、冻土区退化过程中，自然水体、空气、土壤和其他地貌组分的化学成分变差。此外，还必须考虑到某些自然过程，如全球变暖现象，变暖现象的种种体现可能是烃类的生物地球化学循环发生变化的结果。

第二类问题是指由于经济活动和居民生活过程中排放气态、液态和固态废弃物使各种景观组分受到污染。

因此，俄罗斯联邦的东部联邦主体具有地理环境与人为负荷相互作用的自身特点，尤其是在这些东部联邦主体的南部地区，污染物通过大气、河流和海洋的跨境迁移成为这里最重要的问题。

地区生态问题的负面后果体现为以下形式：

（1）居民健康水平下降和罹患疾病；

（2）饮用水和食品受到污染；

（3）一系列经济领域的效益开始下降，如木材采伐、渔业、农业、交通运输和旅游领域；

（4）地面和海洋生态系统的生物组分的繁育环境恶化；

（5）生物多样性减少、对动物和植物的珍稀物种（东北虎、远东豹、海参、海扇、海胆、人参等）的威胁增加。

最终，这些影响导致地区的自然资源潜力下降，尤其是可再生资源的潜力。

除了主要的生态问题（Бакланов и др，2003；Христофорова，2005），还判定了主要的生态威胁，由于极端的自然和人为过程，这些生态威胁未来可能出现在西伯利亚和远东，并将决定地区生态问题的性质（Бакланов и Качур，2009）。

大地震的威胁，这种威胁几乎存在于西伯利亚联邦区和远东联邦区的所有联邦主体，首先是贝加尔、堪察加、萨哈林和千岛群岛地区、邻国的陆域和水域，还有因大地震导致的海啸（包括特大海啸）的威胁。

特大洪水的威胁，这种威胁存在于阿穆尔河流域（外贝加尔边疆区、哈巴罗夫斯克（伯力）边疆区和滨海边疆区、阿穆尔州、犹太自治州）、勒拿河（萨哈（雅库特）共和国）及其支流流域以及在锡霍特山脉东坡的河流流域（滨海边疆区和哈巴罗夫斯克（伯力）边疆区）。

来自邻国的首先是朝鲜半岛国家、中国、日本的空气和水污染物的跨境迁移构成的威胁，这些威胁首先与毗邻地域的人为灾难和自然灾难有关。

开采石油和天然气资源所构成的威胁。

远东的石油储量为 6.505 亿 t，其中大陆架的石油储量为 3.101 亿 t，陆地的石油储量为 3.404 亿 t。远景资源量超过 2.02 亿 t。已分配的资源量为 2.649 亿 t。已探明储量在远东各地区的分配如下：

（1）萨哈林州拥有 3.541 亿 t 的已探明石油储量，这些储量集中在：①陆地上的 41 座矿床（11 座油田、9 座油气田、14 座气油田、7 座凝析油气田），总储量 4400 万 t（所有矿床的储量都不多并且处于开发的最终阶段，储量的采出率大约为 60%）；②大陆架上的 5 座矿床，分别是阿尔克通-达吉、伦斯科耶、奥多普杜海、皮利通-阿斯托赫、柴沃（其中有 1 座油田和 4 座凝析油气田），这些矿床的总储量为 3.101 亿 t，远景资源量超过

1.5 亿 t。

（2）萨哈（雅库特）共和国拥有 12 座矿床（4 座油气田、2 座气油田和 6 座凝析油气田），总储量为 3.091 亿 t。大型油田包括恰扬达油田、塔拉坎油田、中博图奥巴油田。远景资源量为 21.20 亿 t。

（3）楚科奇自治区拥有 3 座矿床（包括 2 座油田、1 座凝析油气田），总储量为 960 万 t，远景资源量为 510 万 t。

远东境内的天然气储量为 3.2 万亿 m³。地区内总体上共登记了 90 座气田，远景资源量超过 2.2 万亿 m³。天然气储量在远东各地区的分配如下：

（1）萨哈（雅库特）共和国拥有 26 座矿床（包括 2 座气田、1 座油气田、6 座凝析油气田、8 座凝析气田、9 座气田），总储量为 2.2 万亿 m³。重要气田有恰扬达气田、中博图奥巴气田、中琼格气田、中维柳伊气田。远景资源量为 1233 亿 m³。

（2）萨哈林州拥有 50 座矿床（包括 11 座气油田、9 座油田、6 座凝析气田、8 座凝析油气田、16 座气田），总储量为 9466 亿 m³，其中陆地储量为 793 亿 m³，大陆架储量为 8673 亿 m³。远景资源量为 2 万亿 m³。

（3）楚科奇自治区拥有 2 座矿床（包括 1 座凝析油气田、1 座气田），总储量为 147 亿 m³。远景资源量为 114 亿 m³。

（4）堪察加州拥有 4 座凝析气田，总储量为 226 亿 m³。远景资源量为 115.23 亿 m³。

在俄罗斯联邦的远东，首先是在 萨哈林岛（库页岛）的大陆架，海洋油气资源的开采对环境构成了特殊的威胁。

在 萨哈林岛（库页岛）的东北大陆架，海洋油气田的开采地区与传统的渔业地区相互重合。这些渔业地区是经济鱼种的小鱼的重要肥育场地和鄂霍次克海－朝鲜半岛灰鲸种群的重要栖息地，目前在全世界的大型鲸鱼种群中该种群的头数最少（约 100 头）。2000 年，国际自然保护联盟（IUCN）把这一鲸鱼种群列入濒危物种名单中。

由于向海洋排放带有大量污染物质的钻井废弃物，目前正在实施的石油开采明显地影响了萨哈林东北大陆架的多个地段的生物资源状况。这一过程虽然在一定程度上被活跃流动的近海水流缓解和弱化，但是对生物资源的不利影响仍然非常明显，尤其是鄂霍次克海－朝鲜半岛种群的灰鲸已经不在海洋石油开采区进行肥育，而是退至肥育区的北部。

勒拿河流域的远景石油开采地区是问题地区。

天然气和石油产品的运输带来的威胁。

目前，从东西伯利亚通至远东滨海边疆区南部沿海的"泰舍特－纳霍德卡（科济米诺湾）"干线石油管道即将建成。这条管道有可能发生严重问题，问题首先可能出现在地震高发的南部高山地段。

在萨哈林项目框架内建成的从柴沃开始穿越萨哈林湾、多条河流和涅韦尔斯克海峡（200km 的水路屏障）到达德卡斯特里的管道如果发生管道爆裂和石油污染或者发生淤塞，都会构成巨大的潜在危险。

其中，不仅可能给珍贵鱼种（产卵河段中的太平洋鲑鱼）、红皮书中的保护鸟类、爬行类和哺乳类动物（包括海洋动物）造成直接的损失，也可能破坏萨哈林东北部的浅水海湾中的食物资源。这种破坏也会反映在近岸海洋生物群落的食物资源中，其中就包括这些生物群落的一个重要组分——灰鲸的食物资源。

总体上，石油和天然气的开采、运输和加工的整个链环是环境污染的一个重要来源，影响着环境的几乎所有组分：地表水、地下水、土壤、植被、动物、大气、土地退耕、地质环境、地形、辐射本底背景。这些活动类型也影响人类的健康并会造成重大伤亡。

在独特的地面生态系统中的不合理自然资源利用所构成的威胁，首先是在阿穆尔河中下游流域、勒拿河流域的森林，锡霍特山脉的雪松阔叶混杂林，堪察加半岛、萨哈林岛（库页岛）和千岛群岛的产卵河道流域。因不合理利用森林资源所造成的威胁可能尤其严重。总体上，只容许在严格遵守经过科学论证的生态规范和约束的条件下少量地增加森林资源（木材和非木材资源）的利用量。

整个阿穆尔河流域、勒拿河南部流域、贝加尔湖流域和外贝加尔地区典型的大型森林火灾所构成的威胁正在加剧。

因可能超过海产品的捕捞量，即超过经科学论证的总可捕捞量所构成的威胁。例如，根据太平洋渔业科研中心的远景预测，远东海域在 2010 年和 2015 年可能的总渔获量分别为 424 万 t 和 487 万 t，其中鱼类分别为 350 万 t 和 398 万 t。一方面，渔获量大幅度上升，以 2000 年的官方数据为例，俄罗斯船队捕捞 234 万 t 鱼类和非鱼类海产品，外国船队捕获 26 万 t，共捕获 260 万 t。其中黄线狭鳕 140 万 t、鲱鱼 35 万 t、鲑鱼 22 万 t、比目鱼 11 万 t，共占总渔获量的 80%。但是，没有把私自捕捞和非法捕捞计算在内，而根据专家估算可以推测，2000 年实际共提取约 300 万 t 鱼类和非鱼类海产品，或者可能更多一些（Шунтов и др，2002）。

西伯利亚和远东的大多数联邦主体进行的矿物原料资源开采所构成的威胁。在远东海域大陆架开采包括建筑材料在内的矿物原料也可能成为严重问题，可能导致海洋生态系统尤其是有经济价值的近海生态系统发生不可逆转的恶化（Преображенский и др，2000）。

为了降低生态地理问题和威胁的严重性，正在计划和实施对区域自然资源利用的各种限制措施。例如，划分出与地域的自然地理特性、地质特性、大地构造特性有关的限制。

自然资源约束制度首先是出于保护生物多样性、保护决定河流水文特点的地表水和地下水的水源地、河谷系统以及保护历史和文化保护区（景观、遗迹地等）的需要。

众所周知，在对于保存全球遗传库来说具有重要意义的地区，保护生物多样性的任务尤其紧迫。在西伯利亚、外贝加尔和远东，集中了具有全球意义的数量众多的生态系统。这里必需提及贝加尔湖流域、俄罗斯东亚地区的北极部分、远东（首先是远东南部）和毗邻的中国、朝鲜领土。这些地方主要是新开发的土地，其生态环境在最近 150～200 年里发生了明显的改变。

通过对俄罗斯太平洋地区陆域和水域的生态问题的现状和威胁进行划分和描述，确立了解决该地区生态问题的基本方面：

（1）严格执行自然资源利用方面的现行法律和法规，制定新的更加完善的生态法规和限制措施；

（2）积极引进和推行知识密集型的绿色技术，包括各类水产养殖技术、人工造林技术等；

（3）及时建设和妥善使用完善的净化设施和系统；

（4）多用途和多层次地划定陆域和水域，区分自然资源地籍系统，包括近岸区、大陆架水下景观区；

（5）广泛利用包括地理信息系统在内的现代信息资源，为单个地区建立统一的地理信息系统，以保证对自然资源进行可持续利用；

（6）由于与俄罗斯东亚部分毗邻的日本、中国和韩国等国家的经济发展迅猛，需要加强对主要污染物在大气中的跨境迁移的监控；

（7）组织和举办综合性的国际合作考察，调查和研究阿穆尔河、图们江、乌苏里江流域、兴凯湖流域、日本海、鄂霍次克海、白令海流域的跨境生态系统；

（8）组织对阿穆尔河及其主要支流、色楞格河、图们江、兴凯湖等跨境河流和湖泊流域、日本海流域的近岸水域以及鄂霍次克海、白令海、贝加尔湖流域进行系统监测；

（9）签署专项国际条约、公约，成立用于协调跨境河流、湖泊、海域的生态和经济活动与合作的国际机构，大力支持已经生效的双边和多边国际规划、条约；

（10）为大型的跨境地理系统的可持续发展制定和实施国际规划；

（11）进一步研究包括海洋生态系统在内的自然系统和自然资源系统的功能，并为这些系统的动态和某些人为因素的潜在后果建模。

3.5　国际合作与安全

俄罗斯太平洋地区已经极其郑重地被整合入区域内的国际关系和联络系统，这一整合不仅受益于其自身的地理位置和与区域的共同历史，还有赖于快速发展的经济、政治和人文联系。20世纪90年代发生在俄罗斯和东亚的客观进程已经把在苏联时期被铁幕隔离的远东变成亚洲的经济、政治与行政以及人文空间的一部分。俄罗斯远东与亚太地区的关联体现在以下几个方面：

第一，经济方面。如果根据标准的评价体系（即商品、资本和劳动力的流动），则经济关联体现为几个领域。

第一领域：与区域内各国的经济联系增多。在21世纪的前十年，远东地区的外贸额增加了11倍多，从28亿美元增加至344亿美元（图3.12），其中，70%以上的对外贸易额稳定地来自与韩国、中国和日本三个东北亚国家的贸易。最近20年，正是这三个国家以及美国，对远东各州和边疆区的政治、社会和经济形势产生了重大的影响。在20世纪90年代，远东地区把经济联系从俄罗斯欧洲部分和中亚转向东亚国家，形成了远东对中国的蔬菜、水果、服装、鞋，韩国的建筑材料和家用电器，日本旧汽车的依赖。某些数据显示，目前有约60%的日用商品（鞋、服装、家具、家用电器、电子产品）贴着"中国制造"的商标。

与此同时，每个地域都有自身的利益关切和优先方向。外国对不同地区的生活所产生的影响也不尽相同，这取决于地区的地理位置、经济发展结构和水平以及政治领袖的倾向。阿穆尔州和犹太自治州有90%的对外联系是面向中国。萨哈林和堪察加的最重要合作伙伴（通过出口能源资源和海鲜产品）是韩国和日本。滨海边疆区和哈巴罗夫斯克（伯力）边疆区的联系更加多样化，但是日本、中国和韩国在这两个边疆区同样占有绝对

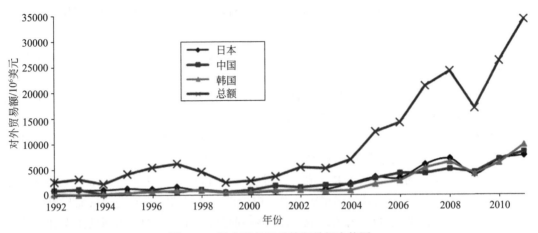

图 3.12　远东联邦区对外贸易额走势图

资料来源：俄罗斯联邦海关署远东海关局的官方数据

优势。

第二领域：雇佣外国劳动力。目前，远东每年正式雇佣 13 万 ~ 15 万外国工人，其中有 8 万 ~ 9 万是中国人，朝鲜和越南的工人也不少。

仅在萨哈林州呈现出活跃的交互投资，这里有大笔资金被投入 萨哈林岛（库页岛）大陆架的油气田开发中。

第二，行政和政治方面。体现在发展地域间的接触（远东各边疆区和州与邻国签订双边协议，参与各种区域结构）；存在数量众多的兄弟城市和地区；各联邦机构办事处在边境附近开展互动（边境、法律和保护自然方面的互动）；举办地区规模的活动，这些活动在形式上是经济活动（洽谈会、论坛），但是实际上具有政治意义。

外交是保障远东地区国际互动的一个重要渠道。在远东地区境内驻扎着约 30 个外国领事馆，其中 符拉迪沃斯托克（海参崴）市有 18 个外国使馆（由总领事或名誉领事领导）。

第三，人文方面。这一方面最为笼统，很难统计其成果，但是是非常现实和重要的。人文合作中包括数量众多的科学交流、教育交流和文化交流。每年，远东境内都会举办数十场国际论坛、大会和研讨会。有大量的来自中国、日本和韩国的留学生在这里的高等院校留学。各边疆区和州的外国（中国、日本、朝韩和越南）友好协会积极开展工作。

扩大与亚太地区国家的个体、人际交流是人文合作的最重要体现。中国、泰国、越南、日本对于远东人来说是看世界的另一个窗口，是度假和娱乐之地，在韩国和新加坡则可以接受价格虽然不菲但是优质的医疗服务。统计数据表明，2008 年，仅通过远东南部的旅游线路就有近 150 万人次前往中国旅游，占当年俄罗斯向中国出境旅游总人数的 70% 以上。根据社会调查数据，俄罗斯远东南部的每三个成年人中，就有一个人至少去过中国一次，而近 90% 的远东人曾在本国的领土上遇到过中国人。

3.6　远景和需求

俄罗斯政府在 2006 ~ 2011 年做出的决定赋予了俄罗斯太平洋地区与亚太地区一体化

整合以新的推动力。其中包括俄罗斯联邦安全委员会于 2006 年 12 月 20 日做出的关于必须加速和配套发展远东地区的决定，出台了旨在"让俄罗斯实现向亚太地区的地缘政治突破"的《发展远东和外贝加尔地区》和《远东和贝加尔地区 2025 年前社会经济发展战略》联邦专项规划的加强版方案，制定了到 2050 年前的同类文件。

2012 年在 符拉迪沃斯托克（海参崴）举办的亚太经合组织经济合作论坛对于进一步巩固俄罗斯太平洋地区的国际地位具有重要意义。此次论坛的举办是一次里程碑式的事件，旨在向世界展示俄罗斯坚定地立足于太平洋地区以及把滨海边疆区的首府打造成具有影响力的国际经济合作、人文合作中心城市的决心[①]。

但是，同时也存在着让俄罗斯太平洋地区在 21 世纪上半叶成为国际合作和保障亚太地区安全的重要主体的一系列客观因素。

从 21 世纪初发生在全球、亚太地区、东亚和俄罗斯的进程来看，远东地区在客观上发挥着一些重要的国家功能（在俄罗斯的背景下）和区域功能（在东亚和亚太地区范围内）。

第一项功能：稳定功能，这是远东对于区域和整个俄罗斯来说第一重要的功能。远东地区雄厚的自然资源潜力和空间潜力本身已经为莫斯科中央解决本国经济、政治和社会现代化改造中的最棘手问题保障了一定的安全系数，起着 21 世纪俄罗斯生存物资战略性储备的作用。对于俄罗斯的邻国，远东有能力提供可靠的能源和经济发展的自由空间。

第二项功能：过境功能，这一功能把俄罗斯和部分欧洲的经济与东亚和亚太地区的经济联系起来。对于俄罗斯本身来说，远东是本国经济向亚太地区推进的桥头堡。俄罗斯联邦的 2008 年对外政策构想直接指出，莫斯科有意利用亚太地区的潜力和可能性提升西伯利亚和远东的经济，从而确立俄罗斯在这一快速发展地区的参与度[②]。

第三项功能：文化和文明建设功能。俄罗斯是欧洲唯一一个与东亚文化具有共同边界以及可以直接开展联系的广大自然地理地带的国家。从古至今，除了 20 世纪 30 ~ 80 年代的短暂时期，欧亚大陆的东北沿岸，从楚科奇一直到中国和朝鲜的边界，一直都是俄罗斯人从 17 世纪中叶开始就积极介入的密集的跨文明接触地带。斯拉夫人与地区原住民（那乃人、尼夫赫人、乌德盖人等）、与邻国的人民（中国人、日本人、朝鲜人）之间，以及中国人、日本人与当地人民之间，用各种方式建立起相互关系，但是，有一点非常明显，即俄罗斯太平洋地区的文化环境是相当有特色的。这一文化环境的特点是具有很高的文化包容度，居民对东方文化和传统有着浓厚的兴趣。俄罗斯科学院远东分院历史研究所在远东南部进行的社会舆情调查显示，远东人最感兴趣的国家是东亚国家。对于 40% 的远东人来说，日本一直是最具好感度的国家，他们认为，首先必须发展与中国和日本的然后才是与俄罗斯国内和世界其他地区的经济联系（图 3.13）[③]。

邻国对远东的兴趣体现在积极成立支持和发展东方文化的研究院所（日本和韩国文化

① 2008 年 9 月 1 日弗拉基米尔·弗拉基米罗维奇·普京的致辞//http://www.government.ru/content/rfgovernment/rfgovernmentchairman/chronicle/archive/2008/09/01/6859553.htm。

② 见：http://www.kremlin.ru/text/docs/2008/07/204108.shtml#。

③ 详见：Ларин В. Л., Ларина Л. Л. 远东人看世界：观点和概念在 20 世纪和 21 世纪之交的演变. 符拉迪沃斯托克（海参崴）：远东科学出版社，2011. 98-100 页、108-111 页。

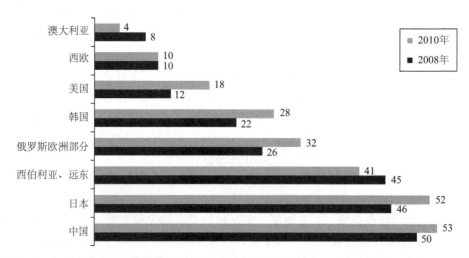

图 3.13　根据社会舆情调查结果确定的优先发展合作关系的国家和地区（占被调查者的百分比）

中心、孔子学院）以及开展不同形式和从边境城市、村镇到边疆区、州、县和省的不同层面的国际文化交流。

第四项功能：保障区域安全。对于东亚和亚太地区的大多数国家来说，俄罗斯太平洋地区大概是近百年里首次没有成为军事和政治威胁的源头。除了南千岛群岛以外，在俄罗斯太平洋地区的领土内不存在争议区。俄罗斯大幅度削减了在远东的军事部署，显著地减少了地区的生态负担。与区域内的其他国家不同，俄罗斯没有任何领土主张，只关注于维护区域稳定和安全以及发展国际合作。

科技进步或者创新是区域长期发展的一个最重要因素。

全世界的各大科学中心和科学教育中心几乎一直没有停止过新材料、新技术的研发工作，之后会把创新成果推广到其他地区和国家。目前，创新过程（既包括成果的产生，也包括成果的推广）正在变得越来越国际化和全球化。

创新对于俄罗斯太平洋地区最广泛的经济和服务领域来说同样非常重要。在其境内的俄罗斯科学院远东分院的各科研院所、高等学府和其他科学中心，蕴藏着相当大的创新潜力。在西伯利亚、乌拉尔地区和欧洲部分等地的其他科学中心蕴藏的创新潜力更加巨大和更加多样，也非常有必要把这些创新潜力运用到俄罗斯太平洋地区的发展中。

但是，这一大区也可以引进国外的其中包括日本、韩国等高度发达国家和发展中的中国的创新潜力。因此，俄罗斯太平洋地区与亚太地区国家在科技创新领域的国际互利合作将成为大区长期和有效发展的一个越来越重要的因素。

4 未来展望篇

4.1 长期发展的战略趋势

（根据《远东和贝加尔地区 2025 年前社会与经济发展战略》资料编写）

2009 年 12 月 28 日，俄罗斯联邦政府批准了《远东和贝加尔地区 2025 年前社会与经济发展战略》（以下简称《战略》）（№2094-p）。这份文件由区域发展部协同俄罗斯的多个科研和设计单位以及各部委共同起草制定。以下列出该《战略》中关于俄罗斯太平洋地区长期发展的基本趋势的诸项内容[①]。

远东地区所具有的主要竞争优势包括经济地理位置（首先，这里提供最短的交通线路，包括亚洲东部和欧洲西部之间以及通往亚太地区各国的最短线路）、自然资源储量巨大（金属和非金属矿物、水资源、生物资源、水力资源、森林资源、游憩资源等）、具备有利于开展社会和经济合作的绵长海岸线和国境线、港口基础设施发达、旅游资产富有吸引力以及临近全球最大的旅游市场。

远东的战略发展目标是实现地缘政治使命，即通过在这一地区的各联邦主体内形成发达的经济和舒适的人居环境来巩固民生、稳定人口，并且让这一地区达到俄罗斯社会和经济发展平均水平。

为了完成这一使命，必须确保远东境内的各联邦主体的社会和经济发展速度达到或者超前于俄罗斯的平均速度，同时还要解决一系列任务，其中的首要任务包括以下方面。

（1）在俄罗斯联邦的联邦行业发展战略、联邦主体和城镇的社会与经济发展战略以及大型公司和企业的战略规划框架内，依托自然资源潜力、产业潜力、人才和科研潜力，为远东境内的各联邦主体的长远的经济专业化发展创造条件；

（2）立足于拥有舒适人居环境的经济超前增长区，形成稳定的聚落体系；

（3）通过制定法律法规来规定价格、费率、关税、税收和预算政策的特殊条款，以降低远东地区与俄罗斯其他地区的经济和社会一体化的壁垒，提高与经济专业化一致的产品、货物和服务的竞争力；

（4）形成解决地区面临的经济任务所必需的人口数量和劳动力资源，提高人力资本的素质；

（5）保护和保持俄罗斯联邦的土著少数民族（以下称"北方土著少数民族"）的传统生活方式；

《战略》中规定了远东地区的若干发展方案。

---

① 在《战略》中该地区被命名为远东、远东地区。

　　基本方案：远东的基本发展方案与《俄罗斯联邦 2020 年前社会和经济长期发展构想》创新方案挂钩，并且立足于最充分地利用地区经济的竞争优势、自然资源潜力和过境潜力，稳定地增加竞争性产品的出口数量和对交通基础设施进行现代化改造。

　　成功实施《战略》的条件是，在落实关键投资项目过程中，首先是在经济超前增长区的划定区域内，实现国家、企业和社会在公私合营原则基础上的综合、系统和同步的互动。

　　《远东和外贝加尔地区 2013 年前经济和社会发展》联邦专项规划是落实本《战略》的最重要工具之一。此外，还必须为联邦主体和单独城镇制定长期战略和地区规划文件。将吸引投资基金、俄罗斯风投公司和联邦专项规划的资金用于实施重大的投资项目，运用优惠贷款和贷款利息补贴的政策工具。

　　在远东经济领域重点行业的企业运用有竞争力的本国技术和设备实现产能升级改造以及发展创新领域的前提下，政府将为该行业的发展提供支持。

　　制定了稳定远东劳动适龄人口和向这些地区吸引高技能人才的综合措施。这些措施包括改善社会基础设施、发展和提高居民点的工程系统的安全可靠性、完善北极地区居民的担保补偿制度、养老保障制度以及发展职业教育。

　　以下列出《战略》中拟定的俄罗斯太平洋地区各单独地区的社会和经济发展基本方向。

　　萨哈（雅库特）共和国：雅库特的未来经济发展将集中在四个经济超前增长区，其中三个在地域上与现有的社会和经济活跃区重合，即南雅库特、西雅库特、中雅库特，还有一个新兴工业地区——东北雅库特。

　　南雅库特超前增长区（涅留恩格里区、阿尔丹区和奥廖克明斯克区），通过实施"南雅库特综合发展"投资项目，将在水利工程设施和主要从事对地区现有矿物（天然气、磷灰石、煤、铁矿和铀矿等）进行深加工和木材加工的工业生产综合体（有保障的用电单位）的基础上形成一个大型工业区。

　　南雅库特的经济发展的优先方向是采煤和选煤、发展铀工业、化工行业（煤化工和肥料行业、天然气处理和天然气化工行业）、依托铁矿床的冶金综合体以及开采有色金属、发展能源和交通枢纽。

　　在南雅库特综合发展的框架内，各城市将进行以下的专业化发展。

　　（1）涅留恩格里市：开采煤炭和生产选煤产品、发电业、采金业、宝石和装饰石材行业（查拉石、铬透辉石、大理石和花岗岩）、木材加工综合体、交通枢纽；

　　（2）托莫特镇：建立铀、金、银矿的采矿联合企业、交通枢纽；

　　（3）阿尔丹市：天然气加工工业；

　　（4）奥廖克明斯克市：用于满足雅库特南部和西部地区不断增长的需求的农工综合体。

　　东北雅库特（以雅库特东北部的通波区、乌斯季马亚区和奥伊米亚康区为主），这里是开采有色金属、稀土金属以及发展热力工程的地区。这里形成了建立采矿综合体（贵金属和多金属）和建立金矿床和多金属矿床开发综合体和必要基础设施的条件。东北雅库特的竞争优势在于拥有多座大型矿床，包括涅日达宁斯科耶金矿床、上缅克切多金属银矿床、具有巨大银储量的阿格尔克铜钨矿床。未来，预计与马加丹州共同开发亚纳-科雷马含金省，该含金省可保证每年 100~120t 的黄金开采量。鉴于交通基础设施的发展，尤其是建设通往鄂霍次克海沿岸（阿扬港）的公路，预计发展森林工业综合体。在雅库特的东北部和西部地区，将创造出复兴传统经济行业的经济条件。

西雅库特是发展油气开采、油气加工和氦工业、开采金刚石和木材加工的地区。东方输油管道和在落实"东部天然气规划"框架内形成的输气系统是勒拿燃料区的支柱环节。随着东方输油管道和"中博图奥巴凝析气油田-东方输油管道"输油管道的投入使用，将开始向萨哈（雅库特）共和国境外大规模输送石油，这将显著提高地区的出口能力，增加远东的贝加尔地区的管道运输和铁路运输的货运量，并将对远东的海港的发展产生积极影响。

西雅库特各大气田的蕴藏量允许在这里建立大型的天然气开采中心，该中心预计建设干线输气管道和发展出口导向型加工业。恰扬达凝析气油田以及塔拉坎、中博图奥巴、阿林斯科耶、滕姆普奇坎、塔斯-尤里亚赫、上维柳钦斯克以及其他的凝析气田和油田将成为未来的行业基础。除了向亚太地区各国出口，开采天然气还可以让南雅库特工业枢纽、阿穆尔州和犹太自治州的用户用上天然气，这将大大提高居民生活舒适度。

金刚石开采业集中在米尔市、乌达奇内市、艾哈尔镇和纽尔巴区，这些区域的特点是拥有规模罕见的金刚石储量（占俄罗斯金刚石总储量的82%），正在建设的"米尔"、"艾哈尔"和"乌达奇内"地下矿井工程投入使用后，这些储量将得到开发，将会创造约2000 个新工作岗位，这将稳定雅库特的这一地区的社会局势。

中雅库特将定位于交通物流枢纽地区，而其核心（雅库茨克市）将变成一个多功能中心城市。这里将发展科学教育综合体和信息技术。在中央经济区，将加速发展食品工业，对农业原料进行深加工和生产口味改良升级的新型食品。金刚石加工业和珠宝业将取得进一步发展。

在哈巴罗夫斯克（伯力）边疆区，划分出存在不同专业化的经济超前增长区，如哈巴罗夫斯克（伯力）城市群、共青城城市群、位于贝阿干线铁路沿线地带（在哈巴罗夫斯克（伯力）边疆区的西部山区）的乌尔加尔燃料和能源区以及位于哈巴罗夫斯克（伯力）边疆区东南部的近海港口工业区。

哈巴罗夫斯克（伯力）城市群包括哈巴罗夫斯克（伯力）市和哈巴罗夫斯克（伯力）区的大多数居民点。哈巴罗夫斯克（伯力）城市群的发展前景与在这里建立多专业的哈巴罗夫斯克（伯力）科学教育综合体（俄罗斯科学院远东分院的院所、大学）和金融产业综合体有关。

在发展哈巴罗夫斯克（伯力）城市群的框架内，计划形成拥有发达的生产领域和服务领域的统一的交通物流枢纽、工业和商务中心，其中的教育服务、医疗健康服务、旅游服务、商业化服务和科学与创新研发服务将具有重大意义。

哈巴罗夫斯克（伯力）城市群未来将专业化发展炼油工业、食品、建筑产品、电工产品、家具、机械设备的生产行业。计划发展创新和传导基础设施、教育服务、医疗服务、文化和体育服务。哈巴罗夫斯克（伯力）城市群将在中、长期保留现有的产业配置，这决定了必须建立技术引进区。在哈巴罗夫斯克（伯力）城市群中将建成一个辐射全俄罗斯的交通物流综合体。

共青城城市群的中心是阿穆尔河畔共青城。共青城城市群还包括阿穆尔斯克市和阿穆尔河畔共青城区、索尔涅奇内区、阿穆尔区。共青城城市群是远东联邦管区最大的工业枢纽（航空制造、船舶制造、弹药制造、炼油、冶金、有色金属开采和木材加工行业）。该城市群正在大力发展科研力量（工业大学、俄罗斯科学院远东分院机械研究所）、高等教育和设计机构。

在工业行业中，拥有最先进技术的军工行业将继续发挥决定性作用，军工企业将实施制造高科技产品，有竞争力的军用、军民两用和民用新型产品的大型投资项目。计划实施航空综合体批量生产苏-35（第4++代）、研发和建造第五代歼击机、苏霍伊超级100型中程客机等项目。

除了军工题材，船舶制造业中的民用船舶制造、海上油气开采平台建设也将得到发展。

在阿穆尔河畔共青城现有的炼油厂基础上，将建成油气化工综合体。在阿穆尔斯克市，计划部署纸浆行业以及实施木材加工和建筑材料生产等一系列项目。将建成生产含金合金（多尔合金）的湿法冶金厂。

在共青城城市群的辐射区，分布着具有开发远景的锡矿床，其中包括普拉沃乌尔米耶锡矿床和索博利诺耶锡矿床，这两座矿床的金属储量对于全俄罗斯具有重要意义。

乌尔加尔燃料能源区：专注于发电和电力出口、开采煤和金矿、木材加工。乌尔加尔经济超前增长区是在贝阿干线铁路沿线（哈巴罗夫斯克（伯力）边疆区的上布列亚区）的另一个经济增长地带。这里拥有建设大型乌尔加尔燃料能源综合体的优越条件，在贝加尔-阿穆尔干线铁路沿线区建设乌尔加尔燃料能源综合体是基于可以紧凑布置高产能的能源产业群。除了发电和采煤，在乌尔加尔区还将发展金矿和锡矿的开采与初级加工。

将在瓦尼诺-苏维埃港交通工业枢纽的基础上形成经济超前发展的近海港口工业区，瓦尼诺-苏维埃港交通工业枢纽包括一个依托苏维埃港和德卡斯特里港建立的经济特区。通过建设新的海上转运站和形成水陆（海洋工业）综合体，这个综合体是建立于远期交通物流枢纽、森林工业企业、渔业企业和主要在由陆地交通能源基础设施辅助的沿海地区和毗连地区的点、线式人口聚落系统基础上，让这个近海港口工业区得到发展。在哈巴罗夫斯克（伯力）边疆区境内，通过实施增加港口吞吐能力的投资项目，尤其是瓦尼诺港发展项目，可以大幅度增加铁矿石、石油和石油产品、矾土、木材、集装箱和其他货物的年处理能力并创造新的就业岗位。

在瓦宁湾、穆奇克湾、苏维埃港湾的大型交通工业枢纽建设项目是基于对贝阿铁路沿线区的丰富自然资源的开发和开采，其中包括萨哈（雅库特）共和国的涅留恩格里煤田和埃尔加煤田、阿穆尔州的库拉纳赫铁矿床、大谢伊姆铁矿床和加里铁矿床、犹太自治州的基姆坎-苏塔尔矿床，开发这些矿床将形成运往哈巴罗夫斯克（伯力）边疆区海港的巨大出口货物流。

到2025年前，预计发展瓦宁-苏维埃港交通工业枢纽的港口吞吐量至0.8亿~1亿t。不论是对于贝阿干线铁路沿线区，还是对于西伯利亚大铁路沿线区，港口吞吐能力的大规模发展将促进矿床的大型开发项目得到成功落实，这将赋存交通工业枢纽以国家级地位。

将在德卡斯特里港继续形成交通工业枢纽，该枢纽的前景与石油运输港的进一步发展、交通运输项目的实施和建立木材加工企业有关。在近海港口工业区内实施大型基础设施项目（建设公路和铁路），给哈巴罗夫斯克（伯力）边疆区近岸地带的社会和经济发展以巨大推动力，为全年候利用哈巴罗夫斯克（伯力）边疆区东北部的自然资源提供了保障。发展基础设施将为勘探和开发矿床、提高矿床的经济价值提供附加动力，其中也包括更北部的图古尔-丘米坎区（考虑发展跨地区级的潮汐发电站）和阿扬-迈斯基区。基础设施建设项目将降低北方的交通运输费用，提高居民的生活舒适度。铁路建设将提高地方生产的产品的竞争力，促进发展以森林工业综合体为主的核心产业，提高当地居民的生活质量。

在滨海边疆区，根据空间发展的主要方向，划分出以符拉迪沃斯托克（海参崴）城市群为中心的南滨海地区。符拉迪沃斯托克（海参崴）城市群的优先功能将是交通物流、工业、科研和创新教育、旅游功能和作为地区代表的功能。由于其地缘政治地位，这一地区将作为俄罗斯与亚太地区的紧密互动地带、商务中心和国家交际平台进行发展。

符拉迪沃斯托克（海参崴）城市群是拥有发达基础交通路网的国际交通走廊枢纽，这赋予该城市群在部署多式联运中的竞争优势。该城市群将形成整合铁路和公路网、海港和空港基础设施以及仓储基础设施的国家级交通物流综合体，该综合体可确保俄罗斯外贸货物周转和首先是向中国东北省份、朝鲜、韩国和日本方向的国际过境客货运输。这一综合体将成为发展滨海边疆区交通物流产业集群的基础和提高俄罗斯经济的过境潜力以及与亚太地区交通物流系统一体化的一个因素。

为了提升滨海边疆区的经济，将发展烃类原料的运输和深加工。已经建成了科济米诺石油运输专用海港，正在设计建设大型炼油厂。"萨哈林-哈巴罗夫斯克（伯力）-符拉迪沃斯托克（海参崴）"天然气运输系统建设项目的实施可以满足边疆区居民和生产企业对天然气的需求，为在滨海南部地区建设天然气加工、压缩（液化）及其深加工的综合体创造条件。

滨海南部地区将成为各等级船舶和大陆架开发设备的生产制造中心之一。依托多家地区规模的企业，船舶建造和修理行业将得到发展，将建造油气开采平台、油轮、捕鱼船以及其他船舶。

上述项目的实施将保障周边行业的经济增长，促进售后服务中心、专业化机械制造落户滨海边疆区，即大型供应商为萨哈林岛（库页岛）和远东海域大陆架油气开采项目提供技术解决方案的处理中心。

符拉迪沃斯托克（海参崴）城市群是带有明显的海洋和自然科学专业化的大型科学和教育中心。科学教育领域的优先发展方向是扩大教育服务的出口、部署与企业互动的技术研发结构、技术和物质基础的现代化改造和扩大对外联系。在滨海边疆区创新行业发展构架内，将建成俄罗斯的太平洋创新终端体系，该终端体系包括俄罗斯科学院的太平洋生物技术中心、太平洋水下机器人中心、太平洋纳米技术研究中心、大洋资源综合开发技术创新生产中心和带有高新科技园的创新工业区。

符拉迪沃斯托克（海参崴）城市群还具有发展生物资源行业的重要先决条件，传统上，渔业捕捞水产品被卸到这里的岸上，之后向祖国西部运输或进行加工。未来，在符拉迪沃斯托克（海参崴）城市群境内，拟发展基于创新技术的试生产，用以最大化和综合地利用海洋生物资源、进行水产养殖、研发新的生物资源繁殖技术。

在俄罗斯和中国的边境合作框架内，将在滨海边疆区建成俄中合资工业园（米哈依洛夫斯基区、乌苏里斯克（双城子）市）、信息技术产业园（符拉迪沃斯托克（海参崴）市）。

到2025年前，符拉迪沃斯托克（海参崴）城市群将成为俄罗斯东部最大的发挥重要社会和经济与战略作用的后工业化中心。这一城市群的空间发展的关键方向是地域布局的去中心化，即通过把枢纽功能（首先是交通和管道功能、工业功能）移除到城市市区以外的近郊，从而疏解 符拉迪沃斯托克（海参崴）市的压力。

工业区，首先是专业从事石油和天然气加工、木材加工、鱼类和其他海产品加工、金属加工以及船舶建造、船舶修理等领域的工业区，将与港口综合体同步发展。

其他的经济集中发展区有滨海西南地区、乌苏里江河谷区、兴凯湖沿岸低地区和纳霍德卡山区。

在阿穆尔州，将形成三个经济超前发展区：

（1）贝阿铁路沿线自然资源区（包括西阿穆尔分区、结雅分区和谢列姆贾分区）；

（2）阿穆尔河沿岸农业产业区（这里具有发展采矿冶金综合体的远景）；

（3）斯沃博德内航天区。

贝阿铁路沿线自然资源区的西阿穆尔分区形成于"巴姆斯卡娅—滕达"沿线。金矿床、钛磁铁矿石和磷灰石的工业开发和木材加工构成了这一分区的发展基础。

通过开发库拉纳赫和大谢伊姆钛铁矿床，在不久的将来就可以生产出产量巨大的二氧化钛和直接还原铁。

在西阿穆尔分区，采矿和木材加工行业（滕达市）和交通物流行业（斯科沃罗季诺市）将得到发展。

贝阿铁路沿线自然资源区的结雅分区将形成于"滕达—结雅—乌拉克—埃尔加（雅库特）"交通轴的沿线，其专业化领域有木材加工、能源行业和矿产开采行业（包括采煤和采金）。结雅分区发展的前提条件是建设新的"滕达—结雅"铁路和"乌拉克—埃尔加"铁路，恢复结雅水库的航运，未来建设通往阿穆尔州东北部、萨哈（雅库特）共和国南部和哈巴罗夫斯克（伯力）边疆区西部的昆马尼约河流域的铜镍矿床的铁路。结雅市（发展木材加工、能源和耗能产业）和乌拉克火车站的交通物流综合体将成为结雅分区的经济增长龙头。结雅分区的发展前景还与采矿行业的发展有关。

贝阿铁路沿线自然资源区的谢列姆贾分区将形成于规划中的"希马诺夫斯克—恰戈扬—费夫拉利斯克—奥戈贾"放射状铁路的衔接段。谢列姆贾分区的发展基础是铁矿、金矿、有色金属和稀有金属矿、煤矿和非金属矿、森林资源和西伯利亚大铁路沿线的工业区。位于谢列姆贾分区的加里矿床的铁矿石储量约为4亿t，其中10%矿石的铁品位超过55%。

谢列姆贾分区拥有阿穆尔州可采伐的经济木材蓄积量的30%（阿穆尔州的设计采伐量总体上为每年600万 m³）。在贝阿铁路交通走廊沿线的主要人口分布区与木材采伐企业的住宅区相结合的基础上，将在谢列姆贾分区形成森林工业综合体。计划建设跨行业多用途道路（首先是通往自然资源产地和森林的道路）和建设全年候的林业道路。将在希马诺夫斯克市、费夫拉利斯克镇以及一系列沿线村镇进行木材加工，这些村镇将通过创造舒适的生活环境来吸引劳动力。

计划依托加里矿床、库拉纳赫矿床和大谢伊姆矿床等矿床以及犹太自治州的基姆坎铁矿床和苏塔尔铁矿床形成冶金综合体，该综合体包括采选联合企业和布置在阿穆尔河沿岸农业产业区的采冶联合企业。

近期，恰戈扬大理石矿床、叶夫根耶夫卡磷灰石矿床和库利科夫斯科耶沸石矿床等非金属矿床也将被纳入运营中。

在费夫拉利斯克镇，木材加工和交通物流行业将得到优先发展。恰戈扬镇将重点发展采矿选矿行业和铁矿石行业、水泥等建筑材料制造行业。希马诺夫斯克市将重点发展用于满足采矿和交通运输业需要的机械制造行业。

在贝阿铁路沿线自然资源区的南部，即在乌格列戈尔斯克保密行政区及部分的斯沃博德纳区和希马诺夫斯克区形成高新航天技术、仪表制造和电子产业综合体，为在乌格列戈尔斯克行政区和东方航天器发射场基础上建立和发展远东国家航天中心提供保障。

远东国家航天中心的使命包括确保各种用途航天器、货运飞船、空间站舱体模块的准备和发射，完成载人航天计划、完成研究和开发天体的长期航天计划、发展航天技术和航天仪表制造以及开展上述各领域的国际合作。

阿穆尔河沿岸农业产业超前发展区，在地域上临近结雅–布列亚平原，应当成为保障远东地区粮食安全的主要环节，这将与农业（农业产品生产和加工）、满足农业工业综合体需求的机械制造业、玻璃制造业和化工行业的发展有关。

阿穆尔河沿岸农业产业区的发展将为快速增加谷物和大豆的产量提供保障。为完成这项任务，将有 100 万 hm^2 以上的耕地回归轮种并采取综合的农业技术措施。在阿穆尔河沿岸农业产业区内，将加工谷物和大豆，在面粉、米、豆油、替代进口的大豆粕、配合饲料（预混合料）、乙醇的生产中，将实现现有生产能力的现代化改造和增加新的生产能力。在保护地的蔬菜种植和食用菌种植也将得到发展。

农业专业化发展的重要方向是进一步发展肉畜业和乳畜业，改造现有养殖场和新建现代化养殖场。

食品企业（肉类和乳制品联合企业、罐头厂）的发展将获得推动力，糖果、奶粉、儿童食品和绿色食品的生产会得到妥善调整。此外，将引进新的生产工艺，使用生物添加剂和在最大程度保留有益物质的同时可以长期保存的天然配料。

在阿穆尔河沿岸农业产业区内，分布着安东诺夫卡矿床和达尔冒坎等大型石英砂矿床，这些矿床的已探明储量超过 1550 万 t，可以保证一个大型玻璃厂的 300 多年的原料供应。

由于阿穆尔州的主要科研机构集中在布拉戈维申斯克（海兰泡）市，该市将成为阿穆尔州发展创新技术的平台城市。依托阿穆尔国立大学、远东国立农业大学、阿穆尔国立医学院以及俄罗斯科学院、俄罗斯医学院和俄罗斯农学院的各大科研院所，将成立阿穆尔技术研发中心，用以保证地区对机械制造、仪表制造和航天技术的创新需求，还用于开展与区域科研和教学组织、农业工业综合体企业和医疗机构的合作。此外，还将在阿穆尔技术研发中心发展俄罗斯最大规模的高科技生物类黄酮的生产，以供生物活性食品添加剂、食品、药用化妆品和农用化学品的生产企业使用。

阿穆尔州将在发展燃料和能源产业、采矿业、木材加工业、机械制造业、农业和交通运输业的基础上形成超前发展区。

堪察加边疆区的发展前景与渔业、采矿业、能源和旅游游憩业的发展息息相关。

堪察加边疆区的经济潜力主要定位于三个经济超前增长区：阿瓦恰城市群、西堪察加区和科里亚克矿区。在这三个区实施大型投资项目，将使边疆区的经济结构多元化，实现多种经营，确保边疆区经济的可持续发展。

阿瓦恰城市群：从地理位置来看，阿瓦恰城市群是保障俄罗斯在亚太地区北部的地缘政治利益以及扩大俄罗斯联邦对太平洋北部自然资源和俄罗斯北极地区东部自然资源的综合开发规模的根据地。

生物资源行业和旅游游憩行业的发展关系到阿瓦恰城市群的长远发展。

生物资源行业将在堪察加边疆区的传统产业（鱼类捕捞和加工业）的基础上形成。生产资源行业的发展首先要通过公私合营机制扩大近海捕捞规模并建立资源使用者的自我监管组织，从而为形成沿岸鱼类加工企业的现代化改造和在水生生物资源深加工领域的投资和创新项目框架内建立新企业、设立商品交易所创造条件。

将在阿瓦恰城市群内的堪察加地区彼得罗巴甫洛夫斯克市建立一个港口经济特区。这个经济特区的主要专业化方向将是水生生物资源加工、货物转运以及小型船舶修理。

堪察加半岛的得天独厚的自然游憩潜力将成为发展旅游和游憩行业的基础。在阿瓦恰城市群范围内将开展旅游和物流活动以及部署边境口岸的海关基础设施。阿瓦恰城市群将被打造成为发展游憩、休闲和水上旅游的重地之一。

西堪察加区位于堪察加半岛及其毗连的水域和大陆架。西堪察加区的专业化产业是生物资源的采收和加工以及包括加工业在内的矿物原料产业。

天然气工业将成为堪察加的新行业。2010 年落实了堪察加边疆区供气项目的一期工程，即向堪察加地区彼得罗巴甫洛夫斯克市的改用天然气作为燃料的第二热电站供应天然气。接下来预计让天然气管道的沿线地区实现天然气化。西堪察加大陆架的天然气资源开采关系到堪察加边疆区的天然气行业的长远发展。根据地质勘探结果，堪察加边疆区具备发展另一个用于向亚太地区国家供气的液化天然气生产中心的条件。

到 2025 年前，堪察加半岛的大多数供热企业和住宅与公共事业设施将使用本地的能源，其中包括地热资源。

科里亚克矿区的专业化领域是采矿业（金矿、煤矿和有色金属的开采）。在发展科里亚克矿区框架内，将开发若干矿区和建设采矿冶金综合体以及必要的基础设施。

目前，堪察加边疆区的采矿行业正处于形成阶段。2006 年开始开采阿金斯科耶金矿和沙努奇铜镍矿。堪察加边疆区的采矿部门贡献了地区总产值的大约 5%。

根据有色金属和贵金属的预测储量估算结果，堪察加边疆区被列为俄罗斯的储量名列前茅的含镍、金和铂矿地区。

堪察加边疆区的发展前景与指定区以外的多座金银矿床的工业开发关系密切。该开发项目预计对阿萨恰矿床及其侧翼进行补充勘探，并开采罗德尼科夫斯科耶矿床和穆特纳亚矿床的金银矿石。到 2015 年前，堪察加边疆区将建成 6 座矿井并开始开采金矿。到 2018 年前，金的产量将达到 18t，铂达到 3t。沙努奇铜镍矿床和克维努姆-库瓦洛罗格含镍区的镍的总开采量将达到每年 1 万 t。地区内具备对铜镍矿石进行冶炼加工的先决条件。计划建设和投产一个采选联合企业,用于对哈拉克特尔矿床的钛磁铁矿砂进行深加工。

马加丹州的经济基础由采矿业(采金、采煤)和包括鱼类捕捞和加工在内的食品工业构成。未来,经济结构中还将增添有色和黑色金属开始、烃类开采和油气加工业。马加丹州的经济发展首先取决于马加丹矿区和科雷马矿区的发展。

马加丹矿区 包括从西面的亚马群岛延伸到东面的皮亚金半岛的鄂霍次克海大陆架以及鄂霍次克海陶伊湾北岸的陆地段。马加丹矿区的专业化领域是烃类原料的勘探和未来的开采行业。对马加丹大陆架的资源潜力的评估值相当高,但是需要进行补充勘探。马加丹矿区的竞争优势在于它紧邻一个贸易海港(但是这个海港需要改建)和一个几乎可接纳所有类型航空器的机场(正在进行改建)。开发大陆架可以使沿岸聚居区的经济结构多元化。依托鄂霍次克海大陆架的油气田可以建设用于满足地区需求的小型炼油厂。在马加丹矿区的陆地部分,计划开发兰科夫褐煤矿床和梅尔科沃德宁斯科耶褐煤矿床,并发展褐煤的综合加工、制取压块燃料和液体燃料、瓦斯和腐殖酸盐。

科雷马矿区 在科雷马矿床的资源(贵金属、有色金属、黑色金属)的基础上将形成一个矿业产业集群,能否增加矿物开采量、提高劳动生产率和运用创新技术将决定这个集群的未来发展。科雷马矿区由三个现有的和潜在的主要采矿地区构成:亚纳-科雷马金矿省、南奥莫隆矿结和罗索希砂矿区、沙马尼哈-斯托尔博瓦亚砂矿区和奥罗约克成矿区。

亚纳-科雷马金矿省覆盖中科雷马地区(苏苏曼区南部、坚吉区和亚戈德诺耶区以及哈森区和奥拉区的北部)。在这个金矿省境内过去曾经建设了必要的基础设施(公路网、阿尔卡加拉国家地区水电站和科雷马水电站、输电线)。但是,基础设施的保障程度可能不足够用于发展金矿的补充产能。

南奥莫隆矿结和罗索希砂矿区分布在中坎区、奥姆苏克昌区和北埃文斯基区,未来将从事贵金属开采、生产铜和钼。在国际金属价格高的背景下最适宜开发该矿区。

沙马尼哈-斯托尔博瓦亚砂矿区和奥罗约克成矿区分布在马加丹州中坎区北部。这一矿区的远期专业化领域是贵金属、多金属矿石和铜矿开采行业,预计主要采用地区内部轮流工作法对矿区进行开发。

在马加丹州和楚科奇自治区的近海水域,海兽捕猎行业将得到发展,该行业的产品将成为后续深加工、生产药品、化妆品、肉类产品、皮革品以及其他产品的原料,包括向远东南部地区供应这些原料。与此同时,还计划建立生物技术中心,用于利用鄂霍次克海的生物资源生产非药用的保健品。

萨哈林州的经济发展潜力定位于三个经济超前增长区:南萨哈林区、千岛群岛区和北萨哈林区。

南萨哈林经济超前增长区的专业化发展在于形成油气化工行业、生物资源行业与物流行业以及开发乌格列戈尔斯克区的煤田。此外,将发展萨哈林州的气化工程,首先是南萨哈林第一热电厂改用天然气作为燃料,这对于保护 萨哈林岛(库页岛)南部的生态环境将具有重要意义。具备在萨哈林南部发展天然气化工行业和天然气发电项目的前景,该前景将根据可行性详细调查结果加以明确。

在全年可通航的涅韦尔斯克渔业海港及其发达的铁路与公路进港线路的基础上,通过建立港口型经济特区，将使港口综合体的效率提高。生物资源行业构成港口的专业化行业的基础，包括仓储、运输、产品加工、船舶维护保养等。

千岛群岛区的专业化发展与生物资源和游憩行业有关。"千岛海脊"生物资源综合体的建立要求在幌筵岛、择捉岛、国后岛和色丹岛等岛屿部署经济活动设施。靠近千岛群岛的水域属于生物高丰度地区。作为俄罗斯远东渔业系统中的重要一环，千岛群岛对于发展全俄罗斯乃至全世界的捕鱼业都具有重大意义，尤其是这里盛产螃蟹、鲑鱼类、枪乌贼、软体动物和海藻等有经济价值的渔业品种。计划发展鱼类和其他海产品的深加工以及生产用于生物制药工业、食品工业和燃料工业的产品，还生产农业和海水养殖需要的饲料以及工业用产品。

依托千岛群岛得天独厚的游憩资源的旅游和疗养产业也是一个发展方向。

北萨哈林油气开采区的传统行业是烃类资源开采，它将集中在永久居住区（奥哈–诺格利基）和临时营地周围。在萨哈林州的大陆架的原油表内储量为 38 亿 t（7 座油田）、天然气为 25 亿 t 标准煤当量（10 座气田）。通过实施现有项目和新项目继续开采石油，加上"南萨哈林斯克–奥哈"公路和部署"谢利欣–内什"铁路线的建设，将加强与萨哈林岛（库页岛）人口更多的南部和大陆的联系，并在总体上改善萨哈林岛（库页岛）北部居民的居住环境。行业的发展将促进文化保护任务的解决和社会与经济的发展。

发展油气开采区要求在纳比利镇区建设新的海港，用于保障危险货物换装站的安全运行和大陆架钻井平台的运行。

为了使萨哈林州顺利发展，将实施交通基础设施开发项目，如建设用于连接煤矿地区与萨哈林南部港口的"伊利因斯克–乌格列戈尔斯克"铁路线，改造"南萨哈林斯克–奥哈"公路和"奥贡基–涅韦尔斯克"公路，改造伊利因斯克海港，伊利因斯克海港的吞吐能力将为部署天然气化工行业提供保障，并可供 10 万 t 级以上的油轮、液化气运输船和干货船停泊和维护。预计将改造科尔萨科夫海港和霍尔姆斯克海港的水利设施并建设煤码头以及改造涅韦尔斯克港，用于在此地设立渔业批发交易所，还要改造南萨哈林斯克机场、佐纳利诺耶机场、奥哈机场和门捷列沃机场（国后岛）以及建设择捉机场（择捉岛）。

犹太自治州的经济领域的现代化改造将通过自然资源开发实现。犹太自治州经济发展的优先方向将是采矿项目、木材深加工项目以及捷普洛奥焦尔斯克水泥厂改造项目。

在第一阶段，采矿产业集群将集中在奥布卢奇耶区的经济发达区域。基姆坎铁矿床和苏塔尔铁矿床以及科斯杰尼加铁矿床的开发以及依托这些矿床建成年产能 600 万 t 的采选联合厂将成为这一阶段的基础。之后，计划建设一个采用先进创新技术的冶金厂。

由于临近铁路干线，可以不必为上述项目建设交通基础设施，从而节省了大笔建设费用。

在第二阶段，采矿产业集群的发展将立足于落实南兴安锰矿床开发项目和建设年产 6 万 t 精矿的选矿厂、开采索尤兹年斯科耶石墨矿床和依托水镁石矿床生产金属镁、在比罗费尔德地堑内进行补充勘探和部署开采烃类资源。

由于拥有自己的原料资源，让犹太自治州的建筑材料行业具备了更多的可能性。新型干法水泥的补充产能投产将使产量增加一倍并且降低生产成本。对主要建筑材料的需求增加为在现有产能基础上生产有竞争力的建材产品创造了条件。

在犹太自治州实施大型的林业发展项目将可以保证每年 100 万 m³ 以上的木材与废弃料的加工量。

在下列宁斯科耶居民点区和同江市建设跨阿穆尔河铁路桥以及改造"比罗比詹-列宁斯科耶"铁路线,将有利于发展与亚太地区国家的经济合作。

楚科奇自治区的工业以采掘行业为主。采金业占据龙头地位,此外还有煤炭和天然气的开采。电力行业和食品工业主要用于满足自治区的自身需求。考虑到北极地区的特殊性,为了更充分和有效地开发矿物原料资源,在楚科奇自治区经济活动的战略方向中明确了发展采掘行业和开展地质勘探工作。工业企业和工业基础设施的发展将集中在两个经济超前增长区:阿纳德尔区和恰翁-比利比诺区。

阿纳德尔经济超前增长区:在该地区的发展框架内,将开发分布在白令海沿岸不结冰地区的白令戈夫斯基含煤盆地内的各大煤田(总储量超过 40 亿 t),还将开发阿纳德尔油气田和哈特尔卡油气田的石油和天然气以及一些需要完成大量地质勘探工作的金矿床和铬镍矿。

楚科奇自治区的固体燃料(煤)的预测储量不仅可以满足自治区自身的燃料需求,还可以向自治区以外供应。白令戈夫斯基煤田的煤质符合国际标准,具备在国际市场上的竞争力。还需指出,楚科奇自治区的地理位置优越,便于开展贸易和向远东的任何地区以及亚太地区国家运输货物。这些条件使建立大型采煤中心成为可能,该中心包括年开采量可达 1200 万 t 的采煤企业和带有转运站的深水系泊设施,可以实现全年向大吨位海上船舶装运煤炭。落实该投资项目要求建设采煤企业、白令戈夫斯基海港以及建设"阿纳德尔-白令戈夫斯基"输电架空线(110kV)和"阿纳德尔-上捷列凯矿床-白令戈尔斯基"公路。

在楚科奇自治区和邻海大陆架范围内,发现了六座具有相当可观的烃料原料储量的含油气远景盆地。对这一地区的含油气结构研究很少,因此需要为开展地质勘探工作投入大笔资金。目前,在阿纳德尔含油气盆地的大陆部分已经投产了西奥泽尔诺耶油气田,正在远期的上捷列凯油田继续进行地质勘探。通过推测储量可以有充分把握地预测,到 2020 年前的开采量或将达到石油 50 万 t 和天然气 7000 万 m³。此外,在与之毗邻的含油气结构中,根据找矿数据预测这里的烃类资源量巨大。规划的主要目标是保证楚科奇自治区对石油产品和能源的需求,从而大幅度减少石油产品北运的预算支出,提高地区税收收入。为此,拟在阿纳德尔建设年产 35 万 t 的炼油厂和配套基础设施,包括可加热式输油管道、主泵站、油库和海港新码头。

恰翁-比利比诺经济超前增长区:包括楚科奇自治区的工业最发达的两个区,即恰翁区(区中心是佩韦克市)和比利比诺区(区中心是比利比诺市)。从 20 世纪 30 年代起,恰翁-比利比诺工业区的龙头行业就是采矿工业,从这一地区开始开发时就开采锡矿和砂金矿。最近几年停止了锡矿开采,砂金储量也正在枯竭,优先方向转向脉金矿床。这里分布着俄罗斯最大的金矿床——迈斯科耶金矿床和库波尔金矿床、矿藏丰富的卡拉利维耶姆矿床和德沃伊诺耶矿床以及数量众多的远景金矿田和矿结。在恰翁-比利比诺工业区内分布着俄罗斯最大的锡矿床(齐尔卡凯网状脉矿床)和铜矿床(佩先卡矿床)。金、银、锡和铜矿床的开采关系到恰翁-比利比诺工业区的发展前景,为了开发这些矿床,需要进行大量的地质勘探工作。

上述矿床的各矿种的总储量为金 950t 以上,银 7000t 以上、铜 2400 万 t、锡 50.8 万 t。

到 2020 年前，金的预测开采量为每年 30～32t，银为每年 200～250t。

恰翁–比利比诺经济超前增长区的形成将立足于开发矿石量丰富的小中型金银矿床，这些矿床分布在已知的矿结内部和附近（库波尔矿床、瓦卢尼斯科耶矿床）以及上亚布隆成矿区和坎恰兰–阿姆古埃马成矿区。

为了提高贵金属的开采量，楚科奇自治区的矿物原料资源的主要发展方向是激活在楚科奇成矿带、鄂霍次克–楚科奇成矿带和奥洛伊成矿带的研究薄弱区域的地质勘探工作，这些区域具有发现新的大型金银矿床和金砷硫化物浸染型矿床以及高品位的含金斑岩型钼铜矿床和石英脉型金矿床的巨大潜力。

4.2　学术界提出的长期发展趋势

目前，科研院所和众多的大学正在大力研究区域发展的问题和方向，其中包括长期发展的问题和方向。俄罗斯科学院远东分院经济研究所对俄罗斯远东地区（俄罗斯太平洋地区）的长远发展方案进行了大量的研究，该研究所的研究成果还被运用到地区长期规划和发展战略的制定中。

以下是一系列总结性著述中阐述的关于地区远景的主要观点（Минакир，2006；Стратегия развития…，2004；Минакир и Прокапало，2010）。

根据各种情况和因素的不同组合以及国家是否参与这些工作，确立了地区发展的 4 种可行性方案。

方案 1：国家在开始阶段提供大力支持，未来通过地区经济结构重组创造实现财政自理的先决条件。

方案 1 的主要特点如下：

（1）未来赋予远东以俄罗斯最大的自然资源基地的角色，它可以保障本国的需求并通过出口为国家和地区创造大量财政收入。

（2）为了与国内市场和国外市场实现有效互动，地区的经济系统应当向东方（向亚太地区）和西方（向俄罗斯国内市场）同等敞开。

在方案 1 中，俄罗斯太平洋地区将保留矿物资源的开采和向国内供应这样的传统行业，但是，采掘行业的发展应当力求在最大化加工原料的基础上综合地利用原料。

方案 2：地区传统（出口）的资源型产业。

这一方案的出发点在于，俄罗斯太平洋地区仅在自然资源开采和利用领域拥有潜在的比较优势，而且可以相当长期和有效地利用这些优势。

这一方案的中心思想是在开发自然资源的基础上发展地区的出口专业化，作为 21 世纪前 25 年的社会和经济发展基础。作为出口地区，仅在原料的消费国真正地参与生产过程的情况下，俄罗斯太平洋地区才能够稳定地发展。这意味着，这些消费国应当与俄罗斯的经济实体一起，在租赁和特许条件下，以及在外国法人和自然人在远东境内购买所有权的条件下，取得开发土地资源、生物资源和地下矿藏的许可。因此，所有权的国际化是在亚太地区原料市场的竞争条件下实现该方案的最重要方面之一。

方案 3："中国牌"（通过把中国吸引到远东的经济领域实现与亚太地区的一体化）。

　　俄罗斯太平洋地区与亚太地区国家合作的"中国"方案由于以下原因而具有吸引力：

　　（1）中国是目前世界上发展最快的经济体，甚至在未来，当经济的年平均增长速度降至5%~6%以后，中国仍然会保持相对于地区内其他国家的优势，中国市场可以说具有无穷无尽的开发潜力。

　　（2）俄罗斯与中国之间存在相当长的陆地边界，其中包括俄罗斯太平洋地区境内的边界，两国的经济潜力存在互补，发展程度存在可比性。因此，与中国快速发展合作不仅能够帮助到远东的传统行业，也会创造有发展前景的新产业（加工矿物原料、生产矿物肥、造纸工业和家具工业等），还可能为发展农业（大豆和其他农作物的种植和加工）和机械制造的一些分支行业提供新的推动力。

　　（3）俄罗斯太平洋地区更积极地吸引和雇佣中国劳动力，不受行政限制，或将促进提升地区的农业生产和轻工业，并解决一系列尖锐的社会问题（住宅、社会文化生活设施的建设等），这最终可能为稳定地区人口和从俄罗斯联邦与独联体的其他地区吸引人口创造更加有利的条件。

　　（4）有利的国际政治因素。不论是美国，还是日本，客观上都希望维持亚太地区的力量平衡，这意味着，不论是在俄罗斯联邦，还是在中国，都不允许出现非建设性的方案。因此，不应当排除实施大规模的三边经济项目的可能性，这些三边项目是基于在亚太地区市场销售使用日本（美国、日本、韩国）的技术和资金、远东的自然资源和土地以及中国的劳动力的产品。

　　方案4：构建开放的地区发展模式。

　　对这一方案的研究始于1990年，该方案把面向亚太地区和东北亚国家的经济合作视为优势战略。其中，地区的社会与经济发展立足于原料行业，而第三产业（旅游、服务等）也是经济增长的基础。

　　构建开放的混合经济应当包括以下方面。

　　（1）把亚太地区普遍采用的管理和质量保障规则引进远东境内；

　　（2）作为在资本和技术市场上的一体化基础的所有权国际化；

　　（3）放开人口迁移制度，控制和维持安全；

　　（4）引进有效和弹性的进出口管理；

　　（5）如果能够有效地发展局部的区域枢纽，则建立自由贸易区并使其实际发挥作用。

　　总体来看，根据战略原则和任务，远东的发展应当立足于以下优先体系：

　　（1）形成和发展保障俄罗斯在太平洋的地缘战略利益的基础设施，首先是发展交通走廊并建立能源合作的工业基础设施；

　　（2）保障远东和外贝加尔地区的能源安全；

　　（3）稳定地区的人口；

　　（4）对经济结构进行优化改造，首先是对渔业进行升级改造、实现国防产业现代化和军工机械制造行业转产，实现自然资源行业（尤其是林业和矿物原料业）现代化改造；

　　（5）发展国际经济合作和落实大型国际经济项目。

　　在地区的发展战略中，把工业基础设施的构建作为基础环节之一。正在形成一个与远东境内现有的和远期的国际交通线路的地域分布和结构相吻合的国际交通走廊系统[①]。

远东和外贝加尔境内的国际交通走廊系统包括两条欧亚走廊：西伯利亚大铁路和北方海航道以及地区级走廊，这些走廊把中国东北省份经俄罗斯滨海边疆区的海港与亚太地区国家的港口连接起来。

"西伯利亚大铁路"走廊：柏林–华沙–明斯克–莫斯科–叶卡捷琳堡–符拉迪沃斯托克（海参崴）/纳霍德卡，支线为泰舍特–滕达–阿穆尔河畔共青城–瓦尼诺；哈巴罗夫斯克（伯力）–阿穆尔河畔共青城；符拉迪沃斯托克（海参崴）–朝鲜。

"滨海1号"走廊：哈尔滨–绥芬河–格罗捷科沃–符拉迪沃斯托克（海参崴）/纳霍德卡/东方港–亚太地区国家的港口。

"滨海2号"走廊：珲春–克拉斯基诺–波西耶特（扎鲁比诺）–亚太地区国家的港口。

空中走廊：哈巴罗夫斯克（伯力）–新潟–哈尔滨–沈阳；首尔–哈巴罗夫斯克（伯力）–欧洲；旧金山–阿拉斯加–堪察加地区彼得罗巴甫洛夫斯克–莫斯科–欧洲；北海道–南萨哈林斯克–哈巴罗夫斯克（伯力）–欧洲；布拉戈维申斯克（海兰泡）–中国东北。

为了构建国际交通走廊体系，必须向发展铁路和公路、沿岸服务设施、改造内河水道、海航道、整修车辆和设备、发展海港和河港、货运码头、物流中心等投放资金。

从俄罗斯东部地区的能源重地向东北亚国家供应天然气、石油、电力的长远方案具有重要的战略意义。

天然气的出口方案包括以下方面。

（1）在东西伯利亚构建地区天然气运输系统，其轴心是"伊尔库茨克州–中国–朝鲜半岛"天然气主管道（天然气资源来自科维克塔凝析气田、西雅库特和科里亚克边疆区的气田；每年的出口量为300亿~350亿 m^3）。

（2）在俄罗斯远东（雅库特、萨哈林、远东南部地区）构建地区天然气运输系统，该系统立足于通过管道向日本、中国东北省份、朝鲜半岛出口天然气（天然气资源来自萨哈林岛（库页岛）的大陆架、雅库特中部的气田；每年的出口量为300亿 m^3）。

在更远的未来，可以预见俄罗斯东部地区的能源系统与东北亚国家的联合体之间的一些电力交换项目，包括以下方面。

（1）"东西伯利亚–中国"能源桥项目，电力从东西伯利亚现有的水电站、热电站出口，每年出口量为150亿~180亿 kW·h。

（2）"萨哈林–日本"能源桥项目，每年可出口电力255亿 kW·h；在远期，在与乌丘尔水电站（南雅库特）连通后，能源桥的出口能力有望增加至每年500亿 kW·h。

燃料和能源行业的主要发展方向如下：

（1）提高天然气和石油在地区能源生产中的规模和比例，扩大其在国内能源消费中的利用率。

（2）进一步提高"小型"能源（局部的露天煤矿、使用当地燃料的小型模块化发电站）、可再生能源的非传统来源（地热电站、小水电站、风能电站、太阳能集热器）的利

---

① 俄罗斯交通部远东国立交通大学（国立高等教育机构）教授、经济学博士 Р. Г. Леонтьев 参与了这些资料的起草。

用率，首先是在偏远和孤立地区。

（3）发展和深化在哈巴罗夫斯克（伯力）边疆区现有炼油厂的炼油过程，建设新的模块化炼油设备［萨哈（雅库特）共和国、滨海边疆区、马加丹州、楚科奇自治区］，包括较小型的炼油设备。

（4）保障能源的生态安全和工业安全。

虽然远东地区的面积占俄罗斯总面积的近40%，但是其交通路网的发展却很薄弱。地区内的公共铁路的运营长度仅占俄罗斯联邦铁路总运营长度（86151km）的13.8%，硬路面公路（公路和企业道路）的长度占9.5%，内河航道的长度占28.7%。远东每 1 万 km^2 内的公共铁路的密度是国内平均密度的 1/3.6，而硬路面公路的密度是国内平均密度的 1/5.6。

远东交通行业发展的战略任务如下：

（1）为国际交通走廊在地区内有效地发挥作用创造条件。

（2）为地区经济提供进入国际市场的便捷通道，首先是进入亚太地区和东北亚的市场。

（3）在俄罗斯国内构建统一的交通空间是发展本国跨地区一体化联系的基础。

上述任务的前提如下：

（1）制定和实施统一合理的运输制度，让任何地区的客户都能正确地安排向北方地区的运输流程。

（2）按照目的地选择线路安排铁路运输（中央地区–远东、西伯利亚–远东等），并为这些线路规定特殊的费率。

（3）降低空车回程方向的货物运输费率。

（4）为远东和外贝加尔的交通运输企业规定优惠的税收制度以及降低（或完全取缔）向地区内的客户进行货物运输所产生的交通费的增值税。

（5）建立铁路、海路（近海航运）和航空的客货运输费率的监督制度。

地区发展的长期任务必需包括以下方面：

（1）对经济的资源部门进行现代化改造。

（2）发展社会领域、稳定人口和实行有效的人口政策。

以"新型工业化"作为理念构想，也就是说，重建以与内部和外部因素合作互动为导向的工业结构，把重点既放在原料资源的开发上，也放在新型（包括技术密集型）行业类型和产品上。实质上，这就是指在利用先进的原料加工技术和高科技经济的基础上，在远东建立蓬勃发展的工业与交通运输行业。

这样的理念构想本身包括一个由两个层次构成的目标区，在这个目标区中划分出两个层次的目标。

第一层次目标包括：

（1）建立加工地区原料和过境原料的高科技制造业，用以将所加工的产品出口和跨地区召回。

（2）构建工业集群（航空航天集群、造船集群、生物科技集群和油气化工集群等）。

第二层次目标包括：

（1）建立有效的基础设施框架。

（2）部署工业框架中的重点城市和枢纽系统。

（3）保障高水平的社会标准。

Ишаев（2001，2002，2011）阐述了俄罗斯远东地区的一系列发展构想。

В. И. Ишаев 认为，在远东大区的整个开发期内，对俄罗斯远东的发展构想问题的关注都是非常迫切的。在现阶段，考虑到不断变化的全球政治和经济局势，尤其是亚太地区的政治和经济局势，这一问题正在变得越来越尖锐。在国家层面建立什么样的宏观经济模式以及地区政策在其中占据怎样的地位对于远东地区来说都非常重要。

远东也在落实特殊的国家长期地缘战略目标。俄罗斯在太平洋沿岸通过开发和发展远东解决的这一地缘战略任务，即是保障俄罗斯在太平洋流域的军事、政治和经济势力，控制原料型资源的最重要战略储量以及从有效加入这一地区的国际劳动分工系统中获得利益。

正因如此，在很长时间内，远东的发展和移民受到国家的保护，这既发生在苏联时期，也发生在市场机制和市场制度成功运作的沙皇俄国时期。只需回忆一下 П. А. Столыпин（在 20 世纪初）制定的农业移民计划，该计划由国家拨款，因此总体上是成功的；或者回忆一下西伯利亚大铁路的修建（在 19 世纪末），С. Ю. Витте 为这条铁路提出了"修路不是为了商业贸易，而是为了俄国"的原则。政府提供的补贴确保了这一原则的实现，政府的补贴是用于使从乌拉尔到 符拉迪沃斯托克（海参崴）的铁路全程都保质统一的费率，这让东部边陲的经济条件向本国的欧洲地区看齐。

在苏联时期，远东地区也是在国家规划框架内和利用国家资源进行发展。为完成俄罗斯在太平洋流域的地缘战略任务和经济任务，具备以下重要前提：

第一，地区内的基础设施正在高质量发展，尤其是道路、管道运输、通信等领域。

第二，远东拥有丰富和数量巨大的自然资源，这些资源是地区的上游经济部门的经济增长及其升级改造的基础。

第三，远东的资源领域具有潜在的比较优势，可以满足相对稳定的外部需求，尤其是在交通因素发挥积极作用的东北亚国家市场。正是这些外部需求成为远东经济在 1990～2000 年快速复苏的主要因素。净出口额是 20 世纪 90 年代唯一的增长指标，这一点也证明地区拥有相对稳定的外部需求。

第四，地区在吸引外国投资中拥有的相对潜力可以期待实施以开发自然资源和国际合作为目标的高效合作项目。

第五，地区在近 80 年时间里积累了巨大的科技潜力，这些潜力很大一部分集中在俄罗斯科学院远东分院和高等院校。政府调控的任务也恰恰是刺激对科技潜力的开发利用，从而实现经济现代化和提高经济的创新成熟度。

在地区的长期发展中，还必须考虑到对于社会和经济稳定发展的多种威胁因素。

地区本身的内部市场狭小，这显著降低了作为经济发展因素的内需所起到的作用。如果说在改革前，远东的内部需求仅占地区自产产品产量的 19%，向其他地区的供应占近75%，出口供应占约 6%，那么现在，远东自身的内部需求约占自产产品产量的 65%，向国内市场的供应不到 10%，而出口产品大约占 25%。

固定资产的有形损耗和无形损耗程度高。

人口的持续流出加剧了劳动力不足的问题，尤其是高技能人才的不足。

必须在根本性现代化改造的基础上对经济领域进行更深入的结构性改革。

在人口密度和经济密度低的情况下，地区的巨大空间跨度和不均衡性（社会经济不均衡和自然条件不均衡）决定了维持和开发地区的生产基础设施与社会基础设施的费用较高。

未来，不论是从再生产的角度，还是从创造收益的角度，自然资源及其高效的深加工应当依然是地区社会和经济发展的战略基础。在市场条件下，只有运用高产和节能技术加工出符合国际质量标准的商品才能带来经济效益。

发展国际合作要求在俄罗斯的能源资源加工和提供跨大陆的交通物流服务的基础上在东北亚建设交通和能源基础设施。这一跨国基础设施的最重要环节是通过改造西伯利亚大铁路和贝阿铁路、海港和干线公路形成的欧亚大陆桥，即跨西伯利亚的国际集装箱多式联运线路。

在发展远东和西伯利亚的石油与天然气开采和加工的基础上以及在远东的发电企业的基础上建立能源基础设施系统，这是未来的国际基础设施网络系统的另一个战略元素。

与地区的采掘和加工业的发展配套地构建这样的国际基础设施网络，不仅为远东，也为国民经济总体上开启了积极向好的前景。

地区的主要竞争优势包括自然资源潜力及其深加工潜力和过境潜力，与亚太地区国家一体化的可能性，不仅能吸引外国投资，还能吸引先进的技术、管理体系和新知识。

必须让社会政策和投资政策致力于建立与本国欧洲地区的现有居住环境相接近的居住环境。这首先是指文化、教育、医疗、休闲和居住环境，最终是为地区内居民创造舒适的生活。为此，必须加速发展远东的整个社会和经济基础设施。

Н. Н. Михеева、В. К. Заусаев、Р. С. Моисеев、А. С. Шейнгауз、И. И. Меламед、А. П. Латкин、А. В. Хорошавин、Р. Г. Леонтьев、А. Л. Абрамов、А. Б. Левинтал、С. Н. Леонов、О. М. Рензин、Б. Х. Краснопольский、А. Н. Пилясов、М. В. Терский、В. И. Сыркин 等也对俄罗斯太平洋地区某些地区的社会经济发展长期远景进行了重要的分析研究。俄罗斯科学院远东分院太平洋地理研究所的科研人员（П. Я. Бакланова、М. Т. Романова、А. В. Мошкова、Ю. А. Авдеева、З. И. Сидоркиной、А. А. Степанько、В. П. Каракина、Г. Г. Ткаченко 等）对俄罗斯太平洋地区长期发展的地理因素和地缘政治因素以及对地区的区域经济和社会经济结构的主要转型趋势进行了评价。

4.3 区域经济结构的主要变化趋势

4.3.1 各层面区域经济结构的未来转型的主要趋势

对俄罗斯太平洋地区经济领域的现代空间结构和地域布局产生显著影响的主要因素包括以下方面：

（1）俄罗斯太平洋地区的特殊的地理位置，拥有通往大海和太平洋的广阔出口，经这些出口可以到达亚太地区的多个国家，领土自南向北一直延伸到北冰洋的俄罗斯北极部分，跨度巨大（约 5000km）。在俄罗斯太平洋地区中还必须加入海洋经济区以及北极大陆架的俄属地带，总体为 500 万 km² 以上。

（2）巨大和多样化的自然资源潜力，这些潜力分布在大区的陆地和海洋经济区，对这些潜力的研究不断深入。

（3）某些地区在不同历史阶段的经济开发具有特殊性。

（4）地缘政治因素，即推进和巩固俄罗斯在东亚和太平洋北部的利益，保障本国在东部的领土主权和国家安全。

（5）开发和地区发展在不同历史阶段的战略目标。

（6）惯性因素，即较长时期地保留经济的空间结构和社会领域中的很多环节和特征，即使当这些因素的效果开始降低以后。惯性更多地体现在区域部署的中观和宏观结构层面。

在上述所有因素的作用下形成了空间经济结构，其中包括以下结构类型和大的环节：

（1）线型枢纽式结构，由在大型交通通道（线型环节）上形成的不同规模的经济中心和枢纽构成的链条。

首先，这是分布在西伯利亚大铁路沿线及其通往海岸、国境线、边境重地和交通枢纽的各条分支上的线型枢纽式结构。

其次，这是沿海经济中心和枢纽的组合，从地区南部的波西耶特一直延伸到北部沿海的季克西。类似的沿海线型枢纽式结构还形成于萨哈林岛（库页岛）和堪察加半岛沿岸。为各个滨海中心和枢纽之间提供交通联系的近海水域在滨海结构中发挥着线型连接环节的作用。它是俄罗斯太平洋地区经济空间的最大环节，在这些环节的交叉点形成了各大经济中心和交通枢纽。

沿阿穆尔河和贝阿干线铁路沿线形成了略小的但是空间上同样非常明显并且经济上重要的线型枢纽式结构。沿勒拿河以及沿阿穆尔-雅库茨克干线公路（从西伯利亚大铁路的火车站到雅库茨克）形成了特殊的线型枢纽式结构。目前，沿这条公路正在建设的到雅库茨克的铁路即将竣工，这条铁路今后要延长到马加丹。

（2）在以高山泰加林为主的很多偏远地区，形成了局部经济结构。这些结构由从事矿物开采（主要是金属矿物）或木材采伐的 1 ~ 2 个经济中心和枢纽构成。一般只有一些低等级公路或冬季道路通往这些中心。

（3）在南部地区划分出区片式结构。这些结构由从事农业或木材采伐的大片区域构成。

（4）由于近海自然资源的开发和与沿岸重要基地的紧密互动，在多个近岸地区形成了空间结构的特殊水陆域环节，例如，开发萨哈林大陆架的石油和天然气资源、多个南部地区的海水养殖。

由地域上紧密相连的企业、公司、这些企业和公司的相互联系所构成的区域经济结构是最具体化的时空经济单位。所有元素和联系具有严格规定的空间（地域）和时间尺度。

笔者认为，区域经济结构是两个层面的形成体（Бакланов，2007）。地域上紧凑集中的某些企业、公司、这些企业和公司的局部组合、工业枢纽以及线型元素（枢纽的资源和制成品的货流作为结构的起算点）及运输资源和制成品的交通工具构成了第一层面。某些枢纽的地域影响区：其分布区域、社会基础设施地带、形成资源结构和消费结构的资源生态地带和市场地带等构成了第二层面。

在该策略框架内，既划分出了由地域上紧凑集中的企业及其所有联系和连接形成的初级区域结构，也为某些经济中心（工业枢纽）和各级经济区划分出了概括性的广义结构（Бакланов，1986，2007）。各经济区的从大型到细部型的等级系统是区域经济结构在综合层面的体现。

区域经济结构的多个属性对于预测性评价来说很重要：

（1）动态性，区域经济结构的某些环节在某一时期的空间和时间变化性。

（2）稳定性，区域经济结构及其环节在一定时期内保留自身的时间和空间特征的能力。

（3）惯性，区域经济结构及其环节在一定时期内在没有追加投资的情况下保留自身的时间和空间特征的能力。

（4）空间重合和交叉，两个或更多区域经济结构存在着共同的环节。

（5）分散性和封闭性，区域经济结构的环节分布在某一个地区或某一个地区体系内。

任何层面的区域经济结构的基础属性都是其动态性，即结构及其环节的时空变化性，以及惯性，即基本结构特点在某一程度上长时间（长年）保持不变的能力。

在任何地区的长期发展中，本书指的是俄罗斯远东地区，重要的是不仅评价行业结构中的，还要评价地区的区域经济结构转型中的各种变化的基本趋势，可以通过在各综合层面上划分和评价区域经济结构的惯性和动态性来完成这一工作。总体上，需要划分出区域经济结构转型的若干分析层面：全地区层面、远东境内的联邦主体层面、经济中心和城市层面以及由某些企业构成的初级区域结构层面（Бакланов и др，2011）（图4.1）。

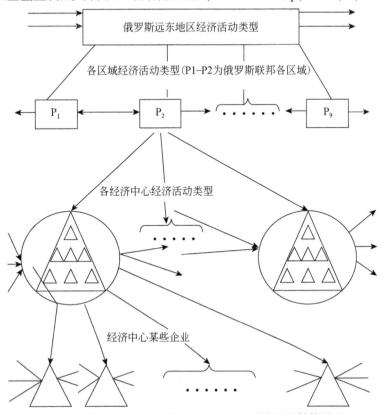

图4.1　分析地区空间经济发展的惯性和动态性的结构层面

作为初级区域结构层面，选择出了各经济中心的主要行业企业。在此基础上，可以对区域经济结构的远期转型方案进行更严格的评价。最终，可以构建起某些地区的预测性的经济地图。

为了在宏观和中观结构层面上评价空间经济的惯性，笔者向前回溯40年，对20世纪70年代的苏联远东（在远东经济区框架内）的主要行业类型进行了总结性评价（Гладышев и др，1971；Гладышев и др，1974；Чичканов，1988）。还对远东的所有州、边疆区和雅库特共和国进行了评价（表4.1）。

表4.1 俄罗斯远东地区经济发展的主要方向（20世纪70年代）

经济活动的主要类型	各地区的经济发展							
	雅库特	阿穆尔州	哈巴罗夫斯克边疆区（含犹太自治州）	滨海边疆区	马加丹州	楚科奇自治区	堪察加州	萨哈林州
渔业（捕捞和加工）	—	—	++	+++	++	+	+++	+++
林业（木材采伐和加工）	+	+++	+++	+++	+	—	+	++
采矿业（多金属、贵金属、金刚石等的开采和选矿）	+++	++	++	+++	+++	++	—	—
煤炭开采、能源工业	++	++	+	++	+	+	+	+
机械制造业（包括船舶制造和修理）	—	++	+++	+++	—	—	+	+
农业	+	+++	++	++	+	+	+	+
海洋运输业	+	—	++	+++	+	+	++	++

之后是总结和援引对地区内（包括对俄罗斯联邦远东地区的某些联邦主体）的现代行业类型的评价（表4.2）。

表4.2 俄罗斯远东的主要行业类型（21世纪初）

经济活动的主要类型	各地区的经济发展								
	雅库特	阿穆尔州	犹太自治州	哈巴罗夫斯克边疆区	滨海边疆区	马加丹州	萨哈林州	堪察加边疆区	楚科奇自治区
海洋产业（包括鱼类和非鱼类水产品的捕捞和加工、海水养殖、船舶修理）	—	—	—	++	+++	+	++	++	+
林业（包括木材采伐和少量的加工）	+	++	+	++	++	—	+	+	—

续表

经济活动的主要类型	各地区的经济发展								
	雅库特	阿穆尔州	犹太自治州	哈巴罗夫斯克边疆区	滨海边疆区	马加丹州	萨哈林州	堪察加边疆区	楚科奇自治区
采矿业（包括煤炭、多金属、贵金属的开采及其选矿）	+++	++	+	++	++	+	+	+	+
海洋运输业（各类型）	+	—	++	+++	++	++	++	+	
油气行业（包括石油和天然气的开采、运输和加工）	+	+	—	++	+	+++	+	+	
机械制造业（在有限规模内）	—	+	—	++	++				
旅游业（主要是出境游）	+	++	+	++	++	+	+	+	

注：+++代表此行业类型极其发达，++代表此行业类型很发达，+代表存在此行业类型，—代表没有此行业类型

　　通过对比20世纪70年代远东地区的主要行业类型和某些联邦主体的现代行业类型，一方面，可以评价区域行业结构的变化趋势，另一方面，可以评价这些行业类型所具有的巨大惯性。例如，几乎在所有联邦主体都保留下了海洋经济结构、采矿和林业结构中的很多环节，只是其发展水平显著地降低了，尤其是加工环节。油气环节、交通和加工环节基本上是重新开始形成的。机械制造环节在所有联邦主体都大幅度减少。旅游领域重新开始形成。生产和经济联系中也发生了根本性改造，与俄罗斯各地区包括与西部地区的联系大幅度减少，向对外经济转型，首先是转向东北亚的邻国（中国、日本和韩国）。

　　到2050年前，不论是在宏观和中观层面，还是在个别经济中心的层面，在各类经济活动及其区域经济结构的环节中，都可能发生重大变化：

　　（1）个别行业类型及其区域结构的个别环节会终止和取缔；

　　（2）区域经济结构的个别行业类型保留，其区域结构在一种程度上转型；

　　（3）出现新的行业类型及其区域结构的新环节。

　　为了在不同空间层面上（从地区到经济中心）对一些行业类型的终止、另一些行业类型的保留和新行业类型的出现进行预测性评价，必须对相应的商品、服务和技术类型的需求，包括对自然资源、原料资源等新资源以及专业人才和创新型基础设施进行预测性评价。对于经济中心的层面，除评价上述因素外，对交通基础设施、人口数量、是否具备科学和教育中心、环境状况等进行预测性评价也很重要。总体上，这是非常复杂的评价，无法在很长的预测期内以严格的定量形式进行评价。

　　参照《远东和贝加尔地区2025年前社会和经济发展战略》中阐述的趋势和对优先发展方向的现有的预测性评价（Бакланов，2001；Минакир，2006；Бакланов и Романов，2009；Ишаев，1998；Меламед，2008；Минакир и Прокапало，2010），已经对地区2050年前可能出现的主要行业类型进行了概括的预测性评价（表4.3）。

表 4.3　俄罗斯远东地区（俄罗斯太平洋地区）2050 年前可能出现的主要行业类型

经济活动的主要优先类型	各地区的经济发展								
	雅库特	阿穆尔州	犹太自治州	哈巴罗夫斯克边疆区	滨海边疆区	马加丹州	萨哈林州	堪察加边疆区	楚科奇自治区
海洋经济行业结构（包括鱼类和其他海产品的捕捞和加工、海水养殖、船舶建造和修理）	—	+	—	++	+++	+	+++	+++	+
油气行业结构（包括石油和天然气的开采、运输和加工）	+++	+	—	++	++	+	+++	+	+
林业（包括森林再造、低等级木材的深加工）	++	+++	+	+++	++	+	+	+	—
采矿行业（包括煤炭、多金属、贵金属、黑色金属的开采、选矿和生产金属半成品和成品）	+++	+++	+++	+++	++	++	+	+	+
能源产业（包括各类水电站、核电站、氢能发电站）	++	++	—	+	+		++		+
海洋运输	++	—		+++	+++	++	++	++	+
远洋机械制造业（包括用于开发大洋资源、监测的仪器和设备，海洋基础设施）	—	++	+	+++	+++	—	+		
科学和教育中心	+	+	+	++	+++	+	+	+	+
旅游业	++	++	+	++	++	+	+	+++	+

注：+++代表此行业类型极其发达，++代表此行业类型很发达，+代表存在此行业类型，—代表没有此行业类型

在这些预测性评价中划分出两个阶段。首先，确定了对于整个远东地区来说主要的可能出现的优先行业类型。现代行业类型被作为初始类型（表 4.2）。对这些行业类型能否取缔或者长期保留进行了评价。为此，运用了特殊的平衡策略：分析了有利于保留特定行业类型的因素（存在需求、资源、技术、人才等）以及限制这一行业类型的因素（没有需求、资源、人才、技术或者减少，生态线束增多等）。在此方案的下一阶段，评价了地区的每个优先行业类型在某些联邦主体或地区的分布方案。

在地区层面上，可以使用能源生产周期法作为预测新技术发展情况的方法（Колосовский，2006）。可以通过两个途径形成新的生产工艺链。首先，在烃类、多金属、

稀土元素、化工原料、低等级木材等最重要自然资源的后续加工基础上。其次，在储量巨大的自然资源的区域结合基础上，包括能源和林业原料资源、能源和化工原料，尤其是来自海洋的这些资源。因此，新行业在经济地区的集中位置可能既出现在大型自然资源的分布区，也出现在其邻国的分布区，即大型自然资源的结合分布区，其中包括陆地资源和海洋资源。基于最新技术的自然资源的更深加工和最终加工阶段可能布置在大型能源重地附近。

未来，在地区总体上以及在个别联邦主体，在利用区域资源的首先是利用海洋资源、自然资源的创新领域以及科研教育重地可能出现新的行业类型。这些新的行业类型可能源于生产和制造用于开发大洋资源的仪器和设备、使用基于海洋原料的生物技术，以及有效地开发以往、当前和远期行业类型并存着的北方地区（图 4.2）。

根据上述资料，还可以对相关的区域经济结构的惯性和动态性进行追溯式或远景式的综合评价。根据预测，最大规模的结构重组将发生在采矿行业。在矿床被采空之后，从事黑色、有色和贵金属开采的多家现代企业将不复存在。可能出现新的矿石深加工和综合加工企业，油气工业的空间结构将获得重大发展，其中包括连通至 符拉迪沃斯托克（海参崴）的"西南雅库特-哈巴罗夫斯克（伯力）"大型输气管道，它的分支有可能连通至中国和朝鲜半岛。在雅库特、哈巴罗夫斯克（伯力）边疆区、滨海地区和 萨哈林岛（库页岛），将升级改造和新建大型的油气加工厂，这些工厂生产的产品将销往国内市场和亚太地区市场。

哈巴罗夫斯克（伯力）边疆区和滨海边疆区具备发展远洋机械制造业（用于开发海洋自然资源的船舶、潜水器、仪表和设备）的有利条件。

4.3.2 中观层面的经济区网格在区域经济结构重组后的变化特点

经济区和相对应的经济区划决定区域经济结构的最高和最综合的层次。

经济区划的基本原则是使经济区具有一定的完整性。区域经济系统是经济区的基础，它由区域经济结构的不同组合构成。在区域经济结构中，可以划分出构成地区专业化行业的环节以及服务性结构。

在制定地区的长期经济发展战略过程中，经济区域的划分是一个重要阶段，在经济区划框架内，要确定和评价某些经济区的优先发展方向。在经济区划中，这样的优先方向被视为经济区的远期的行业类型（或其变化类型）。

经济区划，是把地域按照其经济和地理特征、自然资源潜力和社会经济潜力进行划分，它决定着劳动地域分工和专业化地域分工的最稳定的总体轮廓以及跨地区联系的基本特征。经济区划因此决定着区域经济结构的主要发展方向，是调整行政和地域格局的基础。

在新兴地区或欠发达地区，如果经济区划能与干线（或多条干线）道路网（铁路、公路）、石油和天然气管道网络、电力网络的形成相互协调，那么它可以成为确立区域经济结构长期发展趋势的最有效工具。在作为欠发达地区的远东，相互关联地构建合并的经济区网格和干线（多干线）道路网的理念应当作为远东的地域格局、部署发展中的区域经济结构的基础。

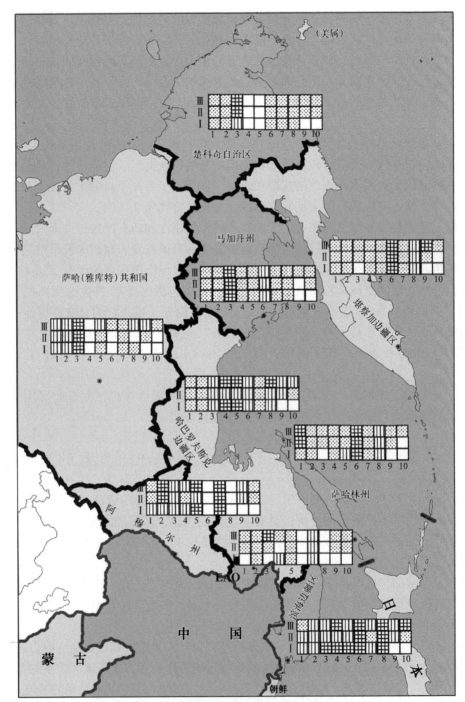

图 4.2　俄罗斯远东地区的经济发展的主要方向

行业类型：

1. 燃料资源开采（石油、天然气、煤炭）；2. 电力工业；3. 采矿行业（有色和黑色金属矿）；4. 机械制造业（远洋机械制造）；5. 林业；6. 渔业；7. 农业；8. 海洋运输业；9. 游憩行业（旅游行业）；10. 科学和教育行业

经济活动的发展水平：

□ 不具备；▦ 具备；▥ 很发达；▤ 极发达

Ⅰ. 20 世纪 70 年代；Ⅱ. 21 世纪初；Ⅲ. 21 世纪 30 年代

目前，行政和地域单位是属地管理的主要对象，从基层的市镇到联邦主体层面的中观地区。正是在这些层面上，集中了从自然资源利用问题到财政金融问题的属地管理的主要功能。因此，如果遵循关于对完整客体的管理是最有效管理的基本原则，那么完整的地域单位，即各级别的经济区，应当成为属地管理的客体。

确立经济区的等级时，还应当考虑相应层面的行政区域单位网格的构建基础。同时，在经济区划中还应当考虑本国社会和经济发展中出现的新现象（Демьяненко，2010；Романов，2009）。

在为俄罗斯远东制定新的经济区划策略（原则）时，在国内政治和经济环境已经出现变化的背景下，笔者从经济区的网格能够保障其向财政、资源和结构的自给自足靠近出发，以便于其稳定和持续地发挥作用以及提高居民的生活水平。经济区的网格应当是统一的，并确保在其地域内形成的各个主体的占地面积、经济和人口潜力等基本特征在整体上是均衡的。

对于临近大洋的远东大区，即俄罗斯太平洋地区，保证所有经济区（和联邦主体）具有出海口同样重要。

截至目前，已经参照地区长期发展的主要趋势划分了新的多层面（全国是三个层面，远东是两个层面）经济区（图4.3）（Романов，2006，2009）。

由图4.3可知，在中观层面经济区的网格变化中，追踪到以下趋势：

（1）中观经济区（即联邦主体层面的地区）的网格更加匀称和均衡。

（2）为了让各主体向财政、资源和结构性的自给自足靠近，中观经济区的网格暂时保留为相当大孔的网格。

（3）俄罗斯太平洋地区的所有中观经济区都濒临海洋。其中，滨海、哈巴罗夫斯克（伯力）、阿穆尔、萨哈林–千岛群岛和鄂霍次克（马加丹）、堪察加–白令等地区将具有相当广阔的太平洋出海口（为680~4250km），仅雅库特地区的出海口通往北冰洋的边缘海。

在这种情况下，对于远东的所有联邦主体来说，濒临海洋的地理位置将成为陆域和水域经济结构发展的最重要因素，这样的地理位置不仅能够创造更多的发展契机，还会在很大程度上让这些地区发展海洋经济。也就是说，在这样的经济区划和对等的行政区划的网格下，所有地区都具备发展各类海洋经济结构（海洋运输、船舶建造、渔业、大陆架和大洋水域资源开采）以及与亚太地区其他国家直接建立对外经济联系的可能性。

干线道路网和其他管线网应当为俄罗斯提供向海洋（向东方）、向毗邻国家（向南和东南）和资源（主要是向北）更积极地介入的可能。

整个经济区系统的构建既基于在很大程度上决定区域发展方向的多干线道路网络的发展，也基于经济中心的支撑网络的发展。除了现有的经济中心（城市），位于交通动脉交叉点和沿海与边境"接触地带"的发展中的居民点也应当形成这样的支撑网络。这些网络应当成为地区的整个区域经济系统的骨架。

在制定单个经济区范围内的区域经济结构的长期发展战略时，考虑整个大区的作为其长期发展主要因素的以下关键特点很重要：

（1）在陆域和水域的自然资源组合，这些组合在很多情况下是完整的自然资源系统。

（2）特殊的经济地理位置，包括相对于亚太地区发展中市场的位置。

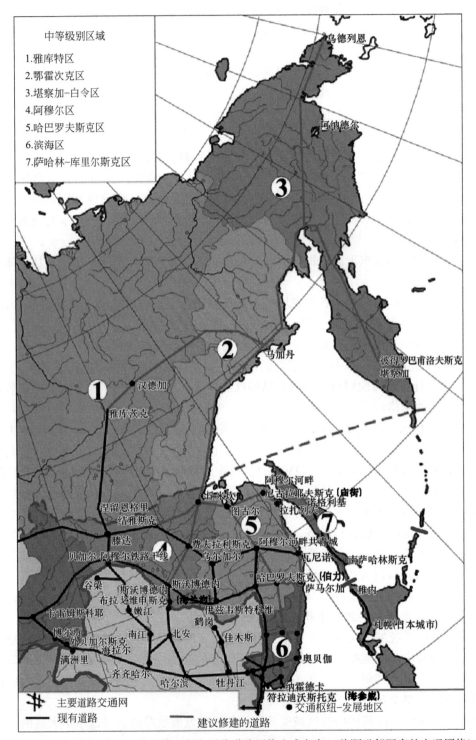

图 4.3　俄罗斯远东地区的经济区划和干线道路网格生成方案（兼顾毗邻国家的交通网络）

（3）地缘政治地位的特殊性，包括：俄罗斯远东是幅员辽阔的大区（面积超过600万 km²），拥有巨大的资源潜力（土地资源、矿产资源、森林资源、陆上和海洋的水资源）；俄罗斯远东是濒临太平洋的大区，绵长的海岸线在东部可通往太平洋海域、在北部可通往北冰洋海域。此外，这里还有广阔的俄属海洋经济区和北极大陆架（面积500万 km²）；俄罗斯正是通过远东与世界上最大的国家（及其主要科技、人口和军事潜力）直接接触，这些国家是美国（隔宽86km的白令海峡相望）、中国（直接接壤或经阿穆尔河、乌苏里江接壤）、日本（隔宽43km的拉彼鲁兹海峡和宽10km的苏维埃海峡相望），与这三个国家未来可以开展积极的经济、科技、人文和其他合作，但是也不排除对抗。

地区发展中的所有这些长期因素的作用将体现为地区近岸区（滨海区和滨大洋区）的接触结构和功能更积极和强劲的发展。那些具备近岸经济中心根据地和海洋资源（生物资源、油气、矿物和化学原料）采掘环节的水陆域结构将取得巨大发展，尤其是在滨海南部地区。

自然气候条件在多个地区存在巨大的差异性和高度的极端性，使区域经济结构在发达程度和复杂程度上存在巨大的不均衡，在某种程度上甚至是反向的。区域经济结构将在南部地区发展出更复杂和更多元化的环节。

在远东地理空间，开发程度的高度差异还决定了这里的发展过程不同于国内的老开发区，这个过程既包括现有的区域经济结构在更发达的南部地区进一步发展（复杂化、现代化），也包括在未开发或欠开发地区形成新的结构环节，包括在轮流开发法的基础上形成。

4.3.3 中观经济区的区域经济结构长远发展方向

在考虑了所有上述因素和趋势的基础上，取得了对各经济区未来专业化行业的预测性评价（表4.4）。

表4.4 俄罗斯太平洋地区中观经济区的当代和未来的专业化行业

中观经济区	专业化行业类型	
	当代	未来
1. 雅库特经济区	燃料资源（煤炭、石油）开采业；农业；有色金属和贵金属矿开采业；能源工业	有色金属和贵金属矿开采业，纯金属加工业；燃料资源（煤炭、石油、天然气）开采及深加工业；农业；能源工业
2. 鄂霍次克经济区	有色金属和贵金属矿开采业；鱼类和其他海产品捕捞和加工业；海洋运输业	有色金属和贵金属矿开采及选矿业；鱼类和其他海产品捕捞和加工业；海洋运输业；烃类原料开采业
3. 堪察加-白令经济区	鱼类和其他海产品捕捞和加工业；海洋运输业；有色金属和贵金属矿开采业	鱼类和其他海产品捕捞和深加工业；海洋运输业；有色金属和贵金属矿开采和选矿业；海洋运输业；休闲游憩行业；烃类原料开采业

续表

中观经济区	专业化行业类型	
	当代	未来
4. 阿穆尔经济区	农工产业；有色金属和贵金属矿开采业；电力工业；森林工业	有色金属和贵金属矿开采业、纯金属加工业；电力工业；农业和原料深加工业；森林工业和木材深加工业；航天产业集群
5. 哈巴罗夫斯克（伯力）经济区	机械制造业（包括航空、船舶制造、动力设备）；森林工业；农业；开采有色金属和贵金属；捕捞和加工鱼类和其他海产品	机械制造（包括航空、船舶制造、动力设备、远洋仪表制造）；森林工业和木材深加工业；农业；鱼类和其他海产品捕捞和加工业；交通和物流业；有色金属和贵金属矿开采业，纯金属及金属制品加工业；休闲旅游行业
6. 滨海经济区	鱼类和其他海产品捕捞和加工业；农业；机械制造业（包括航空制造、船舶制造和修理）	机械制造业（包括航空制造、船舶制造、远洋仪表制造、建设石油平台）；交通和物流业；鱼类和其他海产品捕捞和加工业、海水养殖业；油气加工业；森林工业和木材资源深加工；农业；旅游休闲行业，包括沿海旅游
7. 萨哈林-千岛群岛经济区	燃料资源（石油、天然气、煤炭）开采、天然气加工业；鱼类和其他海产品捕捞和加工业；海洋运输业	石油和天然气开采和加工业、石油和天然气化学工业；鱼类和其他海产品捕捞和深加工业、海水养殖业；海洋运输业、旅游业

由表 4.4 可知，在 2050 年前的时期内，在俄罗斯太平洋地区的中观经济区，已开发地区的区域经济结构有望得到进一步发展和细化，将进行根本性的现代化改造，在大区的船舶制造业、航空制造业、机械制造业、交通运输业、渔业、采矿业、农业、森林工业等传统行业引进和推行新的技术。

同时，这里正在开始形成新的结构，改造在专业化行业内新建立的结构环节，包括在未开发地区和欠开发地区。例如，在滨海南部地区的接触地带，根据《远东和贝加尔地区 2025 年前社会和经济发展战略》和《滨海边疆区 2025 年前社会和经济发展战略》，计划建成石油管道和天然气管道，建设对于中观经济区来说新型的石油天然气加工企业综合体，建设由韩国公司参股的两个新的大型船舶建造企业，水下机器人制造业也开始形成。在这一接触地带，还预计打造作为专业化行业的现代化旅游和游憩行业等。在堪察加-白令中观经济区，计划大规模地建设新的和发展现有的海洋经济结构：作为专业化行业的环保型采矿业、新型油气开采业、现代化的大众型旅游和游憩行业。在阿穆尔中观经济区，将建成对于太平洋宏观地区来说新型的航天产业集群。在鄂霍次克中观经济区，拟发展地区传统的海洋经济和采矿行业，建立石油开采行业的新环节等。

在远东的大型经济区内，利用现有的自然资源、当前和长远的能源产能、劳动力资源和有利的经济地理位置，并通过引进最新的开采和原料加工技术，可以形成未来的能源生产循环阶段和分支（表 4.5）。

表 4.5　远东联邦管区各联邦主体的能源生产循环的当代结构及其发展趋势

远东联邦管区的联邦主体	能源生产循环														
	黑色金属冶金循环 1~8	有色金属冶金循环 10~13	稀有金属化学冶金循环 14,15	石油能源化学循环 17~22	天然气能源化学循环 25,26	煤炭能源化学循环 30~33	采矿化学循环 34~36	森林化学循环 38,39	热电工业循环 41,42	水电工业循环 43~46	机械制造循环 47	纺织工业循环 51~54	渔业循环 56	工业农业循环 58,59	工业建筑业循环 62
萨哈共和国	C 1~8	A 10~13	C 14,15	A 17~22	A 25,26	A 30~33	C 34~36	A 38,39	AB 41,42	C 43~46	B 47	B 51~54	A 56	AB 58,59	AB 62
堪察加边疆区	C 1~8	A 10~13	C 14,15	A 17~22	A 25,26	A 30~33	C 34~36	A 38,39	AB 41,42	A 43~46	B 47	B 51~54	AB 56	A 58,59	AB 62
滨海边疆区	C 1~8	A 10~13	C 14,15	D	D	A 30~33	AB 34~36	AB 38,39	AB 41,42	C 43~46	B 47	B 51~54	AB 56	AB 58,59	AB 62
哈巴罗夫斯克边疆区	B 1~8	A 10~13	C 14,15	B 17~22	D	A 30~33	C 34~36	AB 38,39	AB 41,42	C 43~46	B 47	B 51~54	A 56	AB 58,59	AB 62
阿穆尔州	A 3~8	AB 10~13	C 14,15	D	D	A 30~33	C 34~36	AB 38,39	AB 41,42	A 44~46	B 47	B 51~54	A 56	AB 58,59	AB 62
马加丹州	D	C 10~13	C 14,15	D	A 25,26	A 30~33	C 34~36	A 38,39	AB 41,42	D	B 47	D	A 56	A 58,59	AB 62
萨哈林州	D	A 10~13	C 14,15	D	D	A 30~33	C 34~36	AB 38,39	AB 41,42	C 43~46	B 47	B 51~54	AB 56	AB 58,59	AB 62
犹太自治州	A 1~8	A 10~13	C 14,15	A 17~22	D	A 30~33	C 34~36	AB 38,39	AB 41,42	C 43~46	B 47	B 51~54	A 56	AB 58,59	AB 62
楚科奇自治区	C 1~8	A 10~13	C 14,15	A 17~22	C 24~26	A 30~33	C 34~36	D	AB 41,42	D	D	D	A 56	A 58,59	AB 61,62

注：A 为资源开采的初始阶段、生产半成品；B 为原材料加工；C 为虽然具备自然资源但是不具备循环环节；D 为不具备循环。

能源生产循环的远期的新生产部门：

（1）黑色金属冶金循环：1 为开采铁矿石，2 为生产铸铁、钢和合金，3 为煤焦化制取苯和重型有机合成物的其他半成品，4 为回收焦炉煤气用于生产氨和乙炔，5 为生产氮肥（硝酸铵、磷酰胺），6 为生产各种化学产品（己内酰胺、醋酸乙烯酯类塑料等），7 为生产建筑材料（水泥），8 为消耗大量金属的机械制造（包括制造金属构件）。

（2）有色金属冶金循环：9 为原料（有色金属矿石）的开采、洗选和冶金加工，10 为黑色金属的精炼提纯，11 为生产合金，12 为回收含硫废弃物（主要是气体）用于制取硫酸和某些硫基产品（如磷肥），13 为消耗大量有色金属的机械制造（电工仪表、缆线生产等）。

（3）稀有金属化学冶金循环：14 为原料的开采和洗选，15 为运用化学或电化学方法加工原料。

（4）石油能源化学循环：16 为石油和伴生气的开采，17 为石油加工提炼（蒸馏、裂化、热解、重整）生产动力燃料、润滑油和重油，18 为制取有机合成半成品（单基物）（乙烯、丙烯、乙炔等），19 为制取合成树脂、塑料、工业酒精、橡胶和纤维，20 为生产氨（用乙炔），21 为生产氮肥，22 为生产硫酸和硫，23 为石油和化学机械制造。

（5）天然气能源化学循环：24 为天然气的开采，25 为制取乙炔气和合成气（分别或同时制取），26 为制取氨和甲醇用于生产合成橡胶和合成纤维，27 为生产氮肥。

（6）煤炭能源化学循环：28 为采煤和选煤，30 为焦化、半焦化和煤氢化，31 为生产氨和氮肥，32 为制取苯、萘和其他有机合成半成品和成品，33 为制造矿井（采煤）设备。

（7）采矿化学循环：34 为食盐和钾盐、石灰岩（包括从海水中）的开采，35 为生产纯碱、氯、镁，36 为生产有机氯化合物。

（8）森林化学循环：37 为木材采伐和机械加工，38 为原料的化学机械加工和化学加工，39 为森林化学。

（9）热电工业循环：40 为燃料（煤炭）的开采，41 为发热和发电，42 为高耗能型生产（加工霞石制取矾土、碱和水泥）。

（10）水电工业循环：43 为发电，44 为电冶金（铝、镁、钛等），45 为电化学（碳化钙、氰氨化钙、磷、氯等），46 为电热工程。

（11）机械制造循环：47 为机械加工，48 为装配。

（12）纺织工业循环：49 为初级原料加工，50 为生产纺织品，51 为生产针织品和缝纫品，52 为生产鞋和皮革制品。

（13）渔业循环：53 为鱼类和其他海产品的捕捞和加工，54 为专业船舶制造和修理，55 为织网、包装，56 为生物化学。

（14）工业农业循环：57 为农业原料加工，58 为制造机器，59 为生产肥料、化学制剂。

（15）工业建筑业循环：60 为生产非金属类建筑材料，61 为生产混凝土和钢筋混凝土制品、预制板，62 为生产最新型建筑材料。

研究结果和预测性评价表明，到 2050 年前，在俄罗斯太平洋地区的区域经济组织和经济空间结构中，位于西伯利亚大铁路沿线的结构环节会保持主导意义。沿海岸地区和贝阿铁路沿线、阿穆尔雅库茨克铁路沿线的经济结构环节（经济中心、港口、交通终端线）将取得重大发展。总体上，地区的空间线型枢纽式结构将分别转型为网络枢纽式结构和网络区片式结构，使西伯利亚大铁路–沿海、西伯利亚大铁路–边境、西伯利亚大铁路–贝阿铁路各轴线之间的经济带得到活跃发展。在远离这些轴、区和带的地方，还将形成单独的局部结构，这些结构主要是采用轮流工作法开发亚太地区市场需求的重要自然资源。

4.3.4 经济中心层面的结构变化趋势

在预测性评价的下一个阶段，以远东联邦管区的联邦主体的优先行业类型为基础，必需划分出单个的经济中心。对于这一空间层面来说，经济中心的经济和地理位置（首先是交通地理位置）及其总体上由包括创新基础设施在内的基础设施发展水平和人口数量决定的集聚潜力，是保持和发展优先行业类型的重要因素。在实现与现有经济类型的生产技术关联的基础上，经济中心的行业转型和新行业类型的出现才能产生效益。

交通因素对于俄罗斯远东各经济中心的有效的行业转型具有尤为重要的意义。例如，在自然资源枯竭的情况下，通过降低生产费用和提高其产品到销售市场的交通可达性，采掘企业位于交通线和输电干线沿线的优越位置会提供出现替代行业类型的后续优势。交通因素的重要作用在未来会长期保留。

在俄罗斯远东的南部地区，较高的基础设施保有率不仅是惯性因素，也是向经济中心吸引投资创办新企业的补充促进因素。某些基础设施环节的发展水平高以及具备闲置产能成为潜在结构的结构元素（Бакланов，1986，2007）。而这些结构元素是投资吸引力和集聚效应的最重要因素。

几乎任何一个经济中心的功能结构都是由生产元素——企业的组合决定，这些企业可以合并为以下的生产部门的功能性板块：①主要板块，其产品主要运往其他经济中心和地区；②经济中心内部生产部门的服务需求；③居民的服务需求。应当根据特定的功能性任务在劳动地域分工系统中所处的位置把特定的功能性任务（按照专业化或者服务）配置给单独的生产部门。同时，这样做对于经济中心的结构性变化的预测性评价很重要。

专业化生产部门（经济活动类型）板块是决定经济中心主要功能的最重要板块。这一板块的保留或者专业化转型也决定了经济中心结构的总体重构。服务于生产部门和经济的企业的板块仅部分地决定了专业化行业板块的结构。服务型板块的很多企业（建筑、修理、能源、净化、通信和交通运输企业等）服务于各个行业的企业，因此，因专业化板块重构所产生的变化可能不大。服务于居民的企业板块受专业化板块的影响更小，这些企业主要取决于经济中心的人口数量。因此，对经济中心的变化趋势的主要预测性评价应当涵盖这些专业化板块。

被合并入不同功能板块的元素的发展的不均衡性及其相对的相互独立性，决定了某些板块在经济中心结构中的位置是领先还是落后。如果在经济中心的结构中还考虑了人口，那么服务型板块的发展水平就更加确定。

　　按照经济中心的居民点分布克服经济中心的结构板块之间的比例失调是经济中心发展的推动力之一。同时，企业的行业归类的多样化及其发展的不均衡性在一定程度上保障了经济中心的生存稳定性和惯性。

　　总体上，主要行业板块中的企业在经济中心的结构和发展动态中具有确定的意义。正是这些企业，最终决定经济中心的专业部门及区域经济结构的主要环节。因此，对行业板块的主要企业要首先进行预测性评价，并且按照具体的方案进行评价：确定对企业所生产产品的需求的变化、所生产的产品改良升级的可能性、企业转型的可能性、对这些产品类型的需求。查清必要的资源和资源市场区、成品销售市场区或需求市场区，确定潜在结构的效益及其重构方案。必须对行业板块的所有主要生产部门进行此类的评价。

　　在俄罗斯远东地区，根据工业产品的产量和已就业工业人口的数量不同，划分出大型、中型和小型的经济中心（Мошков，2005）。

　　大型经济中心形成于人口超过 10 万的城市。在这些工业中心，发展新的技术、新的生产部门以及适应市场的条件更加有利和优越。在大型经济中心内形成了相当广阔的产品销售市场，这对于食品、轻工业、建筑材料、能源和木材加工企业等服务型企业的高效运行尤其重要。

　　中型经济中心形成于人口在 5 万~10 万的城市。在这些城市居民点，经济中心的结构由多个行业构成，其中包括加工制造业、工业行业：①森林工业和木材加工工业（木材采伐和初级加工）；②有色冶金业；③渔业和食品业；④建材行业。

　　小型经济中心形成于人口不足 5 万的城市和市级镇。在这些经济中心的结构中，专业化生产部门主要由采掘部门组成。加工制造业的专业化生产部门主要由食品企业、军工企业、木材加工企业、建筑材料生产企业组成。

　　俄罗斯远东地区的经济中心的未来发展特点在很多方面与决定经济中心行业动态性和惯性的经济发展因素与前提相关联。同时，随着自然资源的耗竭，中型和小型经济中心的采掘生产部门停止生产。为了保留住人口和服务型板块，必需或者用加工制造类企业，或者用服务类行业来替代这些企业。地区在未来会经历这些过程。因此，对于所有利用不可再生资源的采掘中心来说，寻找替代型行业是长期发展的最重要问题。

　　应当把经济中心的优越的经济地理位置、基础设施潜力和人口潜力、在国际市场享有稳定需求的从当地陆域和水域的自然资源中采掘的初级商品作为生产部门长期发展的最重要因素。

　　通常，更高昂的生产性支出和运输支出显著地限制着小型经济中心的生产部门发展的可能性，这些因素的影响尤其显著地体现在楚科奇自治区、萨哈共和国、犹太自治州、哈巴罗夫斯克（伯力）边疆区和滨海边疆区的采掘型经济中心的结构中，在这些地区，由于成本高而需求少，很多开采锡矿的采矿企业被迫关闭。随着矿床（金属和多金属矿石）被采空，不仅采矿生产部门可能关闭，经济中心本身也可能消亡。

　　在很多经济中心的结构中，随着在新技术成果的基础上增加对当地自然资源和过境自然资源的深加工和综合加工（根据用户需求）程度，采掘类行业会保留自身的重要性（Портер，2000；Пилипенко，2005）。参照预测的趋势，这些中心可以组合为以下集群（组合）：①采矿冶金集群，依托铁矿床和冶金生产部门（犹太自治州、阿穆尔州和哈巴罗夫斯克（伯力）边疆区）；②油气化工集群，基于对当地石油和天然气（萨哈林州）和过境石油和天然气（哈巴罗夫斯克（伯力）边疆区和滨海边疆区）的加工；③冶金集群，依托萨哈共和国、马加丹州、堪察加边疆区、楚科奇自治区的有色金属矿床；④燃料能源集群，依托煤田（萨哈共和国）和水电资源（阿穆尔州）；⑤渔业集群，萨哈林州、堪察加边疆区、滨海边疆区和哈巴罗夫斯克（伯力）边疆区、马加丹州；⑥林业集群，阿穆尔州、滨海边疆区和哈巴罗夫斯克（伯力）边疆区等。

加工制造类行业最有可能的是在为采掘生产部门和基础行业（包括交通物流行业）提供所需设备的方向上发展，包括：①船舶制造集群（滨海边疆区、哈巴罗夫斯克（伯力）边疆区和堪察加边疆区、马加丹州和阿穆尔州）；②航空产业集群（哈巴罗夫斯克（伯力）边疆区、滨海边疆区）；③航天产业集群（阿穆尔州）；④汽车产业集群（滨海边疆区）；⑤电气工程产业集群（滨海边疆区、犹太自治州）等。

笔者制作了反映各主要经济中心的当代专业化行业和规模以及行业类型的可能变化趋势的示意图（图4.4）。在制作过程中使用了远东联邦管区的经济地图（由俄罗斯科学院远东分院经济研究所绘制）以及笔者自己的计算和评估（Мошков，2005；Романов，2009；Бакланов и Романов，2009）。

考虑到全球经济的空间发展趋势，在经济中心层面的区域经济结构的主要变化包括以下方面：

（1）集群的发展，由同质化生产部门（经济单位）或通过后续原料加工和技术过程相互关联的生产部门构成的局部（在单个经济中心范围内）和地区组合；

（2）经济活动向沿海地带移动（和经济中心扩大），尤其是在南部地区，包括向萨哈林和堪察加沿海地带移动；

（3）经济活动向西伯利亚大铁路沿线区移动，进入"西伯利亚大铁路–阿穆尔""西伯利亚大铁路–贝阿铁路"和"西伯利亚大铁路–国境线"地带（和经济中心扩大）。

在俄罗斯远东的很多中小型经济中心的功能性结构中，通过进一步深入和综合利用当地和过境的自然资源，采掘类行业最有可能保留优先和重要的地位。采掘企业将主要面向于满足国外消费者的需求。

以下的加工制造行业很可能在经济中心获得进一步的发展：船舶制造和修理业、为远洋资源开发制造仪表和设备、航空工业、汽车制造业、电气工业、生物技术。服务型生产部门将由能源企业、建筑材料企业、服装鞋帽和食品（面向当地的消费者）企业构成。

世界各国的发展经验表明，由城市系统构成其基础的经济中心具有多种发展模式。通常，大城市的经济活动更加多元化，并且主要面向于服务业：这些大城市创造新事物、创办新公司（包括分公司）并且取缔或关停某些生产部门（Jourdan and NEPAD，2006）。城市较少受单一的狭窄的专业化行业吸引，在这里可以部署在多元化的大型城市设立的加工企业的分厂（Hokman and Njinku，2007）。城市根据其规模和工业集中度的相对布局在时间上往往相当稳定。城市系统通常由若干大型多元化中心和众多更小的专业化城市构成[Independent Evaluation Group（IEG），2007；经济地理学新观点…，2009]。

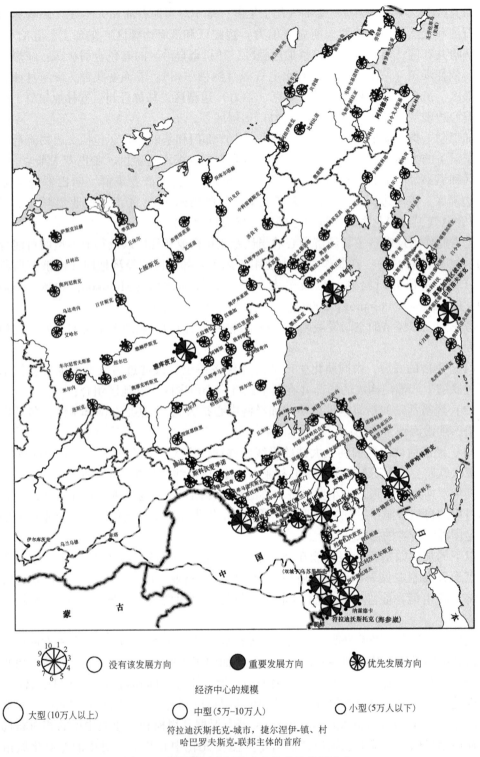

图 4.4　俄罗斯远东经济中心的优先发展方向

经济发展的主要方向：

1. 燃料和能源；2. 冶金；3. 油气化工；4. 机械制造；5. 林业；6. 渔业；7. 生物技术；8. 农业；9. 交通物流；10. 旅游和游憩

全球经济的当代特点是工业结构和总体经济结构的不断深化和周期性加速的变革（Batten and Casti, 1995）。这些变革使产品和服务部门更趋向于细分，从而提高了工业和经济总体上对信息的敏锐度、刺激信息技术的发展（Доманьский, 2010）。新技术，尤其是材料工程和生物技术，是改造当代经济的类似于"创新链"的最重要元素。像符拉迪沃斯托克（海参崴）和哈巴罗夫斯克（伯力）这样的大型经济中心可以利用全球经济发展中的这些先进特点。

可以通过发展网络式经济布局来协调这些大城市的此类经济进程。网络式经济可以成为实现城市经济政策的极为有效的工具。因为在大型经济中心，经济结构不断被细分（出现新的行业类型），经济活动的细分化类型相互匹配可能带给城市巨大的协同效应（Доманьский, 2010）。利用网络式经济机制的必要条件是让各元素相互作用、构建相对应的网络联系及其有效的运作机制。

综合考虑远东联邦区各联邦主体的发展趋势及其具有的自然资源潜力、生产潜力、优越的经济地理位置以及全球经济发展趋势，划分出三大类经济中心。

第一类，由主要保留采掘类行业的经济中心构成。独特的矿物原料（有色金属、金刚石、石油和天然气）的开采和初级加工构成了这一类中心的生产基础。这些自然资源的独特属性、高的品质和多样性保障了亚太地区市场对这些产品的稳定需求。目前，数量众多的新经济中心主要采用轮流法工作（如纽尔巴采选联合厂、哈尔-马斯、马亚特、季列赫佳赫矿等砂金矿、卢恩内、丘尔普尼亚、科拉利维姆等矿井、阿尔巴济诺采选联合厂等）。在北部地区开发高品质自然资源的轮流工作法应当成为主流方法。但是，在某些经济中心的交通地理位置得到显著的改善后，服务业和基础设施可能补充到这些经济中心的生产结构中。

第二类，第二类经济中心的采掘类行业未来将补充加工制造业和服务业。第二类经济中心是指拥有更丰富的自然资源、有利的经济地理位置、临近消费者以及具有较优越自然气候条件的经济中心（阿尔丹市、基姆坎-苏塔尔采选联合厂、加里采选联合厂、卢切戈尔斯克市、达利涅戈尔斯克市）。

第三类，是指加工制造业和服务业将取得优势发展的经济中心。第三类经济中心包括现在仍然具有最多元化的生产结构、较发达的基础设施、巨大的人口潜力的经济中心。第三类经济中心的很多中心（哈巴罗夫斯克（伯力）、符拉迪沃斯托克（海参崴）、布拉戈维申斯克（海兰泡）、雅库茨克、阿穆尔河畔共青城）拥有巨大的科技潜力，这些潜力将成为发展生产的最重要因素。有利的交通地理位置为在这些经济中心发展交通物流行业（作为大型交通枢纽）提供了保障。在符拉迪沃斯托克（海参崴）市和俄罗斯岛，正在构建远东联邦大学和俄罗斯科学院远东分院的大型科学和教育中心。这里还设计发展多功能旅游休闲区（图4.5）。

因此，在生产规模和结构上各异的经济中心通过地域结合形成了独特的"经济中心组合"，这种组合将在相当长的时期内保持稳定（即使人口数量变化和居民收入增加）（经济地理学新观点, 2009）。此类地区"经济中心组合"对于远东地区是相当稳定的元素（图4.6）。

所选用和实施的地区政策有效或者无效，可能使城市在国家和地区等级中的地位发生变化。但是，实践经验表明，经济中心地位的下降对居民生活水平的影响可能是长期的。

图 4.5　符拉迪沃斯托克（海参崴）市区总平面图、功能分区示意图

资料来源：Е. М. Мельников，А. Ф. Ким，В. В. Воробьев 设计团队

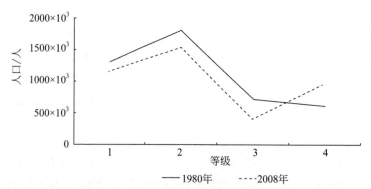

图 4.6　远东经济中心（城市）的相对人口分配图（1980 年和 2008 年）

经济中心：1. 大型，人口数 50 万以上；2. 中型，人口数 10 万~50 万；3. 小型，人口数 5 万~10 万；

4. 极小型，人口数 5 万以上

资料来源：俄罗斯各地区，2009；俄罗斯苏维埃联邦社会主义共和国行政地域区划…，1980

4.3.5　区域性农业组织的变化趋势

在远东大区，农业仅在阿穆尔州、滨海边疆区和犹太自治州可能成为专业化行业。通过这些地区的农业升级改造及利用在这些地区发展农业的巨大潜力，可以充分地解决粮食问题。

在自然条件方面与雅库特、哈巴罗夫斯克（伯力）边疆区和萨哈林州存在显著差异的地区属于第二类农业地区。所有第二类地区都具有自然条件的"阈值"限制，这些限制使这些地区的农业生产规模和产品品种被相应地削减。例如，在哈巴罗夫斯克（伯力）边疆区和大部分南部地区，由于耕地面积有限，必然要优先利用土地种植蔬菜、马铃薯、饲料作物，同时限制种植远东典型的工业作物和谷类作物。萨哈林州的策略也类似，优先利用土地种植和生产马铃薯、蔬菜、奶、肉和蛋。作为北部地区的雅库特也应当归入这一类地区，极端的自然条件使雅库特的农业生产效益低下而且常常亏损。在这种条件下，雅库特的生产结构也被削减。

在北部其他地区（堪察加边疆区、马加丹州和楚科奇自治区），农业生产结构在未来也将被最大限度地削减。由于极端的自然条件和缺乏与大陆的可靠的地面交通线路，这里适宜生产那些不便于运输或者需要花费大量运费和运输时间的产品。同时，为了提高农业效率和改善农产品的供应，这些地区也必须对农业领域进行根本性的升级改造。

进一步完善远东地区的区域结构将促进提高远东地区的农业生产效益，从而使专业化地区的生产结构更加饱满，地区生产的产品品种和生产规模将大幅度扩大。在其他地区，通过行业的升级改造（利用先进技术、工艺、划区栽培的高产品种、高产的畜牧品种等），农业的产量也有望有一定的增加。生产规模的总体比例会根据自然条件和社会经济条件向有利于专业化地区的方向显著地转变。

4.4　旅游业发展的主要因素和方向

从 20 世纪 90 年代开始，俄罗斯太平洋地区开始积极发展旅游行业。对外贸易的放开刺激了国际旅游业的发展，出境旅游和入境旅游都得到发展。目前，旅游正在成为具有重要经济意义的行业类型，在俄罗斯太平洋地区现有的多元化经济环境下，旅游和游憩行业被视为是这一地区具有前景的行业之一。根据表 4.6 的数据，可以判断地区的旅游行业的现状和旅游客流的方向。

表 4.6　2010 年俄罗斯远东各地区按照旅游类型划分的游客数量（单位：人次）

地区	旅游公司数量	国内旅游	入境旅游	出境旅游
萨哈（雅库特）共和国	66	8255	228	18520
堪察加边疆区	69	8459	3935	9471
滨海边疆区	107	4485	14179	296827
哈巴罗夫斯克（伯力）边疆区	129	19821	5327	123114

地区	旅游公司数量	国内旅游	入境旅游	出境旅游
阿穆尔州	31	2608	17299	80826
马加丹州	12	578	53	3506
萨哈林州	40	741	2269	14395
犹太自治州	18	95	331	24135
合计	472	45042	43621	570794

资料来源：旅游组织的经营活动…，2011

　　出境旅游的既有比例以及入境旅游和国内旅游的既有比例都从各自的方面证明，地区经济中的旅游部门目前虽然也为当地居民提供一定的社会服务，但是，在更大程度上是把资本从国内输出，对本地区经济的贡献则居其次（图4.7、图4.8）。

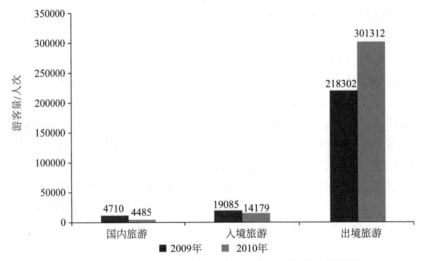

图 4.7　2009 年和 2010 年滨海边疆区的各类游客分配情况

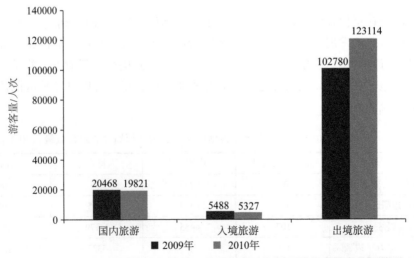

图 4.8　2009 年和 2010 年哈巴罗夫斯克（伯力）边疆区的各类游客分配情况

　　俄罗斯在气候方面属于地球上最"北"的国家，并且北半球的寒极位于远东大区境内，这些事实在很大程度上决定了旅游客流的地域方向，相应地，资金也从这里向"热"的国家、向全年温暖的沿海地区输出（表4.7、表4.8）。

表 4.7　2010 年滨海边疆区赴各国旅游的游客数量

国家和地区	游客数量/人次	占总旅游人数的百分比/%
合计	301 312	100
中国	268 736	89.2
泰国	18 262	6.1
韩国	954	0.3
土耳其	918	0.3
意大利	687	0.2
日本	614	0.2
埃及	604	0.2
法国	573	0.2
捷克	556	0.2
西班牙	376	0.1
美国（含夏威夷群岛）	276	0.1
阿联酋	127	—
德国	101	—
以色列	94	—
奥地利	88	—
芬兰	61	—
保加利亚	42	—
波兰	39	—
英国	36	—
印度	35	—
克罗地亚	33	—
塞浦路斯	32	—
瑞典	26	—
德国	24	—
挪威	21	—
黑山	16	—
突尼斯	13	—
加拿大	2	—
亚洲其他国家	2182	0.7
欧洲其他国家	490	0.2
美洲其他国家	506	0.2

续表

国家和地区	游客数量/人次	占总旅游人数的百分比/%
非洲其他国家	16	—
独联体国家	13	—
波罗的海沿岸国家	3	—
澳大利亚和大洋洲	22	—
赴多国旅游	249	0.1

资料来源：旅游组织的经营活动…，2011

表 4.8　2010 年哈巴罗夫斯克（伯力）边疆区赴各国旅游的游客数量

国家和地区	游客数量/人次	与 2009 年的百分比/%	占总旅游人数的百分比/%
合计	123114	119.8	100
中国	89537	111.2	72.7
泰国	18291	163.3	14.9
土耳其	2795	179.3	2.3
埃及	1486	110.1	1.2
西班牙	1412	175.0	1.2
意大利	1399	189.8	1.1
日本	888	150.3	0.7
捷克共和国	520	159.0	0.4
法国	509	125.4	0.4
美国（含夏威夷群岛）	430	79.0	0.4
阿联酋	162	118.2	0.1
突尼斯	153	188.9	0.1
以色列	134	79.8	0.1
保加利亚	127	146.0	0.1
克罗地亚	95	67.9	0.1
塞浦路斯	56	82.4	0.0
芬兰	79	108.2	0.1
奥地利	40	62.5	0.0
德国	37	154.2	0.0
英国	7	7.7	0.0
独联体国家	27	128.6	0.0
其他国家	4503	132.9	3.7
到多国旅游	427	113.9	0.4

资料来源：旅游组织的经营活动…，2011

　　由表 4.7 和表 4.8 可知，中国、泰国、土耳其、埃及、日本的沿海城市和疗养胜地或者美国的夏威夷群岛是远东地区的游客最优先选择的目的地。即使是文化遗产丰富的欧洲对于远东游客的吸引力也远不如这些地方。国内旅游目前对于远东人的吸引力不大。

笔者的研究以及其他作者（В. И. Преловский，А. Б. Косолапов，З. Г. Мирзеханова，А. М. Сазыкин，П. Ф. Бровко，М. А. Чуб，Н. С. Мартышенко 等）的著述表明，俄罗斯太平洋地区的各地区总体上拥有巨大的自然、历史与文化和游憩潜力，但是，目前这些地区没有能够建立现代化的旅游基础设施。俄罗斯太平洋地区的旅游业总体上具有巨大和极多元化的自然资源潜力，而与此同时，对这些自然资源潜力的利用率并不高。例如，俄罗斯太平洋地区各联邦主体目前的旅游业总收入仅占地区总产值的约1%。据很多专家估算，远东地区对其独特的资源和各种潜在旅游类型的利用率不超过5%~10%。

俄罗斯太平洋地区的旅游和游憩行业的发展前景由一系列长期因素决定，这些因素包括以下方面：

（1）独特的地理位置：①濒临海洋，在这里，欧亚大陆的东部可通往极其绵长（约2万km）的太平洋和北冰洋沿岸地带；②远东地区在欧亚大陆–太平洋地理系统中处于特殊的接触位置。

（2）俄罗斯太平洋地区的特殊的地缘政治地位：①与中国、朝鲜、蒙古国、韩国、日本等具有独特和悠久文化的国家紧邻或者近邻；②与中国、美国、朝鲜和日本等政治制度迥异的国家毗邻；③邻国（中国、日本、韩国等）拥有千万级人口并且生活水平不断上升，相应地潜在游客的数量也在上升。

（3）远东地区在地理、生态、文化与历史以及社会与经济方面的空间差异巨大，尤其是具备以下方面：①多样化的地貌景观，从北方的北极冰漠到南方的生长和栖息着亚北极动物、植物的雪松阔叶混杂林；②多样化的生态系统（北极、高山、森林、河流、湖泊、湿地、海洋、岛屿、火山等）；③富有特色和古老的雅库特族、楚科奇族、科里亚克族、埃文基族（鄂温克族）、乌德盖族、那乃族等民族及其历史悠久和独特的文化；④城市和乡村及其各类经济活动、文化场所、历史遗迹等；⑤较少被人类活动干扰的广阔的陆域和近海水域。

（4）地区内存在多样化的时而独有的旅游资源：①自然资源，独有的地貌景观和生态系统（例如，堪察加和千岛群岛的火山地貌）、自然保护区、稀有和濒危动物、植物、医疗和康健资源；②文化和历史资源，历史和文化场所、少数民族居留地等；③有趣的社会和经济类型的旅游景点，分布在各城市和乡村，有名胜古迹、特色企业、设施，尤其是在沿海（例如，雅库特的金伯利岩管、港口设施、海上石油平台等）。

（5）历史因素，体现在地区悠久和多侧面的历史中（大的历史时期和古人类文化，如渤海国时期和女真时期、俄国开发时期）。

（6）古地理特点（数百万年或数万年前）、其与现代地貌景观、海岸线、河岸线等自然环境的对比也可以成为旅游业的发展因素。俄罗斯东部的这一特点尤其值得研究，因为这里发生过对比极为强烈的自然变化，包括气候、植物和海洋轮廓的变化。

（7）地区具备具有一定基础的旅游基础设施（按照现代标准衡量不够发达）、交通运输体系、公共和专用服务设施、贸易等。

（8）具备科研中心，这些中心有能力评估旅游业的发展潜力和制定专项规划、对旅游资源做出有科学依据的评价，还具备培养旅游行业人才的院校。

同时，也存在限制俄罗斯太平洋地区旅游行业发展的因素：

（1）自然和气候条件在很多地区和在一年中的个别时期十分严酷，存在地震、火山喷发、台风、海啸、洪水等极端自然现象；

（2）存在蜱媒脑炎、肠道感染等危险的自然感染和病灶感染；

（3）在多座城市和地区存在人为的环境污染；

（4）交通、能源、生态、市场、社会和服务等方面的旅游基础设施（酒店、餐饮、汽车旅馆、交通基础设施、通信等）发展水平不高；

（5）博物馆、特色设施、现代水准的历史、建筑、文化和自然纪念物等旅游景点构成的网络不够发达；

（6）旅游服务的质量低。

这些不利因素的很多因素可以完全消除，或者其不利影响在未来会显著下降。

旅游业的优先发展方向：文化体验式旅游、医疗与康健旅游、生态旅游和海上游憩是远东地区旅游和游憩行业的主要专业化方向。综合考虑各种有利因素和限制因素，极限体育、探险和水上旅游（首先是海上旅游）、捕猎旅游和其他积极休息式旅游类型在远东大区内也具有巨大的发展前景。

几乎俄罗斯太平洋地区的每个地区在发展旅游业方面都是独一无二的，这里几乎没有带有相同资源和发展因素组合的同质化地区。每个联邦主体都具有自己的旅游和游憩活动发展因素的区域性组合和自己的著名景点。例如，堪察加半岛和千岛群岛在发展旅游业方面是最独特的地区，这两个地区也存在着发展旅游业的巨大限制，比如与大规模的游客输出地距离遥远和基础设施薄弱等。

但是同时，堪察加半岛拥有世界级的独一无二的游憩资源。无论是对于国外游客，还是对于俄罗斯本国游客，堪察加半岛的火山和喷泉、温泉和自然公园都具有吸引力。2008年，堪察加半岛的喷泉谷被评选为俄罗斯的七大奇迹之一。堪察加半岛的山谷景观和雪景同样吸引游客。多雪但并不寒冷的冬季，即使在夏季也被雪覆盖的火山山坡，为组织全年滑雪旅游、建设现代化的滑雪疗养地提供了机会。

目前，这里正在形成旅游和游憩行业的支柱地区：堪察加地区彼得罗巴甫洛夫斯克区、叶利佐沃区、贝斯特拉亚区和阿留申区，每个地区的旅游业都有自己的专业化方向。堪察加地区彼得罗巴甫洛夫斯克区专注于文化历史旅游和水上旅游，叶利佐沃区专注于生态和科学旅游，贝斯特拉亚区专注于民俗旅游，阿留申区则提供民俗生态、科学、历史和体育旅游。未来，还需要发展特色旅游线路的基础设施，这些特色旅游线路已经以"堪察加火山"的总名称被列入联合国教科文组织的世界自然和文化遗产名录。在国际和俄罗斯国内旅游市场上组织和推动"俄罗斯东环"水上旅游路线、定期举办冬季体育项目的国际、全俄和地区锦标赛（在堪察加地区彼得罗巴甫沃夫斯克区、叶利佐沃区），如现代两项、越野滑雪、高山滑雪、跳台滑雪、高山速降滑雪、山坡冰道滑橇、自由式滑雪和其他有吸引力的比赛类型，也会赋予旅游业发展以新的动力。这里的自然条件对于开展这些体育项目是非常理想的。堪察加半岛的渔业旅游也相当受欢迎。

滨海地区旅游业的主要专业化方向是海上旅游。正是大海及其提供的可能性让滨海地区成为对远东和其他地区的旅游最有吸引力的地方。首先，需要向海上旅游投入大量资源，用于组织具有现代水平的海滨浴场旅游、邮轮旅游、潜水旅游、疗养和康健旅游、渔业旅游。在有现代化的基础设施保障的前提下，发展滨海地区的旅游行业中的海上旅游可能成为对整个太平洋大区最有吸引力和最有经济效益的大众旅游类型。

商务旅游和文化旅游应当成为滨海地区旅游市场未来的专业化板块，因为这在最大程度上符合滨海边疆区作为亚太地区国际合作中心的功能，并可以有效地利用为 2012 年 APEC 峰会建设的基础设施，巩固滨海边疆区的国际商务和文化中心的地位。在俄罗斯岛上建成的远东联邦大学新校区、大型海洋水族馆、俄罗斯科学院远东分院的院所也会让旅游者感兴趣。此外，在俄罗斯岛上，正在形成大型的旅游休闲区，这里设有游艇俱乐部、经过装备的海滨浴场区、潜泳设施等。在 符拉迪沃斯托克（海参崴）城郊的穆拉维伊纳亚湾建设的博彩区将成为产生经济效益的重要旅游资源。

应当把以疗养为目的的旅游作为滨海地区旅游板块的重要的专业化方向，滨海地区具备这方面的必要和总体上相当可观的资源潜力。例如，什马科夫卡、戈尔诺沃德诺耶、奇斯托沃德诺耶、乔普雷耶克柳奇的矿泉水，符拉迪沃斯托克（海参崴）、哈桑区的泥疗，海水温泉以及有魅力的地貌景观等。

通过为疗养旅游、商务旅游、文化旅游和海上旅游建设现代化的基础设施。例如，在符拉迪沃斯托克（海参崴）城市群的沿岸地带，包括俄罗斯岛、拉佐区、奥莉加区等地，可以达到发展滨海地区旅游集群的基本目标，即打造这里的现代化旅游产品并使其在亚太地区市场和俄罗斯国内市场上具有竞争力。

在阿穆尔河沿岸，即阿穆尔州、犹太自治州、哈巴罗夫斯克（伯力）边疆区，具有发展旅游和游憩行业的巨大资源和机遇。这个次区域是俄罗斯太平洋地区发展旅游和游憩板块的三大关键地区之一。阿穆尔河沿岸有着巨大的户外旅游、民俗旅游潜力和有利的地理位置。

发展旅游和游憩行业要求建设现代化的旅游和游憩基础设施、打造有竞争力的新型旅游产品和与实现东北亚和东南亚国家旅游市场的一体化。在这方面，有可能实施的远景项目有现代化热矿泉与泥疗康健中心建设项目、阿穆尔河沿岸旅游区、沿阿穆尔河的跨境旅游线路建设项目，其中包括实施有俄罗斯远东其他联邦主体参与的 "俄罗斯东环"[①] 项目。

创新技术的利用可以提高旅游基础设施的质量，对塑造地区形象、提高旅游吸引力、居民生活水平、发展社会领域、创造新就业岗位和扶持原著少数民族都会产生正面的积极影响。

未来，旅游游憩产业在俄罗斯太平洋地区所有其他联邦主体的发展都应获得巨大的推动力。这些联邦主体既具有相当大的旅游和游憩自然潜力，也具有对于旅游来说极其重要的独特性和异国情调，包括历史和民族特色。萨哈（雅库特）共和国和萨哈林岛（库页岛）以及在很多方面独一无二的千岛群岛，还有广袤无垠的马加丹州、楚科奇自治区、北部北极地区，对于旅游者同样具有吸引力。例如，沿北方海航道的旅游乃至乘坐破冰船到北极的旅游都已经取得巨大成功（表 4.9）。

---

① "俄罗斯东环" 跨境项目是构建统一的旅游空间的基础和东北亚国家的合作工具。

表 4.9　远东地区的主要旅游地区及预测的专业化方向

远东地区的联邦主体	优先的旅游和游憩地区	优先的专业化方向（推荐的、预测的）
堪察加边疆区	1. 堪察加地区彼得罗巴甫洛夫斯克地区	文化历史旅游、水上旅游、渔业旅游、体验式旅游（体验火山、温泉）、冬季体育旅游
	2. 叶利佐沃地区	生态和科教旅游、体验式旅游（体验火山、温泉）、冬季体育项目旅游
	3. 贝斯特拉亚地区	民俗旅游、渔业旅游
	4. 阿留申地区	民俗生态旅游、科学旅游、历史和体育旅游、在海洋动物栖息地附近的水上体验式旅游
滨海边疆区	1. 南滨海地区	海滨浴场旅游、水上旅游、潜水旅游、疗养和康健旅游、商务旅游、文化旅游
	2. 东南滨海地区	疗养和康健旅游、水上旅游、海滨浴场旅游、潜水旅游
	3. 什马科夫卡地区	疗养和康健旅游、儿童康健旅游、生态旅游
	4. 北滨海地区	生态旅游、极限旅游、体育旅游、探险旅游、狩猎和渔业旅游、漂流和其他积极休息方式
萨哈林州	1. 北萨哈林 2. 南萨哈林	狩猎和渔业旅游、温泉疗养康健旅游、海上旅游、生态旅游、水上运动旅游、潜泳、"到北海狮和鲸鱼家做客"、"千岛群岛火山"和"萨哈林石油开采"等观光体验式旅游
	3. 南千岛群岛及其沿岸水域 4. 北和中千岛群岛	文化体验式旅游、生态旅游、探险旅游、民俗风情和水上旅游
哈巴罗夫斯克（伯力）边疆区	1. 哈巴罗夫斯克（伯力）	参观博物馆（美术博物馆、造型艺术博物馆等）、美术长廊、管风琴音乐厅、边疆音乐厅、现代体育休闲和文化娱乐设施、边疆区首府的各种教堂、寺庙
	2. 阿穆尔河 3. 尚塔尔群岛	民俗旅游（民族村、民俗博物馆、民间手工艺作坊）、考古旅游（"锡卡奇–阿良村"岩画考古遗址，公元前 1200 年前的古人类岩画）、在土著少数民族的传统自然资源利用地区的民俗生态旅游
	4. 马尔丘约利高原	沿阿穆尔河及其支流、马尔丘约利高原的体验式探险旅游、狩猎旅游、渔业旅游（喀斯特地貌、地下潜伏河、森林景观、体育狩猎、捕鱼垂钓、了解埃文基人的习俗和文化）
犹太自治州	1. 库利杜尔镇 2. 犹太自治州的河流和湖泊	库利杜尔矿泉的疗养旅游 体验式生态旅游（1 个国家自然保护区、7 个国家禁伐禁捕区和约 30 个自然遗迹）
	3. 矿泉和高山泰加林地貌景观	体验式洞穴旅游（奥布卢奇耶区和十月镇区的喀斯特岩洞、其中一些是自然遗迹、生长着远东莲的湖泊、悬崖峭壁、雪松林）
	4. 自然保护区	渔业旅游、漂流

续表

远东地区的联邦主体	优先的旅游和游憩地区	优先的专业化方向（推荐的、预测的）
阿穆尔州	1. 阿穆尔河 2. 矿泉 3. 数量众多的漂流、湖泊、森林景观	文化体验式旅游（猛犸象博物馆、恐龙遗迹、体育娱乐中心） 体验式生态旅游（自然保护区、高山森林景观、河流、湖泊） 阿穆尔河水上旅游、列车观光旅游 疗养和游憩旅游 狩猎和渔业旅游、农业（农家）旅游
萨哈（雅库特）共和国	1. 勒拿河 2. 金刚石开采地区（金伯利岩管）	民俗旅游（"北方民族公园"或展示土著民族生活方式的牧人天然宿营地）；勒拿河的体验式水上观光旅游（或漂流）；到北方主题景点的体验式观光旅游：全球猛犸象中心、"永久冻土王国"地下平硐、永久冻土区的全年候滑雪场，金刚石开采和加工场地；节庆或事件旅游（庆祝北方民族的民族节日"寒极狂欢节"、夏至节——雅库特的新年"耶雅克节"）
楚科奇自治区	1. 东部沿岸	在海兽栖息地、鲸鱼分布区附近的海上体验式旅游，狩猎和渔业旅游、极限旅游、生态和商务旅游
马加丹州	1. 近岸陆域和水域	在自然保护区的民俗生态旅游，捕猎熊、山羊和毛皮兽的旅游、极限旅游（科雷马河的水下捕猎和漂流）
	2. 内陆地区	在塔拉矿泉、莫特克列伊矿泉、塔瓦图姆斯基矿泉和莫特克列伊药泥矿床、塔瓦图姆斯基药泥矿床的游憩旅游 在海兽栖息地、海岸鸟群集栖地、鲸鱼活动区附近的水上体验式旅游

　　通过分析俄罗斯太平洋地区的旅游业发展中的国际旅游的现状，应当指出，中国是出境旅游的首选目的地。到中国旅游的主要目的也正在发生改变，购物旅游越来越多地被文化教育旅游和商务旅游以及到中国著名疗养地的医疗康健旅游和娱乐休闲旅游取代。

　　俄罗斯太平洋地区入境旅游的发展问题缘于旅游基础设施的水平低下，尤其是住宿设施与交通可达性和质量，以及缺乏跨境交通线路（基础设施和相应的线路包括航空线路数量不足）。飞机票的价格高严重地限制了与国内欧洲部分的旅游交流。因此，旅游行业长期发展的主要任务在于，依托具有高服务水准和独特自然资源的阿穆尔河流域、滨海、堪察加的多个世界级疗养胜地，打造远东的有竞争力和多元化的旅游产业以及独一无二的旅游和游憩品牌并推广到全俄罗斯乃至全世界。

　　形式多样的海上旅游（海滨浴场、水上、潜水等）、医疗和康健旅游、生态旅游、体育旅游、狩猎和渔业旅游、文化和民俗旅游，应当成为远东旅游和游憩产业的专业化类型。发展积极休息式的旅游具有特殊意义，尤其是高山滑雪旅游、极限旅游和考察旅游等。

　　在地区的旅游和游憩行业，适合于打造大众型旅游和高端型旅游板块。大众旅游板块包括游览那些独一无二的自然景点，如俄罗斯太平洋沿岸南部的地貌景观、矿泉疗养地和历史文化景点。不仅要让远东的居民，还要让西伯利亚、俄罗斯欧洲部分、亚太地区国家的居民形成对到俄罗斯太平洋地区进行大众或团体旅游的需求。通过提高旅游产品的质量和保障价格上优于国外旅游，可以从西伯利亚和俄罗斯欧洲部分吸引游客，要知道这里可是应有尽有，有海洋、火山温泉、矿泉（温矿泉和冷矿泉）和优美如画的原生态景观。

发展远东的文化和历史类型的入境旅游将成为塑造俄罗斯作为拥有得天独厚自然资源和丰富历史的国家形象的一个重要机制。跨地区一体化，包括基础设施一体化，将促进国内旅游的发展。

从形成远东边境地区的聚居系统和降低移民强度的角度来看，发展旅游行业，尤其是发展各种形式的农业和林业旅游以及依托海水养殖经济的近海旅游，将具有重要意义。

在新的城市建设和建筑规划政策框架内，必须在远东的城市群和大城市周边建立多功能的城郊休闲区。

完善法律法规、形成金融保障系统、完善交通和市政基础设施以及制定人才和信息政策，这些都是远东旅游和游憩产业发展的促进机制。

利用从俄罗斯的欧洲部分运输旅客的航空企业所提供的稳定和高额的补贴，远东的重点游憩区（堪察加半岛、阿穆尔河流域、滨海地区、萨哈共和国中部）的竞争力将得到提升。

具备协调和制定水上线路的统一程序，可以在未装备船舶停泊设施的地点组织游客登岸以及建立远东境内的外国船只水上旅游管理制度，这些是发展远东沿海地区旅游业的重要因素。

优化俄罗斯口岸的过境工作，包括改变现有口岸的资质（从货物运输转变为客货运输、从季节性口岸转变为全年候口岸，改为全天候工作制度）和建立新的口岸，将促进入境旅游的发展。

为发掘远东的独特自然景点的旅游潜力，需要让特别自然保护地区（自然保护区、国家公园等）的个别地段可以用于进行生态旅游。在地区内，适宜建立旅游和游憩类的经济特区，为这些经济特区建立有利于开展经营活动的专项法律制度，并在公私合营基础上建立必要的基础设施。

为了发展出境旅游，必须制定和推广非商业组织的竞争性融资机制，这些非商业组织为需要政府和社会帮助的儿童、青少年等公民提供到俄罗斯欧洲部分的文化历史旅游和体验式旅游。

对于发展旅游和游憩行业来说重要的国家级基础设施包括：始于中国、日本和韩国的跨境交通走廊，多功能的机场综合体，经俄罗斯国境前往沿岸地区连接赴日本、美国和加拿大的水上线路的经过装备的口岸。从俄罗斯国境到伊尔库茨克的交通走廊段最为重要，伊尔库茨克具有良好的住宿基础设施和为过境客流提供的服务。赤塔市是最重要的过境站点。

远东各个地区的旅游业发展都受到基础设施的限制。尤其是堪察加半岛，受到的限制是缺少旅客出入境海关和连接水上线路的俄罗斯边境口岸，阿穆尔州则需要发展边境口岸、公路、跨阿穆尔河大桥，用以把旅游客流带入布拉戈维申斯克（海兰泡）市、哈巴罗夫斯克（伯力）市和阿穆尔河畔共青城市。

为了增强国内外的旅游市场对到俄罗斯远东旅游的兴趣，必须建立和发展疗养地的信息库、打造疗养城市和旅游产品的品牌、清晰地确定营销策略的受众。要特别重视把阿穆尔河流域和堪察加半岛定位为生态旅游和高端体育休闲旅游的全球中心。

在俄罗斯太平洋地区建立现代化的高效的旅游和游憩行业，对于其他行业（酒店业、食品工业、贸易、生产民间工艺品、文化机构、道路网和交通工具、通信业）的发展将起到激励作用。不论是在最重要的旅游业重地，还是在其周边，实现这一构想都将为保护和修复文化历史纪念物、扩大旅游和游憩潜力创造条件。

建立高效益的旅游和游憩行业，将提高俄罗斯太平洋地区作为国际企业合作和商务合作大区的吸引力，激发人口和资金向该地区流入的动力。

4.5 自然资源可持续利用的主要问题

俄罗斯太平洋地区是在自然环境以及包括海洋资源的自然资源的多样化和组合方面最千差万别的地区。这里形成了自然资源利用的差异极大的结构和类型，包括近海和远海自然资源利用类型。因此，可以把这一大区作为具有科研价值和实践意义的区域性自然资源利用的研究和发展对象。

在俄国（和苏维埃）开发远东的整个时期内，自然资源和解决地缘战略任务一直是俄罗斯对这一太平洋边陲地区利益关切的基础。

这些利益关切相互关联并根据国家在某一阶段的总体发展目标而改变：提供毛皮、用于安置俄罗斯欧洲部分的多余务农人口的空间、提供黄金、鱼、木材、多金属和作为根据地等。不论是20世纪30~40年代的初级工业化，还是60~70年代的大规模工业发展以及90年代向自由市场经济的转变，都没有显著改变自然资源和采掘行业以及相应类型的自然资源利用在远东的社会和经济结构中的基础作用。

笔者认为，远东的发展潜力和在地区自然资源潜力及自然资源利用体系基础上解决国家地缘战略问题的可能性都没有穷尽。为了有效地利用这些资源和可能性，需要更加实际和科学地评价俄罗斯远东的自然资源潜力和自然资源利用在地区发展以及在整个俄罗斯联邦和亚太地区发展中的重要性。笔者提出以下原则作为此类评价的基准原则：

（1）地区的自然资源利用要涵盖人类在其生命活动过程中与自然的相互关系的所有方面。

（2）俄罗斯太平洋地区的自然资源利用潜力包括自然资源的地域和水域组合、地域自然资源系统、地域加水域自然资源系统。

（3）地区的自然资源利用系统由各类型自然资源利用的区域结构与完整的子系统组合而成。

（4）不论是在地区的发展过程中，还是为了保障在全球生态服务体系中的地缘战略利益，自然资源利用都具有当前和长远的重大意义。

（5）最近几十年，自然资源利用的外部环境不断变化，外部环境决定了对自然资源潜力的需求和自然资源利用在地区内发挥功用的条件，这些变化都决定了必须更新地区自然资源潜力的地理信息库。例如，在21世纪开始前，地区的近海水域和大洋地带在生物资源、矿物原料等自然资源潜力和地缘政治方面的作用都发生了根本性的变化。

　　俄罗斯太平洋地区自然资源利用的区域结构向来具有多元化的特点①，这种多元化体现为，在地区的辽阔空间中形成了在自然资源利用的强度及其地域代表性方面各不相同的很多种自然资源利用类型，这是由地区各联邦主体的自然地理环境的极大空间差异、自然资源潜力分配特点、区域经济结构类型、经济地理位置和地缘政治地位所决定的。

　　远东境内划分出了 38 个大的自然地理区，而俄罗斯全境一共有 66 个自然地理区，这足以说明远东地区的自然地理环境的差异程度，这些自然地理区属于六大地理景观区：极地荒漠区、冻原区、森林冻原区、泰加林区、针叶阔叶林区和森林草原区（见第 2.1 节）。甚至在某些边疆区和州的境内，尤其是在萨哈（雅库特）共和国的辽阔疆域内，有 2 ~ 10 个在自然资源利用、经济和居住的地理和资源环境方面存在显著差异的自然区。2 个大洋的 6 个边缘海环绕俄罗斯太平洋地区的水域空间同样是多样化的。

　　如此多样和迥异的自然地理环境表现为经济的开发度和对自然资源利用的强度不同。

　　俄罗斯太平洋地区境内各自然资源利用类型的空间布局的基本规律体现为其类型和空间规模自地区的北和西北向南和东南扩大。空间上的这些变化不是平稳和均衡的，而是具有因多个自然经济界线造成的某些阈值。自然经济界线由农业商品经济环境的差异、林业资源商业利用环境的差异决定，首先是木材利用——木材采伐的环境差异。

　　从自然气候来看，可以在年内总温度高于 1800℃ 的地区进行商业耕作，包括大草原-森林区、雪松-阔叶林区和南方泰加林亚区。

　　木材商业利用的北部边界与中部泰加林亚区的北部边界紧密关联（图 4.9）。

　　在生存和自然资源利用条件更严酷的其他自然地理区和分区，即在北方泰加林亚区、森林冻原区和冻原区，尤其是在北极荒漠区，自然资源利用类型的范围收窄为两个类型：

　　（1）土著和本地居民在辽阔空间的粗放型自然资源利用：在开发辽阔空间的生物生产力基础上的狩猎、养鹿、采摘②；

　　（2）地域结构上的局域和点式开发，开发资源储量和/或类型罕见的矿床（雅库特的金刚石和煤炭、哈巴罗夫斯克（伯力）边疆区北部的金铂矿床、石油等）。

　　在大区的如此巨大的空间内，除了与开放洄游鱼类的生物生产力（大海/大洋沿岸、部分河流）、本地的综合自然资源利用（如雅库特中部的耕作地和畜牧养殖地）有关的自然资源利用类型的基本分配规律，还有其他一些规律：

　　（1）陆域的经济开发度、人口密度、自然资源潜力的开发度自北向南逐渐上升。

　　（2）自然资源部门的地区生产总值也显著不同。例如，在科里亚克自治区，该地区的经济对自然资源部门的依赖程度在俄罗斯太平洋地区是最高的，它的经济基础是捕鱼行

---

　　① 任何企业都会形成资源和生态结构的环节，这些环节包括企业与自然资源开采和利用中的自然资源组分的直接联系、因向环境排放废弃物产生的联系（Бакланов，2007）。正是资源和生态结构的环节构成自然资源利用的初级地域结构。

　　② 目前，官方将土著少数民族的自然资源利用命名为"传统自然资源利用"，笔者认为这个命名并不正确。如果这样的话，那么是否应当认为，已经在俄罗斯远东存在 150 多年的俄罗斯移民的自然资源利用以及可以向前追溯很多世纪的俄罗斯欧洲部分、乌拉尔和西伯利亚的自然资源利用就是非传统的？因此，此处和下面使用的是"本地自然资源利用"这一术语，笔者认为这样在国际层面上更加准确和容易理解。这一术语不仅适用于少数民族的资源经济，也适用于当地的非少数民族的资源经济。

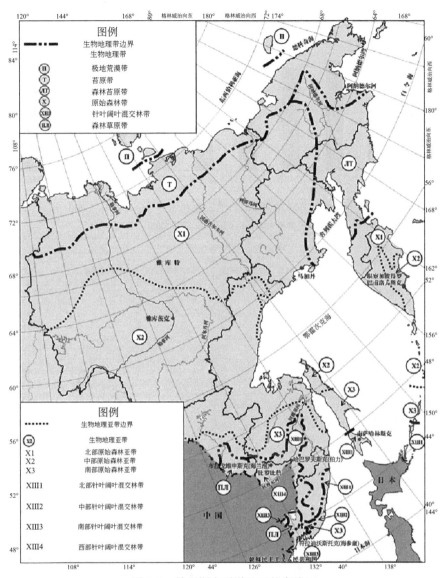

图 4.9　俄罗斯太平洋地区的自然区

业。在萨哈林州（其经济对自然资源部门的依赖属于第二等级）目前由石油和天然气开采构成其经济基础，萨哈（雅库特）共和国的经济基础则是金刚石开采，尽管能源资源开采业的贡献也很大（图 4.10）。

　　大规模范围内的自然资源利用结构的空间差异反映在俄罗斯太平洋地区的自然经济区划中，这首先是由于地区大部分的自然资源利用是建立在小规模自然经济区划所划分出的自然界限和自然经济界限的基础上。

　　根据地区的自然资源潜力的组成和社会与经济条件，笔者划分出 7 个类型的自然经济区（图 4.11），其中 4 个类型位于陆地上，1 个类型位于沿岸地带，2 个类型位于海洋水域，这些自然经济区覆盖远东大区的整个资源空间。

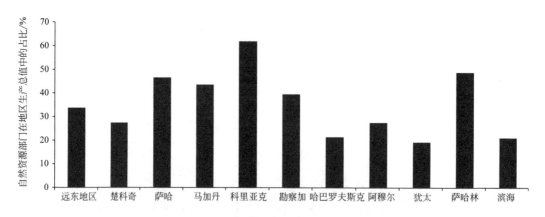

图 4.10　远东地区各联邦主体的自然资源利用的百分率指标（2001 年）

资料来源：Бакланов и др，2005

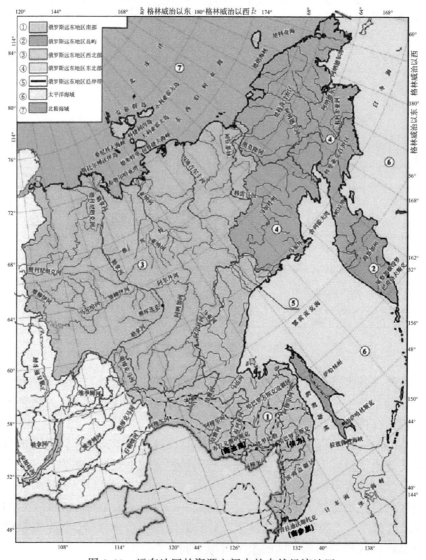

图 4.11　远东地区的资源空间中的自然经济地区

　　为了自然资源利用，在俄罗斯太平洋地区的水域进行划分的自然资源区更加细化（图4.12）。

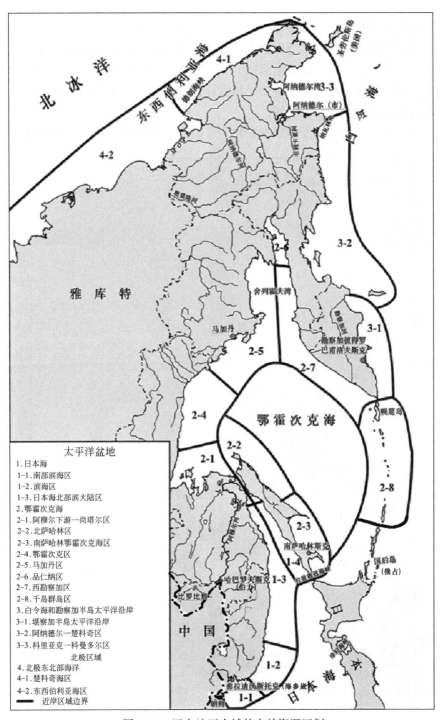

图 4.12　远东地区水域的自然资源区划

仅在远东南部的自然经济区呈现出相对发达的自然资源利用结构。南部的自然经济区占远东总面积的23.2%，这里集中了远东总人口的76.9%、商业种植的近全部（占耕地面积的93.3%）、商业木材采伐的96.4%以及其他类型。因此，自然资源利用在南部自然经济区的空间分配值得更详细的研究。

像整个地区一样，远东南部地区的内部发展也是不均匀的。远东南部地区是面积140万 km² 的自然经济大区（占地球陆地面积的1%），它在自然资源利用方面的问题很特殊。从社会经济发展前景和包括保护独特的生物多样性在内的环境保护问题来看，远东南部地区是俄罗斯在亚洲部分最重要的地域。

根据人口密度、人口集中度和数量变化、经济开发类型和生产与生活的自然环境，远

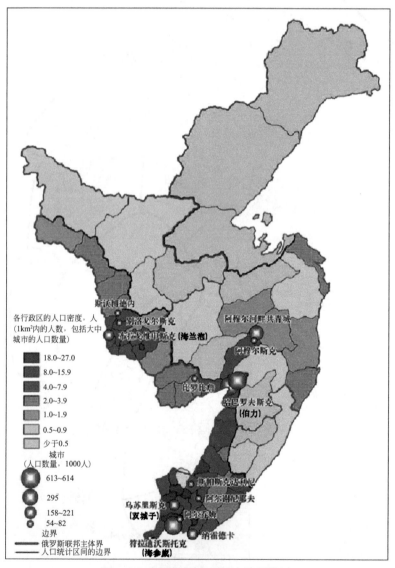

图 4.13　远东地区南部的自然经济区

东南部地区在纬度上分为三个开发程度的自然经济开发区：北区、中区和南区（Вишневский и Каракин，2001；Каракин，2006）。这三个区的划分反映了地区在开发程度上存在很高的而且仍在加剧的极化效应，2002~2007 年人口数量和密度的对比说明了这一点（图 4.13，表 4.10）。

表 4.10　远东南部的自然经济区的指标（2002 年/2007 年）

自然经济区	面积		人口		人口密度 /(人/km²)	2002 年的城市数量
	10^3 km²	占远东南部和远东的百分比/%	10^3 人	占远东南部和远东的百分比/%		
北区	423.3	31.2；6.8	19/14.4	0.4；0.3；	0.04/0.03	—
中区	658.9	48.6；10.6	854/782	18.5；12.8	1.3/1.2	6
南区	272	20.2；4.4	3728/3783	81.1；55.7	13.7/13.9	24
远东南部地区合计	1354.2	100	4601	100	3.6/3.4	30

资料来源：俄罗斯各地区…，2008；笔者于 2007 年的计算

　　这三个区，复制着全远东的在自然资源利用和经济环境方面的区域差异规律，尽管是以更小的规模在复制。这三个自然经济区的形成由很多因素决定，但是地区的热量是否充足和到西伯利亚大铁路和不冻港口的交通可达性是其中的基本因素。

　　这三个自然经济区的交通可达性一开始由其与俄罗斯和远东南部的主要交通干线——西伯利亚大铁路的相对位置所决定。对于远东南部地区来说，阿穆尔河及其支流是第二重要的和最早开发的交通主干线。从 20 世纪 70 年代末起，另一条重要的横穿远东大区北部的跨地区干线——贝加尔-阿穆尔铁路（贝阿铁路）投入建设。

　　港口，首先是不冻港，一直是地区的交通可达性的最重要组成部分。西伯利亚大铁路有伸向彼得大帝湾的各港口（波西耶特港、斯拉维扬卡港、符拉迪沃斯托克（海参崴）港、纳霍德卡港、东方港）的支线。苏维埃港和瓦尼诺港则是贝阿铁路的终点。

　　这三个自然经济区的热量充足与否决定了这里有三个植物地理区更替，并且相应地决定了农业和林业等最重要经济行业的生产环境。

　　远东南部地区的每一个自然经济区都具有一系列特殊的自然资源利用问题。这三个区范围内的社会经济环境和自然经济环境的差异要求为每个区单独制定长远的自然资源利用政策。

　　北区的社会和经济发展与世界级稀有矿床、近岸区大量生物资源的据点式开发利用和维持当地居民的生命活动有关。自然资源利用、开发结构和生产经营结构的这一特点在 20 世纪很少变化，看来还将长期保留。

　　中区的社会和经济发展与相应的自然资源利用的可能性，在很大程度上由国家的立场决定。20 世纪的历史表明，只有在国家制定某一优惠制度后，这一地区才开始大规模的

发展。停止优惠会导致人口外流和社会经济产业的衰落，回归到之前的原始森林资源利用中。从 20 世纪 30 年代至今的贝阿铁路建设史是能够说明这一过程的最直观的例子。据点式开发独特的原料产地，而这些产地的产品价值可以在没有国家专项支持的情况下产生效益，则是这一规则的特例。

因此，中区是远东南部在自然资源利用和社会生态经济发展的可能性上变数最多的自然经济区。但是，在众多经济发展方案中，确立了两个可以相互结合的主要方案：

（1）利用自然资源作为当地经济的基础。在这一方案中，覆盖经济区全境的森林资源的利用是空间开发和导致自然资源利用问题的最重要因素。在中区集中了有商业开发价值的泰加林和针叶阔叶林北方群落的主要部分。

（2）过境运输，过境运输的发展在很大程度上是潜在的，主要取决于外部政治局势。

不论是从社会生态的稳定性来看，还是从经济的稳定性角度，选择自然资源利用的地域布局方案都是关键环节，它分为以下方面：

（1）连续开发，这是通过建立居民点的分支网络，以长期利用资源和保持人口稳定为目标的开发；

（2）网格式或局部开发，这是在建立临时营地基础上开采和利用主要的自然资源，建立永久的后方根据地，也可能是在经济区以外建立①。选择对于中区合理的自然资源利用政策与国家确立自己的优先权严格地挂钩。

南区的发展在很大程度上取决于它的内部潜力，它的内部潜力在远东地区是最高的，包括高的农业潜力、多优势种的针叶阔叶林、其他自然资源的广泛组合，包括游憩资源、劳动力资源、积累的基础设施和有利的经济地理位置等。

这一自然经济区的社会和经济发展可以继续不受国家政策的制约。国家政策可能仅仅使方向明了的过程加速或者放缓。但是，国家政策确立了远东南部地区现有的大部分经济发展蓝图将实现到什么程度。

南区的自然资源潜力的结构为向可持续自然资源利用的转变创造了良好的基础，而南区在地域上与特殊的生态地区相重合，也要求必须对自然资源进行可持续的利用，这里不仅集中了远东南部的大部分资源和经济潜力，还有高的生物多样性以及随之而来的生物多样性保护问题。例如，这里有保护东北虎、远东豹这样的全球问题和数量众多的独特的自然保护区。

通过分析远东南部各自然经济区的边界线在 20 世纪的变化，表明这些自然经济区是稳定的地域单位，它在经历了 20 世纪开发过程中的种种曲折后仍然保留着自身的特色（Каракин，2008）。

同时，自然资源利用在空间上的机动性表现为，自然资源利用的各种类型在自然经济

---

① 应当指出，环太平洋地区的北部的开发史展示出了后方基地的对立的发展类型。在远东的科雷马和阿拉斯加的育空高原的含金矿区，这样矿区的开发类型相近，都依托于近岸的后方基地，对于远东是指 符拉迪沃斯托克（海参崴）、纳霍德卡和瓦尼诺，对于阿拉斯加是指旧金山、西雅图和温哥华，这三个北美基地借助局势积累了财富，并在之后变身为发达的经济中心，继而成为社会和文化中心。而远东的这些港口城市，虽然也被作为开发极其富矿的贵金属矿床的后方基地使用，但并没有给它们带来显著和稳定的繁荣。在这种不对等中，首先体现的是政治和经济基础的差异，以及相应的不同开发策略的差异。

地区之间虽然不连续但是相当渐进的重新配置。由于取消了对本国经济和国际经济互动的政策限制，远东与亚太地区经济领域，首先是东北亚经济领域的加速一体化对远东自然资源利用的空间转型产生了特别大的促进作用。由于作为东北亚最重要的自然资源地区之一的远东大区的作用因其经济快速增长而增强，这种促进作用也在随着时间加大。远东经济的快速增长又赋予其自然资源利用以相当大的地缘政治意义。

在说明远东地区自然资源利用的区域结构时，必需单独地记录边界因素对于远东当前的发展以及主要是未来的发展的重要性。在远东地区，国境线在从苏联时期向后苏联时期的过渡过程中没有发生变化。但是，国境线的地缘政治功能和一系列其他功能却改变了：总的发展范式出现重大更替，很多内部联系转向外部联系，包括边境联系。与中国的互动，首先是与中国东北省份（黑龙江省、吉林——前满洲国）的边境互动，成为远东大区社会和经济发展的重大因素，这对于远东南部地区建设更发达的南区是至关重要的。

跨境互动激发了学术对研究该课题的兴趣。远东学者在国际项目框架内（UNDP，UNESCO，USAID 等）在远东南部和相邻的中国和朝鲜领土沿乌苏里江、兴凯湖和图们江流域完成的一系列工作更大地促进了此类研究。在 П. Я. Бакланов 和 С. С. Ганзей 编写的重要专著中，对跨境地理系统作为特殊地理分析对象的划分进行了论述，对这些地理系统进行了等级划分和性质评价，阐述了某些国家跨境地理系统既有的自然资源利用特点，确立了跨境对阿穆尔河流域地理系统自然资源利用影响的典型特殊性（Бакланов и Ганзей，2008），这些特殊性包括以下方面：

（1）保留在流域地理系统不同部分（包括不同国家）自然地理结构和过程的共性和关联性；

（2）保留在流域地理系统不同环节中自然资源结构的特定关联性；

（3）自然资源利用的地域结构存在不对称性，这体现在边界线两边的地域结构存在差异。在同类经济、社会和生态指标中存在的此种差异可以用跨境梯度测量；

（4）自然资源利用的过程和趋势存在不同步性，这体现在同一时期，边界线两边的自然资源利用趋势和过程通常有差别；

（5）河流在流域地理系统中起到生态地理轴的特殊作用，此时，河流的生态状况在很大程度上反映整个流域地理系统的生态状况；

（6）以边界线两边自然资源实体和经济实体的潜在关联形式，在流域地理系统中形成双环节的自然经济结构；

（7）利用跨境流域地理系统的水资源时出现特别紧密和复杂的相互联系。

笔者认为，对跨境区域自然资源的利用并不总是跨境的，跨境利用必须具备一系列附加条件。

鉴于自然资源利用过程的参数和特点都由自然资源利用的主体和客体及其相互作用决定，从这一点出发，构建自然资源利用的跨境结构需要具备以下条件：

（1）跨境的自然资源利用客体，它可以是跨境的地理系统或者某个完整的跨境资源空间；

（2）在跨境地理系统的国家部分中的自然资源利用主体；

（3）在跨境地理系统中的自然资源利用环节，这些环节相互关联并在某种程度上取决于跨境地理系统相邻部分的主体行为和客体状态。

跨境性对自然资源利用的影响最终体现为形成自然资源利用的跨境类型。跨境自然资源利用的效率在很多方面与不同国家主体行为的协调性有关。

在远东地区，自然资源利用跨境结构和系统的形成度各异。例如，作为自然资源利用特殊类型的自然保护区，形成了具有统一跨境客体的俄罗斯–中国跨境自然保护区。笔者认为，这样的保护区目前只有两个：

（1）兴凯湖国际自然保护区，这个保护区建立在同一个客体——兴凯湖及其流域的地貌综合体基础上。

（2）豹之地国家公园和珲春自然保护区，这是建立在同一个客体——远东豹种群及其在黑山的栖息地基础上的保护区。自然资源利用跨境结构和系统的主体相互联系的目的是保护和扩大远东豹种群。

在阿穆尔河上游和中游形成的水资源利用是目前实际的自然资源利用跨境结构和系统，它包括的利用类型有供应饮用水、供应农业用水和捕鱼业：

（1）阿穆尔河上游至布拉戈维申斯克（海兰泡），它的跨境自然资源利用包括供应饮用水、供应农业用水和捕鱼业；

（2）阿穆尔河中游、布拉戈维申斯克（海兰泡）–哈巴罗夫斯克（伯力），包括航运、供应饮用水、供应农业用水和捕鱼业。

在远东地区的远海水域内可以划分出两个跨境自然资源利用结构和系统：

（1）环鄂霍次克海地区的深海捕鱼业。该自然资源利用跨境结构和系统的特色在于，俄罗斯联邦的自然资源利用者和国外的公司共同利用（有竞争成分）资源。

（2）南千岛群岛地区的近海自然资源利用。

因此，从空间角度研究自然资源利用的问题是一个重要的科研课题，解决这个课题将为地区向可持续的自然资源利用并借此向整个地区的可持续发展转变提供科学保障。

从《加速发展的构想》的地域方面来看，可能出现地域上相对均衡的发展、极化的发展。

目前，大多数的官方文件谈论的都是远东的极化发展，只是没有清楚地写明。例如，拟在地区南部边境地区打造一个宽500～1000km的高密度经济区，拟促进贝阿铁路和西伯利亚大铁路沿线城市群和区的发展。笔者认为，在20世纪的远东地区开发中，采纳区域极化布局的构想要求相当清晰地标出空间的边界线，在此空间范围内将发展真正意义的基础设施发展模式。在此空间以外的局部开发区域也应当按亚类细分，并标定其周边区域开发和社会经济发展的主要中心。

在这些周边区域的主要中心范围内，《加速发展的构想》提出的重要问题是在选择远东北极地区开发的后方基地中的地域优先。即使定位为以轮流工作法开发北极，如果不形成这样的基地也是行不通的。初步地需要比较马加丹、堪察加地区彼得罗巴甫洛夫斯克、雅库茨克等方案的优势。

还应当在每个地区制定对自然资源潜力开发方法的基本要求，并确定自然资源利用、自然资源保护和再生的临界（阈值）参数。

地区在向可持续自然资源利用转变的过程中，可能出现的主要问题如下：

从地区开发伊始至今，在利用远东地区的整体上多功能的自然资源潜力中，往往以耗竭单一资源的自然资源利用形式为主，这为定期发生危机埋下了隐患。

必需指出，在 20 世纪 90 年代，远东大区的自然资源利用中出现危机现象之前，主要是在其北部，在 50 年代末经历了严重的危机。这次危机在很大程度上与 Dalstroi 倒闭有关，它的倒闭首先触动了北部自然资源利用中的两个"大鳄"——矿物原料资源利用和渔业资源利用。

在苏联末期，远东南部的大部分适于粗放型农业的土地、贝阿铁路以南的阿穆尔河流域的几乎所有森林、基本上所有含金砂矿和已探明的褐煤田、河流和近海的渔业用地等已经被开发。而开发中所采用的方法却极不符合节约资源的要求：渔业采用水底捕鱼和拖网捕鱼，林业采用择伐和皆伐，采矿业和燃料业则是采用大型露天矿和挖泥机开采。所开采出的原料的有用组分回收率为矿业 20%~30% 、林业近 66% 。所有其余部分或者被抛弃在开采地，或者以大型废料堆积场或尾矿库的形式存放并引发环保问题。另一个严重问题是广泛分布的森林火灾，森林火灾在个别年份的蔓延面积非常大。例如，在 1998 年，远东南部的森林火灾烧毁了约 180 万 hm^2 土地。

一般认为，远东地区自然资源利用的衰退与 20 世纪 90 年代的生态危机有关。但是，几乎在地区所有自然资源利用领域的生态危机都开始得更早，即在 80 年代下半期。笔者认为，这证明，在大多数的自然资源利用领域内，存在着在这一时期开始形成的内部的系统性危机。之后的国内政治结构的更替和经济危机加速了自然资源利用中的此前就已开始的危机过程。

在自然资源利用的所有领域中，陷入危机最深的是地区的农业，仅在近些年，农业才出现好转趋势。

在 1998 年前，森林工业几乎所有指标都显示出持续和急剧的衰退。在转折时期，对森林资源的耗竭利用加剧，这导致对森林植被的影响强度增加，并加快了森林植被的变形。和过去一样，仅仅采伐所有类型的木材和非木材资源中最易采和最优质的部分，这部分资源的采伐难度最小，并且经过最初级的加工就可以成为商品。这样做使越来越多的原始资源和区域被纳入采伐范围，导致森林的开发速度提高（相比于最佳采伐速度）。尽管利润暂时提高，但是由于过早的停止原料加工、设备尤其是厂房和设施的折旧计提不足、森林资源在再生之前就耗竭等问题，这样的生产行为最终转变为战略上的经济损失。

这样的自然资源利用策略的结果是，在具体和局部的利用对象层面上，非综合性的利用以及污染问题导致自然资源可开采部分提早耗竭，并使其整个利用对象从经济循环中退出。这时，在资源利用对象内往往会留下仅使用可利用的技术（通常是过时的技术）无法开采的大量资源。而同时，可以提取剩余资源的新技术已经存在。

今天，仍有相当大一部分自然资源被耗竭式地开发。在资源总利用量减少的情况下，对最有价值资源的耗竭利用正在加大。20 世纪 90 年代，大量的非法自然资源利用的小公司加入了闯入市场环境的自然资源利用者行列。最近 20 年，之前普遍存在的盗捕盗猎转换为有组织的"灰色"商业结构，并形成了成熟的采伐和销售链条。正因如此，尽管资源利用的绝对数量减少，但是自然资源潜力的转换却在俄罗斯太平洋地区开发最多的陆域和水域广泛蔓延。

目前，几乎所有类型的可以初级开采的原始资源，即使用很少的费用、相对简单的技术和粗放的开发方法就可以得到的资源，都已经被开采（采伐）。新的时代已经到来，这个时代的资源数量仍然相当巨大，但是要求新的更加集约的开发方法，要求采用更高端的科技密集型技术、现代化高度自动化的生态技术，要求对大部分空间进行可运输的开发。

笔者通过研究，得出以下的主要结论：

（1）依托地区的自然资源潜力和自然资源的可持续利用系统，俄罗斯太平洋地区的长期发展和解决地缘政治任务的可能性没有穷尽，并且还可以提出远东地区"资源开发新浪潮"的问题。这种情况下，必须把大区的陆域和水域的自然资源潜力看作是在一个统一的自然资源系统内相互关联的板块，而在划定的每一个自然经济区内，都应当在对相应的自然资源系统进行地理信息评价的基础上实施自身的地区自然资源利用战略。

（2）尽管俄罗斯太平洋地区的自然资源利用问题严重，并且呼吁在这一地区建立后工业经济形态和服务型经济形态，但是，在未来几十年，除了继续发展建立在科技密集型技术和现代化的地理信息库基础上的自然资源利用型经济，这个大区还没有其他的战略发展途径。

（3）选择利用自然资源作为地区战略发展的基础，以及在地区的自然资源利用系统中积累的问题，都要求形成全新的自然资源利用系统。为了稳定和增加人口，如果把构建舒适的生态、经济和社会环境作为地区发展的主要目标，那么通过对资源经济进行合理布局也是可能的。也就是说，为了保障自身经济安全和达到高的经济和生态水平和提供当地居民的生活质量，可以采掘资源，首先是采掘可再生的资源，并且要遵照国际技术和生态标准，组织对资源进行深加工，包括对废弃物等的深加工。

（4）在评价地区的自然资源利用的发展方案时，必须把居民的利益，大、中和小型企业的利益，本地社会团体的利益，国家的地缘战略利益相互挂钩。今天，仍然存在让这些利益发生冲突的重要的主观和客观前提。

（5）必须继续对陆地和海洋接触地带的区域结构的形成机制和地区自然资源利用系统的动态进行科学研究。

结　　语

俄罗斯太平洋地区（远东地区）是俄罗斯最大的且与其中央相距最遥远和地区。同时，这个大区的地理位置和地缘政治地位的独特性、地貌景观的极其多样化、众多的稀有动植物品种、巨大的自然资源潜力、丰富的开发史和光明的前景以及与亚太国家紧邻，这些条件不仅鞭策这个东部大区在俄罗斯的发展中发挥极关键的作用，也让它成为全世界最有前景和最有吸引力的地区之一。

本专著的作者描绘了这个大区最精彩的历史篇章和现代篇章，阐述了它的主要发展趋势，试图展示俄罗斯太平洋地区对于国家命运所具有的特殊的地缘政治和经济重要性。也许不能面面俱到，但是读者仍然能够相当清楚地窥见俄罗斯太平洋地区作为一个完整的俄罗斯大区在远古和近代发生的关键事件以及当代和未来的特征。

创新因素将在很多方面决定俄罗斯太平洋地区的未来，决定社会、经济和文化能否高效发展以及能否对地区的自然资源进行可持续的利用。创新规划的实施要求有高素质的新型人才和先进的技术。在这方面，几乎分布在俄罗斯太平洋地区所有首府城市的俄罗斯科学院远东分院的30多家科研院所构成的强大的多学科的科研潜力将受命发挥重要作用。这些科研院所的规划旨在解决欧亚大陆与太平洋水域巨大互动地带的基本问题，尤其是合理利用矿物和生物资源（俄罗斯科学院远东分院的发展战略…，2010）。这些科研院所正在发明新型药物、研发先进的生物技术和具有特殊性能的纳米材料、开发几乎能潜入大洋任何深度工作的水下机器人，为构建经济、人口分布、自然资源利用的新空间结构制定蓝图和模型。

位于符拉迪沃斯托克（海参崴）市的国内最大高等学府（远东联邦大学）、位于雅库茨克市的俄罗斯东北联邦大学和哈巴罗夫斯克（伯力）边疆区的太平洋国立大学，还有其他解决地区发展问题的多个大型教育和科研机构，将共同为科学和教育领域开启深远的发展前景。

历史只能用于研究、分析和总结，现在虽然可以把握和评价，但是也稍纵即逝和不可逆转的。只有未来能够提供广阔的空间，让我们进行建设性的分析、预测和选择通往既定目标的道路。

参 考 文 献

[1] Аблаев А. Г., Тащи С. М., Васильев И. В. Миоцен Ханкайской впадины Западного Приморья. - Владивосток:Дальнаука,1994. -168 с.

[1] А. Г. 阿勃拉耶夫,С. М. 塔希,И. В. 瓦西里耶夫. 滨海地区兴凯盆地中新统地层研究. 符拉迪沃斯托克(海参崴):远东科学出版社,1994,168.

[2] Аблаев А. Г., Тащи С. М., Мельников Н. Г. Угленосность побережий и шельфа западного сектора Япономорского региона//Геология и полезные ископаемые шельфов России. -М. : ГЕОС, 2002. -С. 256-260.

[2] А. Г. 阿勃拉耶夫,С. М. 塔希,Н. Г. 梅列尼科夫. 日本海地区西扇形区沿岸和大陆架的含煤性//俄罗斯大陆架的地质与有用矿物. 莫斯科:GEOS 出版社,2002,256-260.

[3] Авдеев Ю. А., Терский М. В и др. Тихоокеанская Россия. Стратегия социально-экономического развития Приморского края на 2004-2010 гг. :Монография. -Владивосток:Изд-во ТЦСР,2003. -97с.

[3] Ю. А. 阿乌杰耶夫,М. В. 捷尔斯基,等. 俄罗斯太平洋地区. 滨海边疆区 2004～2010 年社会与经济发展战略. 符拉迪沃斯托克(海参崴):太平洋战略制定中心出版社,2003,97.

[4] Адмидин А. Г., Деваева Е. И. Международное экономическое сотрудничество в Восточной Азии. - Владивосток:Дальнаука,1998. -92 с.

[4] А. Г. 阿德米津,Е. И. 杰娃耶娃. 东亚的国际经济合作. 符拉迪沃斯托克(海参崴):远东科学出版社,1998,92.

[5] Алаев Э. Б. Социально-экономическая география:Понятийно-терминологический словарь. -М. : Мысль,1983. -350 с.

[5] Э. Б. 阿拉耶夫. 社会经济地理学:定义与术语词典. 莫斯科:思想出版社,1983,350.

[6] Амур и Уссурийский край. -М.,1885. -С. 37-45.

[6] 阿穆尔河与乌苏里兰边疆区. 莫斯科,1885,37-45.

[7] Аналитический доклад по проблемам освоения месторождений углеводородного сырья и его транспортировки в регионах Восточной Сибири и Дальнего Востока. - М. : Ин-т стратегического развития ТЭК,2003. -56 с.

[7] 东西伯利亚与远东地区的烃类资源开发及其运输问题分析报告. 莫斯科:能源产业战略发展研究所,2003,56.

[8] Андерсон П . М., Ложкин А. В. Климатические записи в осадках оз. Эльгыгытгын (Полярная Чукотка)//Материалы VII всероссийского совещания по изучению четвертичного периода. Апатиты,12-17 сентября 2011 г. -Апатиты;СП6,2011. -Т. 1. -С. 28-30.

[8] П. М. 安德列松,А. В. 洛什金. 埃利格格特根湖沉积物记录的气候变迁(楚科奇半岛北极区)//第七届全俄第四纪研究会议资料. 阿帕季特,2001 年 9 月 12～17 日,阿帕季特;圣彼得堡,2011,第 1 册,28-30.

[9] Андреева Ж. В. Приморье в эпоху первобытнообщинного строя. Железный век (I тыс. до н. э. -VIII н. э.). -М. :Наука,1977. -240 с.

[9] Ж. В. 安德烈耶娃. 原始公社制度时期的滨海地区. 铁器时代(公元前 1000 年～公元 8 世纪). 莫斯科:科学出版社,1977,240.

[10] Андронов В. А., Берсенев Ю. И., Дарман Ю. А. Система особо охраняемых природных территорий Дальнего Востока России: состояние, проблемы и задачи//Материалы 7-й Дальневост. конф. по заповедному делу. -Биробиджан:ИКАРП ДВО РАН,2005. -С. 7-10.

［10］ В. А. 安德罗诺夫，Ю. И. 别尔谢涅夫，Ю. А. 达尔曼．俄罗斯远东地区自然保护区系统：现状、问题与任务//第七届远东自然保护区事务大会资料．比罗比詹：俄罗斯科学院远东分院地区问题综合分析研究所，2005，7-10.

［11］ Арзамасцев И . С., Бакланов П. Я., Жариков В. В., Короткий А. М. и др. Прибрежно-морское природопользование：теория，индикаторы，региональные особенности. -Владивосток：Дальнаука，2010. -308 с.

［11］ И. С. 阿尔扎马斯采夫，П. Я. 巴克兰诺夫，В. В. 热里科夫 А. М. 科罗特基，等．近海地区的自然资源利用：理论、指示物和地区特点．符拉迪沃斯托克（海参崴）：远东科学出版社，2010，308.

［12］ Аров В. Н. Иностранное браконьерство в водах Камчатки в XIX-начале XX вв.//Вопросы истории рыбной промышленности Камчатки：Историко-краевед. сб. -Петропвловск-Камчатский：Изд-во КамчатГУ，2000. -Вып. 10. -С. 4-21.

［12］ В. Н. 阿洛夫．19 世纪至 20 世纪初外国人在堪察加半岛水域的盗捕盗猎活动//堪察加半岛渔业历史问题：地方志汇编．堪察加地区彼得罗巴甫洛夫斯克：堪察加国立大学出版社，2000，第 10 辑，4-21.

［13］ Арсеньев В. К. Китайцы в Уссурийском крае//Зап. Примор. отд. Императорского Рус. геогр. об-ва. -1914. -Т. 10，вып. 1. -С. 1-203.

［13］ В. К. 阿尔谢耶夫．乌苏里兰边疆区的汉族人//俄国皇家地理学会西滨海地区分会，1914，第 10 卷（第 1 辑），1-203.

［14］ Артемьев А. Р. Буддийские храмы XV в. низовьях Амура. -Владивосток，2005. -201 с.

［14］ А. Р. 阿尔焦姆耶夫．15 世纪阿穆尔河下游地区的佛教寺庙．符拉迪沃斯托克（海参崴），2005，201.

［15］ Артемьева Н . Г. Домостроительство чжурчжэней Приморья （ XII-XIII вв. ）. -Владивосток：Дальпресс，1998. -302 с.

［15］ Н. Г. Артемьева. 滨海地区女真族房屋建筑形制研究（12 ~ 13 世纪）．符拉迪沃斯托克（海参崴）：Dalpress 出版社，1998，302.

［16］ Астафьев В . Н.，Сурков Г. А.，Трусков П. А. Торосы и стамухи Охотского моря. -СПб：Прогресспогода，1997. -208 с.

［16］ В. Н. 阿斯塔耶夫，Г. А. 苏尔科夫，П. А. 特鲁斯科夫 鄂霍次克海的浮冰群与浅滩冰丘．圣彼得堡：Progress-weather 出版社，1997，208.

［17］ Атлас береговой зоны Сахалина/Под ред. П. Ф. Бровко. -Владивосток：ДВГУ，2002. -С. 51.

［17］ 萨哈林岛（库页岛）海岸带地图集//编辑 П. Ф. Бровко. 符拉迪沃斯托克（海参崴）：远东国立大学出版社，2002，51.

［18］ Атлас Курильских островов. -М. ；-Владивосток：ДИК，2009. -516 с.

［18］ 千岛群岛地图集．莫斯科，符拉迪沃斯托克（海参崴）：DIK 出版社，2009，516.

［19］ Атлас природных и техногенных опасностей и рисков чрезвычайных ситуаций. Российская Федерация. Дальневосточный федеральный округ. -М. ：ИПЦ 《Дизайн. Информация. Картография》，2007. -324 с.

［19］ 自然和人为灾害与风险地图集．俄罗斯联邦．远东联邦管区．莫斯科：设计、信息与地图制图出版经纪中心，2007，324.

［20］ Атлас Сахалинской области. -М. ：ГУГК，1967. -135 с.

［20］ 萨哈林州地图集．莫斯科：大地测量与地图制图总局出版社，1967，135.

［21］ Афанасьев В. В.，Игнатов Е. И.，Чистов С. В. Морфология и динамика берегов и дна пролива Невельского -района проектирования постоянного железнодорожного перехода. -Смоленск：Издво МГУ；Маджента，2008. -128 с.

［21］B. B. 阿法纳斯耶夫,E. И. 伊格纳托夫,C. B. 契斯托夫 Чистов. 在涅韦尔斯克区海峡设计永久铁路桥的海岸和海底形态学与动力学研究. 斯摩棱斯克:莫斯科国立大学出版社,2008,128.

［22］Ахметьев М. А. Климат земного шара в палеоцене и эоцене по данным палеоботаники//Климат в эпохи крупных биосферных перестроек. -М. :Наука,2004. -С. 10-43.

［22］M. A. 阿赫美契耶夫. 古新世和始新世地球气候古植物学资料研究//大型生物圈重构时期的气候. 莫斯科:科学出版社,2004,10-43.

［23］Байрамов P. A. Повышение эксплуатационных показателей автотракторных дизелей в условиях низких температур:Дис… канд. техн. наук. -М. :2008. -177 c.

［23］P. A. 拜伊拉莫夫. 提升柴油拖拉机在低温环境下的运行指标. 莫斯科:2008,177.

［24］Бакланов П. Я. Территориальные природно-ресурсные системы//География и практика. -Иркутск:Ин-т географии Сибири и Дальнего Востока СО АН СССР -1978. -С. 24-29.

［24］П. Я. 巴克拉诺夫. 区域自然资源系统//地理学与实际应用. 伊尔库茨克:苏联科学院远东分院地理研究所,1978,24-29.

［25］Бакланов П. Я. Отраслевой и территориальный подход в экономико-географических исследованиях//Вопросы географии. -М. :Мысль,1980. -С. 86-90.

［25］П. Я. 巴克拉诺夫. 经济地理学研究中的行业对策与地域对策//地理学问题. 莫斯科:思想出版社,1980,86-90.

［26］Бакланов П. Я. Пространственные системы производства（микроструктурный уровень анализа и управления）. - М. :Наука,1986. -150 c.

［26］П. Я. 巴克拉诺夫. 空间生产力系统(微观结构层面的分析与管理). 莫斯科:科学出版社,1986,150.

［27］Бакланов П. Я. Динамика природно-ресурсного потенциала территории и методы ее оценки//География и природные ресурсы. -2000. - №3. -С. 10-16.

［27］П. Я. 巴克拉诺夫. 地区自然资源潜力的动态变化及其评价方法. 地理与自然资源,2000,(3):10-16.

［28］Бакланов П. Я. Дальневосточный регион России:проблемы и предпосылки устойчивого развития. -Владивосток:Дальнаука,2001. -144 c.

［28］П. Я. 巴克拉诺夫. 俄罗斯远东地区:可持续发展中存在的问题与前提条件. 符拉迪沃斯托克(海参崴):远东科学出版社,2001,144.

［29］Бакланов П. Я. Геополитическая ассиметрия России//Материалы междунар. науч. конф.《География, общество,окружающая среда:развитие географии в странах Центральной и Восточной Европы》. -Калининград:Изд-во КГУ,2001а. -Ч. 1. -С. 6-7.

［29］П. Я. 巴克拉诺夫. 俄罗斯地缘政治格局中的不平衡//"地理、社会、环境:中欧和东欧国家的地理学发展"国际科学大会资料. 加里宁格勒:加里宁格勒国立大学出版社,2001a,6-7.

［30］Бакланов П. Я. Геополитическое положение Дальнего Востока как стратегический фактор развития региона//Проблемы экономической политики на российском Дальнем Востоке:Мате-риалы междунар. науч. -практ. конф. -Хабаровск:Риотип,2001б. -С. 69-74.

［30］П. Я. 巴克拉诺夫. 作为地区发展战略因素的远东地区地缘政治地位//俄罗斯远东地区的经济政策问题:国际科学与实践大会资料. 哈巴罗夫斯克(伯力):Riotip 出版社,2001b,69-74.

［31］Бакланов П. Я. Географические аксиомы регионального природопользования.//Материалы XII совещания географов Сибири и Дальнего Востока. -Владивосток,2004. -443 c.

［31］П. Я. 巴克拉诺夫. 地区自然资源利用的地理学定律//第 12 届西伯利亚与远东地区地理学会议资料. 符拉迪沃斯托克(海参崴),2004,443.

[32] Бакланов П. Я., Каракин В. П., Шейнгауз А. С. Природопользование Дальнего Востока России и сопредельных территорий//Пространственная экономика. -2005. - №1. -С. 27-45.

[32] П. Я. 巴克拉诺夫,В. П. 卡拉金,А. С. 什因尕乌孜. 俄罗斯远东及其毗邻区域的自然资源利用. 空间经济学,2005,(1):27-45.

[33] Бакланов П. Я. Территориальные структуры хозяйства в региональном управлении. -М. : Наука, 2007. -239 с.

[33] П. Я. 巴克拉诺夫,地区管理中的区域经济结构. 莫斯科:科学出版社,2007,239.

[34] Бакланов П. Я. Структуризация географического пространства -основа теоретической географии: современное состояние и перспективы развития. -Ростов-на Дону:Изд-во ЮФУ,2010. -С. 12-21.

[34] П. Я. 巴克拉诺夫. 地理空间的结构化——理论地理学基础:现状与发展前景. 顿河畔罗斯托夫:南联邦大学出版社,2010,12-21.

[35] Бакланов П . Я., Романов М. Т., Мошков А. В. и др. Изменения в территориальных структурах хозяйства и расселения Дальнего Востока при переходе к рыночной экономике. -Владивосток:ДВО РАН,1996. -195 с.

[35] П. Я. 巴克拉诺夫,М. Т. 罗曼诺夫,А. В. 莫什科夫,等. 远东地区经济与人口分布的区域结构在向市场经济过渡后的变化. 符拉迪沃斯托克(海参崴):俄罗斯科学院远东分院,1996,195.

[36] Бакланов П . Я. Контактные географические структуры и их функции в Северо-Восточной Азии// Изв. РАН. Сер. геогр. -2000. - № 1. -С. 31-39.

[36] П. Я. 巴克拉诺夫. 东北亚的紧凑型地理结构及其功能. 俄罗斯科学院公报(地理特辑),2000,(1):31-39.

[37] Бакланов П. Я., Каракин В. П., Шейнгауз А. С. Природопользование Дальнего Востока России и сопредельных территорий//Пространственная экономика. -2005. -№1. -С. 27-45.

[37] П. Я. 巴克拉诺夫,В. П. 卡拉金,А. С. 什因尕乌孜. 俄罗斯远东及其毗邻区域的自然资源利用. 空间经济学,2005,(1):27-45.

[38] Бакланов П. Я.,Воронов Б. А. Глобальные и региональные риски устойчивого природопользования в бассейне Амура//Изв. РАН. Сер. геогр. 2010. - № 2. -С 17-24.

[38] П. Я. 巴克拉诺夫,Б. А. 沃罗诺夫. 阿穆尔河流域可持续自然资源利用的全球风险与地区风险. 俄罗斯科学院公报(地理特辑),2010,(2):17-24.

[39] Бакланов П . Я., Ганзей С. С. Трансграничные территории:проблемы устойчивого развития. -Владивосток:Дальнаука,2008. -216 с.

[39] П. Я. 巴克拉诺夫,С. С. 甘孜. 跨境地区:可持续发展问题. 符拉迪沃斯托克(海参崴):远东科学出版社,2008,216.

[40] Бакланов П. Я., Касьянов В. Л., Качур А. Н. Основные экологические проблемы Дальнего Востока России и направления их решения//Вест. ДВО РАН. -2003. - № 5. -С. 109-119.

[40] П. Я. 巴克拉诺夫,В. Л. 卡西亚诺夫,А. Н. 卡丘尔. 俄罗斯远东地区的主要环境问题及其解决. 俄罗斯科学院远东分院学报,2003,(5):109-119.

[41] Бакланов П . Я., Качур А. Н. Система эколого-географических ограничений природопользования с учетом экстремальных природных и антропогенных процессов//Изменение окружающей среды и климата:природные и связанные с ними техногенные катастрофы. Отв. ред. В. М. Котляков. -М. : ИГ РАН. 2009. -Т. 6. -С. 19-32.

[41] П. Я. 巴克拉诺夫,А. Н. 卡丘尔. 兼顾自然与人为过程为自然资源利用制定的环境与地理限制系统//环境与气候的变化:自然灾害及与之相关的人为灾害. 责任编辑 В. М. Котляков. 莫斯科:俄罗

斯科学院地理研究所,2009,19-32.

[42] Бакланов П. Я. Романов М. Т. Экономико-географическое и геополитическое положение Тихоокеанской России. -Владивосток:Дальнаука,2009. -168 с.

[42] П. Я. 巴克拉诺夫,М. Т. Романов. 俄罗斯太平洋地区的经济地理与地缘政治地位. 符拉迪沃斯托克（海参崴）:远东科学出版社,2009,168.

[43] Бакланов П .Я., Мошков А. В., Романов М. Т. Территориальные структуры хозяйства и экономические районы в долгосрочном развитии российского Дальнего Востока//Вест. ДВО РАН. -2011. -№ 2. -С. 18-28.

[43] П. Я. 巴克拉诺夫,А. В. 莫什科夫,М. Т. 罗曼诺夫. 俄罗斯远东地区长远发展中的区域经济结构与经济区. 俄罗斯科学院远东分院学报,2011,（2）:18-28.

[44] Бакулев К . К стабилизации положения в рыбохозяйственном комплексе страны//Российский экон. журн. -2002. -№ 1. -С. 27-38.

[44] К. К. 巴古列夫. 保持我国渔业产业的地位. 俄罗斯经济杂志,2002,（1）:27-38.

[45] Безносов Г. Ф., Жирков Е. П., Ноговицын Р. Р., Шерстов В. А. Тенденции добычи и производства сурьмы в Республике Саха (Якутия)//Горн. пром-сть. -2005. -№ 6. -С. 59-62.

[45] Г. Ф. 别字诺索夫,Е. П. 日尔科夫,Р. Р. 诺戈维岑,В. А. 舍尔托夫. 萨哈（雅库特）共和国的锑矿开采与生产趋势. 矿山工业,2005,（6）:59-62.

[46] Безруков Л. А. Транспортно-географическая континентальность России:понятие, оценка, динамика// Изв. РАН. Сер. геогр. -2004. -№ 5. -С. 15-25.

[46] Л. А. 别兹鲁科夫. 俄罗斯的交通地理大陆性:定义、评价与动态. 俄罗斯科学院公报（地理特辑）,2004,（5）:15-25.

[47] Белов М . И. и др. История открытия и освоения Северного Морского пути. Т. 1. Арктическое мореплавание с древнейших времен до середины XIX века. -М. :Морской транспорт,1956. -592 с.

[47] М. И. 别洛夫,等. 北方海航道的发现与开发史. 第1卷. 远古时期到19世纪中叶的北极地区航海史. 莫斯科:海洋交通运输,1956,592.

[48] Белоглазова С. Б. Культура Дальнего Востока России в условиях общественных трансформаций 20-30-х годов XX в. :Очерки истории. -Владивосток:Дальнаука,2001. -191 с.

[48] С. Б. 别拉格拉佐娃. 20世纪20～30年代社会转型背景下的俄罗斯远东地区文化:历史纲要. 符拉迪沃斯托克（海参崴）:远东科学出版社,2001,191.

[49] Бенземан В. Ю. Особо опасные ледовые явления -ледовые реки в арктических морях//Морские месторождения нефти и газа России. Состояние и перспективы освоения: Тез. докл. -СПб, 1994. -Ч. 1. - С. 25.

[49] В. Ю. 别恩泽曼. 高度危险的冰现象——北极海域的冰河//俄罗斯的海洋油气田. 现状与开发前景:论题报告. 圣彼得堡,1994,第1部,25.

[50] Берсенев И. И. История геологического развития//Геология СССР. -Т. 32, Ч. 1. -М. : Недра, 1969. - С. 629-663.

[50] И. И. 别尔谢涅夫. 地质发育史//苏联地质. 第1部. 第32册. 莫斯科:地下资源出版社,1969, 629-663.

[51] Бессонова Е. А., Клюев Н. А., Ивлиев А. Л., Зверев С. А. Реконструкция застройки городища Кокшаровка-1 геолого-геомагнитными методами//Вест. ДВО РАН. -2011. -№ 1. -С. 122-129.

[51] Е. А. 别索诺娃,Н. А. 克柳耶夫,А. Л. 伊弗利耶夫,С. А. 兹维列夫. 用地质与地磁学方法重构科克沙罗夫卡1号遗址的古建筑. 俄罗斯科学院远东分院学报,2011,（1）:122-129.

［52］Бжезинский З. Великая шахматная доска. Господство Америки и его геостратегические императивы. -М. ; Междунар. отнош., 1999. -256 с.

［52］З. 布热津斯基. 大棋盘. 美国的霸权及其地缘战略要务. 莫斯科:国际关系出版社, 1999, 256.

［53］Блинов А. Рыбная промышленность после реформирования: консолидация или стагнация? // Дальневост. капитал. -2004. -№ 2. -С. 6-7.

［53］А. 波里诺夫. 改革后的渔业工业:是巩固还是停滞. 远东资本, 2004, (2):6-7.

［54］Богатов В. В., Микэлл Д., Розенберг В. А., Воронов Б. А., Краснопеев С. М., Мерилл Т. Стратегия сохранения биоразнообразия Сихотэ-Алиня. -Владивосток, 2000. -135 с.

［54］В. В. Богатов 波尕托夫, Д. Микэлл 米克尔, В. А. 罗泽恩贝尔戈, Б. А. 沃罗诺夫, С. М. Краснопеев 克拉斯诺别耶夫, Т. 梅里尔. 锡霍特山脉生物多样性保护战略. 符拉迪沃斯托克(海参崴), 2000, 135.

［55］Болдин В. И. Бохайские городища в Приморье//Россия и АТР. - 1992. -№ 2. - С. 58-69.

［55］В. И. 波尔津. 滨海地区的渤海国古城遗址. 俄罗斯与亚太地区, 1992, (2):58-69.

［56］Борзенкова И. И. Изменение климата в кайнозое. -СПб ; Гидрометеоиздат, 1992. -247 с.

［56］И. И. 波尔泽科娃. 新生代的气候变化. 圣彼得堡:水文气象出版社, 1992, 247.

［57］Борисов В. Прогноз ОДУ-2000//Рыбн. Хоз-во-2000. -№ 1. -С. 33-37.

［57］В. 波里索夫. 2000 年总容许捕捞量预测. 渔业, 2000, (1):33-37.

［58］Брайко В. Н., Иванов В. Н. Российская промышленность по добыче драгоценных металлов: итоги 2005 года и перспективы развития//Минеральные ресурсы России. -М. ; Экономика и управление. 2006. № 3. -С. 63-64.

［58］В. Н. 勃拉依科, В. Н. 伊万诺夫. 俄罗斯的贵金属开采工业:2005 年总结报告与发展前景//俄罗斯矿产资源. 莫斯科:经济与管理出版社, 2006, (3):63-64.

［59］Бровко П. Ф. Развитие прибрежных лагун. -Владивосток:ДВГУ, 1990. -148 с.

［59］П. Ф. 波罗弗科. 海岸潟湖发育初探. 符拉迪沃斯托克(海参崴):远东国立大学出版社, 1990, 148.

［60］Бродянский Д. Л. Введение в дальневосточную археологию. -Владивосток:Изд-во Дальневост. Ун-та, 1987. -276 с.

［60］Д. Л. 波罗加斯基. 远东考古学导论. 符拉迪沃斯托克(海参崴):远东国立大学出版社, 1987, 276.

［61］Быстрицкий С. П., Заусаев В. К., Хорошавин А. В. Дальний Восток России: становление новой экономики. -Хабаровск:Изд-во ДВГАС, 2008. -346 с.

［61］С. П. 贝斯特里茨基, В. К. 扎乌萨耶夫, А. В. 霍洛沙温. 俄罗斯远东地区:新经济的形成. 哈巴罗夫斯克(伯力):DVGAS 出版社, 2008, 346.

［62］Бурдина Е. А., Крылов П. М. Экономическая география:Учеб. пособие. -М. ; МГИУ, 2010. -189 с.

［62］Е. А. 布尔吉娜, П. М. 克雷洛夫. 经济地理学. 莫斯科:莫斯科国立工业大学, 2010, 189.

［63］Васильев Б. И. Геологическое строение и происхождение Тихого океана. -Владивосток:Дальнаука, 2009. -560 с.

［63］Б. И. 瓦西里耶夫. 太平洋的地质构造与起源. 符拉迪沃斯托克(海参崴):远东科学出版社, 2009, 560.

［64］Васильев Ю. М. Погребальный обряд покровской культуры（IX-XIII вв. н. э.）. -Владивосток:Дальнаука, 2006. -372 с.

［64］Ю. М. 瓦西里耶夫. 波克罗夫斯克文化的葬礼仪式(公元 9 ~ 13 世纪). 符拉迪沃斯托克(海参崴):远东科学出版社, 2006, 372.

［65］Варнавский В. Г. Палеогеновые и неогеновые отложения Средне-Амурской впадины. -М. ; Наука, 1972. -180 с.

[65] В. Г. 瓦尔纳夫斯基. 中阿穆尔盆地的古近系与新近系地层. 莫斯科:科学出版社,1972,180.

[66] Варнавский В. Г. Потенциальные природные ресурсы нефти и газа Хабаровского края и сопредельного шельфа//Строение и эволюция Востока Азии. -Хабаровск：ДВО РАН，2003. - С. 121-132.

[66] В. Г. 瓦尔纳夫斯基. 哈巴罗夫斯克(伯力)边疆区及其毗邻大陆架的潜在油气资源//亚洲东部的构造与演化. 哈巴罗夫斯克(伯力):俄罗斯科学院远东分院,2003,121-132.

[67] Василевский А. А. Каменный век острова Сахалин. -Южно-Сахалинск:Сахалин. КН. Издатво,2008. - 412 с.

[67] А. А. 瓦西列夫斯基. 石器时代的 萨哈林岛(库页岛). 南萨哈林斯克:萨哈林图书出版社,2008,412.

[68] Вахненко Р. В. Географические аспекты глобализации в развитии транспортных систем//География и смежные науки. Герценовские чтения. -СПб:Тесса,2008. -С. 364-373.

[68] Р. В. 瓦赫涅克. 从地理学角度研究交通运输系统的全球化发展//地理学与交叉学科. 史楚金报告会. 圣彼得堡:Tessa 出版社,2008,364-373.

[69] Величко А. А. В поисках стратегии будущего//Изв. РАН. Сер. геогр. -1995. -№ 3. -С. 11-24.

[69] А. А. 维利奇科. 探索未来战略. 俄罗斯科学院公报(地理特辑),1995,(3):11-24.

[70] Величко А. А. Факторы антропогенного изменения глобальной температуры//Климаты и ландшафты Северной Евразии в условиях глобального потепления. Ретроспективный анализ и сценарии. -М. ;ГЕОС,2010. -С. 13-27.

[70] А. А. 维利奇科. 全球气温的人为变化因素//全球变暖背景下的北欧亚大陆气候与地貌景观. 回溯分析与情景. 莫斯科:GEOS 出版社,2010,13-27.

[71] Величко А. А., Борисова О. К., Зеликсон Э. М. Палеоклимат Северной Евразии при повышении среднеглобальной температуры на 1,6-1,8°С//Климаты и ландшафты Северной Евразии в условиях глобального потепления. Ретроспективный анализ и сценарии. -М. ;ГЕОС,2010. -С. 50-69.

[71] А. А. 维利奇科,О. К. 波利索娃,Э. М. 泽林克森. 全球平均温度升高 1.6 ~ 1.8℃下的北欧亚大陆古气候//全球变暖背景下的北欧亚大陆气候与地貌景观. 回溯分析与情景. 莫斯科:GEOS 出版社,2010,50-69.

[72] Величко А. А., Фаустова М. А. Развитие оледенения в позднем плейстоцене//Палеоклиматы и палеоландшафты внетропического пространства Северного полушария. Поздний плейстоцен-голоцен. -М. ;ГЕОС,2009. -С. 32-41.

[72] А. А. 维利奇科,М. А. 法乌斯托娃. 晚更新世的冰川发育//北半球副热带空间的古气候与古地貌景观. 晚更新世-全球世. 莫斯科:GEOS 出版社,2009,32-41.

[73] Величко А. А., Ясаманов Н. А. Современный и древний климат (естественно-исторический аспект)//Изв. АН СССР. Сер. геогр. -1986. -№ 6. -С. 5-15.

[73] А. А. 维利奇科,Н. А. 亚萨马诺夫. 现代与古代气候(自然历史方面). 苏联科学院公报(地理特辑),1986,(6):5-15.

[74] Верещагин Н. К. Ископаемые млекопитающие и палеоклиматы//Методы реконструкций палеоклиматов. -М. ;Наука,1985. -С. 56-60.

[74] Н. К. 韦列夏金. 哺乳动物化石与古气候//古气候重构方法. 莫斯科:科学出版社,1985,56-60.

[75] Вишневский Д. С., Каракин В. П. Природно-хозяйственное зонирование юга ДВР как основа регионализации политики природопользования//Перспективы развития российских регионов: Дальний Восток и Забайкалье до 2010 года:Матер. междунар. науч. -практ. конф. -Хабаровск:ИЭИ ДВО РАН,2001. -С. 296-301.

[75] Д. С. 维什涅夫斯基,В. П. 卡拉津. 作为自资源利用政策区域化基础的俄罗斯远东南部自然与经济区划//俄罗斯各地区的发展前景:2010年前的远东与外贝加尔地区:国际科学与实践大会资料. 哈巴罗夫斯克(伯力):俄罗斯科学家远东分院经济研究所,2001,296-301.

[76] Войтковский К. Ф. Основы гляциологии. -М. :Наука,1999. -255 с.

[76] К. Ф. 沃伊特克夫斯基. 冰川学基础. 莫斯科:科学出版社,1999,255.

[77] Воробьев М. В. Чжурчжэни и государство Цзинь (Ⅹ в. -1234 г.):Исторический очерк. -М. :Наука,1975. -447 с.

[77] М. В. 沃罗别耶夫. 女真族与金国(10世纪~1234年):历史纲要. 莫斯科:科学出版社,1975,447.

[78] Воробьев М. В. Культура чжурчжэней и государства Цзинь (Ⅹ в. -1234 г.)-М. :Наука,1983. -367 с.

[78] М. В. 沃罗别耶夫. 女真族与金国的文化(10世纪~1234年). 莫斯科:科学出版社,1983,367.

[79] Воробьева О., Чикляева Е. Экономика переселенческой политики//Социальная и демографическая политика. -2006. -№ 5. -С. 11-24.

[79] О. 沃罗别耶娃,Е. 奇科里亚娃. 人口迁移政策的经济学研究. 社会与人口政策,2006,(5):11-24.

[80] Ворожбит О. Ю., Байшева М. С. Перспективы развития рыбной промышленности Приморья//Ойкумена. Регионоведческие исследования. - 2011. -№ 1 (16)-С. 7-12.

[80] О. Ю. 沃罗什比特,М. С. 拜舍娃. 滨海地区的渔业发展前景//世界(Oecumene). 地区志研究,2011,1(16):7-12.

[81] Воронов Б. А. Экологический ущерб окружающей среде в результате трансграничного загрязнения и хозяйственных преобразований его природных систем//Изменение состояния окружающей среды в странах содружества в условиях текущего изменения климата/Отв. ред. акад В. М. Котляков. -М. :Медиапресс,2008. -С. 168-176.

[81] Б. А. 沃罗诺夫. 由于跨境污染及其自然系统的经济改造产生的环境损失//独联体各国在气候变化背景下的环境变化. 莫斯科:Media-press 出版社,2008,168-176.

[82] Вступительное слово В. В. Путина на совещании по вопросам подготовки к саммиту АТЭС 1сентября 2008 г. [электронный ресурс]-режим доступа: http://www. government. ru/content/rfgovernment/governmentcharmain/chronicle/archive/2008/09/01/6859553. htm.

[82] 2008年9月1日普京总统在亚太经济合作组织峰会筹备会议上的讲话[电子资源]. 访问网址:http://www. government. ru/content/rfgovernment/governmentcharmain/chronicle/archive/2008/09/01/6859553. htm.

[83] Втюрина Е. А. Сезонно-криогенные горные породы. -М. :Наука,1984. -119 с.

[83] Е. А. 弗久里娜. 季节性冻岩. 莫斯科:科学出版社,1984,119.

[84] Галанин А. В. и др. Биологические ресурсы Магаданской области: состояние, стратегия использования//Вестн. ДВО РАН. 1992. - № 5-6. -С. 46-62.

[84] А. В. 加拉宁,等. 马加丹州的生物资源:现状、利用战略. 俄罗斯科学院远东分院学报,1992,(5-6):46-62.

[85] Галлямова Л. И. Дальневосточные рабочие России во второй половине ⅪⅩ-начале ⅩⅩ вв. -Владивосток:Дальнаука,2000. -222 с.

[85] Л. И. 加里亚莫娃. 19世纪下半叶至20世纪初俄罗斯远东地区的工人. 符拉迪沃斯托克(海参崴):远东科学出版社,2000,222.

[86] Галлямова Л. И. Рабочее движение на Дальнем Востоке России во второй половине ⅪⅩ-начале ⅩⅩ вв. -Владивосток:Дальнаука,2004. -192 с.

[86] Л. И. 加里亚莫娃. 19世纪下半叶至20世纪初俄罗斯远东地区的工人运动. 符拉迪沃斯托克(海参

崴）:远东科学出版社,2004,192.

[87] География, общество, окружающая среда. Т. 5. /География социально-экономического развития/ Под ред. А. И. Алексеева и Н. С. Мироненко. -М. :ИД《Городец》,2004. -672 с.

[87] 地理、社会与环境．第 5 卷/社会与经济发展地理学/编辑 А. И. Алексеев 与 Н. С. Мироненко. 莫斯科:戈罗杰茨出版社,2004,672.

[88] Гельман Е. И. Глазурованная керамика и фарфор средневековых памятников Приморья. - Владивосток,1999. -222 с.

[88] Е. И. 格里曼．滨海地区中世纪遗址中的上釉陶器与瓷器．符拉迪沃斯托克(海参崴),1999,222.

[89] Геокриологические опасности. -М. :ИФ 《КРУК》, 2000. -316 с. (Природные опасности России, Т. 4).

[89] 冻土地质灾害．莫斯科:KRUK 出版公司,2000,316.

[90] Геология, геодинамика и перспективы нефтегазоносности осадочных бассейнов Татарского пролива. -Владивосток:ДВО РАН, 2004. -220 с. (Сер. 《 Осадочные бассейны Востока России》/ глав. ред. Ханчук А. И. ;Т. 2).

[90] 鞑靼海峡沉积盆地的地质、地球动力学与含油气前景．符拉迪沃斯托克(海参崴):俄罗斯科学院远东分院,2004,220.

[91] Геология дна Японского моря. -Владивосток:ДВНЦ АН СССР,1987. -140 с.

[91] 日本海海底地质研究．符拉迪沃斯托克(海参崴):苏联科学院远东科学中心,1987,140.

[92] Геология и нефтегазоносность Охотско-Шантарского осадочного бассейна. -Владивосток:ДВО РАН, 2002. -148 с. (Сер.《 Осадочные бассейны Востока России》/глав. ред. Ханчук А. И. ;Т. 1).

[92] 鄂霍次克-尚塔尔沉积盆地的地质与含油气性．符拉迪沃斯托克(海参崴):俄罗斯科学院远东分院,2002,148.

[93] Геология СССР. Северо-Восток:Геологическое описание. -Недра,1970. -Т. 30. -536 с.

[93] 苏联地质．东北地区:地质描述．地下资源出版社,1970,536.

[94] Геология СССР. Т. 32. Приморский край. Ч. 1. Геологическое описание. -М. :Недра,1969. -696 с.

[94] 苏联地质学．第 32 册．滨海边疆区．第 1 部．地质描述．莫斯科:地下资源出版社,1969,696.

[95] Геология СССР. Т. 32. Приморский край. Полезные ископаемые. -М. :Недра,1974. -156 с.

[95] 苏联地质．第 32 册．滨海边疆区．有用矿物．莫斯科:地下资源出版社,1974,156.

[96] Географические основы рационального природопользования. -М:Наука,1987. -161 с.

[96] 合理利用自然资源的地理学基础．莫斯科:科学出版社,1987,161.

[97] Геосистемы Дальнего Востока России на рубеже XX-XXI веков. Т. 2. Природо-пользование: Монография/Колл. автор. ; Под ред. П. Я. Бакланова и В. П. Каракина. -Владивосток: Дальнаука, 2010. -560 с.

[97] 20 ~ 21 世纪之交的俄罗斯远东地区地理系统．第 2 册．自然资源利用．符拉迪沃斯托克(海参崴):远东科学出版社,2010,560.

[98] Гладенков А. Ю. Детальная стратиграфия и морские экосистемы позднего кайнозоя севера Тихоокеанского региона (по диатомеям). -М. :ГЕОС,2007. -296 с.

[98] А. Ю. 格拉杰恩科夫．太平洋地区北部的上新生界详细地层层序与海洋生态系统(根据硅藻类判断).莫斯科:GEOS 出版社,2007,296.

[99] Гладенков Ю. Б. Геохронологические шкалы и астрономическое время (современное состояние проблемы)//Стратиграфия. Геологическая корреляция. -2002,Т. 10, -№2. -с. 3-14

[99] Ю. Б. 格拉杰恩科夫．地质年代表与天文时间(问题的现状)//层序地层学．地质学对比,2002,10

（2）:3-14.

［100］Гладенков Ю. Б. Биосферная стратиграфия （проблемы стратиграфии начала XXI века）. -М. : ГЕОС,2004. -120 с.

［100］Ю. Б. 格拉杰恩科夫. 生物圈的地层层序（21 世纪初的地层层序问题）. 莫斯科:GEOS 出版社, 2004,120.

［101］Гладенков Ю. Б., Шанцер А. Е., Челебаева А. И. и др. Нижний палеоген Западной Камчатки （стратиграфия,палеогеография,геологические события）. -М. :ГЕОС,1997. -367 с.

［101］Ю. Б. 格拉杰恩科夫,А. Е. 沙恩采尔,А. И. 切列巴耶娃 等. 西堪察加半岛的下古近系研究（地层层序、古地理、地质事件）. 莫斯科:GEOS 出版社,1997,367.

［102］Гладенков Ю. Б.,Баженова О. К.,Гречин В. И.,Маргулис Л. С.,Сальников Б. А. Кайнозой Сахалина и его нефтегазоносность. -М. :ГЕОС,2002. -225 с.

［102］Ю. Б. 格拉杰恩科夫,О. К. 巴仁诺娃,В. И. 格列钦,Л. С. 马尔古利斯,Б. А. 萨利尼科夫. 萨哈林岛(库页岛)的新生界及其含油气性. 莫斯科:GEOS 出版社,2002,225.

［103］Гладенков Ю. Б.,Синельникова В. Н.,Челебаева А. И.,Шанцер А. Е. Биосфера- экосистема-биота в прошлом Земли. Экосистемы кайнозоя Северной Пацифики:Эоцен-олигоцен Западной Камчатки и сопредельных районов. -М. :ГЕОС,2005. -480 с.

［103］Ю. Б. 格拉杰恩科夫,В. И. 西涅利尼科娃,А. И. 切列巴耶娃,А. Е. 沙恩塞尔. 生物圈——地球历史中的生态系统与生物群. 北太平洋古陆的新生代生态系统:西堪察加半岛及其毗邻地区的始新统-渐新统研究. 莫斯科:GEOS 出版社,2005,480.

［104］Гладенков А. Ю., Гладенков Ю. Б. Начало формирования межокеанических связей Пацифики и Арктики через Берингов пролив в неогене. //Стратиграфия. Геол. корреляция. -2004. -Т. 12,№ 2. - С. 72-89.

［104］А. Ю. 格拉杰恩科夫,Ю. Б. 格拉杰恩科夫. 太平洋古陆与北极地区在新近纪经白令海峡开始形成洋际联系//地层层序. 地质对比,2004,12(2):72-89.

［105］Гладышев А. Н., Н. И. Николаев, Сингур И. Н., Шапалин Б. Ф. Экономика Дальнего Востока. Проблемы и перспективы. -Хабаровск:Хабаровск. КН. Изд-во,1971. -406 с.

［105］А. Н. 格拉德舍夫,Н. И. 尼古拉耶夫,И. Н. 辛古尔,Б. Ф. 莎帕林. 远东地区的经济. 问题与前景. 哈巴罗夫斯克(伯力):哈巴罗夫斯克(伯力)图书出版社,1971,406.

［106］Гладышев А. Н.,Куликов А. В.,Шапалин Б. Ф. Проблемы развития и размещения производительных сил Дальнего Востока. -М. :Мысль,1974. -215 с.

［106］А. Н. 格拉德舍夫,А. В. 库里科夫,Б. Ф. 沙帕林. 在远东地区的生产力发展与布局中存在的问题. 莫斯科:思想出版社,1974,215.

［107］Глушко А. А. Приморское географическое положение как фактор развития экономики Дальнего Востока:Автореф. дис. … канд. геогр. наук. -М. :1990. -16 с.

［107］А. А. 格鲁什科. 作为远东经济发展要素的滨海地理位置. 莫斯科:1990,16.

［108］Говорушко С. М. Эколого-географическая экспертиза проектов жилищного строительства Препринт. -Владивосток:ДВО РАН,1989. -51 с.

［108］С. М. 勾瓦鲁什科. 住宅建设项目的生态地理环境审批. 预印本. 符拉迪沃斯托克(海参崴):俄罗斯科学家远东分院,1989,51.

［109］Говорушко С. М. Влияние геологических, геоморфологических, метеорологических и гидрологических процессов на человеческую деятельность:Иллюстрированное справ. пособие. -М. :Аккад. проект,2007. - 684 с.

[109] С. М. 勾瓦鲁什科. 地质、地形、气象与水文过程对人类活动的影响:附插图的参考书. 莫斯科:
Akkad project 出版社,2007,684.

[110] Головачев В. Ц., Ивлиев А. Л., Певнов А. М., Рыкин П. О. Тырские стелы XV в. : Перевод,
комментарии, исследование китайских, монгольского и чжурчжэньского текстов. -СПб. : Наука,
2011. -320 с.,ил.

[110] В. Ц. 勾洛瓦切夫,А. Л. 伊弗利耶夫,А. М. 别伏诺夫,П. О. 雷金. 15 世纪的永宁寺:汉文、蒙文和
金文的译文、注释与研究. 圣彼得堡:科学出版社,2011,320.

[111] Голубева Л. В.,Караулова Л. П. Растительность и климатостратиграфия плейстоцена и голоцена юга
Дальнего Востока. -М. ;Наука,1983. -144 с.

[111] Л. В. 勾鲁别娃,Л. П. 卡拉乌洛娃. 远东南部的更新世与全新世植被和气候地层学. 莫斯科:科学
出版社,1983,144.

[112] Горбаренко С. А., Артемова А. В., Босин А. А. и др. Тысячелетние-столетние изменения климата,
среды и седиментации дальневосточных морей и северо-западной части Тихого океана в позднем
плейстоцене и голоцене//Дальневосточные моря России. Кн. 3. Геологические и геофизические
исследования. -М. ;Наука,2007. -С. 428-446.

[112] С. А. 格尔巴列科,А. В. 阿尔焦莫娃,А. А. 鲍欣等. 太平洋西北部和远东海域的气候、环境与沉积
作用在晚更新世和全新世的数千百年变化//俄罗斯远东诸海. 第3册. 地质与地球物理研究. 莫
斯科:科学出版社,2007,428-446.

[113] Государство Бохай (698-926 гг.) и племена Дальнего Востока России/Отв. ред. Э. В. Шавкунов-
М. ;Наука,1994. -219 с.

[113] 渤海国(698 年 ~926 年)与俄罗斯远东地区的部落/责任编辑 Э. В. Шавкунов. 莫斯科:科学出版社,
1994,219.

[114] Государственный баланс запасов полезных ископаемых Российской Федерации на 1 января 2002 г:
Вып. 91. Уголь. Т. 8. Дальневосточный федеральный округ. -М.,2002. -408 с.

[114] 俄罗斯联邦国家矿物储量平衡表(截至 2002 年 1 月 1 日):第 92 辑. 煤炭. 第 8 册. 远东联邦管区.
莫斯科,2002,408.

[115] Гудкова Е. В. Проблемы и перспективы инновационного развития региона//Пространственная
экономика. -2007. -№ 1. -С. 22-47.

[115] Е. В. 古德科娃. 地区创新型发展的问题与前景. 空间经济学,2007,(1):22-47.

[116] Гундризер А. Н.,Иоганзен В. Г., Кириллов Ф. Н. Основные проблемы развития рыбного хозяйства
Севера Сибири//География и природные ресурсы. -1989. -№ 3. -С. 124-129.

[116] А. Н. 古恩德里采尔,В. Г. 约甘泽,Ф. Н. 基里洛夫. 西伯利亚北部渔业发展的主要问题. 地理与自
然资源,1989,(3):124-129.

[117] Дальний Восток (Физико-географическая характеристика). -М. ;Изд. АН СССР,1961. -439 с.

[117] 远东地区(自然地理特征). 莫斯科:苏联科学院出版社,1961,439.

[118] Дальний Восток России: экономическое обозрение. /Под ред. П. А. Минакира. -М. : Прогресс-
комплекс;Экопрос,1993. -Т. 1. -156 с.

[118] 俄罗斯远东地区:经济观察/编辑 П. А. Минакир. 莫斯科:Progress-complex:Ecopros 出版社,
1993,156.

[119] Дальний Восток России:экономический потенциал. -Владивосток:Дальнаука,1999. -594 с.

[119] 俄罗斯远东地区:经济潜力. 符拉迪沃斯托克(海参崴):远东科学出版社,1999,594.

[120] Дальний Восток и Забайкалье в 2010 г. /Под ред. П. А. Минакира. -Владивосток;Дальнаука,2002. -

C. 122-130.

[120] 2010 年的远东与外贝加尔地区/编辑 П. А. Минакир. 符拉迪沃斯托克(海参崴):远东科学出版社, 2002,122-130.

[121] Дарман Ю. А.,Вильямс Л. Сохранение биоразнообразия в Дальневосточном экорегионе. Ч. 2. План действий общественных организаций. - Владивосток:WWF Россия,2003. -80 с.

[121] Ю. А. 达尔曼,Л. 维利亚姆斯. 保护远东生态区的生物多样性. 第 2 部. 社会组织的行动计划. 符拉迪沃斯托克(海参崴):世界自然基金会俄罗斯分会,2003,80.

[122] Дарман Ю. А., Симонов Е. А. Зеленый пояс Амура: концепция трансграничного Эконета// Матер. 7-й дальневост. конф. по заповедному делу. - Биробиджан:ИКАРП ДВО РАН, 2005. - С. 15-18.

[122] Ю. А. 达尔曼,Е. А. 西蒙诺夫. 阿穆尔河的绿化带:跨境生态网络构想//第七届远东自然保护区事务大会资料. 比罗比詹:俄罗斯科学院远东分院地区问题综合分析研究所,2005,15-18.

[123] Дарькин С. М. Тихоокеанская Россия:стратегия,экономика,безопасность. -М. ;Дело,2007. -440 с.

[123] С. М. 达里金. 俄罗斯太平洋地区:战略、经济与安全. 莫斯科:Delo 出版社,2007,440.

[124] Дауев Ю. М., Василенко В. П., Денисов М. Н. Результаты переоценки минерально-сырьевой базы металлических полезных ископаемых Российской Федерации//Минеральные ресурсы России. Экономика и управление. -2000. -№ 4. -С. 32-39.

[124] Ю. М. 达乌耶夫,В. П. 瓦西列科,М. Н. 德尼索夫. 俄罗斯联邦金属矿物基础储量的再评估结果. 俄罗斯的矿产资源(经济与管理),2000,(4):32-39.

[125] Деваева Е. И.,Котова Т. Е. Внешняя торговля Дальнего Востока России:современное состояние и тенденции развития//Пространственная экономика. -2009. -№ 4. -С. 40-56.

[125] Е. И. 杰瓦耶娃,Т. Е. 科托娃. 俄罗斯远东地区的对外贸易:现状与发展前景. 空间经济学,2009, (4):40-56.

[126] Демьяненко А. Н. Территориальная организация хозяйства на Дальнем Востоке России. - Владивосток:Дальнаука,2003. -284 с.

[126] А. Н. 杰姆亚涅科. 俄罗斯远东地区的区域经济组织. 符拉迪沃斯托克(海参崴):远东科学出版社,2003,284.

[127] Демьяненко А. Н. Экономическое районирование:вопросы теории и истории. /отв. ред. П. Я. Бакланов. -Хабаровск,2010. -Ч. 1. -224 с.

[127] А. Н. 杰姆亚涅科. 经济区划:理论问题与历史问题. 哈巴罗夫斯克(伯力),2010,224.

[128] Деревянко А. П. Приамурье (I тысячелетие до н. э.). -Новосибирск:Наука,1976. -204 с.

[128] А. П. 杰姆亚涅科. 阿穆尔河沿岸地区(公元前 1000 年). 新西伯利亚:科学出版社,1976,204.

[129] Деревянко А. П. Палеолит Дальнего Востока и Кореи. -Новосибирск:Наука,1983. -216 с.

[129] А. П. 杰姆亚涅科. 旧石器时代的远东与朝鲜. 新西伯利亚:科学出版社,1983,216.

[130] Диков Н. Н. Наскальные загадки древней Чукотки (Петроглифы Пегтымеля). -М. ;Наука,1971. - 131 с.

[130] Н. Н. 季科夫. 古楚科奇半岛的岩画之谜(佩格梅特利岩画). 莫斯科:科学出版社,1971,131.

[131] Динамика масс снега и льда/Д. Х. Мейл, У. С. Б. Патерсон,Р. И. Перла и др. -Л. :Гидрометеоиздат,1985. - 456 с.

[131] 雪和冰体动力学研究/Д. Х. 梅尔,У. С. В. 帕特森,Р. И. 佩尔拉 等. 列宁格勒:水文气象出版社, 1985,456.

[132] Долгов Л. Н. Частный капитал в условиях советизации Дальнего Востока (ноябрь 1922-1923 г.)

Текст. /Л. Н. Долгов//Тихоокеанская Россия в истории российской и восточноазиатских цивилизаций. -Владивосток,2008.

［132］Л. Н. 多尔戈夫. 远东地区苏维埃化背景下的私有资本（1922 年 11 月 ～ 1923 年）正文/Л. Н. Долгов//在俄罗斯和远东文明史中的俄罗斯太平洋地区. 符拉迪沃斯托克（海参崴）,2008.

［133］Долговременная программа охраны природы и рационального использования природных ресурсов Приморского края до 2005 г. (Экологическая программа). - Владивосток:ДВО РАН,1992. -Ч. 2- 297 с.

［133］滨海边疆区 2005 年前环境保护与合理利用自然资源长期规划（生态规划）. 符拉迪沃斯托克（海参崴）:俄罗斯科学院远东分院,1992,297.

［134］Доманьски Р. Экономическая география:динамический аспект:пер. с польского. -М. : Новый хронограф,2010. -376 с.

［134］Р. 多曼斯基. 经济地理学:动态研究:波译俄版本. 莫斯科:新纪元出版社,2010,376.

［135］Дьякова О. В. Раннесредневековая керамика Дальнего Востока СССР как исторический источник IV-X вв. -М. :Наука,1984. -205 с.

［135］О. В. 捷雅科夫. 作为 4 世纪至 10 世纪历史源头的苏联远东地区中世纪早期陶器. 莫斯科:科学出版社,1984,205.

［136］Дьяченко В. Н., Бурлаев Е. А., Пермякова И. К. Демографическое развитие и трудообеспечение хозяйственной деятельности на Дальнем Востоке//Вопр. статистики. - 2003. -№ 4. -С. 59-68.

［136］В. Н. 捷亚琴科,Е. А. 布尔拉耶夫,И. К. 佩尔米亚科娃. 远东地区的人口发展与经济活动的劳动力保障. 统计学问题,2003,（4）:59-68.

［137］Емельянова Т. А. Леликов Е. П. Вулканизм Охотского моря и подводного хребта Витязя (тихоокеанский склон Курильской дуги)//Дальневосточные моря России. Кн. 3. Геологические и геофизические исследования. -М. :Наука,2007. -С. 181-199.

［137］Т. А. 叶梅里亚诺瓦,Е. П. 列里科夫. 鄂霍次克海与维佳士（Vityaz）海脊的火山活动（千岛岛弧的太平洋坡）//俄罗斯远东诸海,第 3 册,地质与地球物理研究. 莫斯科:科学出版社,2007,181-199.

［138］Железнов-Чукотский Н. К.,Назаров А. В.,Овсянников Н. Г.,Успенский С. М. Овцебык на Чукотке и программа его реинтродукции:Препринт. -Анадырь-Москва,1996. -68 с.

［138］Н. К. 热列兹诺夫-丘科茨基,А. В. 纳扎诺夫,Н. Г. 奥夫相尼科夫,С. М. Успенский. 楚科奇半岛的麝牛及其再引进繁殖计划:预印本. 阿纳德尔-莫斯科,1996,68.

［139］Жирмунский А. В. Дальневосточный морской заповедник в заливе Петра Великого//Наука в СССР. -1991. -№ 6. -С. 80-85.

［139］А. В. 日尔穆恩斯基. 彼得大帝湾的远东海洋自然保护区. 苏联科学,1991,（6）:80-85.

［140］Жущиховская И. С. Очерки истории древнего гончарства Дальнего Востока России. -Владивосток: ДВО РАН,2004. -312 с.

［140］И. С. 茹希霍夫斯卡娅. 俄罗斯远东地区古代制陶史概述. 符拉迪沃斯托克（海参崴）:俄罗斯科学院远东分院,2004,312.

［141］Замятин Д. Н. Метагеография:Пространство образов и образы пространства. -М. : Аграф,2004. - 512 с.

［141］Д. Н. 扎米亚金. 图像空间与空间图像. 莫斯科:Agraf 出版社,2004,512.

［142］Заусаев В. К. Экономика комплексного ресурсопользования в регионах с сырьевой специализацией хозяйства. -М. :Наука,1992. -60 с.

［142］В. К. 扎乌萨耶夫. 原料型地区的自然资源综合利用经济. 莫斯科:科学出版社,1992,60.

[143] Зенкевич Л. А. Моря СССР, их фауна и флора. -2-е изд. -М. : Гос. уч. -пед. изд-во, 1956. -424 с.

[143] Л. А. 泽恩科维奇. 苏联的海及其动植物区系. 第 2 版. 莫斯科:国家教育与教学出版社, 1956, 424.

[144] Зубаков В. А. Глобальные климатические события плейстоцена. -Л. : Гидрометеоиздат, 1986. -287 с.

[144] В. А. 祖巴科夫. 更新世全球气候事件. 列宁格勒:水文气象出版社, 1986, 287.

[145] Зубаков В. А. Глобальные климатические события неогена. -Л. : Гидрометеоиздат, 1990. -223 с.

[145] В. А. 祖巴科夫. 新近纪全球气候事件. 列宁格勒:水文气象出版社, 1990, 223.

[146] Зубов А. Еврейская автономная область//Дальневост. капитал. -2011. -№2. -С. 31-43.

[146] А. 祖鲍夫. 犹太自治州. 远东资本, 2011, (2):31-43.

[147] Иванов Г. И. Почвообразование на юге Дальнего Востока. -М. : Наука, 1976. -210 с.

[147] Г. И. 伊万诺夫. 远东南部的土壤发生. 莫斯科:科学出版社, 1976, 210.

[148] Ивашинников Ю. К. Некоторые динамические аспекты рельефообразования и рифтогенез Амуро-Буреинской зоны//Экзогенное рельефообразование на Дальнем Востоке. -Владивосток:ДВНЦ АН СССР, 1985. -С. 42-50.

[148] Ю. К. Ивашинников. 阿穆尔-布列亚地区地形形成与裂谷生成的若干动力学方面//远东地区的外力地貌形成作用. 符拉迪沃斯托克(海参崴):苏联科学院远东科学中心, 1985, 42-50.

[149] Ю. К. Ивашников. Физическая география Дальнего Востока России. -Владивосток:ДВГУ, 1999. -323 с.

[149] Ю. К. 伊瓦什尼科夫. 俄罗斯远东地区的自然地理. 符拉迪沃斯托克(海参崴):远东国立大学, 1999, 323.

[150] Ивашинников Ю. К. Физическая география и природные ресурсы Дальнего Востока России. -Владивосток:Изд-во Дальневост. ун-та. 2010. -340 с.

[150] Ю. К. 伊瓦什尼科夫. 俄罗斯远东地区的自然地理与自然资源. 符拉迪沃斯托克(海参崴):远东国立大学出版社, 2010, 340.

[151] Ивашинников Ю. К. . Короткий А. М. Неотектоника и палеогеография кайнозоя Азиатско-Тихоокеанской переходной зоны. -Владивосток:ДВГУ, 2005. -390 с.

[151] Ю. К. 伊瓦什尼科夫, А. М. Короткий. 亚洲与太平洋过渡地带的新生界新构造运动与古地理研究. 符拉迪沃斯托克(海参崴):远东国立大学出版社, 2005, 390.

[152] Ивахнюк И. В. Новая модель управления международной трудовой миграцией в России//Народонаселение. -2008. -№ 3. -С. 118-127.

[152] И. В. 伊瓦赫纽科. 俄罗斯境内劳动力国际迁移的新管理模式. 人口, 2008, (3):118-127.

[153] Ивлиев А. Л. Новые материалы о средневековых бронзовых дисках из Приморья//Проблемы средневековой археологии Дальнего Востока:Происхождение, периодизация, датировка культур. -Владивосток, 1990. -С. 5-18.

[153] А. Л. 伊弗利耶夫. 关于滨海地区中世纪青铜盘的新资料//远东地区中世纪考古问题:起源、分期、文化断代. 符拉迪沃斯托克(海参崴), 1990, 5-18.

[154] Ивлиев А. Л. Шайгинская пайцза в свете данных японской летописи//История и археология Дальнего Востока. К 70-летию Э. В. Шавкунова. -Владивосток, 2000. -С. 181-184.

[154] А. Л. 伊弗利耶夫. 日本史料中的沙伊加令牌//远东地区历史与考古. 纪念 Э. В. Шавкунов 诞辰 70 周年. 符拉迪沃斯托克(海参崴), 2000, 181-184.

[155] Ивлев А. М. Почвы Сахалина. -М. : Наука, 1965. -210 с.

[155] А. М. 伊弗利耶夫. 萨哈林岛(库页岛)的土壤. 莫斯科:科学出版社, 1965, 210.

[156] Игнатьева В. Б., Абрамова С. В., Павлов А. А. и др. Этносоциальное развитие Республики Саха

（Якутия）. Потенциал, тенденции, перспективы/Отв. ред. В. Н. Иванов. -Новосибирск: Наука, 2000. -277 с.

［156］В. Б. 伊格纳切耶娃,С. В. 阿勃拉诺娃,А. А. 巴甫洛夫等. 萨哈(雅库特)共和国的民族社会发展. 潜力、趋势与前景. 新西伯利亚:科学出版社,2000,277.

［157］Изменение климата и ландшафтов за последние 65 млн лет （кайнозой: от палеоцена до голоцена）. -М. :ГЕОС,1999. -260 с.

［157］最近 6500 万年的气候与景观变化(新生代:从古新世到全新世). 莫斯科:GEOS 出版社,1999,260.

［158］Информация о товарообороте субъектов РФ,расположенных на территории ДВФО,по странам и о товарной структуре экспорта и импорта субъектов РФ ДВФО через таможни ДВТУ за январь-декабрь 2009-2010 гг. ［электронный ресурс］-Электронные данные. -Владивосток: ДВТУ, 2011-режим доступа:http://dvtu. customs. ru/ru/statistics/,свободный.

［158］远东联邦管区境内的俄罗斯联邦主体在 2009 年～2010 年 1～12 月间经远东海关的贸易额(按照远东联邦管区境内各联邦主体的进出口商品结构和国家划分). 电子资料. 符拉迪沃斯托克(海参崴):远东海关管理局,2011,网址:http://dvtu. customs. ru/ru/statistics/.

［159］Интернет-издание《ДВ-РОСС》. ［электронный ресурс］-Электронные данные. -Владивосток,2010-режим доступа:www. trud-ost. ru,11. 02. 2010 г.

［159］"远东-ROSS" 网络出版物. 电子资料. 符拉迪沃斯托克(海参崴),2010,网址:www. trud-ost. ru,2010. 02. 11.

［160］Исаченко А. Г. Ландшафты СССР. -Л. :ЛГУ,1985. -320 с.

［160］А. Г. 伊萨琴科. 苏联地貌景观. 列宁格勒国立大学,1985,320.

［161］История Амурской области с древнейших времен до начала XX века/Под ред. А. П. Деревянко, А. П. Забияко. -Благовещенск,2008. -424 с.

［161］阿穆尔州州史(从远古时代到 20 世纪初). 布拉戈维申斯克(海兰泡),2008,424.

［162］История Дальнего Востока СССР с древнейших времен до XVII века. /Отв. ред. А. И. Крушанов. -М:Наука,1989. -Т. 1. -370 с.

［162］苏联远东史(从远古时代到 17 世纪). 莫斯科:科学出版社,1989,370.

［163］История Дальнего Востока России. Т. 3, кн. 1: Дальний Восток России в период революций 1917 года и Гражданской войны. -Владивосток:Дальнаука,2003. -632 с.

［163］俄罗斯远东史. 第 3 卷第 1 册:1917 年革命和国内战争时期的俄罗斯远东. 符拉迪沃斯托克(海参崴):远东科学出版社,2003,632.

［164］История Дальнего Востока России. Т. 3, кн. 4. Мир после войны:дальневосточное общество в 1945-1950-е гг. -Владивосток:Дальнаука,2009. -696 с.

［164］俄罗斯远东史. 第 3 卷第 4 册. 战后和平时期:1945～1950 年的远东社会. 符拉迪沃斯托克(海参崴):远东科学出版社,2009,696.

［165］История Дальнего Востока СССР в эпоху феодализма и капитализма （XVII в. -февраль 1917 г. ）. -М. :Наука,1991. -С. 23-24.

［165］苏联远东史(封建社会和资本主义社会时期)(17 世纪～1917 年 2 月). 莫斯科:科学出版社,1991, 23-24.

［166］История Дальневосточного пароходства:Очерки. -М. :Морской транспорт,1962. -С. 28-30.

［166］远东航运史:概要. 莫斯科:海洋运输出版社,1962,28-30.

［167］История Сахалина и Курильских островов с древнейших времен до начала XXI столетия: учеб. пособие для студентов вузов региона по специальности 《история》/М. С. Высоков,

А. А. Василевский， А. И. Костанов， М. И. Ищенко； отв. ред. М. С. Высоков. -Южно-Сахалинск：Сахалин. кн. изд-во，2008. -712 с.，ил. 67.

［167］萨哈林岛（库页岛）和千岛群岛史（从远古时代到21世纪初）：供历史学专业的本地区高等院校大学生使用. 南萨哈林斯克：萨哈林图书出版社，2008，712.

［168］История США. -М.，1983. -Т. 1. С. 505-506.

［168］美国史. 莫斯科，1983，（1）：505-506.

［169］Ишаев В. И. Стратегическое планирование регионального экономического развития. -Владивосток：Дальнаука，1998. -128 с.

［169］В. И. 伊沙耶夫. 地区经济发展战略规划. 符拉迪沃斯托克（海参崴）：远东科学出版社，1998，128.

［170］Ишаев В. И. Концепция развития Дальнего Востока России：Науч. Докл. -Хабаровск，2001. -24 с.

［170］В. И. 伊沙耶夫. 俄罗斯远东地区发展构想：科学报告. 哈巴罗夫斯克（伯力），2001，24.

［171］Ишаев В. И. О социально-экономическом развитии Дальнего Востока и Забайкалья：Докл. губернатора Хабаровского края Президенту РФ. -Хабаровск，2002. -24 с.

［171］В. И. 伊沙耶夫. 论远东和外贝加尔地区的社会与经济发展：哈巴罗夫斯克（伯力）边疆区区长向俄罗斯联邦总统递交的报告. 哈巴罗夫斯克（伯力），2002，24.

［172］Ишаев В. И. Модернизация экономики обеспечит развитие региона. -Дальневост. капитал. - 2011. -№9（133）. -С. 12-13.

［172］В. И. 伊沙耶夫. 经济现代化保障地区的发展. 远东资本，2011，9（133）：12-13.

［173］Ишаев В. И.，Минакир П. А. Дальний Восток России：реальности и возможности экономического развития. -Хабаровск：ДВО РАН，1998. -140 с.

［173］В. И. 伊沙耶夫，П. А. Минакир. 俄罗斯远东地区：发展经济的现实性与可能性. 哈巴罗夫斯克（伯力）：俄罗斯科学院远东分院，1998，140.

［174］Калашников В. Д. Проблемы стратегического планирования энергетики региона. -Владивосток：Дальнаука，2001. -148 с.

［174］В. Д. 卡拉什尼科夫. 地区能源产业的战略规划问题. 符拉迪沃斯托克（海参崴）：远东科学出版社，2001，148.

［175］Камалетдинов В. А. Угленосные отложения шельфа моря Лаптевых и западной части Восточно-Сибирского моря и прилегающей части суши//Геология и полезные ископаемые шельфов России. -М. ：ГЕОС，2002. -С. 245-255.

［175］В. А. 卡马列特季诺夫. 拉普捷夫海大陆架和东西伯利亚海西部及其毗邻陆地部分的含煤地层//俄罗斯大陆架的地质与有用矿物. 莫斯科：GEOS 出版社，2002，245-255.

［176］Камчатский статистический ежегодник/ФСГС；Территориальный орган госстатистики по Камчатскому краю. -Петропавловск-Камчатский，2010. -427 с.

［176］堪察加统计年报/联邦国家统计局；堪察加边疆区地区统计分局. 堪察加地区彼得罗巴甫洛夫斯克，2010，427.

［177］Каплин П. А.，Селиванов А. О. Изменения уровня морей России и развитие берегов：прошлое，настоящее，будущее. -М. ：ГЕОС，1999. -299 с.

［177］П. А. 卡普林，А. О. Селиванов. 俄罗斯海平面的变化与海岸的演变：过去、现在和未来. 莫斯科：GEOS 出版社，1999，299.

［178］Каракин В. П. Экономико-географическое положение СВА как условие интеграционных процессов//Дальний Восток России：плюсы и минусы экономической интеграции：Материалы междунар. науч. конф. 25-26 ноября 2003 г. -Хабаровск：Риотип，2004. -С. 133-138.

［178］В. П. 卡拉金. 作为一体化背景的东北亚经济和地理地位//俄罗斯远东地区:经济一体化的优势和劣势:国际科学大会资料. 2003 年 11 月 25 ~ 26 日. 哈巴罗夫斯克(伯力):Riotip 出版社,2004,133-138.

［179］Каракин В. П. Зоны освоенности российского Дальнего Востока. //Тез. Докл. Международной конференции 《 Сибирь и Российский Дальний Восток: прошлое, настоящее, будущее 》. - Владивосток,2006. -С. 47.

［179］В. П. 卡拉金. 俄罗斯远东地区的开发区//论题报告. "西伯利亚与俄罗斯远东地区:过去、现在和未来"国际大会. 符拉迪沃斯托克(海参崴),2006,47.

［180］Каракин В. П. Освоение юга РДВ: проблемы XIX-XXI веков//Матер. Междунар. науч. -практ. конф.《 Долгосрочная стратегия развития российского Дальнего Востока》. -Хабаровск: ИЭИ ДВО РАН,2008 . -С. 93-102.

［180］В. П. 卡拉金. 俄罗斯远东地区南部开发:19 ~ 21 世纪时期存在的问题//"俄罗斯远东地区的长期发展战略"国际科学大会. 哈巴罗夫斯克(伯力):俄罗斯科学家远东分院经济研究所,2008,93-102.

［181］Качур А. Н. История природопользования юга Дальнего Востока России и формирование региональных экологических проблем. //Россия и Китай на дальневосточных рубежах. - Благовещенск:Изд-во АМГУ,2000. -Ч. 1. -С. 254-263.

［181］А. Н. 卡丘尔. 俄罗斯远东南部自然资源利用史和地区生态问题的形成//俄罗斯与中国的远东交界地带. 布拉戈维申斯克(海兰泡):阿穆尔国立大学出版社,2000,254-263.

［182］Качур А. Н.,Кондратьев И. И.,Перепелятников Л. В. Эколого-геохимические проблемы сухопутных и прибрежно-морских ландшафтов береговой зоны российской части бассейна Японского моря. // Вестн. ДВО РАН. -2001-№ 5-С. 53-71.

［182］А. Н. 卡丘尔,И. И. Кондратьев,Л. В. Перепелятников. 日本海俄罗斯海域海岸地带的陆地和近岸地貌景观的生态与地球化学问题. 俄罗斯科学院远东分院学报,2001,(5):53-71.

［183］Кезина Т. В. Палиностратиграфия кайнозоя Верхнего Приамурья. -Владивосток:Дальнаука,2000. - 55 с.

［183］Т. В. 克季娜. 阿穆尔河上游沿岸地区的新生界孢粉地层层序. 符拉迪沃斯托克(海参崴):远东科学出版社,2000,55.

［184］Кезина Т. В. Стратиграфия кайнозойских отложений Амуро-Зейской депрессии на примере Сергеевского буроугольного месторождения/Т. В. Кезина//Вестн. Амурск. Гос. Ун-та. -2010-Вып: 51. -С. 60-67.

［184］Т. В. 克季娜. 阿穆尔-结雅盆地的新生界地层层序(以谢尔盖耶夫褐煤田为例). Т. В. Кезина/阿穆尔国立大学学报,2010,(51):60-67.

［185］Клещеев К. А., Крылов Н. А., Мирончев Ю. П. Новый подход к классификации ресурсов углеводородов//Геология нефти и газа. -1999. -№ 4. -С. 23-31.

［185］К. А. 克列谢耶夫,Н. А. 克雷诺夫,Ю. П. 米罗恩切夫. 划分烃类资源级别的新方法. 油气地质学, 1999,(4):23-31.

［186］Клюев Н. Н. Эколого-географическое положение России и ее регионов/ИГАН. -М. 1996. -161 с.

［186］Н. Н. 克柳耶夫. 俄罗斯及其各地区的生态地理地位. 莫斯科:科学院地理研究所,1996,161.

［187］Клюкин Н. К. Климатический очерк Северо-Востока СССР. -М. :Гидрометиздат,1960. -118 с.

［187］Н. К. 柯柳金. 苏联东北地区气候概述. 莫斯科:水文气象出版社,1960,118.

［188］Клюкин Н. К. Краткий климатический очерк Крайнего Северо-Востока//Краеведческие записки. - Магадан,1959. -Вып. 11.

[188] Н. К. 柯柳金. 东北边疆地区气候概述//地方志. 马加丹,1959,第 11 辑.

[189] Кляшторин Л. Б. Тихоокеанские лососи:климат и динамика запасов//Рыбное хоз-во. -2000. № 4. -С. 32-34.

[189] Л. Б. 科里亚托林. 太平洋鲑鱼类:气候与储量变化. 渔业,2000,(4):32-34.

[190] Коваленко С. Г. 20 лет советских реформ: Была ли модернизация на Дальнем Востоке? -Владивосток: Дальнаука,2010. -228 с.

[190] С. Г. Коваленко. 苏联改革二十年:远东地区现代化了吗?. 符拉迪沃斯托克(海参崴):远东科学出版社,2010,228.

[191] Ковтунович П. Ю. Курильские острова (природа, геология, землетрясения, вулканы, история, экономика). -Южно-Сахалинск:Сахалин. кн. изд-во,2004. -С. 57-84.

[191] П. Ю. 科夫图诺维奇. 千岛群岛(自然、地质、地震、火山、历史、经济). 南萨哈林斯克:萨哈林图书出版社,2004,57-84.

[192] Кожевников Ю. П. Геосистемные аспекты растительного покрова Чукотки. -Владивосток:ДВНЦ АН СССР,1989. -304 с.

[192] Ю. П. 克日夫尼科夫. 楚科奇半岛植被的地理系统. 符拉迪沃斯托克(海参崴):苏联科学院远东科学中心,1989,304.

[193] Колесников Б. П. Растительность//Южная часть Дальнего Востока. -М. :Наука,1969. -С. 206-250.

[193] Б. П. 科列斯尼科夫. 植物//远东地区南部. 莫斯科:科学出版社,1969,206-250.

[194] Колесников С. И. Экономика природопользования:Учеб. -метод. пособие. -Ростов-на-Дону,2000. -С. 14-15.

[194] С. И. 科列斯尼科夫. 自然资源利用经济. 顿河畔罗斯托夫,2000,14-15.

[195] Колосовский Н. Н. Производственно-территориальное сочетание (комплекс) в советской экономической географии//Вопр. географии. -1947. -№ 6. -С. 133-168.

[195] Н. Н. 克洛索夫斯基. 苏联经济地理学中的产业地域结合(综合体). 地理学问题,1947,(6):133-168.

[196] Колосовский Н. Н. Избранные труды. - Смоленск:Ойкумена,2006. -336 с.

[196] Н. Н. 克洛索夫斯基. 精选集. 斯摩棱斯克:Oecumene 世界出版社,2006,336.

[197] Коломыц Э. Г., Худяков Г. И. Ландшафтные исследования в переходных зонах Востока Евразии. -М. :Наука,1987. -117 с.

[197] Э. Г. 科洛梅茨,Г. И. 胡佳科夫. 欧亚大陆东部过渡地带的地貌景观研究. 莫斯科:科学出版社,1987,117.

[198] Концепция внешней политики Российской Федерации [электронный ресурс]-Электронные данные -режим доступа http://kremlin. ru/text/docs/2008/07/204108. shtml#

[198] 俄罗斯联邦对外政策构想. 电子资料. 网址:http://kremlin. ru/text/docs/2008/07/204108. shtml#.

[199] Короткий А. М., Волков В. Г., Гребенникова Т. А. и др. Дальний Восток//Изменение климата и ландшафтов за последние 65 млн лет (кайнозой:от палеоцена до голоцена). -М. :ГЕОС, 1999. -С. 146-164.

[199] А. М. 科罗特基,В. Г. 沃尔科夫,Т. А. 戈列别尼科娃等. 远东地区//最近 6500 万年(新生代:从古新世到全新世)的气候与地貌景观变化. 莫斯科:GEOS 出版社,1999,146-164.

[200] Короткий А. М., Худяков Г. И. Экзогенные геоморфологические системы морских побережий. -М. :Наука,1990. -216 с.

[200] А. М. 科罗特基,Г. И. 乎加科夫. 海岸区的外力地貌系统. 莫斯科:科学出版社,1990,216.

［201］ Корсун В. И. Напряженно-деформированное состояние железобетонных конструкций в условиях температурных воздействий. -Макеевка：ДонГАСА,2003. -153 с.

［201］ В. И. 科尔松. 钢筋混凝土结构在温度影响下的应变与形变. 马克耶夫卡：顿巴斯国立建工学院，2003,153.

［202］ Корытный Л. М. Природные ресурсы：новые теоретические представления на рубеже веков// Природно-ресурсный потенциал Азиатской России и сопредельных стран：геоэкологическое, геоэкономическое и геополитическое районирование：Материалы междунар. научн. конф. (Иркутск,11-13 сент. 2002). -Иркутск：ИГ СО РАН,2002. -С. 4-5.

［202］ Л. М. 科雷特奈伊. 自然资源：世纪之交的新理念//俄罗斯亚洲部分及毗邻国家的自然资源潜力：地理生态、地理经济与地缘政治区划：国际科学大会资料(伊尔库茨克，2002 年 9 月 11 ~ 13 日). 伊尔库茨克：俄罗斯科学院西伯利亚分院地理研究所，2002,4-5.

［203］ Красный Л. И. Геология региона Байкало-Амурской магистрали. -М.；Недра,1980. -250 с.

［203］ Л. И. 克拉斯奈依. 贝加尔-阿穆尔铁路干线地区的地质. 莫斯科：地下资源出版社，1980,250.

［204］ Крестьян ство Дальнего Востока СССР. ХIХ-ХХ вв.：Очерки истории. -Владивосток：Изд-во Дальневост. ун-та,1991. -416 с.

［204］ 苏联远东地区的农民阶级. 19 世纪 ~ 20 世纪：历史纲要. 符拉迪沃斯托克(海参崴)：远东大学出版社，1991,416.

［205］ Крушанов А. И. Промышленное развитие советского Дальнего Востока/А. И. Крушанов//История СССР. -1967. -№ 5.

［205］ А. И. 克鲁沙诺夫. 苏联远东地区的工业发展/А. И. Крушанов//苏联史，1967(5).

［206］ Кулаков А. П. Морфотектоника и палеогеография материкового побережья Охотского и Японского морей в антропогене. -М. ：Наука,1980. -175 с.

［206］ А. П. 库拉科夫. 鄂霍次克海和日本海大陆沿岸带的第四纪构造地貌与古地理. 莫斯科：科学出版社，1980,175.

［207］ Кулинич Н. Г. Повседневная культура горожан советского Дальнего Востока в 1920-1930-е годы. -Хабаровск：Изд-во ТОГУ,2010. -375 с.

［207］ Н. Г. 库里尼奇. 1920 ~ 1930 年苏联远东地区国民的日常文化. 哈巴罗夫斯克(伯力)：太平洋国立大学，2010,375.

［208］ Куренцов А. И. Животный мир суши и континентальных водоемов//Южная часть Дальнего Востока. -М. ；Наука,1969.

［208］ А. И. 库列佐夫. 陆地与大陆水体的动物界//远东地区南部. 莫斯科：科学出版社，1969.

［209］ Куренцова Г. Э. Растительность Приморского края. -Владивосток：Дальневост. кн. изд-во, 1968. - 150 с.

［209］ Г. Э. Куренцова 库列佐娃. 滨海边疆区的植物. 符拉迪沃斯托克(海参崴)：远东图书出版社，1968,150.

［210］ Ларин В. Л. Периферия сверхдержав：Дальний Восток России в российско-китайских, российско-американских и российско-японских отношениях на рубеже веков//Вестн. ДВО РАН. -2002. -С. 3-16.

［210］ В. Л. 拉林. 超级大国的边远地区：世纪之交处在俄中、俄美和俄日关系中的俄罗斯远东. 俄罗斯科学院远东分院学报，2002,3-16.

［211］ Ларин В. Л. Тихоокеанская Россия в контексте внешней политики и международных отношений в АТР в начале ХХI века. -Владивосток：ИИАЭ ДВО РАН,2011. - 216 с.

［211］B. Л. Ларин . 21 世纪初亚太地区对外政策与国际关系背景下的俄罗斯太平洋地区 . 符拉迪沃斯托克（海参崴）:俄罗斯科学院远东分院历史、考古与民族学研究所,2011,216.

［212］Ларин В. Л., Ларина Л. Л. Окружающий мир глазами дальневосточников: эволюция взглядов и представлений на рубеже XX—XXI веков. -Владивосток:Дальнаука,2011. -312 с.

［212］B. Л. 拉林,Л. Л. 拉林娜 . 远东人看世界:20 世纪与 21 世纪之交的观点与观念演变 . 符拉迪沃斯托克（海参崴）:远东科学出版社,2011,312.

［213］Ларичев В. Е. Навершие памятника князю Золотой империи//Материалы по истории Сибири. Древняя Сибирь. -Новосибирск, 1974. -Вып. 4: Бронзовый и железный век Сибири. -С. 205-225.

［213］B. E. 拉里切夫 . 金帐汗国可汗纪念碑的顶端//西伯利亚历史史料 . 古代的西伯利亚 . 新西伯利亚,1974,第 4 辑:青铜器和铁器时代的西伯利亚,205-225.

［214］Латкин, А. П. и др. Рыбная промышленность Приморья на рубеже веков. /Под ред. А. П. Латкина. -М. :Море,1999. -170 с.

［214］A. П. 拉特金等 . 世纪之交的滨海地区渔业 . 莫斯科:海洋出版社,1999,170.

［215］Леньков В. Д. Металлургия и металлообработка у чжурчжэней в XII в. (по материалам исследований Шайгинского городища). -Новосибирск:Наука,1974. -172 с.

［215］B. Д. 列恩科夫 . 七世纪女真族的冶金与金属加工（根据沙伊加古城的研究资料）. 新西伯利亚:科学出版社,1974,172.

［216］Леонов С. Н., Корсунский Б. Л., Барабаш Е. С. Региональная экономика и управление: экономика Дальнего Востока,2007. -176 с.

［216］C. Н. 列奥诺夫,Б. Л. 科尔松斯基,E. C. 巴拉巴什 巴拉巴什 . 地区经济与管理:远东地区的经济,2007,176.

［217］Леонтьева Г. А. Якутский казак Владимир Атласов-первопроходец земли Камчатки. -М. : Ин-т этнологии и антропологии РАН,1997. -192 с.

［217］Г. А. 列奥契耶娃 . 雅库特的哥萨克人 Владими Атласов——堪察加大地的拓疆者 . 莫斯科:俄罗斯科学院民族学与人类学研究所,1997,192.

［218］Лесной комплекс Дальнего Востока России: аналитический обзор/Под ред. А. С. Шейнгауза. -Владивосток, Хабаровск:РИОТИП,2005. -150 с.

［218］俄罗斯远东地区的林业产业:分析述评/编辑 A. C. Шейнгауз. 符拉迪沃斯托克（海参崴）. 哈巴罗夫斯克（伯力）:RIOTIP 出版社,2005,150.

［219］Лесной комплекс Дальнего Востока России: аналитический обзор. Изд. 2-е, пересмотр. и доп. -Хабаровск:РИОТИП,2008. -192 с.

［219］俄罗斯远东地区的林业产业:分析述评,第 2 版 . 修订与补充 . 哈巴罗夫斯克（伯力）:RIOTIP 出版社,2008,192.

［220］Лещенко Н. В., Раков В. А., Болдин В. И. Морское собирательство и рыболовство: по материалам археологических исследований Краскинского городища//Россия и АТР. -2002. -№ 1. -С. 45-49.

［220］Н. В. 列谢科,B. A. 拉科夫,B. И. 波尔津 . 海洋采摘与捕鱼:根据克拉斯基诺古城的考古研究资料 . 俄罗斯和亚太地区,2002,(1):45-49.

［221］Ливеровский Ю. А. Почвенный покров и земельные фонды Зейско-Буреинской равнины в связи с дальнейшим их освоением//Вопросы развития сельского хозяйства Приамурья. -Благовещенск,1955. -С. 34-50.

［221］Ю. А. 里维罗夫斯基 . 结雅-布列亚平原表土层与土地资源的进一步开发//阿穆尔河沿岸地区的农

业问题发展．布拉戈维申斯克(海兰泡)，1955，34-50.

[222] Ливеровский Ю. А. Почвы СССР//Южная часть Дальнего Востока. -М. ：Наука,1969. -С. 159-205.

[222] Ю. А. 里维罗夫斯基．苏联土壤//远东地区南部．莫斯科：科学出版社，1969，159-205.

[223] Ливеровский Ю. А. Почвы СССР. Географическая характеристика. -М. ：Мысль,1974. -462 с.

[223] Ю. А. 里维罗夫斯基．苏联土壤．地理特征描述．莫斯科：思想出版社，1974，462.

[224] Ложкин А. В. Геохронология позднего антропогена Северо-Востока СССР//Новые данные по геохронологии четвертичного периода. -М. ：Наука,1987. -С. 172-179.

[224] А. В. 洛什金．苏联东北部的晚第四纪地质定年//第四纪地质年代的新资料．莫斯科：科学出版社，1987，172-179.

[225] Ломакина Н. В. Минерально-сырьевой комплекс Дальнего Востока России：потенциал развития. -Хабаровск；РИОТИП. 2009. -240 с.

[225] Н. В. 洛马基娜．俄罗斯远东地区的矿物产业：发展潜力．哈巴罗夫斯克(伯力)：RIOTIP 出版社，2009，240.

[226] Ломакина　Н. В. Минерально-сырьевой　комплекс　в　экономике　Дальнего　Востока/ Отв. ред. В. Г. Крюков；РАН ДВО/Ин-т экон. исслед. -Владивосток：Дальнаука,2002. -135 с.

[226] Н. В. 洛马基娜．远东地区经济中的矿物产业//责任编辑 В. Г. Крюков．俄罗斯科学院远东分院经济研究所．符拉迪沃斯托克(海参崴)：远东科学出版社，2002，135.

[227] Лоция Берингова моря. Ч. 2. Северо-западная часть моря. -Л. ：Изд-во УНГС ВМФ,1959. -236 с.

[227] 白令海航路指南．第2部．白令海西北部．列宁格勒：海军航海与水文局出版社，1959，236.

[228] Лоция Берингова моря. Ч. 3. Восточная часть моря. -Л. ：Изд-во УНГС ВМФ,1957. -404 с.

[228] 白令海航路指南．第3部．白令海东部．列宁格勒：海军航海与水文局出版社，1957，404.

[229] Лоция Охотского моря. Вып. I. Южная часть моря. -Л. ：Изд-во УНГС ВМФ,1959. -264 с.

[229] 鄂霍次克海航路指南．第1辑．鄂霍次克海南部．列宁格勒：海军航海与水文局出版社，1959，264.

[230] Е Лунли. История государства киданей (Цидань го чжи)：Пер. с китайского, введение, комментарий и приложения В. С. Таскина. -М. ：Наука,1979. -607 с.

[230] Е. 隆里．契丹国史：由 В. С. Таскин 从中文翻译并写序、注释与附注．莫斯科：科学出版社，1979，607.

[231] Лыкова Е. А., Проскурина Л. И. Деревня российского Дальнего Востока в 20-30-е годы ХХ века：Коллективизация и её последствия. -Владивосток：Дальнаука,2004. -188 с.

[231] Е. А. 雷科娃,Л. И. Проскурина. 20 世纪20~30 年代俄罗斯远东地区的农村：集体化及其后果．符拉迪沃斯托克(海参崴)：远东科学出版社，2004，188.

[232] Маергойз И. М. Уникальность экономико-географического положения советского Дальнего Востока и некоторые проблемы его использования в перспективе//Вестн. Моск. ун-та. География. 1974. -№ 4. -С. 3-9.

[232] И. М. 玛叶尔古依兹．苏联远东地区经济地理位置的特殊性及其未来利用前景中的若干问题．莫斯科国立大学学报(地理)，1974，(4)：3-9.

[233] Маергойз И. М. Территориальная структура хозяйства. -Новосибирск：Наука,1986. -304 с.

[233] И. М. 玛叶尔古依兹．区域经济结构．新西伯利亚：科学出版社，1986，304.

[234] Марьясова Н. В. Иностранный капитал на Дальнем Востоке России в 20-30-е годы (концессии и концессионная политика Советского государства). -Владивосток：Изд-во Дальневост. Ун-ета,2000. -168 с.

[234] Н. В. 玛利亚索娃．20~30 年代俄罗斯远东地区的外国资本(苏维埃国家的特许经营与特许经营政

策）. 符拉迪沃斯托克(海参崴):远东大学出版社,2000,168.

[235] Махинов А. Н. Природные и антропогенные факторы изменения руслового режима реки Амур//Регионы нового освоения: состояние, потенциал, перспективы в начале третьего тысячелетия: материалы междунар. науч. конф. Владивосток;Хабаровск:ДВО РАН,2002. Т. 2. С. 11-14.

[235] А. Н. 马赫诺夫. 造成阿穆尔河河道水文情势发生变化的自然因素与人为因素//新开发地区:20 世纪初的现状、潜力与前景:国际科学大会资料. 符拉迪沃斯托克(海参崴). 哈巴罗夫斯克(伯力):俄罗斯科学院远东分院,2002,11-14.

[236] Материалы всероссийской переписи населения 2002 г ［электронный ресурс］-Электронные данные. -М. ;Росстат,2003-режим доступа http://www. perepis2002. ru/index. html? id=11

[236] 2002 年全俄人口普查资料［电子资源］. 电子资料. 莫斯科:俄罗斯联邦统计局,2003,网址:http://www. perepis2002. ru/index. html? id=11.

[237] Материалы всероссийской переписи населения 2010 г ［электронный ресурс］-Электронные данные. -М. ;Росстат,2011-режим доступа http://www. gks. ru/free_doc/new_site/perepis2010/croc/perepis_itogi1612. htm

[237] 2010 年全俄人口普查资料［电子资源］. 电子资料. 莫斯科:俄罗斯联邦统计局,2011,网址:http://www. gks. ru/free_doc/new_site/perepis2010/croc/perepis_itogi1612. htm.

[238] Медведев В. Е. Культура амурских чжурчжэней. Конец X-XI век (по материалам грунтовых могильников). -Новосибирск:Наука,1977. -224 с.

[238] В. Е. 梅德韦杰夫. 阿穆尔女真族的文化. 10 世纪末～11 世纪(根据地下墓葬的研究资料). 新西伯利亚:科学出版社,1977,224.

[239] Медведев В. Е. Приамурье в конце I-начале II тысячелетия (чжурчжэньская эпоха). -Новосибирск:Наука,1986. -206 с.

[239] В. Е. 梅德韦杰夫. 第一个千年末至第二个千年初(金代). 新西伯利亚:科学出版社,1986,206.

[240] 梅德韦杰夫 В. Е. Курганы Приамурья. -Новосибирск:Изд-во Ин-та археологии и этнографии СО РАН,1998. -144 с.

[240] В. Е. Медведев. 阿穆尔河沿岸地区的大墓丘. 新西伯利亚:俄罗斯科学院西伯利亚分院考古学与民族学研究所出版社,1998,144.

[241] Международные отношения на Дальнем Востоке. -М.,1973. Кн. 1. С. 135.

[241] 远东地区的国际关系. 莫斯科,1973,第 1 册,135.

[242] Мезенцев В. Территория инновационного развития//Эксперт. 19-25 апреля 2010. № 15 (701). -С. 97-101.

[242] В. 梅泽恩采夫. 创新型发展地区//专家. 2010 年 4 月 19～25 日,15(701):97-101.

[243] Меламед И. И. Стратегия развития Дальнего Востока России:Моногр. -М:Современная экономика и право,2008. -464 с.

[243] И. И. 梅拉梅德. 俄罗斯远东地区发展战略. 莫斯科:当代经济与法律出版社,2008,464.

[244] Мелекесцев И. В. Вулканизм и рельефообразование. -М.:Наука,1980. -211 с.

[244] И. В. 梅列科采夫. 火山活动与地貌形成. 莫斯科:科学出版社,1980,211.

[245] Металлы и сплавы: Справочник//В. К. Афонин, Б. С. Ермаков, Е. Л. Лебедев и др. Под ред. Ю. П. Солнцева. -СПб. :НПО 《 Профессионал 》,2003. ［электронный ресурс］-Электронные данные. -режим доступа http://naukaspb. ru/spravochniki/Demo% 20Metall/

[245] 金属与合金:手册//В. К. Афонин,Б. С. Ермаков,Е. Л. Лебедев 等. 编辑 Ю. П. Солнцев. 圣彼得堡:Professional 初级职业培训公司,2003. ［电子资源］. 电子资料. 网址:http://naukaspb. ru/

spravochniki/Demo%20Metall/.

［246］Миграции населения Азиатской России：конец XIX-начало XXI вв. -Новосибирск：Параллель，2011. -392 с.

［246］俄罗斯亚洲部分的人口迁移：19 世纪末至 21 世纪初．新西伯利亚：Parallel 出版社，2011，392.

［247］Минакир П. А. Системные трансформации в экономике. -Владивосток：Дальнаука，2001. -536 с.

［247］П. А. 米纳基尔．经济中的系统化转型．符拉迪沃斯托克（海参崴）：远东科学出版社，2001，536.

［248］Минакир П. А. Стратегия регионального развития：Дальний Восток и Забайкалье：материалы семинара《Стратегия развития》от 27 октября 2003 г. -М. ：ТЕИС，2003. -60 с.

［248］П. А. 米纳基尔．地区发展战略：远东和外贝加尔地区：2003 年 9 月 27 日"发展战略"研讨会资料．莫斯科：TEIS 出版社，2003，60.

［249］Минакир П. А. Экономическая интеграция：пространственный аспект. -М. ：Экономика，2004. -352 с.

［249］П. А. 米纳基尔．经济一体化：空间．莫斯科：经济出版社，2004，352.

［250］Минакир П. А. Тихоокеанская Россия в АТР и СВА：вызовы и возможности//Пространственная экономика. -2005. -№ 4. -С. 5-20.

［250］П. А. 米纳基尔．亚太地区和东北亚境内的俄罗斯太平洋地区：挑战与机遇．空间经济，2005，（4）：5-20.

［251］Минакир П. А. Экономика регионов. Дальний Восток/Отв. ред. А. Г. Гранберг；Рос. акад. наук，Дальневост. Отд-ние，Ин-т экон. исследований. -М. ：Экономика》2006. -848 с.

［251］П. А. 米纳基尔．各地区经济．远东地区//责任编辑 А. Г. Гранберг. 俄罗斯科学院远东经济研究所．莫斯科：经济出版社，2006，848.

［252］Минакир П. А.，Прокапало О. М. Региональная экономическая динамика. Дальний Восток/П. А. Минакир，О. М. Прокапало；отв. ред. Кулешов；Рос. акад. наук，Дальневост. отд-ние，Ин-т экон. исследований. -Хабаровск：ДВО РАН，2010. -304 с.

［252］П. А. 米纳基尔，О. М. Прокапало．地区经济动态．远东地区/П. А. Минакир，О. М. Прокапало. 俄罗斯科学院远东分院经济研究所．哈巴罗夫斯克（伯力）：俄罗斯科学院远东分院，2010，304.

［253］Минерально-сырьевая база Дальневосточного федерального округа и Забайкалья/МПР РФ-Электрон. дан. -М.，2002. -режим доступа：http：//www. mineral. ru，свободный.

［253］远东联邦管区和外贝加尔的矿产资源/俄罗斯联邦自然资源部．电子资料．莫斯科，2002，网址：http：//www. mineral. ru.

［254］Михеева Н. Н. Региональная экономика и управление/Отв. ред. П. А. Минакир；РАН ДВО；Ин-т экон. исслед. - Хабаровск：РИОТИП，2000. -400 с.

［254］Н. Н. 米赫耶娃．地区经济与管理/责任编辑 П. А. Минакир. 俄罗斯科学院远东分院经济研究所．哈巴罗夫斯克（伯力）：RIOTIP 出版社，2000，400.

［255］Мотрич Е. Л. Население Дальнего Востока России/отв. ред. П. А. Минакир. -Владивосток；Хабаровск，2006. -224 с.

［255］Е. Л. 莫特里奇．俄罗斯远东地区的人口．符拉迪沃斯托克（海参崴）．哈巴罗夫斯克（伯力），2006，224.

［256］Мотрич Е. Л. Население Дальневосточного федерального округа. 1991-2011 гг. Карта. ИЭИ ДВО РАН. 2011.

［256］Е. Л. 莫特里奇．远东联邦管区的人口．1991～2011 年．地图．俄罗斯科学院远东分院经济研究所，2011.

[257] Мошков А. В. Территориально-производственное комплексообразование на Дальнем Востоке. - Владивосток:Дальнаука,2001. -156 с.

[257] А. В. 莫什科夫. 远东地区区域产业的形成. 符拉迪沃斯托克(海参崴):远东科学出版社, 2001,156.

[258] Мошков А. В. Промышленные узлы Дальнего Востока. -Владивосток:Дальнаука,2005. -192 с.

[258] А. В. 莫什科夫. 远东地区的工业枢纽. 符拉迪沃斯托克(海参崴):远东科学出版社,2005,192.

[259] Мошков А. В. Структурные изменения в региональных территориально-отраслевых системах промышленности российского Дальнего Востока. -Владивосток:Дальнаука,2008. -268 с.

[259] А. В. 莫什科夫. 俄罗斯远东地区的区域行业系统中的结构变化. 符拉迪沃斯托克(海参崴):远东科学出版社,2008,268.

[260] Мысник В. Г. Система трудовых показателей рейтинговой оценки деятельности регионов// Дальневост. междунар. эконом. конгр., Хабаровск, 27-28 сентября 2005 г.: материалы: в 8 т. Т. 2. Развитие населенческого потенциала востока России. -Хабаровск,2005. -С. 53-59.

[260] В. Г. 门思尼克. 各地区排名中的劳动力指标体系//远东国际经济学大会. 哈巴罗夫斯克(伯力), 2005 年 9 月 27 ~ 28 日:资料:共 8 册. 第 2 册. 发展俄罗斯东部的人口潜力. 哈巴罗夫斯克(伯力),2005,53-59.

[261] Назаренко Л. Ф., Бажанов В. А. Геология Приморского края. Основные черты тектоники. - Владивосток:Приморгеолком,1989. -60 с.

[261] Л. Ф. 纳扎列科,В. А. 巴扎诺夫. 滨海边疆区的地质. 大地构造的基本特征. 符拉迪沃斯托克(海参崴):滨海边疆区地质与地下资源利用委员会,1989,60.

[262] Национальный состав населения РСФСР по данным Всесоюзной переписи населения 1989 г. -М: Госкомстат РСФСР,1990. -747 с.

[262] 俄罗斯苏维埃联邦社会主义共和国的人口民族构成(根据 1989 年全苏人口普查数据). 莫斯科:俄罗斯苏维埃联邦社会主义共和国国家统计委员会,1990,747.

[263] Население Дальнего Востока от переписи к переписи. -Благовещенск:ФСГС,2004. -61 с.

[263] 人口普查间隔期的远东地区人口. 布拉戈维申斯克(海兰泡):俄联邦国家统计局,2004,61.

[264] Научно-технический журнал 《 Горная промышленность 》 [электронный ресурс]-Электронные данные. -режим доступа http://www. mining-media. ru/

[264]《矿山工业》科学技术杂志[电子资源]. 电子资料. 网址:http://www. mining-media. ru/.

[265] Научно-технический журнал 《 Горная промышленность 》 [электронный ресурс]-Электронные данные. -режим доступа http://www. mining-media. ru/

[265]《矿山工业》科技杂志. 电子资料. 网址:http://www. mining-media. ru/.

[266] Национальный состав населения Приморского края (по данным Всесоюзной переписи населения 1989 г.):стат. сб. -Владивосток:Примор. упр. стат.,1991. -169 с.

[266] 滨海边疆区的人口民族构成(根据 1989 年全苏人口普查数据):统计汇编. 符拉迪沃斯托克(海参崴):滨海边疆区统计局,1991,169.

[267] Неолит Юга Дальнего Востока:Древнее поселение в пещере Чертовы Ворота. -М. : Наука,1991. - 224 с.

[267] 新石器时代的远东地区南部:"鬼门洞"内的古居址. 莫斯科:科学出版社,1991,224.

[268] Нестеров С. П. Народы Приамурья в эпоху средневековья. -Новосибирск:Изд-во Ин-та археологии и этнографии СО РАН,1998. -184 с.

[268] С. П. 涅斯捷列夫. 中世纪的阿穆尔河沿岸地区各民族. 新西伯利亚:俄罗斯科学院西伯利亚分院

考古学与民族学研究所出版社,1998,184.

[269] Никитин Ю. Г., Гельман Е. И. Некоторые результаты исследования раннесредневекового могильника Чернятино-5 в бассейне р. Суйфун//Археология и культурная антропология Дальнего Востока. -Владивосток:ДВО РАН,2002. -С. 195-215.

[269] Ю. Г. 尼基金,Е. И. 格列曼. 绥芬河流域"切尔尼亚季诺5号"中世纪早期墓葬的若干研究成果//远东地区的考古学与文化人类学. 符拉迪沃斯托克(海参崴):俄罗斯科学院远东分院,2002,195-215.

[270] Николаев С. Д., Блюм Н. С., Николаев В. И. Палеогеография океанов и морей в кайнозое по изотопным и микропалеонтологическим данным//Палеогеография. -М. : ВИНИТИ, 1989. -Т. 6. -196 с.

[270] С. Д. 尼古拉耶夫,Н. С. 勃柳姆,В. И. 尼古拉耶夫. 根据同位素和微古生物学数据研究海洋的新生代古地理//古地理. 莫斯科:全俄科学技术情报研究所,1989,196.

[271] Никольская В. В. Физическая география Дальнего Востока. -М. :Высш. школа,1981. -130 с.

[271] В. В. 尼古列斯卡娅. 远东地区的自然地理. 莫斯科:高等学校出版社,1981,130.

[272] Новейший и современный вулканизм на территории России. -М. :Наука,2005. -604 с.

[272] 俄罗斯境内的最新和现代火山活动. 莫斯科:科学出版社,2005,604.

[273] Новый взгляд на экономическую географию:Докл. о мировом развитии:Пер. с англ. М. : Весь Мир,2009. -384 с.

[273] 经济地理学新解:世界发展报告:英译俄版. 莫斯科:世界出版社,2009,384.

[274] О деятельности ту ристских организаций Хабаровского края в 2010 году. -Хабаровск:Хабаровскстат,2011. -8 с.

[274] 2010年哈巴罗夫斯克(伯力)边疆区的旅游产业. 哈巴罗夫斯克(伯力):哈巴罗夫斯克(伯力)统计局,2011,8.

[275] О развитии туризма в Хабаровском крае. -Хабаровск:Хабаровскстат,2008. -8 с.

[275] 论发展哈巴罗夫斯克(伯力)边疆区的旅游业. 哈巴罗夫斯克(伯力):哈巴罗夫斯克(伯力)统计局,2008,8.

[276] ОДУ-2002:Камчатке обещают только треть биоресурсов, которые необходимы для рыбного флота//Новая Камчатская правда. -Петропавловск-Камчатский,2001. -15 ноября.

[276] 2002年总容许渔获量:仅许给堪察加其渔船队所需的生物资源的三分之一//堪察加新真理. 堪察加地区彼得罗巴甫罗夫斯克,2001. 11. 15.

[277] Океанографическая энциклопедия. -Л. :Гидрометеоиздат,1974. -631 с.

[277] 海洋大百科. 列宁格勒:水文气象出版社,1974,631.

[278] Окладников А. П. Петроглифы Нижнего Амура. -Л. :Наука,1971. -336 с.

[278] А. П. Окладников. 阿穆尔河下游地区的岩画. 列宁格勒:科学出版社,1971,336.

[279] Окладников А. П., Деревянко А. П. Далекое прошлое Приморья и Приамурья. -Владивосток:Дальневост. кн. изд-во,1973. -440 с.

[279] А. П. 奥克拉德尼科夫,А. П. 捷列万科. 古代的滨海地区和阿穆尔河沿岸地区. 符拉迪沃斯托克(海参崴):远东图书出版社,1973,440.

[280] Окладников А. П., Деревянко А. П. Далекое прошлое Приморья и Приамурья. -Владивосток,1973. -440 с.

[280] А. П. 奥克拉德尼科夫,А. П. 捷列万科. 古代的滨海地区和阿穆尔河沿岸地区. 符拉迪沃斯托克(海参崴),1973,440.

［281］ Олейников А. В., Олейников Н. А. Геология кайнозоя Среднего Сихотэ-Алиня. -Владивосток：Дальнаука,2005. -261 с.

［281］ А. В. 奥列伊尼科夫,Н. А. 奥列伊尼科夫. 中锡霍特山脉新生代地质研究. 符拉迪沃斯托克(海参崴)：远东科学出版社,2005,261.

［282］ Особенн ости эксплуатации горных машин с гидроприводом при низких температурах. 2007. ［электронный ресурс］-Электронные данные. -режим доступа http：//maxi-exkavator. ru/articles/different/ ~ id = 73

［282］ 矿用液力机械在低温下的运行特点,2007［电子资源］. 电子资料. 网址：http：//maxi-exkavator. ru/articles/different/ ~ id = 73.

［283］ Отчет об археологических исследованиях на Краскинском городище Приморского края России в 2006 году/Фонд изучения истории Северо-Восточной Азии, Корея, Ин-т истории, археологии и этнографии народов Дальнего Востока ДВО РАН. -Сеул, 2007. -358 с. (на корейском и русском яз.).

［283］ 2006 年俄罗斯滨海边疆区克拉斯基诺古城的考古研究报告/东北亚、朝鲜历史研究基金会. 俄罗斯科学院远东分院远东地区历史、考古与民族学研究所. 首尔,2007,358.

［284］ Официальный сайт 《 panasia 》, Якутия-восходящая звезда туризма ［электронный ресурс］-Электронные данные. -режим доступа：www. panasia. ru/main/russia/180

［284］ panasia 官网. 雅库特——旅游业的新星［电子资源］. 电子资料. 网址：www. panasia. ru/main/russia/180.

［285］ Охрана окружающей среды в Амурской области. -Благовещенск：ФС госстатистики. 2010. -174 с.

［285］ 阿穆尔州的环境保护. 布拉戈维申斯克(海兰泡)：俄联邦国家统计局,2010,174.

［286］ Охрана окружающей среды и использование природных ресурсов Магаданской области. ФСГС по Магаданской области. -Магадан,2010. -72 с.

［286］ 马加丹州的环境保护与自然资源利用. 马加丹州统计局. 马加丹,2010,72.

［287］ Павлюткин Б. И., Белянина Н. И. Четвертичные отложения Приморья： некоторые итоги систематизации и дальнейшие перспективы изучения//Тихоокеан. геол. -2002. -Т. 21, № 3. -С. 80-93.

［287］ Б. И. Павлюткин,Н. И. Белянина. 滨海地区第四系地层：系统化的若干总结与今后的研究前景. 太平洋地质,2002,21(3)；80-93.

［288］ Павлюткин Б. И., Петренко Т. И. Стратиграфия палеоген-неогеновых отложений Приморья. -Владивосток：Дальнаука,2010. -164 с.

［288］ Б. И. 巴甫柳特金,Т. И. 彼特列科. 滨海地区的古近系-新近系地层层序. 符拉迪沃斯托克(海参崴)：远东科学出版社,2010,164.

［289］ Палеоклиматы и палеоландшафты внетропического пространства Северного полушария. Поздний плейстоцен-голоцен. -М. ：ГЕОС,2009. -120 с.

［289］ 北半球副热带地区的古气候与古地貌景观. 晚更新世-全新世. 莫斯科：GEOS 出版社,2009,120.

［290］ Пантин В. И. Волны и циклы социального развития：Цивилизационная динамика и процессы модернизации. -М. ：Наука,2004. -246 с.

［290］ В. И. 潘金. 社会发展浪潮与周期：文明动态与现代化过程. 莫斯科：科学出版社,2004,246.

［291］ Парфенов Л. М., Корсаков Л. П., Натальин Б. А., Попеко В. А., Попеко Л. И. Древние сиалические блоки в складчатых структурах Дальнего Востока//Геология и геофизика. -1979. -№2. -С. 29-46.

［291］ Л. М. 巴尔菲诺夫,Л. П. 科尔萨科夫,Б. А. 纳达列尹,В. А. 波别科,Л. И. 波别科. 远东地区褶皱

构造中的硅铝质古断块．地质与地球物理,1979,(2):29-46.

［292］Паспорт Еврейской автономной области. -Биробиджан:ФС госстатистики,2010. -88 с.

［292］犹太自治州州情简介．比罗比詹:俄联邦国家统计局,2010,88.

［293］Пармузин Ю. П. Северо-Восток и Камчатка:Очерк природы. -М. :Мысль,1967. -368 с.

［293］Ю. П. 帕尔穆金．东北地区与堪察加半岛:自然概况．莫斯科:思想出版社,1967,368.

［294］Парфенов Л. М. Континентальные окраины, островные дуги и кинематика мезозойской складчатости//Тихоокеанск. геол. -1983. № 3-4.

［294］Л. М. 巴尔菲诺夫．中生代褶皱的大陆边缘、岛弧与运动学．太平洋地质,1983(3-4).

［295］Пилипенко И. В. Конкурентоспособность стран и регионов в мировом хозяйстве:теория, опыт малых стран Западной и Северной Европы. -Смоленск:Ойкумена,2005. -496 с.

［295］И. В. 彼里别科．各国家和地区在世界经济中的竞争能力:西欧和北欧小国的理论与经验．斯摩棱斯克:Oecumene 出版社,2005,496.

［296］Плетнев С. П. Стратиграфия донных отложений и палеогеография Японского моря в позднечетвертичное время. -Владивосток:ДВНЦ,1985. -112 с.

［296］С. П. 波列特涅夫．日本海在晚第四纪的底部地层断代与古地理．符拉迪沃斯托克(海参崴):远东科学中心,1985,112.

［297］Подольский С. А.,Симонов Е. А.,Дарман Ю. А. Куда течет Амур? -Владивосток:WWF. 2006. -63 с.

［297］С. А. 巴多列斯基,Е. А. 西莫诺夫,Ю. А. 达尔曼．阿穆尔河流向何方．符拉迪沃斯托克(海参崴):WWF,2006,63.

［298］Полунин Г. В. Динамика и прогноз экзогенных процессов. -М. :Наука,1989. -270 с.

［298］Г. В. 巴鲁尼．外力过程的动力学与预测．莫斯科:科学出版社,1989,270.

［299］Пономаренко А. К. Древняя культура ительменов Восточной Камчатки. -М. :Наука,1985. -215 с.

［299］А. К. 波诺马烈科．东堪察加半岛伊特里门人的古代文化．莫斯科:科学出版社,1985,215.

［300］Портенко Л. А. Птицы Чукотского полуострова и острова Врангеля. -М. -Л. :Наука,1973. -746 с.

［300］Л. А. 波尔杰科．楚科奇半岛与弗兰格尔岛的鸟类．莫斯科．列宁格勒:科学出版社,1973,746.

［301］Портер М. Конкуренция. -СПб. :ИД《Вильямс》,2000. -495 с.

［301］М. 波尔杰尔．竞争．圣彼得堡:威廉姆斯出版社,200,495.

［302］Потапов В. М. Плавучие установки для разведки и добычи нефтегазовых ресурсов//Междунар. Науч. -практ. Конф. 《Морские месторождения нефти и газа России. Состояние и перспективы освоения》:Тез. докл. - СПб.,1994. -Ч. 1. -С. 48-50.

［302］В. М. 波塔波夫．用于油气资源勘探与开采的浮式装置//"俄罗斯海洋油气田的现状与开发前景"国际科学与实践大会:报告纲要．圣彼得堡,1994,48-50.

［303］Преображенский Б. В.,Жариков В. В.,Дубейковский Л. В. Основы подводного ландшафтоведения. (Управление морскими экосистемами). -Владивосток:Дальнаука,2000. -352 с.

［303］Б. В. 普烈阿博任斯基,В. В. 扎里科夫,Л. В. 杜别伊科夫斯基．水下地貌景观学基础(海洋生态系统管理).符拉迪沃斯托克(海参崴):远东科学出版社,2000,352.

［304］Приморский край и регионы ДВФО в 2007 году/Росстат ТО ФС гос. статистики по Приморскому краю. -Владивосток,2008. -С. 88.

［304］2007 年的滨海边疆区与远东联邦管区/俄联邦国家统计局滨海边疆区分局．符拉迪沃斯托克(海参崴),2008,88.

［305］Приморье в Дальневосточном федеральном округе. 2009 Статбюллетень. -Владивосток:Приморскстат,2010. -89 с.

[305] 远东联邦管区的滨海地区. 2009 年统计公报. 符拉迪沃斯托克(海参崴):滨海边疆区统计局, 2010,89.

[306] Приоритеты Приморья： интеграция и конкурентоспособность： Науч. Докл.： независимый экономический анализ. - М. ;2007. -№ 198. - 182 с.

[306] 滨海地区的优先任务:一体化与竞争力:科学报告:独立经济分析. 莫斯科:2007(198):182.

[307] Природные ресурсы и охрана окружающей среды в Приморском крае: Стат. сб. -Владивосток: ФС госстатистики,2010. -91 с.

[307] 滨海边疆区的自然资源与环境保护:统计汇编. 符拉迪沃斯托克(海参崴):俄联邦国家统计局, 2010,91.

[308] Природопользование в прибрежной зоне (проблемы управления на Дальнем Востоке России). - Владивосток:Дальнаука,2003. -251 с.

[308] 近岸地带的自然资源利用(俄罗斯远东地区的管理问题). 符拉迪沃斯托克(海参崴):远东科学出版社,2003,251.

[309] Природопользование. Природные ресурсы и природопользование в Российской Федерации и в Хабаровском крае： учеб. пособие для вузов/ДВАГС. Хабаровск： Дальневосточная академия гос. службы,2000. -567 с.

[309] 自然资源利用. 俄罗斯联邦和哈巴罗夫斯克(伯力)边疆区的自然资源及其利用:高等院校用教材/ 远东国家公务学院. 哈巴罗夫斯克(伯力):远东国家公务学院,2000,567.

[310] Природопользование Дальнего Востока России и северо-Восточной Азии:потенциал интеграции и устойчивого развития/Под ред. А. С. Шейнгауза. -Владивосток;Хабаровск:ДВО РАН,2005. -528 с.

[310] 俄罗斯远东地区和东北亚的自然资源利用:一体化与可持续发展的潜力/编辑 А. С. Шейнгауз. 符拉迪沃斯托克(海参崴);哈巴罗夫斯克(伯力):俄罗斯科学院远东分院,2005,528.

[311] Проект "МОРЯ"：Гидрометеорология и гидрохимия морей. Т. 9. Охотское море. Вып. 1. Гидрометеорологические условия. -СПб:Гидрометеоиздат,1998. -343 с.

[311] "海"项目:海洋水文气象学与水文化学. 第 9 册. 鄂霍次克海. 第 1 辑. 水文气象条件. 圣彼得堡:水文气象出版社,1998,343.

[312] Проект "МОРЯ"：Гидрометеорология и гидрохимия морей. Т. 10. Берингово море. Вып. 1. Гидрометеорологические условия. -СПб:Гидрометеоиздат,1999. -300 с.

[312] "海"项目:海洋水文气象学与水文化学. 第 10 册. 白令海. 第 1 辑. 水文气象条件. 圣彼得堡:水文气象出版社,1999,300.

[313] Проект Программы создания в Восточной Сибири и на Дальнем Востоке единой системы добычи, транспортировки газа и газоснабжения с учетом возможного экспорта газа на рынки Китая и других стран АТР. -М. :ОАО Газпром,2003. -95 с.

[313] 在东西伯利亚和远东地区为可能向中国和亚太地区其他国家市场出口而建立天然气统一开采、运输与供气系统计划草案. 莫斯科:天然气工业股份公司,2003,95.

[314] Прокапало О. М. Региональная социально-экономическая динамика (на примере Дальнего Востока):Автореф. дис··· д-ра экон. наук. -Хабаровск,2007. -46 с.

[314] О. М. 普罗卡巴洛. 地区社会与经济动态(以远东地区为例). 哈巴罗夫斯克(伯力),2007,46.

[315] Промышленность России. -М. :Госкомстат России,2008. -381 с.

[315] 俄罗斯工业. 莫斯科:俄罗斯国家统计委员会,2008,381.

[316] Промышленность России. -М. :Росстат,2010. -453 с.

[316] 俄罗斯工业. 莫斯科:俄罗斯国家统计委员会,2010,453.

[317] Путеводитель по Великой Сибирской железной дороге. -СПб.,1900. -530 с.

[317] 西伯利亚大铁路指南. 圣彼得堡,1900,530.

[318] Пушкарь В.С., Черепанова М.В. Диатомеи плиоцена и антропогена Северной Пафицики (стратиграфия и палеоэкология). -Владивосток:Дальнаука,2001. -228 с.

[318] В.С. 普什卡里,М.В. 切列巴诺娃. 北太平洋古陆的上新统与第四系硅藻类(地层层序与古生态). 符拉迪沃斯托克(海参崴):远东科学出版社,2001,228.

[319] В.Г 皮亚塔科夫. Драгам высокую производительность! //Золотодобыча: информ. -реклам. бюлл. - 2009. -№ 124. -С. 35.

[319] В.Г.. 提高挖泥机的生产能力. 金矿开采(信息与广告简报),2009,(124):35.

[320] Разжигаева Н.Г.,Ганзей Л.А. Обстановки осадконакопления островных территорий в плейстоцене-голоцене. -Владивосток:Дальнаука,2006. -365 с.

[320] Н.Г. 拉兹加耶娃,Л.А. 甘孜. 更新世-全新世岛屿区域的沉积环境. 符拉迪沃斯托克(海参崴):远东科学出版社,2006,365.

[321] Разработка комплексной программы 《 Развитие топливно-энергетического комплекса Восточной Сибири и Дальнего Востока》. Т. 1. Основные материалы:отчет о НИР/Ин-т систем энергетики СО РАН. -Иркутск,2000. -246 с.

[321] 制定《发展东西伯利亚和远东地区能源产业》综合规划. 第1册. 基本资料:科学研究报告/俄罗斯科学院远东分院能源系统研究所. 伊尔库茨克,2000,246.

[322] Рахманинова М. Воздействие миграционных процессов на геополитическое и экономическое положение Дальневосточного региона//Вопр. статистики. - 1998. -№ 1. -С. 69-71.

[322] М. 拉赫玛尼诺娃. 人口迁移对远东地区地缘政治与经济地位的影响. 统计问题,1998,(1):69-71.

[323] Региона льное природопользование: методы изучения, оценки, управления/П.Я. Бакланов, П.Ф. Бровко, Т.Ф. Воробьева, С.М. Говорушко, Ю.Б. Зонов, В.П. Каракин, А.Н. Качур, А.С. Ланкин, А.В. Мошков, М.Т. Романов, А.С. Шейнгауз; Под ред. П.Я. Бакланова, В.П. Каракина: Учеб. пособие. -М.:Логос,2002. -160 с.

[323] 地区自然资源利用:研究、评价和管理方法/П.Я. Бакланов, П.Ф. Бровко, Т.Ф. Воробьева, С.М. Говорушко, Ю.Б. Зонов, В.П. Каракин, А.Н. Качур, А.С. Ланкин, А.В. Мошков, М.Т. Романов,А.С. Шейнгауз;编辑 П.Я. Бакланова, В.П. Каракина:教材. 莫斯科:LOGOS 出版社,2002,160.

[324] Регионы России:Информ. -стат. сб.:в 2 т. Т. 2. -М.:Госкомстат России,1997. -648 с.

[324] 俄罗斯各地区:统计信息汇编:共两册. 第2册. 莫斯科:俄罗斯国家统计委员会,1997,648.

[325] Регионы России:Стат. сб.:в 2 т. Т. 2. -М.:Госкомстат России,2001. -827 с.

[325] 俄罗斯各地区:统计汇编:共两册. 第2册. 莫斯科:俄罗斯国家统计委员会,2001,827.

[326] Регионы России. Социально-экономические показатели. 2003:Стат. сб. -М.:Госкомстат России, 2003. - 895 с.

[326] 俄罗斯各地区. 社会与经济指标.2003:统计汇编. 莫斯科:俄罗斯国家统计委员会,2003,895.

[327] Регионы России:Социально-экономические показатели. 2005:Стат. сб. -М.:Росстат,2006. -982 с.

[327] 俄罗斯各地区:社会与经济指标.2005:统计汇编. 莫斯科:俄罗斯统计局,2006,982.

[328] Регионы России. Социально-экономические показатели 2006:Стат. сб. -М.:Госкомстат России, 2007. -980 с.

[328] 俄罗斯各地区. 社会与经济指标.2006:统计汇编. 莫斯科:俄罗斯国家统计委员会,2007,980.

[329] Регионы России. Основные социально-экономические показатели городов. 2007:Стат. сб. -М.:

Росстат,2007. -381 с.

[329] 俄罗斯各地区．各城市的主要社会与经济指标．2007：统计汇编．莫斯科：俄罗斯统计局,2007,381.

[330] Регионы России. -М. ：Госкомстат России,2008. -999 с.

[330] 俄罗斯各地区．莫斯科：俄罗斯国家统计委员会,2008,999.

[331] Регионы России. -М. ：Госкомстат России,2009. -990 с.

[331] 俄罗斯各地区．莫斯科：俄罗斯国家统计委员会．2009,990.

[332] Регионы России. Социально-экономические показатели. 2010：Стат. сб. /Росстат. -М.,2010. -992 с.

[332] 俄罗斯各地区．社会经济指标．2010：统计汇编/俄罗斯统计局．莫斯科,2010,992.

[333] РегионыРоссии. Социально-экономические показатели. 2011：Стат. сб. -М. ；Росстат,2011. -990 с.

[333] 俄罗斯各地区．社会与经济指标,2011：统计汇编．莫斯科：俄罗斯统计局,2011,990.

[334] Рекомендуемые объемы вылова..., 2011. Ресурсы животного мира Якутии（млекопитающие, птицы, рыбы）/Н. Г. Соломонов, Ф. Н. Кириллов, Ю. В. Лабутин, Ю. В. Ревин//География и природные ресурсы. -1987. № 1. -С. 53-59.

[334] 推荐采纳... 渔获量．2011.雅库特的动物资源（哺乳动物、鸟类、鱼类）．地理与自然资源, 1987,（1）：53-59.

[335] Реутт А. Т. Растительность//Север Дальнего Востока. -М. ： Наука, 1970. -С. 257-300.

[335] А. Т. 列乌特．植物//远东地区北部．莫斯科：科学出版社, 1970, 257-300.

[336] Романов М. Т. Экономическое районирование как основа административно-территориального устройства и территориальной организации хозяйства: Тез. Докл. Междунар. Конф. 《Взаимодействие общества и окружающей среды в условиях глобальных и региональных изменений》. -МоскваБарнаул, 18-29 июля 2003 г. -М. ： Желдориздат, 2003. -С. 273-274.

[336] М. Т. 罗曼诺夫．作为行政地区域架构和区域经济部署基础的经济区划："全球和地区变化背景下的社会与环境互动"国际大会论题报告．莫斯科-巴尔瑙尔．2003 年 7 月 18～29 日．莫斯科：国有铁路运输出版社, 2003, 273-274.

[337] Романов М. Т. Геополитический аспект развития Тихоокеанской России//Российский Дальний Восток и страны АТР：экономический рост и интеграционные процессы：Материалы междунар. науч. конф. 13-15 окт. 2004 г. -Владивосток：Изд-во ТГЭУ； 2004. -193-196.

[337] М. Т. 罗曼诺夫．从地缘政治角度看俄罗斯太平洋地区的发展//俄罗斯远东与亚太地区国家：经济增长与一体化过程：国际科学大会资料.2004 年 10 月 13～15 日．符拉迪沃斯托克（海参崴）：太平洋国立经济大学出版社, 2004, 193-196.

[338] Романов М. Т. Проблемы экономического районирования и административно-территориального устройства России в новых условиях//Изв. РАН. Сер. геогр. -2006. -№ 3. -С. 57-66.

[338] М. Т. 罗曼诺夫．俄罗斯的经济区划与行政区域构架在新环境下存在的问题//俄罗斯科学院公报．地理特辑, 2006,（3）：57-66.

[339] Романов М. Т. Территориальная организация хозяйства слабоосвоенных регионов России. -Владивосток：Дальнаука, 2009. -318 с.

[339] М. Т. 罗曼诺夫．俄罗斯欠开发地区的区域经济部署．符拉迪沃斯托克（海参崴）：远东科学出版社, 2009, 318.

[340] Российский Дальний Восток в древности и средневековье. Открытия, проблемы, гипотезы. -Владивосток：Дальнаука, 2005. - С. 449-475.

[340] 古代和中世纪的俄罗斯远东地区．开辟、问题与假说．符拉迪沃斯托克（海参崴）：远东科学出版社, 2005, 449-475.

［341］Российский статистический ежегодник. Госкомстат России. -М., 2002. -690 с.

［341］俄罗斯统计年报. 俄罗斯国家统计委员会. 莫斯科, 2002, 690.

［342］Российский статистический ежегодник. -М. : Госкомстат России, 2008. -847c.

［342］俄罗斯统计年报. 莫斯科：俄罗斯国家统计委员会. 2008, 847.

［343］Российский статистический ежегодник. -М. : Росстат, 2009. -795 с.

［343］俄罗斯统计年报. 莫斯科：俄罗斯统计局, 2009, 795.

［344］Россия в Азиатско-Тихоокеанском регионе: перспективы интеграции. Кн. 2. -Владивосток: Изд-во ДВФУ, 2011. -740 с.

［344］俄罗斯在亚太地区：一体化前景. 第2册. 符拉迪沃斯托克（海参崴）：远东联邦大学出版社, 2011, 740.

［345］Россия в цифрах. 2011: Крат. стат. сб. -М. : Росстат, 2011. -581 с.

［345］数字俄罗斯. 2011：简要统计汇编. 莫斯科：俄罗斯统计局, 2011, 581.

［346］Русские арктические экспедиции XVII-XX вв. Вопросы изучения и освоения Арктики: Сб. документов/Сост. М. И. Белов. -М. : Гидрометеоиздат, 1964. -231 с.

［346］17~20世纪的俄罗斯北极探险考察. 北极地区的研究与开发问题：文件汇编/编者 М. И. Белов. 莫斯科：水文气象出版社, 1964, 231.

［347］Русско-китайские отношения. 1689-1916: Офиц. документы. -М., 1958. -С. 37-42.

［347］俄中关系. 1689~1916年：官方文件. 莫斯科, 1958, 37-42.

［348］Русско-китайские отношения в XVII веке: Материалы и документы. -М., 1969. -Т. 1: 1608-1683. С. 136-381.

［348］17世纪的俄中关系：文件资料. 莫斯科, 1969, 第1卷：1608~1683年, 136-381.

［349］Русско-китайские отношения в XVII веке: Материалы и документы. -М., 1972. -Т. 2: 1686-1691 г. -517 с.

［349］17世纪的俄中关系：文件资料. 莫斯科, 1972, 第2卷：1686~1691年, 517.

［350］Рыбаковский Л. Л. Население Дальнего Востока за 150 лет. -М. : Наука, 1990. -180 с.

［350］Л. Л. 雷巴科夫斯基. 远东地区人口150年. 莫斯科：科学出版社, 1990, 180.

［351］Рыбная промышленность Приморского края: Стат. сб. -Владивосток: Примкрайстат. 2005. -35 с.

［351］滨海边疆区的渔业：统计汇编. 符拉迪沃斯托克（海参崴）：滨海边疆区统计局, 2005, 35.

［352］Рыбная промышленность Приморья на рубеже веков/Под ред. А. П. Латкина. -М. : Море, 1999. -С. 19-55, 66-72.

［352］世纪之交的滨海地区渔业/编辑 А. П. Латкин. 莫斯科：海洋出版社, 1999, 66-72.

［353］Рыжова Н. Роль приграничного сотрудничества в развитии окраинных городов Китая и России//Проблемы Дальнего Востока. -2009. -№ 4. -С. 59-74.

［353］Н. 雷日科娃. 过境合作在中国与俄罗斯边陲城市发展中的作用. 远东地区问题, 2009,（4）：59-74.

［354］Савельева И. Л. Оценка природных ресурсов в экономической географии//География и природные ресурсы. -2009. № 4. -С. 10-16.

［354］И. Л. 萨维丽耶娃. 经济地理学中的自然资源评估. 地理与自然资源, 2009,（4）：10-16.

［355］Сайт МПР России и Росприроднадзора《Особо охраняемые природные территории Российской Федерации》- www. zapoved. ru.

［355］俄罗斯自然资源部与俄联邦自然资源利用监督局的"俄罗斯联邦自然保护区"网站：www. zapoved. ru.

[356] Сахно В. Г. Позднемезозойско-кайнозойский континентальный вулканизм Востока Азии. -Владивосток：Дальнаука，2002. -336 с.

[356] В. Г. Сахно. 亚洲东部的晚中生代-新生代大陆火山运动. 符拉迪沃斯托克（海参崴）：远东科学出版社，2002，336.

[357] Свиточ А. А. Морской плейстоцен побережий России. -М.：ГЕОС，2003. -362 с.

[357] А. А. Свиточ. 俄罗斯沿岸地带的海域更新统研究. 莫斯科：GEOS 出版社，2003，362.

[358] Свиточ А. А. Этапы развития Камчатки в позднем плиоцене- плейстоцене//Новейшие отложения и палеогеография плейстоцена. -М.：МГУ，1970. -128 с.

[358] А. А. 斯维托奇. 堪察加半岛在晚上新世-更新世的发展阶段//更新统最新地层与古地理. 莫斯科：莫斯科国立大学，1970，128.

[359] Сергеев О. И. Казачество на русском Дальнем Востоке XVII-XIX вв. -М.：Наука，1983. -С. 64-73.

[359] О. И. 谢尔盖耶夫. 17～19 世纪俄罗斯远东地区的哥萨克阶层. 莫斯科：科学出版社，1983，64-73.

[360] Сергушева Е. А. Опыт изучения семян культурных растений со средневековых городищ Приморья//Археология и культурная антропология Дальнего Востока и Центральной Азии. -Владивосток：ДВО РАН，2002. -С. 187-200.

[360] Е. А. 谢尔古什娃. 滨海地区中世纪古城的作物种子研究//远东地区和中亚的考古与文化人类学. 符拉迪沃斯托克（海参崴）：俄罗斯科学院远东分院，2002，187-200.

[361] Сергушева Е. А. Культурные растения средневекового населения Приморья//Россия и АТР. -2010. -№ 4. -С. 151-158.

[361] Е. А. 谢尔古什娃. 滨海地区中世纪居民的栽培作物. 俄罗斯与亚太地区，2010，（4）：151-158.

[362] Синицын В. М. Природные условия и климат территории СССР в раннем и среднем кайнозое. -Л.：Изд-во ЛГУ，1980. -104 с.

[362] В. М. 希尼津. 苏联领土在早和中新生代的自然条件与气候. 列宁格勒：列宁格勒国立大学出版社，1980，104.

[363] Смирнов Г. Н. Океанология：Учеб. для вузов. -2-е изд.，перераб. и доп. -М.：Высш. шк.，1987. -С. 16-18.

[363] Г. Н. 斯米尔诺夫. 大洋学：高等院校教材. 第 2 版. 修订与补充. 莫斯科：高等学校出版社，1987，16-18.

[364] Соколов И. А. Вулканизм и почвообразование. -М.：Наука，1973. -224 с.

[364] И. А. 索科洛夫. 火山活动与土壤发生. 莫斯科：科学出版社，1973，224.

[365] Соловьев С. Л.，Оскорбин Л. С. Землетрясения на Сахалине. -М.：Наука，1967. -178 с.

[365] С. Л. 索洛夫耶夫，Л. С. 奥斯科尔宾. 萨哈林岛（库页岛）的地震. 莫斯科：科学出版社，1967，178.

[366] Солярский В. В. Современное правовое и культурное положение инородцев Приамурского края. -Хабаровск. 1916. - 175 с.

[366] В. В. 索里亚尔斯基. 当代阿穆尔河沿岸地区外来人口的法律地位和文化地位. 哈巴罗夫斯克（伯力），1916，175.

[367] Соколов В. Е.，Филонов К. П.，Нухимовская Ю. Д.，Шадрина Г. Д. Экология заповедных территорий. -М.：Янус-К，1997. -575 с.

[367] В. Е. 索科洛夫，К. П. 菲洛诺夫，Ю. Д. 努赫莫夫斯卡娅，Г. Д. 沙德丽娜. 保护区的生态. 莫斯科：Janus-K 出版社，1997，575.

［368］Сосудистые растения советского Дальнего Востока/Отв. ред. С. С. Харкевич. СПб. ： Наука, 1985-1996. -341 с.

［368］苏联远东地区的维管植物/责任编辑 С. С. Харкевич. 圣彼得堡：科学出版社，1985 ～ 1996 年，341.

［369］Стратегии макрорегионов России： методологические подходы, приоритеты и пути реализации/ Под ред. акад. А. Г. Гранберга. -М. ： Наука. 2004. -720 с.

［369］俄罗斯各大区的战略：方法、优先任务与落实途径/编辑 А. Г. Гранберг 院士. 莫斯科：科学出版社，2004，720.

［370］Стратегическое планирование на Дальнем Востоке： ответ на глобальные и локальные вызовы： Науч. Докл. ： независимый экономический анализ. - М. ： 2006. -№ 171. -195 с.

［370］远东地区战略规划：应对全球和局部挑战：科学报告：独立经济分析. 莫斯科：2006，（171）：195.

［371］Стратегия социально-экономического развития Дальнего Востока и Байкальского региона на период до 2025 года. /Распоряжение Правительства Российской Федерации от 28 февраля 2009 г. -№ 2094-р, М., 2009.

［371］2025 年前远东和贝加尔地区社会与经济发展战略/俄罗斯联邦政府 2009 年 2 月 28 日命令（№2094-р）. 莫斯科，2009.

［372］Стратегия социально-экономического развития Дальнего Востока и Байкальского региона на период до 2025 года. -Владивосток： Изд-во Дальневост. ун-та. 2010. -152 с.

［372］2025 年前远东和贝加尔地区社会与经济发展战略. 符拉迪沃斯托克（海参崴）：远东国立大学出版社，2010，152.

［373］Стратегия развития топливно-энергетического потенциала Дальневосточного экономического района до 2020 г. -Владивосток：Дальнаука, 2001. -112 с.

［373］2020 年前远东经济区能源潜力发展战略. 符拉迪沃斯托克（海参崴）：远东科学出版社，2001，112.

［374］Стратегия развития Дальневосточного отделения РАН до 2025 года. //Под ред. акад. В. И. Сергиенко. -Владивосток：Дальнаука, 2010. -90 с.

［374］2025 年前俄罗斯科学院远东分院发展战略//编辑 В. И. Сергиенко 院士. 符拉迪沃斯托克（海参崴）：远东科学出版社，2010，90.

［375］Таргульян В. О., Караваева Н. А., Наумов Е. М. и др. Почвы//Север Дальнего Востока. -М. ：Наука, 1970. -С. 234-256.

［375］В. О. 塔尔古里延, Н. А. 卡拉瓦耶娃, Е. М. 纳乌莫夫等. 土壤//远东地区北部. 莫斯科：科学出版社，1970，234-256.

［376］Тащи С. М., Аблаев А. Г., Мельников Н. Г. Кайнозойский бассейн Западного Приморья и сопредельных территорий Китая и Кореи. -Владивосток：Дальнаука, 1996. -168 с.

［376］С. М. 塔希, А. Г. 阿勃拉耶夫, Н. Г. 梅列尼科夫. 西滨海地区和与中国和朝鲜毗邻区域的新生代盆地. 符拉迪沃斯托克（海参崴）：远东科学出版社，1996，168.

［377］Тащи С. М., Аблаев А. Г., Васильев И. В. Дополнительные материалы по третичным ландшафтам северо-запада Япономорского региона//Вопросы морфотектоники Западно-Тихоокеанской переходной зоны. -Владивосток：Дальнаука, 1999. -С. 108-120.

［377］С. М. 塔希, А. Г. 阿勃拉耶夫, И. В. 瓦西里耶夫. 日本海地区西北部第三纪地貌景观的补充资料//西太平洋过渡地带的形态构造问题. 符拉迪沃斯托克（海参崴）：远东科学出版社，1999，

108-120.

［378］Термины, понятия, справочные таблицы/МО СССР, ВМФ; Под ред. С. Г. ГоршковаГУНИО МО СССР, 1980 г. -156 с.

［378］术语、定义、参考对照表/苏联国防部. 海军. 编辑 С. Г. Горшкова. 苏联国防部航海与海洋水文总局, 1980, 156.

［379］Титаренко М. Л. Геополитическое значение Дальнего Востока. Россия, Китай и другие страны Азии. -М., 2008. -624 с.

［379］М. Л. 季塔连科. 远东地区的地缘政治意义. 俄罗斯、中国和亚洲其他国家. 莫斯科, 2008, 624.

［380］Тихоокеанская России-2030: сценарное прогнозирование регионального развития/Под ред. П. А. Минакира; Рос. акад. Наук; Дальневост. отд-ние; Ин-т экон. исследований. -Хабаровск: ДВО РАН, 2010. -560 с.

［380］俄罗斯太平洋地区- 2030：地区发展的情景预测/编辑 П. А. Минакир. 俄罗斯科学远东远东分院经济研究所. 哈巴罗夫斯克（伯力）：俄罗斯科学院远东分院, 2010, 560.

［381］Ткачёва Г. А. Дальневосточное общество в годы Великой Отечественной войны（1941- 1945）. -Владивосток: Дальнаука, 2010. -376 с.

［381］Г. А. 特卡乔娃. 卫国战争时期的远东社会（1941～1945 年）. 符拉迪沃斯托克（海参崴）：远东科学出版社, 2010, 376.

［382］Ткаченко Г. Г. Роль природных ресурсов во внешнеторговой составляющей интеграции Дальнего Востока в Северо-Восточной Азии//Стратегия развития Дальнего Востока: возможности и перспективы. Т. 1. Экономика: Материалы регион. науч. -практ. конф. -Хабаровск: Дальневост. гос. науч. б-ка, 2003. -С. 208-212.

［382］Г. Г. 特卡琴科. 自然资源在远东地区与东北亚的外贸一体化中发挥的作用//远东地区发展战略：机遇与前景. 第 1 卷. 经济：地区科学与实践大会资料. 哈巴罗夫斯克（伯力）：远东国立科学图书馆, 2003, 208-212.

［383］Ткаченко Г. Г. Взаимодополняемость природно-ресурсного потенциала в соседних регионах Северо-Восточной Азии//Географические и геоэкологические исследования на Дальнем Востоке: сб. науч. Тр. молодых ученых. - Владивосток: Дальнаука, 2008 а. -Вып. 4. - С. 324-334.

［383］Г. Г. 特卡琴科. 东北亚相邻地区的自然资源潜力的互补性//远东地区地理与地理生态研究：青年学者科学著作合集. 符拉迪沃斯托克（海参崴）：远东科学出版社, 2008a, 324-334.

［384］Ткаченко Г. Г. Оценка взаимодополняемости как метод определения природно-ресурсного потенциала региона//Катанаевские чтения: материалы 7-й Всерос. научно-практич. конф., посвященной 195-летию Омского кадетского корпуса и 160-летию со дня рождения генерал-лейтенанта Георгия Ефремовича Катанаева（Омск, 16-17 мая 2008 г.）. -Омск: Наука, 2008 б. -С. 448-451.

［384］Г. Г. 特卡琴科. 作为地区自然资源潜力判断方法的互补性评价//卡塔纳耶夫报告会：第七届全俄科学与实践大会资料, 纪念鄂木斯克士官武备学校成立 195 周年和 Георгий Ефремович Катанаев 中将诞辰 160 周年（鄂木斯克, 2008 年 5 月 16～17 日）.

［385］Ткаченко Г. Г. Территориальная дифференциация природно-ресурсного потенциала группы стран Северо-Восточной Азии//География и природные ресурсы. -2009. № 2. -С. 12-18.

［385］Г. Г. 特卡琴科. 东北亚国家自然资源潜力的地域差异. 地理与自然资源, 2009,（2）：12-18.

［386］Ткаченко Г. Г. Взаимодополняемость природно-ресурсного потенциала территорий российского Дальнего Востока//География: проблемы науки и образования. LXIV Герценовские чтения:

материалы междунар. науч. -практ. конф. （Санкт-Петербург，21-23 апреля 2011 г.）. -СПб.：Астерион，2011. -С. 142-145.

［386］Г. Г. 特卡琴科. 俄罗斯远东地区自然资源潜力的互补性//地理：科学与教育问题. 第 XIV 届赫尔岑报告会：国际科学与实践大会资料（圣彼得堡，2011 年 4 月 21～23 日）. 圣彼得堡：Asterion 出版社，2011，142-145.

［387］Транс граничный диагностический анализ/RAS/98/G31-Программа развития ООН/Фонд Global Environment Facility. -Стратегическая программа действий для бассейна р. Туманной/Науч. координатор：В. И. Сергиенко Отв. ред. П. Я. Бакланов，С. С. Ганзей，А. Н. Качур；ДВО РАН，Тихоокеан. Ин-т географии. -Владивосток：Дальнаука，2002. -232 p.

［387］跨境分析/RAS/98/G31——联合国发展计划/Global Environment Facility. 图马内河流域的战略行动计划/科研协调员：В. И. Сергиенко. 责任编辑 П. Я. Бакланов，С. С. Ганзей，А. Н. Качур. 俄罗斯科学院远东分院太平洋地理研究所. 符拉迪沃斯托克（海参崴）：远东科学出版社，2002，232.

［388］Трейвиш А. И. Роль экономико-географического положения Дальнего Востока в формировании его территориально-хозяйственной структуры//Территориально-хозяйственные структуры Дальнего Востока. -Владивосток：ТИГ ДВНЦ АН СССР，1982. -С. 104-118.

［388］А. И. 特烈伊维什. 远东地区的经济地理地位在形成其区域经济结构中的作用//远东地区的区域经济结构. 符拉迪沃斯托克（海参崴）：苏联科学院远东科学中心太平洋地理研究所，1982，104-118.

［389］Тупикина С. М. Керамика чжурчжэней Приморья XII-начала XIII в. （по материалам археологических исследований Шайгинского городища）. -Владивосток：Дальнаука，1996. -120 с.

［389］С. М. 图皮吉娜. 12 世纪至 13 世纪初滨海地区女真人的陶器（根据沙伊加古城考古研究资料）. 符拉迪沃斯托克（海参崴）：远东科学研究所，1996，120.

［390］Туризм и туристские ресурсы в Приморском крае. 2010：Стат. сб. -Владивосток：Приморскстат，2010. -135 с.

［390］滨海边疆区的旅游业与旅游资源. 2010：统计汇编. 符拉迪沃斯托克（海参崴）：滨海边疆区统计局，2010，135.

［391］Урусов В. М. Генезис растительности и рациональное природопользование на Дальнем Востоке. -Владивосток：ДВО РАН，1988. -186 с.

［391］В. М. 乌鲁索夫. 远东地区的植物起源与合理利用自然资源. 符拉迪沃斯托克（海参崴）：俄罗斯科学院远东分院，1988，186.

［392］Ухов С. Б.，Кроник Я. Б. Базы данных по деформации и авариям гидротехнических сооружений в криолитозоне：Тез. докл. Междунар. конф. 《Мониторинг криосферы》，20-23 апр. 1999 г. -Пущино，1999. -С. 212-213.

［392］С. Б. 乌霍夫，Я. Б. 克洛尼科. 冰岩带水工设施形变与事故数据库："冰冻圈监测"国际大会论题报告. 1999 年 4 月 20～23 日. 普希诺，1999，212-213.

［393］Федорченко В. И.，Абдурахманов А. И.，Родионова Р. И. Вулканизм Курильской островной дуги：геология и петрогенезис. -М.：Наука，1989. -250 с.

［393］В. И. 菲多尔琴科，А. И. 阿博杜拉赫马诺夫，Р. И. 罗季奥诺娃. 千岛岛弧的火山活动：地质与岩石成因. 莫斯科：科学出版社，1989，250.

［394］Физико-географическое районирование СССР. Характеристика региональных единиц/Под ред. Н. А. Гвоздецкого. -М.：МГУ，1968. -567 с.

［394］苏联自然地理区划. 地区单位的特征. 莫斯科：莫斯科国立大学出版社，1968，567.

［395］Фирюлин А. М. Береговые предприятия рыбной промышленности Камчатской области в 11-й и 12-й пятилетках//Вопросы истории рыбной промышленности Камчатки. Петропавловск-Камчатский.：Изд-во КГТУ，2000. -с. 89-110.

［395］А. М. 费留林. 第11和12个五年计划期间的堪察加州沿岸渔业企业//堪察加半岛的渔业历史问题. 堪察加地区彼得罗巴甫罗夫斯克：堪察加国立技术大学出版社，2000，89-110.

［396］Флёров В. С. Дальний Восток в период восстановления народного хозяйства. Томск，1973. -Т. 1.

［396］В. С. 弗列罗夫. 国民经济重建时期的远东地区. 托木斯克，1973. 第1卷.

［397］Фрадкина А. Ф.，Гриненко О. В.，Лаухин С. А. и др. Северо-Восток//Изменение климата и ландшафтов за последние 65 млн лет（кайнозой：от палеоцена до голоцена）. -М.：ГЕОС，1999. -С. 128-145.

［397］А. Ф. 弗拉德基娜，О. В. 格里年科，С. А. 拉赫恩等. 东北地区//最近6500万年（新生代：从古新世到全新世）的气候与地貌景观变化. 莫斯科：GEOS出版社，1999，128-145.

［398］Хабаровский край：Стат. ежегодник. -Хабаровск，2009. -307 с.

［398］哈巴罗夫斯克（伯力）边疆区：统计年报. 哈巴罗夫斯克（伯力），2009，307.

［399］Ханчук А. И.，Кемкин И. В.，Панченко И. В. Геодинамическая эволюция Сихотэ-Алиня и Сахалина в палеозое и мезозое//Тихоокеанская окраина Азии（геология）. -М.：Наука，1989. -С. 218-254.

［399］А. И. 哈恩丘科，И. В. 科穆金，И. В. 潘切科. 锡霍特山脉和萨哈林岛（库页岛）的古生代和中生代地球动力学演化//亚洲的太平洋边缘（地质）. 莫斯科：科学出版社，1989，218-254.

［400］Хотинский Н. А. Голоцен Северной Евразии. -М.：Наука，1977. -199 с.

［400］Н. А. 霍金斯基. 欧亚大陆北部全新统地层研究. 莫斯科：科学出版社，1977，199.

［401］Христофорова Н. К. Экологические проблемы региона：Дальний Восток-Приморье：Уч. пособие. -Владивосток；Хабаровск：Хабаровск. кн. изд-во，2005. -304 с.

［401］Н. К. 赫里斯托佛罗娃. 地区生态问题：远东地区. 滨海地区：教材. 符拉迪沃斯托克（海参崴）. 哈巴罗夫斯克（伯力）：哈巴罗夫斯克（伯力）图书出版社，2005，304.

［402］Хрущев А. Т. География промышленности СССР. -М.：Высш. школа，1990. -223 с.

［402］А. Т. 赫鲁晓夫. 苏联的工业地理. 莫斯科：高等学校出版社，1990，223.

［403］Худяков Г. И.，Денисов Е. П.，Короткий А. М.，Кулаков А. П.，Никонова Р. И.，Чернобровкина Е. И. История развития рельефа Сибири и Дальнего Востока. Юг Дальнего Востока. -М.：Наука，1972. -421 с.

［403］Г. И. 乎加科夫，Е. П. 杰尼索夫，А. М. 科罗特基，А. П. 库拉科夫，Р. И. 尼科诺娃，Е. И. 切尔诺波罗弗吉娜. 西伯利亚和远东地区的地形发育史. 远东地区南部. 莫斯科：科学出版社，1972，421.

［404］Цвид А. А. Особенности климата Дальнего Востока и его влияние на градостроительство//Природно-климатическое районирование и проблемы градостроительства. -М.：Гидрометеоиздат，1974. -С. 108-113.

［404］А. А. 茨韦德. 远东地区的气候特点及其对城市建设的影响//自然气候区划与城市建设问题. 莫斯科：水文气象出版社，1974，108-113.

［405］Цой И. Б. Кайнозойский кремнистый микропланктон осадочного чехла Охотского моря（Курильская котловина）и островного склона Курило-Камчатского желоба//Дальневосточные моря России. Кн. 3. Геологические и геофизические исследования. -М.：Наука，2007. -С. 200-221.

［405］И. Б. 崔. 鄂霍次克海沉积盖层（千岛盆地）和千岛-堪察加海槽岛坡的新生代硅质化微小浮游生

物//俄罗斯远东诸海．第 3 册．地质与地球物理研究．莫斯科：科学出版社，2007，200-221.

［406］Цой И. Б., Вагина Н. К. Изменения среды северо-западной части Японского моря в позднем кайнозое（по палеонтологическим данным）//Дальневосточные моря России. Кн. 3. Геологические и геофизические исследования. -М. : Наука, 2007. -С. 99-116.

［406］И. Б. 崔，Н. К. 瓦基娜．日本海西北部的晚新生代环境变化（根据古生物学资料编写）//俄罗斯远东诸海．第 3 册．地质与地球物理研究．莫斯科：科学出版社，2007，99-116.

［407］Цой И. Б., Шастина В. В. Кайнозойский кремнистый микропланктон из отложений Охотского моря и Курило-Камчатского желоба. -Владивосток: Дальнаука, 2005. -181 с.

［407］И. Б. 崔，В. В. 沙斯吉娜．鄂霍次克海与千岛-堪察加海槽沉积地层的新生代硅质化微小浮游生物．符拉迪沃斯托克（海参崴）：远东科学出版社，2005，181.

［408］Цой И. Б., Шастина В. В. Кремнистый микропланктон неогена Ямонского моря（диатомеи и радиолярии）. -Владивосток: Дальнаука, 1999. -241 с.

［408］И. Б. 崔，В. В. 沙斯吉娜．日本海的新近纪硅质化微小浮游生物（硅藻类和放射虫类）．符拉迪沃斯托克（海参崴）：远东科学出版社，1999，241.

［409］Челпанова М. В единственном числе//Эксперт. -2010. № 15（701）. -С. 102-103.

［409］М. В. 切尔巴诺娃．独此一家．Expert，2010，15（701）：102-103.

［410］Черешнев И. А. Состав ихтиофауны и особенности распространения пресноводных рыб в водоёмах Северо-Востока СССР//Вопросы ихтиологии. -1990. -Т. 30, вып. 5. -С. 836-844.

［410］И. А. 切列什涅夫．苏联东北地区水体的淡水鱼类区系组成与分布特点．鱼类学问题，1990，30（5）：836-844.

［411］Черешнев И. А. Биологическое разнообразие пресноводной ихтиофауны Северо-Востока России: -Владивосток: Дальнаука, 1996. -196 с.

［411］И. А. 切列什涅夫．俄罗斯东北地区淡水鱼类区系的生物多样性．符拉迪沃斯托克（海参崴）：远东科学出版社，1996，196.

［412］Черешнев И. А. Биогеография пресноводных рыб Дальнего Востока России. - Владивосток: Дальнаука, 1998. -130 с.

［412］И. А. 切列什涅夫．俄罗斯远东地区淡水鱼类的生物地理研究．符拉迪沃斯托克（海参崴）：远东科学出版社，1998，130.

［413］Чернолуцкая Е. Н. Принудительные миграции на советском Дальнем Востоке в 1920-1950-е гг. - Владивосток: Дальнаука, 2010. -512 с.

［413］Е. Н. 切尔诺卢茨卡娅．20 世纪 20～50 年代苏联远东地区的强迫迁移．符拉迪沃斯托克（海参崴）：远东科学出版社，2010，512.

［414］Чирков Ю. И. Основы агрометеорологии. -Л. : Гидрометеоиздат, 1988. -248 с.

［414］Ю. И. 契尔柯夫．农业气象学基础．列宁格勒：水文气象出版社，1988，248.

［415］Чичканов В. П. Дальний Восток: стратегия экономического развития. -М. : Экономика, 1988. -247 с.

［415］В. П. 奇契卡诺夫．远东地区：经济发展战略．莫斯科：经济出版社，1988，247.

［416］Шавкунов В. Э. Вооружение чжурчжэней XII-XIII вв. -Владивосток: Дальнаука, 1993. -185 с.

［416］В. Э. 沙弗库诺夫．12～13 世纪女真人的兵器．符拉迪沃斯托克（海参崴）：远东科学出版社，1993，185.

［417］Шавкунов Э. В. Государство Бохай и памятники его культуры в Приморье. -Л. : Наука, 1968. -128 с.

［417］Э. В. 沙弗库诺夫．渤海国及其在滨海地区的文化纪念物．列宁格勒：科学出版社，1968，128.

［418］Шавкунов Э. В. Культура чжурчжэней-удигэ XII-XIII вв. и проблема происхождения тунгусских народов Дальнего Востока. -М.：Наука, 1990. -282 с.

[418] Э. В. 沙弗库诺夫. 12～13 世纪的女真族文化与远东地区通古斯各民族的起源问题. 莫斯科：科学出版社, 1990, 282.

[419] Шейнгауз А. С. Избранные труды. -Хабаровск：ДВО РАН, 2008. -656 с.

[419] А. С. 什因尕乌兹. 著作精选. 哈巴罗夫斯克（伯力）：俄罗斯科学院远东分院, 2008, 656.

[420] Шведов М. А. Параметры вязко-хрупкого разрушения сталей и их применение для управления качеством полуфабрикатов и изделий：Дис. … канд. техн. наук. -Нижний Новгород, 2004. -179 с.

[420] М. А. 什维多夫. 钢的脆性破坏参数及其在半成品和制成品质量控制中的应用. 下诺夫哥罗德, 2004, 179.

[421] Шевкомуд И. Я. Поздний неолит Нижнего Амура. -Владивосток：ДВО РАН, 2004. -156 с.

[421] И. Я. 舍夫科穆德. 新石器时代晚期的阿穆尔河下游地区. 符拉迪沃斯托克（海参崴）：俄罗斯科学院远东分院, 2004, 156.

[422] Шерстюк Р. С. О проблемах обеспечения национальной безопасности в Приморском крае//Региональная кадровая политика и механизм ее реализации в Дальневосточном федеральном округе. -Владивосток, 2002. -С. 268-274.

[422] Р. С. 舍尔斯久科. 论滨海边疆区的国家安全保障问题//地区人才政策及其在远东联邦管区的落实机制. 符拉迪沃斯托克（海参崴）, 2002, 268-274.

[423] Шинковский М. Ю., Шведов В. Г., Волынчук А. Б. Геополитическое развитие Северной Пацифики（опыт системного анализа）. -Владивосток：Дальнаука, 2007. -338 с.

[423] М. Ю. 什克夫斯基, В. Г. 什维多夫, А. Б. 沃楞切克. 北太平洋古陆地区的地缘政治发展（系统性分析初探）. 符拉迪沃斯托克（海参崴）：远东科学出版社, 2007, 338.

[424] Шираива Такаюки. Экология лесов бассейна реки Амур, влияющих на рыбные ресурсы Охотского моря. На японск. яз. -2011. -226 с.

[424] 什拉伊娃 塔卡尤吉. 对鄂霍次克海鱼类资源产生影响的阿穆尔河流域森林的生态环境. 日文版, 2011, 226.

[425] Широков А. И. Государственная политика на Северо-Востоке России в 1920-1950-х гг.：Опыт и уроки истории. -Томск：Изд-во Томск. ун-та, 2009. -460 с.

[425] А. И. 施罗科夫. 20 世纪 20～50 年代俄罗斯东北地区的国家政策. 历史经验和教训. 托木斯克：托木斯克大学出版社, 2009, 460.

[426] Шунтов В. П. Биология дальневосточных морей России. -Владивосток：ТИНРО-центр, 2001. -Т. 1-580 с.

[426] В. П. 舒恩托夫. 俄罗斯远东诸海的生物学研究. 符拉迪沃斯托克（海参崴）：太平洋渔业与海洋学研究中心, 2001, 第 1 卷, 580.

[427] Шунтов В. П., Дулепова Е. П., Волвенко И. В. Современный статус и многолетняя динамика биологических резервов Дальневосточной экономической зоны России//Изв. Тихоокеан. научноиссл. рыбохоз. Центра. -2002. -т. 130. -С. 3-11.

[427] В. П. 舒恩托夫, Е. П. 杜列波娃, И. В. 沃尔文科. 俄罗斯远东经济区生物储备的现状与长期动态. 太平洋渔业科学研究中心公报, 2002, （130）：3-11.

[428] Шунтов В. П. Куда уходит рыба//Экология. Культура. Общество. -2003. -№ 3. -С. 9.

[428] В. П. 舒恩托夫. 鱼儿去哪儿了. 生态、文化与社会, 2003, （3）：9.

[429] Шустов А. П. Состояние запасов ластоногих и китообразных в водах Магаданской области и перспективы их промысла//Проблемы развития производительных сил Магаданской области. -

M.：AH CCCP, 1969. -T. 3-C. 29-34.

[429] А. П. 舒恩托夫. 马加丹州境内水域的鳍足类和鲸目类动物储量现状及其渔猎产业前景//马加丹州的生产力发展问题. 莫斯科：苏联科学院, 1969, 29-34.

[430] Экономика Дальнего Востока: пять лет реформ. -Хабаровск: ДВО РАН, 1998. -263 с.

[430] 远东地区经济：改革五周年. 哈巴罗夫斯克（伯力）：俄罗斯科学院远东分院, 1998, 263.

[431] Экономика. Приморский край. URL: http://www. deita. ru/economy/primorskij-kraj, электронный ресурс, доступно: 01. 07. 2010

[431] 经济. 滨海边疆区. URL: http://www. deita. ru/economy/primorskij-kraj. 电子资源. 访问时间: 2010. 07. 01.

[432] Экономическое сотрудничество Дальнего Востока России и стран Азиатско-Тихоокеанского региона/Отв. ред. П. А. Минакир. - Хабаровск: РИОТИП, 2007. -208 с.

[432] 俄罗斯远东地区与亚太地区国家的经济合作//责任编辑 П. А. Минакир. 哈巴罗夫斯克（伯力）：RIOTIP 出版社, 2007, 208.

[433] Энергетические ресурсы СССР: Гидроэнергетические ресурсы. -М.: Наука, 1967. -600 с.

[433] 苏联的能源资源：水力资源. 莫斯科：科学出版社, 1967, 600.

[434] Южная часть Дальнего Востока. -М.: Наука, 1969. -422 с.

[434] 远东地区南部. 莫斯科：科学出版社, 1969, 422.

[435] Якутия. -М.: Наука, 1965. -468 с.

[435] 雅库特. 莫斯科：科学出版社, 1965, 468.

[436] Bazarova V. B., Mokhova L. M., Klimin M. A., Kopoteva T. A. Vegetation development and correlation of Holocene events in the Amur River basin, East Siberia, Russia//Quaternary Intern. -2011. -V. 237. -P. 83-92.

[437] Batten D., Casti J., Thord R. red. Networks in Action. Communication, Economics and Human Knowledge. Berlin: Springer Verlag, 1995.

[438] Beltaos S. Hydraulics of ice-covered rivers//Issues and Directions in Hydraulics. -Rotterdam, 1996. -P. 159-166.

[439] Darman Yu., Karakin V., Martynenko A., Williams L. Conservation action plan for the Russian Far East Ecoregion Complex. Part 1. Biodiversity and socio-economic assessment. -Vladivostok: WWF Russia, 2003. -178 p.

[440] Yu., Simonov E., Dahmer T., Collins D. An ecological network approach to biodiversity conservation//Amur Heilong River Basin Reader. -Hong Kong: Ecosystem Ltd., 2008. -P. 328-367.

[441] Grebennikova T. A., Pushkar V. S., Korotky A. M. et al. Last Glacial Maximum in Sea of Japan and Okhotsk Sea Region//WESTPAC Paleogeographic Maps. The Last Glacial Maximum Paleogeographic Map for the Western Pacific Region. -Shanghai: Tongji Univ., 1995. -P. 23-31.

[442] Kachur A. N. The State of the freshwater environmental and the associated marine and coastal environment in the Sea of Japan basin. //LOICS Reports & Studies, 2002. -No. 26, Texel, The Nitherlands -P. 164-169.

[443] Kachur A. N., Kondratyev I. I. Variability of a chemical composition of the snow covers in a background areas of Sikhote-Alin as an index of the trans-boundary transfer of contamination. //Report on Amur-Okhotsk Project//Research Institute for Humanity and Nature. -Kyoto, (Japan), 2004. -№ 2 -P. 117-130.

[444] Kachur A. N., Kondratyev I. I. Transboundary transport of the atmosphere contaminants in the southern Far East Russian Federation//Workshop on the Marine Environment in the EastAsia Marginal Seas (Transport of Materials). -Kyushu University Kasuga, Fukuoka, Japan, 2005. -P. 45-55.

[445] Lower Tumen River Area Transboundary Biosphere Reserve Proposal/Korean National Comission for UNESCO. -Seoul, June 2004. -100 p.

[446] Newell, Josh. The Russian Far East. A Reference Guide for Concervation and Development. McKinleyville (CA, USA): D&D Publishers, 2004. -466 p.

[447] Pushkar V. S., Cherepanova V. M. Beringia: impact of paleoclimates of northeast Asia and North Pacific during Last Pleistocene Glaviation//Quat. Intern. 2011. V. 237. -P. 32-38.

[448] Regional Overview on River and Direct Inputs of Contaminants into the Marine and Coastal Environment in NOWPAP Region United Nations Environment Programme Northwest Pacific Action Plan, Pollution Monitoring Regional Activity Center. The author V. M. Shulkin, Editor A. N. Kachur. -Vladivostok, 2007. - 65 p.

[449] Seas at the Millennium: An Environmental Evaluation (Edited by C. Sheppard) . Kachur A. N., Tkalin A. V. Sea of Japan. //Chapter 83. -P. 467-480.

[450] Simonov E. A., Dahmer T. D. and Darman Y. A. Biodiversity Conservation through integrated transboundary management of the Amur-Heilong River Basin//Conservation Biology in Asia. -Katmandu: Society of Conservation Biology Nepal, 2006. -P. 137-172.

[451] State of the Marine Environment Report in the NOWPAP Region United Nations Environment Programme Northwest Pacific Action Plan, Pollution Monitoring Regional Activity Center. The author V. M. Shulkin, Chief Editor A. N. Kachur. -Vladivostok, 2007. -84 p.

[452] Tietenberg, Tom. Environmental and Natural Resource Economics. -rd ed. N-Y: Harper Collins Publishers Inc., 1992. -678 p.

[453] http: //www. knigakamchatka. ru/periodicheskie-sborniki-zhurnaly-kamchatki/sbornik-voprosy-istorii-rybnoy- promyshlennosti/rybnaya-promyshlennost-2000. html